Ullstein Sachbuch

ÜBER DAS BUCH:

Lelyveld schildert Südafrika nicht als Problem, sondern als realen Ort, in seiner ganzen Widersprüchlichkeit, Ignoranz, Verzweifelung und Hoffnung, läßt weiße »Rassentheoretiker« und schwarze Nationalisten, weiße Geistliche, die für die Sache der Schwarzen eintreten, und schwarze Spitzel, die für den weißen Geheimdienst arbeiten, Politiker, Gewerkschaftler und Juristen zu Wort kommen, führt den Leser mitten hinein in die weißen Städte und schwarzen Slums, auf die Landgüter der Buren und in die Homelands der eingeborenen Stämme und offenbart auf diese Weise anschaulich die ganze Absurdität der Apartheid.
»Dieses außergewöhnliche Meisterwerk der Reportage ist mit keinem anderen Buch über Südafrika zu vergleichen. Mit einer Authentizität, wie sie den meisten weißen Südafrikanern selbst kaum zu Gebote steht, gibt es Einblick in die Alltagskämpfe der schwarzen Bevölkerung. Und es ist vorzüglich geschrieben; Personen und Dialoge werden mit der Eindringlichkeit des großen russischen Romans präsentiert, mit einem Sinn für die sorgfältige Beobachtung, die jeden Einwand verstummen läßt . . .«

Anthony Sampson in der
New York Times Book Review

DER AUTOR:

Joseph Lelyveld wurde 1937 in Cincinnati geboren. Nach dem Studium der britischen und amerikanischen Geschichte an der Harvard University besuchte er eine Journalistenschule. Seit 1962 Korrespondent der *New York Times.* Aufenthalte in Burma, Kongo, Südafrika, Indien und Hongkong, dann in Washington und New York. Von 1980–1984 *Times*-Korrespondent in Südafrika. Seit 1984 Redaktionsmitglied des *New York Times Magazine* in New York.

Joseph Lelyveld

Die Zeit ist schwarz

Tragödie Südafrikas

Mit einer Karte

Liebe Ulrike,
man sagt, ab 30
beginnen die
schönsten Jahre einer
Frau. Alles Gute
und
herzlichen Glückwunsch

Anette

Ullstein Sachbuch

Ullstein Sachbuch
Ullstein Buch Nr. 34423
im Verlag Ullstein GmbH,
Frankfurt/M - Berlin
Amerikanischer Originaltitel:
Move Your Shadow
Übersetzt von Bernd Rullkötter
Karte: Jean-Claude Lézin

Ungekürzte Ausgabe

Umschlagentwurf:
Hansbernd Lindemann
Unter Verwendung eines Fotos
von Jane Fehrenberg

Printed in Germany 1987
Druck und Verarbeitung:
Elsnerdruck, Berlin
ISBN 3 548 34423 2

November 1987

CIP-Kurztitelaufnahme
der Deutschen Bibliothek

Lelyveld, Joseph:
Die Zeit ist schwarz:
Tragödie Südafrika / Jospeh Lelyveld.
[Übers. von Bernd Rullkötter]. -
Ungekürzte Ausg. - Frankfurt/M;
Berlin: Ullstein, 1987.
Ullstein-Buch; Nr. 34423:
Ullstein-Sachbuch)
Einheitssacht.: Move your
shadow «dt.»
ISBN 3-548-34423-2
NE: GT

Inhalt

SÜDAFRIKA
0 100 200 km
Windhuk
Nossob
BOTSWANA
NAMIBIA
(von Südafrika verwaltet)
Mmaba
Upington
Oranje
Kimberley
Luckh
Oranje
ATL. OZEAN
Kapland
Graaff Reinet
Paarl
Oudtshoorn
Kapstadt
Langa
Stellenbosch
Kap der Guten Hoffnung

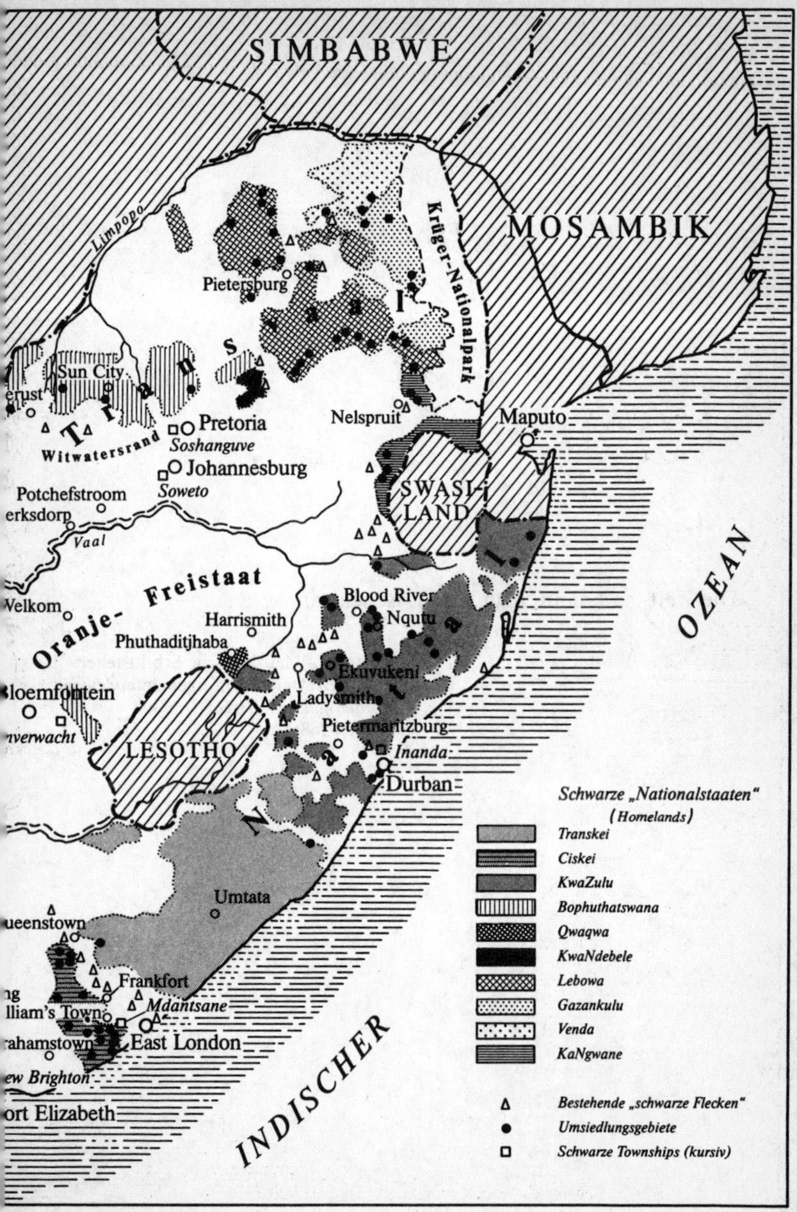
SIMBABWE
MOSAMBIK
Limpopo
Krüger-Nationalpark
Transvaal
Pietersburg
Sun City
Pretoria
Soshanguve
Witwatersrand
Johannesburg
Soweto
Potchefstroom
Vaal
Nelspruit
Maputo
SWASILAND
Oranje-Freistaat
Welkom
Harrismith
Phuthaditjhaba
Blood River
Nqutu
Ekuvukeni
Ladysmith
Pietermaritzburg
Inanda
Durban
Natal
LESOTHO
Bloemfontein
Umtata
Frankfort
Mdantsane
East London
INDISCHER OZEAN
Schwarze „Nationalstaaten“ (Homelands)
Transkei
Ciskei
KwaZulu
Bophuthatswana
Qwaqwa
KwaNdebele
Lebowa
Gazankulu
Venda
KaNgwane
Bestehende „schwarze Flecken“
Umsiedlungsgebiete
Schwarze Townships (kursiv)

Für Carolyn

»Die Zeit, so könnte man sagen, ist schwarz.«

Der weiße südafrikanische Schriftsteller Breyten Breytenbach in einem Interview mit der *International Herald Tribune* (11. Mai 1985)

Rausgeworfen

Wenn die Rassentheoretiker des weißen Südafrika sich selbst und anderen ihre Anständigkeit und ihren guten Willen demonstrieren wollen, sind sie geneigt, sich einem Überschwang von Euphemismen, Analogien und nichtssagenden Prophezeiungen hinzugeben. Ein Schwall von Worten entfährt ihnen dann, wobei der Drang, verstanden zu werden, mit der Furcht, zu gut verstanden zu werden, in Konflikt gerät. Wenn es aber nicht mehr darauf ankommt, verstanden zu werden, kann man durchaus sparsam mit der Sprache umgehen. Der Brief, in dem mir mitgeteilt wurde, daß ich innerhalb einer Woche aus Südafrika zu verschwinden habe, war ein Vorbild an Knappheit und von näheren Erklärungen unbelastet. Es hieß dort: »Sie werden hiermit angewiesen, Vorkehrungen zu treffen, um zusammen mit Ihrer Familie das Land am oder vor dem 28. April 1966 zu verlassen.«

Wir waren erst neun Monate dort gewesen, hatten die Nachricht jedoch schon seit längerem erwartet, nachdem ein Regierungsbeamter eine Verabredung zum Mittagessen in Pretoria abgesagt und dabei zu verstehen gegeben hatte, daß er sich kompromittieren würde, wenn er sich mit jemandem sehen ließe, dessen Ausweisung das Kabinett beschlossen hatte. Als die Ausweisung endlich offiziell bestätigt wurde, war meine unmittelbare Reaktion ein Gefühl der Erleichterung. Eine Last war von mir genommen, und als wir – zwei Tage vor der offiziellen Frist – vom Abfertigungsgebäude des Jan Smuts Airport zu unserem Flugzeug nach Rom hinübergingen, hatte ich ein Gefühl der Unbeschwertheit, der geradezu greifbaren Freiheit wie nie zuvor. Möglicherweise fragte ich mich in jenem Moment, ob ich je wieder südafrikanischen Boden betreten würde. Da man mich offiziell als Feind abgestempelt hatte – »einer der notorischsten Feinde Südafrikas in der Welt«, sollte eine afrikaanssprachige Zeitung später schreiben, womit sie mich über Gebühr ehrte –, hätte ich mich genausogut fragen können, ob das Regime zu meinen Lebzeiten bröckeln und stürzen werde.

Als sich vierzehn Jahre später die plötzliche Eingebung, man könnte mich in Südafrika zur Persona grata zurückbefördert haben, fast sofort zu einem zwanghaften Rückkehrwunsch auswuchs, war mir meine Erleichterung bei jenem Abflug ebenso gegenwärtig wie jeder andere Eindruck meines damaligen Aufenthaltes. Es waren Erinnerungen, die ich fast täglich heraufbeschwor, um einer überstürzten Abreise aus Manhattan, wohin ich wirklich zu gehören glaubte, und einer weiteren Entwurzelung meiner Familie einen Riegel vorzuschieben. Das weiße Regime hatte noch nicht zu bröckeln begonnen und machte nicht einmal dann Anstalten dazu, als sich das im Norden angrenzende Rhodesien in das von Schwarzen beherrschte Simbabwe verwandelte. Aber der alte Drang der Weißen, verstanden zu werden, verbunden mit ihrem Bedürfnis, ihrer eigenen Propaganda über das Ausmaß der Veränderungen in ihrem Land zu glauben, verschaffte mir eine gewisse Chance – so kalkulierte ich jedenfalls. Meine Arbeit als Redakteur in New York ließ mich gelegentlich mit südafrikanischen Diplomaten zusammenkommen, die selten versäumten, mich diplomatisch wissen zu lassen, daß meine Ausweisung ein Irrtum gewesen sei, daß es sich damals um die schlechte alte Zeit gehandelt habe oder daß ich über die eingetretenen Veränderungen erstaunt sein würde. Manchmal ließen sie sich fortreißen und schienen geradezu darauf erpicht zu sein, mich zum Zeugen zu bestellen. Was vielleicht nur als Höflichkeitsfloskel – oder höchstens als Einladung zu einem kurzen Besuch – gedacht war, betrachtete ich als sportlichen Ansporn, wenn nicht gar als Herausforderung.

Seit langem hatte ich eine Schwäche dafür gehabt, nicht nur nach Südafrika, sondern praktisch überall dorthin zurückzukehren, wo ich als Reporter gearbeitet hatte. Die Rückkehr zu einem Thema, über das ich einmal berichtet hatte, besaß etwas Unwiderstehliches; es war wie die Reise mit einer Zeitmaschine, eine der wenigen Möglichkeiten für einen Zeitungsmann, sein Vagabundenleben mit etwas Zusammenhalt und Resonanz auszustatten. Aber kein Thema, über das ich je berichtet hatte, kein Ort, an dem ich je gewesen war, hatte mich so umfassend und intensiv in den Bann geschlagen wie Südafrika. Wann immer ich an den grauen Wintertagen in Manhattan an die Weite des Landes und seine Widersprüche dachte – und an die diese Widersprüche verkörpernden Personen –, verspürte ich ein Sehnen, das mehr war als Nostalgie.

Ich brauchte mir nicht vor Augen zu führen, daß es Orte gab, die mir mehr Vergnügen bereitet hatten, denn »Vergnügen« war gewiß kein Wort, das ich damals mit Südafrika in Verbindung brachte. Es war eine Zeit des Schweigens und der Furcht gewesen, in der das System der Rassenherrschaft, bekannt als Apartheid, zu einer Ideologie ausgefeilt wurde und der Sicherheitsapparat nach der Zerschlagung der schwarzen Nationalistenbewegungen auch noch die wenigen Funken des Widerstands austrat, die weiße Radikale hatten entzünden können. Auf einen Neuankömmling wirkten die Anhänger der Regierung wie ein Monolith, ihre Feinde dagegen wie eine eingeschüchterte, wenn nicht unterwürfige Masse. Der erste Südafrikaner, der in der Apartheid-Ära einer politischen Gewalttat wegen hingerichtet wurde – ein weißer Romantiker namens John Harris, der einfältigerweise geglaubt hatte, er könne das Regime durch einen Bombenanschlag auf einen Bahnhof erschüttern –, war gerade, »We Shall Overcome« singend, zum Galgen gegangen. Nachdem der Sicherheitsapparat unter den Radikalen aufgeräumt hatte, schien er sich den etwas größeren, gleichwohl noch winzigen Kreisen weißer Liberaler zuzuwenden, die es immer noch wagten, unter der Voraussetzung zu sprechen und zu handeln, daß Südafrika ein Vielrassenstaat sei.

Jene, die wir kannten, waren die bewundernswertesten Menschen, denen wir jemals begegnet waren: tapfer, doch oft voller Verzweiflung oder Furcht (oder beides). Manche waren zu Einzelhaft und polizeilichen Verhören ins Gefängnis geschleppt worden, andere lebten in ständiger Angst davor, Gleiches zu erleben. Ihren Verwandten, Geliebten und Freunden war Schreckliches – auch Verrat unter polizeilichem Druck – widerfahren. Wir wußten, daß ihre Telefonleitungen angezapft wurden; in einem uns bekannten Fall wurde auch das Schlafzimmer abgehört. Wenn sie Schriftsteller waren, mußten sie damit rechnen, daß die Zensur sie von der Leserschaft, die sie ansprechen wollten, isolieren würde. Wenn sie Anwälte waren, mußten sie hilflos zusehen, wie ein immer größerer Anteil politischer Vergehen der Zuständigkeit der Gerichte entzogen wurde. Zeitungsleute, die den Behörden kritisch gegenüberstanden, mußten damit rechnen, mundtot gemacht zu werden. Theaterleute debattierten darüber, ob es richtig sei, vor nach Rassen getrenntem Publikum aufzutreten. Vielen kam der Gedanke, ins Exil zu gehen, aber die meisten machten einfach weiter, wenngleich ohne Hoffnung – teils, weil sie ihr Land liebten, teils, weil sie von seinen Annehmlichkeiten und seinem herrlichen Klima dazu bewogen wurden, vor allem aber, weil sie wußten, daß es ein unverzeihliches Zugeständnis wäre, wenn sie sich selbst zum Schweigen brächten. In der Mehrzahl Menschen, die damals in Amerika Bürgerrechtsaktivisten geworden wären, sahen sie sich Problemen gegenüber, die der russischen Literatur des neunzehnten Jahrhunderts zu entstammen schienen, und das in einer Umgebung, in der die meisten Weißen sich offensichtlichen moralischen Fragen gegenüber bewußt taub verhielten. Und stets waren sie sich der Tatsache bewußt, daß ihre eigenen Leiden, die sich aus allzu großer Klarheit – der moralischen Entsprechung eines hormonalen Ungleichgewichtes – ergaben, im Vergleich mit jenen der Schwarzen nichtig waren, ja auf Dauer wahrscheinlich irrelevant sein würden.

Ursprünglich hatte ich mir nicht besonders gewünscht, in Südafrika zu arbeiten; als eben flügge gewordener Korrespondent hatte ich meine Ambitionen auf Asien gerichtet. Südafrika war ein gewöhnlicher Auftrag – bis ich dort landete und nach etwa drei Stunden merkte, daß es bereits von mir Besitz zu ergreifen begann. Ich war gerade aus dem damaligen Kongo eingetroffen, nachdem ich das damalige Rhodesien durchquert hatte. Fünf Monate zuvor war ich in Mississippi gewesen; ein paar Monate früher hatte ich über Rassenunruhen in Harlem, Rochester, Jersey City und Philadelphia berichtet. Ich könnte sogar erwähnen – wenn es irgendeinen Sinn macht, biographische Daten aufzuzählen, um ein Verständnis für rassische Komplikationen nachzuweisen –, daß ich die Booker T. Washington Junior High School an der Upper West Side von Manhattan absolviert habe. Was ich sah, wirkte vertraut und doch anders als jeder Ort, an dem ich je gewesen war – so verblüffend schienen die gewöhnlichsten Aspekte, die winzigen Rituale und klaffenden Gegensätze des täglichen Lebens. Meine Erinnerung ist verblichen, und ich weiß nicht mehr, was genau sich meiner Phantasie bemächtigte und mich begreifen ließ, daß ich es hier mit einem Land in der realen Welt, mit einer sonderbaren Gesellschaftsordnung und einem latenten Konflikt zu tun hatte. Der Anblick eines schwarzen Kindermädchens, das ein weißes Kind wie ein Indianerbaby auf dem Rücken trug; ein schwarzer Polizist, der einen Paß prüfte; ein weißer Postbote, dessen Sack von einem schwarzen Träger geschultert wurde; biertrinkende Schwarze auf dem Bordstein vor einer nicht für sie bestimmten Bushaltestelle, dahinter Weiße, die durch nichts als ihre Haut privilegiert schienen und ihre menschliche Umgebung zu ignorieren suchten. Was immer es war, es ereignete sich an jenem Nachmittag in Troyeville, einem Viertel der unteren weißen Mittelschicht.

Aus nächster Nähe betrachtet, war die Apartheid nicht nur ein Kastensystem, sondern eine die Realität leugnende, sich selbst zu bewahrheiten suchende Behauptung, die gegen allen Augenschein darauf beharrte, daß es ein »weißes Südafrika« gebe. Es existierte als rechtliche Idee, die den Solipsismus der herrschenden Minderheit widerspiegelte, doch nirgendwo in der äußeren Welt, wie ich sie vorfand. Der erste Artikel, den ich aus Johannesburg übermittelte, betraf einen schwarzen Chor, dem nicht gestattet wurde, Händels *Messias* vor einem weißen Publikum zu singen, weil er von einem weißen Orchester begleitet werden sollte. In der Vorstellung irgendeines weißen Beamten handelte es sich dabei um unzulässige Rassenvermischung. Als die Konzertveranstalter einen Kompromiß vorschlugen, dem zufolge anstelle des Orchesters ein Organist den Chor begleiten sollte, erteilte man die offizielle Genehmigung, obwohl der einzige verfügbare Organist ebenfalls weiß war. »Wir mußten versprechen, daß er nur auf den weißen Tasten spielen würde«, witzelte einer der Veranstalter. In jenen Tagen war die Apartheid oft nahezu komisch – die von ihr geschaffene Realität war es selten.

In den vierzehn Jahren seit meiner Ausweisung – die Schlagzeilen in der afrikaanssprachigen Presse hatten verkündet, daß ich *uitgeskop*

(»rausgeworfen«) worden sei, als handele es sich um einen Triumph für Patriotismus und Moral – hatte ich viel von meinem Gespür für das Land verloren. Ich erinnerte mich hauptsächlich an meine eigene Spannung und Wachsamkeit, während ich die physische und kulturelle Szenerie und die meisten politischen Rituale und Streitfragen des Landes vergessen hatte. Was sich nahe der Oberfläche meiner Erinnerungen eingenistet hatte und – zusammen mit einem Stapel vergilbter Zeitungsausschnitte – mühelos ausgraben ließ, waren einige unzusammenhängende Bilder und, weil Reporter Zitate behalten, kleine Dialogfetzen. Zwei davon hatten mit Schwarzen vor Gericht zu tun.

Den einen hatte ich beim Besuch eines Paßgerichts aufgeschnappt, wo schwarze Männer wegen des Verbrechens angeklagt waren, sich ohne Stempel in ihren Paßbüchern (Personalausweise, die »zur Arbeitssuche berechtigen«) in einem »weißen Gebiet« aufgehalten zu haben. Damals wie heute machen die »weißen Gebiete« – im Gegensatz zu den früheren Stammesreservaten und heutigen Homelands – etwas mehr als 86 Prozent des Landes aus.

Diese Gerichtsverhandlungen, die auf die eine oder andere Weise seit 1708, als die ersten Pässe an malaiische Sklaven ausgegeben wurden, in Südafrika stattgefunden haben, waren für seine Lebensweise unabdingbar, waren die Unruh seines politischen Mechanismus. Die Begründungen dafür konnten sich von Jahrzehnt zu Jahrzehnt ändern, doch die Prozesse gingen weiter. Nur wenige Schwarze blieben ihr ganzes Leben hindurch davon verschont, entweder als Angeklagte oder als Verwandte eines Angeklagten mit diesen Gerichten Bekanntschaft zu machen; noch weniger Weiße interessierten sich dafür, wo sich die Gerichte befanden oder wie sie funktionierten, geschweige denn, ihnen einen Besuch abzustatten. Die Verhandlungen selbst konnten – und können heute noch – in Minuten oder manchmal Sekunden gemessen werden. Eine Stunde kann ausreichen, um dreißig oder vierzig Fälle in öffentlicher Sitzung zu erledigen. Über den Zusammenhang hätte ich mich neu informieren müssen, doch eine kurze Sequenz hatte sich meinem Gedächtnis eingeprägt:

»Weshalb waren Sie in Johannesburg?« fragte der Vorsitzende Richter, ein weißer Beamter in schwarzem Talar, den man in jenen Tagen Bantukommissar nannte.

»Ich suchte mein Kind«, erwiderte der Angeklagte.

»Wo ist Ihr Kind?«

»Vermißt.«

»Vierzehn Tage«, verfügte der Kommissar.

In der zweiten Szene, an die ich mich erinnerte, saßen sechsundfünfzig Schwarze auf der Anklagebank; zur Identifizierung trugen sie numerierte Pappdeckel um den Hals. Ihr Prozeß – sie waren angeklagt, einer schwarzen Untergrundbewegung namens Pogo anzugehören – fand in einem Gerichtssaal in Port Elizabeth, an der Küste des Indischen Ozeans, statt. Meine frühere Berichterstattung über Prozesse in jenem Gebiet, seinerzeit gegen den geächteten Afrikanischen Nationalkongreß, schien die Ursache meiner Schwierigkeiten mit den Behörden gewesen zu sein. Aber an die Pogo-Verhandlung erinnerte ich mich wegen der zynischen Art des Kreuzverhörs, das der weiße Staatsanwalt durchführte. Die Angeklagten stammten alle aus demselben ländlichen Flecken, wo sie einen bedeutenden Teil der schwarzen männlichen Erwachsenen stellten. Auf der Anklagebank erschienen sie als zerlumpte, unterernährte Schar von Heranwachsenden bis hin zu zittrigen Greisen. Die Taktik des Staatsanwalts sollte demonstrieren, daß sie mit ihrem Leben unzufrieden und deshalb potentielle »Terroristen« seien. Daraufhin versuchten die Angeklagten zu leugnen, daß sie als Schwarze in Südafrika je unglücklich sein könnten.

»Sie haben nichts dagegen, von weißen Männern herumkommandiert zu werden?« fragte der Staatsanwalt provozierend.

»Ich bin so zufrieden, daß meine Gesundheit ständig besser wird«, entgegnete Nummer 23.

»Sind Sie mit Ihrem Lohn zufrieden?«

»Ich habe mich nie beklagt, an keinem einzigen Tag.«

»Möchten Sie einen höheren Lohn?«

»Nein, Euer Ehren.«

»Sind Sie mit Ihrem Haus zufrieden?«

»Es ist ein sehr schönes Haus.«

»Sind Sie mit den Paßgesetzen zufrieden?«

»Ja, völlig.«

Wie die verächtlichen Fragen des Staatsanwalts zeigten, wußte er, daß es für schwarze Männer vernünftig war, zu rebellieren, und unvernünftig zu behaupten, sie seien glücklich; auch wußte er, daß sie nur von der Staatsgewalt, die er repräsentierte, unter Kontrolle gehalten wurden. Jeder andere Weiße im Gerichtssaal mußte dies ebenfalls wissen.

Das Kreuzverhör von Nummer 23 war eine Karikatur der politischen Gespräche der Schwarzen in jener Zeit. Sie waren vage, von Ironie durchdrungen, voller zwischen spöttischen, lässig dahingeworfenen Sätzen verborgener Anspielungen und Andeutungen. Die scheinbare Allgegenwart von Spitzeln, unter Schwarzen als *impimpis* bekannt, drückte diesen Gesprächen ihren Stempel auf. Wann immer es zu einem politischen Prozeß oder einer Verhaftungswelle kam, entdeckte jemand den ungeheuren Preis des Vertrauens. Während ich Port Elizabeth besuchte, um dem Pogo-Prozeß beizuwohnen, traf ich in dem am Meer gelegenen Landhaus des Dramatikers Athol Fugard mit zwei Schwarzen zusammen. Da sich der Gastgeber ihnen gegenüber für mich und mir gegenüber für sie verbürgte, waren wir in der Lage, uns mit ungewohnter Offenheit zu unterhalten. Ich fragte, wieso schwarze Sicherheitspolizisten und die Zeugen der Anklage in politischen Prozessen nie in den schwarzen Townships behelligt würden.

»Um so etwas zu tun«, erwiderte einer der Männer, »würde man wenigstens zwei Leute benötigen, nicht wahr?«

Ich machte eine Pause, um zu zeigen, daß meine Frage hypothetisch gemeint war und nicht etwa als Anstiftung aufzufassen sei; dann deutete ich auf meinen anderen schwarzen Gesprächspartner, den besten Freund des ersteren.

»Woher weiß ich denn«, lautete die gemurmelte Antwort, »daß er kein *impimpi* ist?«

Niemand, der nicht im Gefängnis saß oder unter Hausarrest (»Bannung«) stand, konnte je gegen solchen Argwohn immun sein. Dieses Mißtrauen war damals so umfassend, daß die Behörden stramme schwarze Nationalisten allein dadurch kompromittieren konnten, daß sie sie scheinbar ignorierten.

Unter diesen Umständen machte ich wenige oder keine direkten Erfahrungen mit der damaligen schwarzen Politik und mußte mich hauptsächlich auf meine Intuition und Beobachtungsgabe verlassen, um mir darüber klarzuwerden, was es bedeutete, unter der Apartheid schwarz zu sein. Viele Weiße wurden nie müde, Ausländern zu erklären, daß Schwarze als Zulu, Xhosa und so weiter ihre eigenen ausgeprägten kulturellen Werte besäßen und es unmöglich sei, die Welt mit ihren Augen zu sehen. Aber mir schien die Annahme durchaus begründet, daß diese Kulturen nicht unbedingt die von der Apartheid bewirkte Auslöschung des schwarzen Familienlebens erforderten; daß sich die meisten Schwarzen ihres Ausschlusses von jedweder gesellschaftlichen Mitgestaltung bewußt waren; daß manche gelegentlich der weißen Herrschsucht überdrüssig waren; und daß ein Zeitungsfoto von neun schwarzen Schulmädchen in Uniform, die zur Begrüßung eines herumreisenden weißen Kabinettsmitgliedes Plakate mit den Buchstaben A-P-A-R-T-H-E-I-D hochhielten, etwas anderes als das Blühen der einheimischen Kultur anzeigte.

Viele Aufschlüsse über das schwarze Leben erhielt ich von schwarzen Journalisten, besonders von Ernest Cole, einem bemerkenswerten Fotografen, dem es mit grimmiger Hartnäckigkeit und gehörigem Schneid gelang, sich als Mischling einstufen zu lassen, um sich innerhalb des Systems leichter als Fotoreporter bewegen zu können und auf diese Weise zu dokumentieren, was dieses System dem Leben der Schwarzen antut. Andere Anhaltspunkte bekam ich durch Gespräche mit Bediensteten in unserem Wohnblock. Unter ihnen war eine Frau namens Dinah Dibakoane, die trotz ihrer harten familiären Pflichten ein erstaunlich heiteres Naturell besaß und die wir als Kindermädchen für unsere beiden Töchter beschäftigten. Kurz bevor wir abreisten, kehrte sie zu ihren eigenen Kindern zurück, denn die Geburt eines weiteren stand bevor. An einem Sonntagmorgen fuhren wir mit Dinah los, ließen Pretoria hinter uns und folgten dann ihren Anweisungen, bis sie uns bat, nach links auf eine staubige Nebenstraße abzubiegen. Kurz darauf lotste sie uns in einen kleinen Pfad, der sich durch das Buschland schlängelte und immer unwegsamer wurde, bis wir schließlich über weglose Grassteppe holperten. Ich hielt an und knurrte, daß wir uns verfahren hätten. Dinah beharrte sanft, daß es der richtige Weg sei und ich weiterfahren solle. Bald erreichten wir den Gipfel einer kleinen Anhöhe und blickten hinab auf eine kleine Ansammlung von Baracken, die aus rostigen Blechplatten und nagelneuen, in der Herbstsonne funkelnden Metallkisten zusammengebaut worden waren. Das Lager trug den Namen Boekenhoutfontein und ragte wie aus dem Nichts, ohne jede Anbindung an die Umgebung, aus der Steppe empor. Es handelte sich um eine offizielle Umsiedlungsstätte für Schwarze aus Pretoria, die, wie Dinahs Familie, als »deplaziert« gegolten hatten, weil sie in zu großer Nähe der »weißen Gebiete« wohnten, in denen sie arbeiteten. In ihrer neuen Umgebung fiel es ihnen schwer zu glauben, noch im gleichen Land zu wohnen – und genau diesen Zweifel wollten die Behörden in ihnen wecken. Dort setzten wir – voller Gewissensbisse, aber ohne Alternative – Dinah bei ihrer Familie ab.

Nichts Mittelbares und Metaphorisches kennzeichnete meinen schmerzlichsten Zusammenstoß mit dem schwarzen Leben in jener Zeit, einen Vorfall, der mir immer wieder zuerst einfiel, wenn ich mich Jahre später bemühte, das Leben in Südafrika heraufzubeschwören. Ich hatte nie etwas darüber geschrieben, da ich über das hinaus, was ich gesehen hatte, nichts herausfinden konnte und zudem nicht wußte, was ich über meine eigene Rolle hätte sagen sollen. Noch heute macht es mir Mühe, darüber zu schreiben, obwohl meine Erinnerung alptraumhaft lebendig ist.

Er stürzte bei Dunkelheit und stürmischem Regen gegen die Windschutzscheibe. Einen unendlich langen Moment hindurch glaubte ich, ihn getötet zu haben. Wir waren am Ende einer fast siebenhundert Kilometer langen Fahrt von Durban; sie hatte an der Küste begonnen, wo sich der Indische Ozean an den steilen Felsen brach und Gischt in den grauen Himmel sprühte, uns dann durch die grünen, meist von Nebel verhangenen Hügel von Natal geführt, hinauf auf das Hochland, durch eine Reihe öder Farmerstädte, die durch ihre Kirchen, Tankstellen und getrennten Townships geprägt waren, bis sich die Offenheit,

Traurigkeit und Sinnlichkeit der Landschaft jäh in dem dichter werdenden Verkehr von Johannesburg verloren und wir an den Kinopalästen der Commissioner Street vorüberfuhren, wo eine elegant gekleidete Menschenmenge unter dem Schutz von Regenschirmen ihren Samstagnacht-Vergnügungen nachjagte.

Ich hatte vor einer Ampel gehalten und fuhr gerade wieder an, als ich einen Schrei, dann einen dumpfen Aufschlag und das Geräusch von splitterndem Glas hörte. Ein schwarzer Mann, bekleidet mit einer schwarzen Hose und schwarzen Jacke, lag auf dem Pflaster, ein paar Schritte rechts von meinem Auto, das nach links ausgeschert war, als ich auf die Bremse trat. Bevor ich mich über den Mann beugte, um seinen Puls zu fühlen – er schlug kräftig –, hatte ich ihn überhaupt nicht gesehen. Ich deckte ihn mit einer Wolldecke aus dem Auto zu und versuchte, den Verkehr um ihn herumzudirigieren. Ein weißer Polizist erschien und begann, Fragen zu stellen. Weiße Passanten traten herbei, um sich zu vergewissern, daß mir nichts geschehen war, und um mir zu versichern, daß sie gesehen hätten, wie der Schwarze zwischen den geparkten Autos plötzlich hervorgekommen sei und mir keine Chance zum Ausweichen geblieben wäre. In ihrer Sorge um mich drückten sie mir sogar kleine Zettel mit ihren Adressen in die Hand, falls ich Zeugen benötigen sollte. Schwarze Zuschauer hielten sich zurück und beobachteten alles schweigend aus einer gewissen Entfernung. Als ich meine Familie in einem Taxi nach Hause geschickt hatte, beugte sich der Polizist vor und machte Kreidezeichen auf der regennassen Fahrbahn, um die Aufschlagstelle und das Ausscheren des Wagens zu markieren. Niemand kümmerte sich um den Mann unter der durchweichten Decke. Er atmete regelmäßig und öffnete hin und wieder die Augen, reagierte aber nicht, als ich versuchte, ihm Fragen zu stellen.

Ich deckte ihn von neuem zu, diesmal mit meinem Regenmantel, und ging dann zu einem zweiten Polizisten hinüber, der in seinem Wagen im Trockenen saß und ein Comic-Heft las. Fast ohne aufzublikken sagte er, daß der schwarze Unfallwagen angefordert sei. Ich bat ihn, noch einmal anzurufen. »Sie werden schon kommen«, erwiderte er mürrisch. Ich wandte ein, daß der Mann vorher an Lungenentzündung gestorben sein werde. »Sie werden kommen«, wiederholte er und wandte sich wieder dem Comic zu. Sie kamen nach eineinviertel Stunden. Ich wußte, daß ein weißer Unfallwagen innerhalb von Minuten dagewesen wäre. Der schwarze Sanitäter erklärte, daß nichtweiße Unfallwagen samstags nachts immer am meisten zu tun hätten. Eine Stunde später rief ich die Notaufnahme an. »Es ist nichts Ernstes«, versicherte mir die Stimme am anderen Ende der Leitung, »nur ein Schlag an den Kopf.« Ich erkundigte mich nach dem Namen des Patienten. Die Stimme antwortete, er heiße Clifton Roche. Ich sagte mir, daß ich in dieser Nacht nichts mehr würde unternehmen können. Es goß immer noch in Strömen, mein Auto hatte keine Windschutzscheibe mehr, und selbst wenn ich die Township des Mannes erreichte, würde ich nicht in der Lage sein, seine Familie zu finden. Ich nahm mir vor, am nächsten Morgen sofort in das Krankenhaus zu fahren, mit Clifton Roche zu sprechen, mir seine Adresse geben zu lassen und seine Verwandten aufzusuchen. Außerdem wollte ich dafür sorgen, daß er von einem guten Neurologen untersucht wurde.

Am Morgen hatte man im Krankenhaus nie von Clifton Roche gehört. Keine Person dieses Namens sei auf den Stationen; es gebe keine Unterlagen über die Behandlung einer solchen Person. »Ja, so ist es immer«, sagte ein Pfeife rauchender, mit einer Strickjacke bekleideter Beamter auf dem Polizeirevier, als ich um Hilfe bei der Suche nach dem Mann bat, der meinen Informationen zufolge Clifton Roche hieß. »Die Krankenhäuser lassen sie gehen, und wir finden sie ein paar Tage später tot auf.« Immerhin versprach er, sein möglichstes zu tun. Wir riefen in den beiden folgenden Wochen regelmäßig an, wenn auch in immer größeren Abständen. Der Beamte war von nie versagender Höflichkeit. »Ihr Bantu ist noch nicht gefunden worden«, sagte er stets. Ich reiste in den Kongo, um von einem Staatsstreich zu berichten, und ging nach meiner Rückkehr in das Krankenhaus zurück, um dessen Akten durchzusehen. Es gab immer noch keine Spur von Clifton Roche. »Sie brauchen sich keine Sorgen zu machen«, sagte der Mann auf dem Polizeirevier, als wir zum letztenmal miteinander telefonierten. »Man wird nicht gegen Sie vorgehen.«

Wir hörten nicht sofort auf, uns seinetwegen zu beunruhigen, doch allmählich wurde Clifton Roche – falls er so hieß – zu einer Erinnerung, einer schweren, aber nicht zu behebenden Schuld, die ich gern vergessen hätte. Wenn sie sich in meine Gedanken drängte, nahm mich vor allem meine Handlungsweise in Anspruch, nicht sein Schicksal, das unerforschlich schien. Ich fragte mich, weshalb ich ihn in jener Nacht nicht ins Krankenhaus begleitet hatte oder weshalb es mir nicht eingefallen war, einen Detektiv zu beauftragen, der vielleicht eher gewußt hätte als ein verdächtiger Ausländer, wie man die Behörden zur Kooperation bewegt. Gelegentlich fragte ich mich auch, was wohl geschehen wäre, wenn ich zwischen den Autos hervorgetreten wäre und Clifton Roche mich angefahren hätte. Es war wie eine Einführungszeremonie in das weiße Südafrika.

Wie dieser Vorfall von neuem zeigte, war dieses Südafrika eher eine Idee als ein Ort. Clifton Roche mochte dort gewesen sein, aber er blieb ein Gegenstand der Gleichgültigkeit. Die Weißen waren nur tatsächlich, nicht theoretisch privilegiert. Die Theorie lautete, daß sie Rechte hatten, weil sie in weißem Land ansässig waren. Schwarze könnten in ihrem Land – oder, besser gesagt, in ihren Ländern – gleichfalls privilegiert sein. Während es für die Buren, die dominierende weiße Gruppe, vertretbar, wenn auch nicht gerade wünschenswert sei, in denselben Städten und Straßen zu leben wie englischsprachige Weiße, sogar wie Juden und Griechen, komme eine solche Vermischung im Falle der Schwarzen nicht in Frage. Zulu und Xhosa und all die anderen Stammesgruppen müßten räumlich getrennt werden. Dies diene nicht nur der Bequemlichkeit oder Sicherheit der Weißen, sondern auch dem Besten der Schwarzen. Von dem Beharren auf einer weißen Überlegenheit habe man inzwischen Abstand genommen. Aber es gebe eine »weiße Zivilisation«, die bewahrt werden müsse. Dies verlange, daß Schwarze nicht dieselben Universitäten besuchten wie Weiße und daß ihre eigenen sogenannten Universitäten außerhalb des weißen Landes zu liegen hätten – in ihren eigenen Ländern, wo immer das sei. Doch auch dort sei der Unterricht streng von Weißen zu kontrollieren. Die »Zivilisation« erfordere auch, daß Schwarze und Weiße nicht intimeren Umgang miteinander pflegten; dies verstehe sich von selbst und sei auch bereits von einem Unzuchtgesetz geregelt worden. Und »Zivilisation« sei doch gleichbedeutend mit der Herrschaft des Gesetzes, oder nicht?

Es war alles sehr logisch und moralisch, aber es schien, daß nur ein einziger Mann es erklären konnte, ohne sich in Widersprüche zu verwickeln. Zum Glück war der Chefideologe zugleich der Ministerpräsident, der erst kurz zuvor der Nation – der weißen Nation – erhalten geblieben war, nachdem ihm ein weißer Attentäter aus nächster Nähe zwei Kugeln in den Kopf gefeuert hatte. Ich selbst kam Hendrik Verwoerd am nächsten auf der Pressetribüne des Parlaments, von wo aus ich ihn beobachtete, wie er nachdenklich die Narbe betastete, die eine der Kugeln neben seinem Auge hinterlassen hatte. Aus dieser Entfernung wirkte er eisig und arrogant, aber diejenigen, die so nahe an ihn herankamen, daß sie in seine kleinen blauen Augen blicken konnten, hielten ihn gewöhnlich für einen freundlichen Mann. Was sie in diesen Augen niemals sahen, war auch nur der geringste Anflug von Selbstzweifel. Verwoerd gab sich nur mit offenbaren Wahrheiten ab, und obwohl er zweifellos nach seinen eigenen Begriffen ein demütiger und frommer Christ war, sorgte er dafür, daß er selbst die Offenbarungen verkündete, soweit es Fragen von Schwarz und Weiß in Südafrika betraf.

Ich hatte nie gedacht, daß vieles von dem, was ich für das Naturell der Buren hielt, von dem Naturell ihres Führers herrührte, eines Selfmade-Buren, der zwei Jahre vor der Emigration seiner Familie nach Südafrika in Amsterdam geboren und dann überwiegend an englischen Schulen in Kapstadt und Rhodesien erzogen worden war. Zur Zeit des Burenkrieges, der zehn Wochen vor dem Ende des neunzehnten Jahrhunderts ausbrach und sich über die ersten zweieinhalb Jahre des zwanzigsten erstreckte, waren die Buren ein Grenzvolk, dessen Nationalismus sich noch nicht zu einem doktrinären Glauben verhärtet hatte. Der Geist der Unabhängigkeit war bei ihnen so stark entwickelt, daß es sich als unmöglich erwies, in ihren Armeen, die die imperiale Großmacht in den ersten Monaten des Kampfes regelmäßig demütigten, die Disziplin aufrechtzuerhalten. Individuelle Burenkämpfer – Bure bedeutet einfach »Bauer« – kamen und gingen nach

Gutdünken und entschieden selbst, welche Schlachten sie des Schlagens für würdig hielten. »Der echte Burenkämpfer ist stets tolerant«, schrieb ein Kriegsveteran namens Deneys Reits. Verwoerds Familie, die erst nach Ende des Krieges eintraf, hatte nichts von dessen Bitterkeit – den Konzentrationslagern, in denen 26 000 Frauen und Kinder starben, den Verlusten von Höfen und Söhnen – erlebt. Aber jene, die nicht vergeben oder vergessen konnten, machten Hendrik Verwoerd zu ihrem Führer. Mit ihm an der Spitze schieden sie schließlich aus dem Commonwealth aus, womit er das Vermächtnis der weißen Republiken wiederaufleben ließ, die niedergeworfen wurden, während er noch als Kleinkind in Holland weilte. Burenkämpfer Verwoerd empfand keine Toleranz gegenüber abweichenden Meinungen. Infolgedessen waren während meines abgekürzten ersten Aufenthaltes in Südafrika abweichende Stimmen unter burischen Nationalisten fast genauso schwer zu hören wie die Stimmen schwarzer Nationalisten.

Verwoerd, eher ein Prophet und Visionär als ein Demagoge, beruhigte die Gemüter. Er hatte einen Plan, der obendrein moralisch war und funktionieren würde: Der Bantu würde in seinem »Homeland« wohnen, und die Welt würde in Ordnung sein. Seine Worte hörten sich plausibel an, weil er in Syllogismen sprach; die Prämissen waren schlichtweg verrückt, doch die Schlußfolgerungen entsprachen dem,was sein Publikum nur zu gern glauben wollte. Wenn er geendet hatte, gingen seine Zuhörer zufrieden nach Hause und gratulierten sich selbst zu ihrer christlichen Großherzigkeit. Bei seinem ersten Vorstoß in die Politik hatte dieser eingewanderte Sohn eines Einwanderers sich der jüdischen Einwanderung aus Nazideutschland widersetzt, weil die Zahl der Juden begrenzt werden müsse, um die Ausbreitung des Antisemitismus zu verhindern. Mit der gleichen Reinheit der Motive argumentierte er nun, daß man Schwarzen keinen festen Platz im »weißen Südafrika« gewähren dürfe, weil es eine Beeinträchtigung ihrer begründeten Ansprüche bedeute, sie als nicht stimmberechtigte Mehrheit dort zu behalten. Wer hingegen darauf bestehe, daß sie in »ihre eigenen Länder« gehörten – selbst wenn sie diese nie gesehen hatten, selbst wenn es nicht die geringste Chance gab, daß sie je dorthingehen würden, selbst wenn die meisten dieser sogenannten Länder nur in Verwoerds Phantasie existierten –, setze sich in Wirklichkeit für den schwarzen Nationalismus ein. Deshalb diene es sowohl den Schwarzen als auch der Erhaltung der weißen Nation, wenn man keinerlei Vermischung, in welcher Sphäre auch immer, zulassen würde: weder im Boxring noch auf dem Fußballplatz, weder im Jazzklub noch im Konzertsaal, ja nicht einmal am Arbeitsplatz, wo Weiße sich seit ihrem Eintreffen am Kap der Guten Hoffnung im Jahre 1652 auf nichtweiße Kräfte verlassen hatten. Verwoerd stand zu seinen Prinzipien und hatte keine schwarzen Diener in seiner offiziellen Residenz in Kapstadt.

»So bleibt einem nur die angespannte südafrikanische Gegenwart, die täglich in sich gekehrter, bruchstückhafter, öder wird.« Das jedenfalls war mein Eindruck, den ich in einem Abschiedsartikel nach meiner Ausweisung zu Papier brachte. Im September 1966, weniger als drei Monate nach dem Erscheinen des Artikels, wurde Verwoerd in der ersten Sitzreihe des weißen Parlaments von einem Parlamentsboten erstochen. Der Mörder hatte mehrfach in psychiatrischen Anstalten eingesessen und verfügte anscheinend über keines der politischen Motive, die so leicht für seine Tat hätten herangezogen werden können. Aber ich befand mich bereits auf dem Sprung nach Asien, und wenn ich überhaupt an Südafrika dachte, dann bestimmt nicht, um mich zu fragen, ob der Geist von Verwoerd noch herrsche. Ich nahm es ohnehin an. »In sich gekehrter, bruchstückhafter, öder«, dies blieb meine Vorstellung von dem Land, bis eine eher zufällige Reihe von Eindrücken und Erwägungen Zweifel in mir aufsteigen ließ.

Meine Ablehnung der Apartheid schwand nicht, doch zu meiner Überraschung schob sich ein Blaufilter des Relativismus vor meine Gedanken zu diesem Thema. Während eines Abstechers nach El Paso beispielsweise saß ich in einem Gerichtssaal, wo man Ausländer von jenseits des Rio Grande in dem gleichen Schnellverfahren, das ich aus Johannesburg kannte, aburteilte und dann deportierte. In Südafrika, dachte ich unwillkürlich, hätte man gesagt, sie seien »hinausvermerkt« worden. Mir war natürlich klar, daß dies im Grunde nicht ihr Land war, jedenfalls seit dem Mexikanischen Krieg nicht mehr, aber ich benötigte einige Augenblicke, um den moralischen Unterschied zu bemerken, und selbst dann fühlte ich mich nicht behaglich.

Auch in meine Reaktionen auf Nachrichtensendungen aus Südafrika schlich sich gelegentlich Relativismus ein. Wenn zum Beispiel wieder einmal Erregung wegen eines politischen Häftlings aufkam, der im Gewahrsam der Sicherheitspolizei gestorben war, konnte ich mich des Gedankens nicht erwehren, daß Südafrika seit dem Auftauchen der verschiedenen lateinamerikanischen Todesschwadronen und der Revolutionsgarde des Ajatollah, von den Roten Khmer gar nicht zu reden, plötzlich in das zweite Glied zurückgetreten war, was staatlichen Terror betraf, selbst wenn man die Erschießung jugendlicher Protestierer in Soweto oder die brutale Ermordung von Steve Biko berücksichtigte, jenes jungen Schwarzenführers, der bis zur Bewußtlosigkeit verprügelt und dann, nackt und gefesselt, auf dem Rücksitz eines Polizeiwagens über elfhundert Kilometer hinweg nach Pretoria befördert worden war, wo er schließlich starb.

Natürlich ist es unter globaler Perspektive leicht, das Leid einzelner Gruppen zu bagatellisieren, die Bedeutung ihrer Geschichte und ihrer besonderen Umstände zu leugnen. Wenn sich zeigen läßt, daß es jemandem in Gdansk oder Kampala oder Lahore schlechter geht als jemandem in Kapstadt, dann macht sich derjenige in Kapstadt, der sein Elend bejammert, eines Mangels an globaler Perspektive schuldig. Die Behauptung, daß sich mit rassischer Tyrannei leichter leben lasse als mit leninistischem Totalitarismus, hat mich nie überzeugt. Sie erschien mir für jemanden, der keines von beiden zu ertragen hat, als ungebührliches Kalkül. Ich brauchte nicht daran erinnert zu werden, daß ich weder ein Südafrikaner noch ein Schwarzer war. Nichtsdestoweniger wurde ich aus der Entfernung, aus der ich den Ereignissen folgte, eher von dem Aufkommen der Studentenproteste mit Biko an der Spitze als von ihrer Unterdrückung aufgewühlt. Wieder einmal ließen Schwarze ihre Stimme vernehmen. Dies war die Generation, die Verwoerd für ein Leben von dürftigen Privilegien und niedrigen Horizonten in den »Homelands« hatte ausbilden wollen, da es für sie, wie er sich ausdrückte, »in der europäischen Gemeinschaft oberhalb des Niveaus gewisser Arbeitsformen keinen Platz« geben könne. Man hatte ein System der »Bantu-Erziehung« ersonnen, um den »Bantu« vor der Frustration zu bewahren, die sich einstellen mußte, sobald er »den grünen Weiden der europäischen Gesellschaft« ausgesetzt würde, »auf denen er nicht grasen durfte«. Und nun stellte sich heraus, daß diese Menschen, wenigstens einige von ihnen, Frantz Fanon und Aimé Césaire gelesen hatten und sich erhoben, um das Vermächtnis des großen weißen Sehers zurückzuweisen und nach ihrem Geburtsrecht zu verlangen. Ohne Verwoerd am Ruder schienen die Buren ein wenig unsicher zu reagieren – unschlüssig, wie sie das von ihm entwickelte System rechtfertigen sollten. Sie hatten sich geändert, änderten sich, würden sich ändern; so behaupteten sie jedenfalls. Die Zeitformen verschwammen, ebenso das Versprechen, doch zumindest in ideologischer Hinsicht schienen sie einen ungeordneten Rückzug angetreten zu haben. In sich gekehrter? Das schien nicht mehr der Fall zu sein. Bruchstückhafter? Öder? Ich vermochte mir einfach nicht mehr vorzustellen, um was es sich handelte.

Von dieser Ungewißheit veranlaßt, fragte ich meine Herausgeber, ob ich die Möglichkeit einer Rückkehr erkunden dürfe. Die Sache wurde in Kapstadt diskret von John Burns ventiliert, der zehn Jahre nach meiner Ausweisung als nach mir erster ständiger Korrespondent der *New York Times* nach Südafrika gegangen war. Außenminister Pik Botha fragte ihn, nachdem mein Name zur Sprache gebracht worden war: »Meinen Sie, Mister Burns, daß ein zum Tode Verurteilter das Recht hat, sich die Zeugen seiner Hinrichtung auszusuchen?« Ich erblickte in diesem Scherz eine doppelte Ironie, eine Art Versprechen, daß ich enttäuscht sein würde, wenn ich glaubte, den Zusammenbruch der weißen Macht zu erleben. Aber ich nahm ihn auch als Auszeichnung. Fünf Monate später wurde mein Visum schließlich bewilligt.

Meine Zeitmaschine schien mich in das Land des Zauberers Oz gebracht zu haben. Oder war es Brobdingnag? Nein, es war Bophuthatswana. Dies hatte mein erstes Wochenende in Südafrika seit fast einer Generation sein sollen, und nun gab man mir zu verstehen, daß ich überhaupt nicht in Südafrika sei. Ich war im Tswana-»Nationalstaat«, von dem ich in meiner ersten Inkarnation nie gehört hatte, einfach weil er noch nicht existierte, es sei denn in Verwoerds Kopf. Damals hatte es etwas gegeben, was den Namen Tswana-Stammesbehörde trug, aber ich glaube, daß ich auch davon nie gehört hatte; wenn ja, dann hatte ich sicher nicht an einen bestimmten Ort gedacht. Allerdings war auch Bophuthatswana – nun angeblich eine souveräne und unabhängige Nation für die zwei Millionen schwarzer Südafrikaner tswanesischer Herkunft, die auf Grund dieses Staatsgebildes inzwischen nicht mehr als Südafrikaner galten – eigentlich kein bestimmter Ort. Es bestand aus wenigstens sieben Teilen, die über drei südafrikanische Provinzen verstreut lagen und von den ausgedehnten Gütern weißer Viehzüchter und Farmer umgeben waren. Auf der Fahrt von Johannesburg hatte ich dreimal seine Grenze überquert, ohne auf etwas zu stoßen, was auch nur entfernt einem Grenzposten ähnelte. Es gab kleine Schilder mit der Aufschrift »Bophuthatswan Border«, doch sie waren überflüssig; ein Blick aus dem Fenster genügte, um einem zu verraten, in welchem Land man war. Fuhr man durch menschenleere Felder und Weiden, auf denen lediglich Vieh und Getreide standen, so handelte es sich offensichtlich um Südafrika; fuhr man durch übervölkerte Stammesdörfer und triste Barackensiedlungen, dann mußte es der »Nationalstaat« sein. Aber nun befand ich mich weder in einem Dorf noch in einer Barackensiedlung. Ich war in einem glanzvollen Kasinoort namens Sun City, dessen Dekorationen vom Peachtree Plaza Hotel in Atlanta inspiriert zu sein schienen. Hier, wo Weiße und Schwarze so ungezwungen miteinander umgingen, als seien sie tatsächlich in Atlanta, sollten ein Schwarzer und ein Weißer um einen der beiden Weltmeistertitel im Schwergewicht boxen. Was würde Hendrik Verwoerd dazu sagen, dachte ich bei mir.

Von meinem Ringsitz aus schien es wahrscheinlich, daß Verwoerd sich angesichts dieser bizarren Erfüllung seiner Vision im Grab umdrehte, die sich gleichwohl in ein Fest des weißen südafrikanischen – vor allem burischen – Patriotismus verwandelte. Gerrie Coetzee aus Boksburg, Südafrika, sollte gegen Mike Weaver aus den rauheren Vierteln von Gatesville, Texas, kämpfen. Eine Menge von 17 000 Menschen, die etwa 100 000 Dosen Bier konsumiert hatten, grölte in gutmütiger Raserei, als die Titelmelodie des Films *Krieg der Sterne* aus gewaltigen quadrophonischen Lautsprechern dröhnte und ein hauptsächlich mit orangefarbenen Pfauenfedern und Ziermünzen bekleidetes Revuegirl aus dem Sun-City-Extravaganza-Ensemble durch den Gang tanzte, wobei sie zu Ehren des Herausforderers die südafrikanische Flagge schwenkte. Ein weiteres Revuegirl brachte Weaver und das Sternenbanner herein. Ihnen folgten Mädchen mit den Flaggen von Bophuthatswana und Sun City, bis sich schließlich elf überwiegend, aber nicht ausschließlich weiße Extravaganza-Tänzerinnen im Ring versammelt hatten, wo sie die Hinterteile schwenkten und die Füße in die Luft warfen. Floyd Patterson, der letzte schwarze Schwergewichtsmeister, der von einem Weißen besiegt worden war, wurde jubelnd begrüßt, während er durch die Seile kletterte; er trug ein T-Shirt, auf dem Reklame für Old Buck Gin, ein örtliches Gebräu, gemacht wurde. Es folgten die Nationalhymnen, auch die von Bophuthatswana, und die Tausende von Weißen nahmen feierlich Haltung an. Als das Revuegirl, das ihre Flagge hielt, schließlich das Signal gab, indem es sich den Stab auf den Bauchnabel stützte und die Flagge hochriß, stimmten sie aus vollen Kehlen und mit leidenschaftlicher Hingabe ihr eigenes Lied »Die Stem« (»Der Ruf«) an, so daß Coetzee kein Zweifel an seiner Pflicht blieb.

Dein Ruf nicht lange braucht zu werben,
Wir stehen fest und unverwandt,
Auf deinen Wunsch zu leben oder sterben,
Südafrika, o teures Land.

Der arme Kerl »starb« in der dreizehnten Runde: Mit dumpfem Aufschlag fiel er inmitten einer verblüfften und plötzlich verstummten Arena zu Boden. Jenen seiner Landsleute, die den Kampf unbedingt als rassische Allegorie betrachten wollten, hatte er eine eisige Vorankündigung ihres Schicksals präsentiert. Acht Runden lang hatte ihr Held, ihre weiße Hoffnung, schier unbesiegbar gewirkt, doch der schwarze Mann hatte sich als geduldiger, entschlossener und letzten

Endes einfach stärker erwiesen. Im fernen Soweto jubelten die Schwarzen über die Niederlage des Buren. Eine Stimmung aus Enttäuschung und Bedauern legte sich über den Kasinoort in dem »unabhängigen« Homeland. Aber es gab keine offensichtliche rassische Bitterkeit, als Buren und Tswana sich Schulter an Schulter an den Automaten und Schnellimbißständen drängten.

Das, was einer Konfrontation am nächsten kam, spielte sich am Eingang des Kasinos ab, wo ein uniformierter schwarzer Sicherheitspolizist einem jungen Buren in Lederjacke mitteilte, daß er in Turnschuhen nicht weitergehen dürfe. Der Gedanke lag nahe, daß es sich um die erste Begegnung des jungen Mannes mit einer schwarzen Autoritätsperson handelte.

»Wieso nicht?« fragte er, als wolle er seine weiße Haut geltend machen, doch gleichzeitig blickte er mit merklicher Unsicherheit in die Runde, um sich bei seinen Freunden Bestärkung zu holen.

»Das ist hier Vorschrift«, sagte der Schwarze.

»Wozu dient diese Vorschrift?«

»Hören Sie«, erwiderte der Kontrollbeamte, während er versuchte, den Eingang freizumachen und die Schlange in Bewegung zu setzen, »ich will nicht mit Ihnen debattieren!«

Der junge Weiße wußte nicht, wie er zurückweichen sollte, ohne sich zu blamieren, und beharrte, auf die klobigen Schuhe des Polizisten deutend: »Was haben diese Schuhe gekostet? Meine kosten neunzehn Rand.«

»Das ist billig«, sagte der Schwarze.

»Was soll das heißen – billig? Was haben Ihre gekostet?« Und als er keine Antwort erhielt: »Wollen Sie mein Geld nicht?«

Nun war der Mann in Uniform beleidigt. »*Ihr* Geld brauche ich nicht«, entgegnete er. »Ich werde bezahlt.«

Der Junge mit der Lederjacke war nun so geschlagen wie Gerrie Coetzee. Seine Vorväter hatten ein halbes Jahrhundert lang gegen Schwarze gekämpft und eine ihrer Grenzrepubliken in dieser Gegend auf eine Verfassung gegründet, die »jede Gleichheit . . . ob in Kirche oder Staat« verbot. Dann waren sie in einem schmutzigen Krieg von den Briten niedergerungen worden und hatten ihre Republik verloren;

doch sie hatten so entschlossen an ihren Prinzipien festgehalten und ihren Groll und den Glauben an ihre Auserwähltheit so intensiv gepflegt, daß es ihnen Jahrzehnte später gelungen war, den Lauf der Geschichte umzukehren. Der patriarchalische Paul Krüger hatte am Ende des neunzehnten Jahrhunderts erklärt: »Der blindeste Heide und die ungläubigste Kreatur müssen anerkennen, daß hier Gottes Hand im Spiel ist.« Und nun hatte dieser zähe Kampf der Buren dazu geführt, daß ein aufrechter – zumindest aufgerichteter – junger Angehöriger ihres Stammes an einem Kasinoeingang von einem schwarzen Polizisten abgewiesen werden konnte. War das auch Gottes Hand?

Wenn ich den Designeremblemen und -signaturen, die viele der Weißen im Kasino auf ihren Ärmeln und Taschen zur Schau trugen, mehr Aufmerksamkeit geschenkt hätte, wäre mir vielleicht aufgefallen, daß im Lande ein gegenläufiger Luxuscode im Begriff war, sich durchzusetzen. »Bekleidung modisch-lässig«, gebieten Schilder am Eingang der meisten Etablissements, die den Anspruch erheben, über dem Durchschnitt zu stehen. Oder, absurder: »Elegant-lässig«. Oder auch, alle Befangenheiten einer Klasse von arrivierten Puritanern in drei Wörtern unterbringend: »Streng modisch-lässig«. Auch das unabhängige Bophuthatswana, dessen Grenzen in der Dunkelheit nicht zu erkennen waren, als ich in den frühen Morgenstunden zusammen mit Allister Sparks nach Johannesburg zurückfuhr, schien bestrebt, »modisch-lässig« zu sein. Sparks, ein Berufskollege und alter Freund, verfuhr sich in der Nachbarschaft von zwei Transvaal-Dörfchen, Hartbeespoort und Hartbeeshoek. Es war drei Uhr morgens, es gab keinen Verkehr, und wir hatten keine Karte. Die Hersteller der Straßenschilder, die etwa alle vierzig Kilometer im Licht unserer Scheinwerfer auftauchten, hatten offenbar nie von Johannesburg oder Pretoria gehört, nur von Städtchen, die nach Antilopen – entweder *hartebeests* oder *elands** – benannt waren. In meiner Phantasie verschmolzen sie alle zu einem mystischen Hartbeespoortfontein. Die Orte, durch die uns unser launischer Kompaß führte, erheiterten uns

* hartebeest: Kuhantilope; *eland:* Elenantilope.

zunehmend, während wir ihre Namen aussprachen. »Ich glaube, dies ist jetzt Hartbeespoortfontein«, sagte ich zum Beispiel. »Nein«, widersprach Sparks, »ich glaube, es ist Bophuthatswana.« Und so lachte ein blinder Heide während des größten Teils der Rückfahrt, wie er noch nie zuvor in Südafrika gelacht hatte, ohne daß er hätte erklären können, was eigentlich so lustig war.

Weiße Phantasien, schwarze Realitäten

Der schwarze Etagenkellner, der mir am späten Vormittag nach dem Boxkampf mein Frühstück im Carlton-Hotel in Johannesburg servierte, schaffte es, mich vier- oder fünfmal mit »Sir« anzureden. Die Untertänigkeit ging mir unter die weiße Haut; zum erstenmal seit Jahren verspürte ich den Drang zu protestieren: »Ich bin nicht von hier.« Statt dessen griff ich nach der Rechnung. Im selben Augenblick wechselte der Kellner seinen Jargon und redete mit natürlicher Stimme, ohne »Sir«, weiter. Was er sagte, hatte mit dem wirklichen Leben zu tun, aber ich bekam es nicht sofort mit. »Sehen Sie«, wiederholte er und zeigte auf ein Dach, das anderthalb Häuserblocks entfernt und rund ein Dutzend Stockwerke niedriger war. »Jemand wird verhaftet.«

Nachdem ich meine Brille aufgesetzt hatte, konnte ich drei blaue Gestalten erkennen, offensichtlich Polizisten, die drei Schwarzen gegenüberstanden, während mehrere andere Schwarze aus einer Distanz von vielleicht zwanzig Metern zusahen. Einer der Polizisten schien etwas zu studieren, das er in Brusthöhe vor sich hielt. Ich wußte – oder glaubte zu wissen –, daß es ein Paßbuch war.

»Ist es eine Paßgesetz-Verhaftung?« fragte ich.

»Muß es wohl sein«, antwortete der Kellner über die Schulter hinweg. Plötzlich klang er neutral, als gehe ihn die Sache nichts an.

Danach, so glaube ich, nahm ich etwas von meinem Frühstück. Als ich das nächstemal hinausblickte, hatten zwei der Polizisten einen der Schwarzen an eine Wand gestellt. Langsam und systematisch prügelten sie auf seinen Kopf und seine Schultern ein, anscheinend mit den Fäusten. Wenn der Mann sich duckte, warteten sie, bis er wieder den Kopf hob; dann schmetterte einer von ihnen ihm wieder die Faust ins Gesicht. Aus der Entfernung, im Gleißen der Morgensonne, hatte die Szene etwas Surreales, als sei ich eine Person in einer Traumsequenz, die durch Vorhänge auf einen mittelalterlichen Platz späht, wo etwas Unheimliches vor sich geht. Abgesehen von dem schwachen Tuten einer fernen Hupe und dem Summen der Klimaanlage war kein Laut zu hören; auf den Straßen unter uns floß der geringe Verkehr des Sonntagmorgens ruhig dahin, und Familiengruppen schwarzer und weißer Hautfarbe schlenderten gemächlich an den Schaufenstern vorbei. Ich brauchte nicht einmal den Kopf zu bewegen, um den Blick von ihnen auf die gespenstisch lautlose Prügelei zu verlagern, die sich, vor ihren Blicken verborgen, auf dem Dach abspielte. So betrachtet, wirkte die Prügelei nicht mehr surreal, sondern normal.

Nachdem sie mit dem Mann an der Wand fertig waren, wandten sich die drei Gestalten in Blau den anderen zu. Einer von ihnen ging langsam zu einem Mann hinüber, der neben etwas stand, das wie ein Waschbottich aussah. Vielleicht sagte der Polizist etwas, vielleicht ließ er seinen Gesichtsausdruck sprechen; das einzige, was ich sehen konnte, war die Bewegung seines Arms, als er dem Mann einen Schlag an die Schläfe versetzte. Die beiden anderen verfolgten einen dritten Schwarzen zu der abgelegenen Seite des Daches. Der Gejagte versuchte, ihnen auszuweichen, dann hockte er sich, die Arme schützend über den Kopf gehoben, in der Nähe der Brüstung hin. Gemeinsam zerrten die Polizisten ihn auf die Beine. Während der eine ihn festhielt, schlug ihn der andere dreimal heftig ins Gesicht. Nummer eins brachte noch einen ungelenken Rückhandschlag mit der Linken an, bevor er sein Opfer fallen ließ; nun kehrten die beiden Beamten zu dem Waschbottich – oder was immer es war – zurück, um auf den dort stehenden Mann einzudreschen, dessen Fehler es offenbar gewesen war, nicht zu Boden zu gehen. Dann verschwanden sie.

Ich duschte, zog mich an und ging nach unten. Das Carlton ist ein sogenanntes »internationales« Hotel – ein Euphemismus, der bedeutet, daß es Weiße und die relativ kleine Zahl von Schwarzen aufnimmt, die wohlhabend genug sind, um hier abzusteigen, und erpicht genug, um die in dem Wort »international« steckende Anspielung, daß sie Ausländer seien, zu ignorieren. Ein modisch gekleidetes schwarzes Paar blätterte in einem Führer mit dem Titel »Was ist los in Johannesburg?«. Ein Schwarzer hatte Dienst an der Rezeption. Eine Hotelhalle in Detroit hätte kaum anders ausgesehen. Ich überquerte die Straße, ging einen Häuserblock weiter und stieg auf das Dach, das ich vom Hotelfenster aus beobachtet hatte. Dort traf ich auf etwa ein halbes Dutzend Männer, die sich in einem kleinen, mit Etagenbetten vollgestellten Holzverschlag drängten und zwei weiteren zusahen, die mit Cola-Kronkorken Dame spielten. Mein Auftauchen rief kein erkennbares Erstaunen oder Interesse hervor. Ich erklärte verlegen, daß ich Amerikaner sei, im Carlton wohne und Zeuge ihres Zusammenstoßes mit der Polizei geworden sei. Die Antwort war Schweigen. Es schien eindeutig, daß jeder in dem kleinen Raum von zwischenrassischer Kommunikation genug hatte und mein Interesse bestenfalls unerwünscht war. Trotzdem versuchte ich, das Schweigen mit Fragen zu brechen. Ein stämmiger Mann mit kahlgeschorenem Kopf und bleistiftdünnem Schnurrbart sprach für die Gruppe, doch er gab nur karge Antworten. Ja, die Polizei komme manchmal, um ihre Paßbücher zu überprüfen. Ja, sie seien in Ordnung. Ja, sie arbeiteten in der Nachbarschaft. Unten in einem Restaurant namens Chez André. Nein, sie würden normalerweise nicht in dieser Weise angegriffen, wenn die Polizei komme. Nein, die Polizisten schrien beim Prügeln nicht. Sie fluchten auch nicht. Sie sagten überhaupt nichts. Nein, die Männer seien nicht überrascht darüber, daß es geschehen sei.

Mir fiel kaum noch eine Frage ein, und ich hatte immer noch nicht den Hauch einer Erklärung bekommen. Was war eigentlich los gewesen? Der Sprecher antwortete, ohne die geringste Emotion zu zeigen und ohne die Augen von dem Damebrett zu heben, wo das Spiel weiterging: »Vielleicht hat es ihnen nicht gefallen, wie ihr Bruder gestern abend besiegt wurde.«

Weniger als eine Stunde später, bei einem eleganten Lunch in einem der parkähnlichen Gärten der weißen Vororte, erzählte ich meiner Gastgeberin von der blindwütigen Rachsucht dieses Epilogs zu dem Kampf von Coetzee. Ich befand mich wieder in den an Tschechow erinnernden Bezirken von Johannesburg, wo große Privilegien und ein großes soziales Gewissen mitunter Hand in Hand gehen. Meine Gastgeberin war Helen Suzman, eine liberale Abgeordnete des weißen Parlaments, die seit fast drei Jahrzehnten engagiert gegen jedes

Apartheidgesetz und jede Ausweitung der Staatswillkür gefochten hatte; in der finstersten Periode, dreizehn Jahre hintereinander, hatte sie als unermüdliche Ein-Personen-Minderheit für all jene gesprochen, die zum Schweigen gebracht worden waren. Als Frau ohne Illusionen begriff sie sofort, weshalb die Opfer kein Interesse daran hatten, Anzeige zu erstatten. Polizisten, so sagte sie, würden stets füreinander aussagen, und die Schwarzen müßten Glück haben, um nicht wegen Gewaltanwendung inhaftiert zu werden; nicht nur ihr Arbeitsplatz, auch ihr Status als Wanderarbeiter in den Stadtgebieten könne davon abhängig gemacht werden, daß sie alle Unannehmlichkeiten schweigend hinnähmen. Letztlich habe es sich um eine Lektion in Hilflosigkeit gehandelt.

Dies bedeutet nicht, daß sie sich demütig oder resignierend mit allem abfinden würden, dachte ich später bei dem Versuch, mir ihre Einstellung auf Grund ihrer knappen Antworten auf meine Fragen zu verdeutlichen. Nicht überrascht zu sein hieß nicht, so schien mir, zu vergeben. Es bedeutete, eine Rechnung aufzumachen.

Von einem didaktischen Standpunkt aus war es möglicherweise vorteilhaft, daß ich bereits am dritten Morgen, den ich nach fast fünfzehn Jahren wieder im Lande verbrachte, auf so drastische Weise an dessen Grundkonflikt erinnert wurde. Aber natürlich war es keine neue Entdeckung. Ich wußte, alle Welt wußte, daß es hier ein Problem der Rassenherrschaft gab. Doch in den folgenden drei Jahren wurde ich regelmäßig von Südafrika überrascht und häufig in Erstaunen versetzt. Es war ein merkwürdiges Gefühl, vielleicht ein billiger Nervenkitzel, nur für Außenseiter und Voyeure erlebbar, die sich einen gewissen Zugang zu den unterschiedlichen rassischen und politischen Lagern zu bewahren vermögen – was nur wenige Südafrikaner können – und die für die enormen Ausflüchte der Weißen und das hilflose Wissen der Schwarzen, die vorsätzliche Leugnung der Realität ebenso wie ihr zermalmendes Gewicht, empfänglich sind. Südafrika war, soweit es die Nachforschungen eines Außenstehenden betraf, offener als in der Eiszeit unter Verwoerd. Ich konnte an einem einzigen Tag durch mehrere Welten reisen, konnte dieselbe Szenerie durch verschiedene

Objektive betrachten. Oft war ich so voll von Eindrücken, empfand mich dermaßen übersättigt, daß ich das Gefühl hatte, nichts mehr aufnehmen zu können. Manchmal pochte mir der Schädel, weil ich zu viele – ernst oder bitter vorgetragene – entgegengesetzte Ansichten gehört hatte; bei anderen Gelegenheiten, besonders wenn ich mit solchen Weißen sprach, die ihre Privilegien selbstgefällig hinzunehmen schienen, verspürte ich die leichte und möglicherweise niederträchtige Befriedigung der Gewißheit, daß ich während meines kurzen Aufenthalts viel gründlichere Reisen durch ihr Land gemacht hatte, als sie es während ihres gesamten Lebens tun würden.

Mit seiner Weite und strengen Schönheit war Südafrika immer noch ein faszinierendes Land. Auch was seinen politischen Konflikt anging, war es immer noch fesselnd. Aber es unterschied sich von anderen faszinierenden Ländern und fesselnden Konflikten durch seine vielfältigen Methoden, auf sich selbst zu schauen: zu erklären, zu rationalisieren, zu vergessen. Und hier – auf der Ebene der Wahrnehmung und Selbstdarstellung – erschien mir Südafrika verändert, als ich zurückkehrte. Irgend etwas war zweifellos in Bewegung geraten, aber was immer es auch sein mochte, es war nicht die politische Macht.

In den Jahren, die zwischen meinen beiden Aufenthalten dort vergangen waren, hatten sich die weißen Siedler- oder Kolonialregime in Rhodesien, Angola und Mosambik, jenen wichtigen Pufferstaaten entlang der südafrikanischen Grenze, aufgelöst, und die schwarze Bevölkerung im Inneren des Landes hatte sich um neunzig Prozent vermehrt, verglichen mit nur dreißig Prozent Zuwachs bei den Weißen (deren Anteil an der Gesamtbevölkerung von rund zweiunddreißig Millionen damit von achtzehn auf fünfzehn Prozent gesunken war). Dies waren deutliche Zeichen, doch die weiße Macht schien fester verankert und mit sich selbst und ihrer Politik zufriedener denn je. Verwoerds alter Trick, Posen zu ändern und Praktiken beizubehalten, die weiße Vorherrschaft theoretisch zu beseitigen, ohne ihre Vorteile aufzugeben, war inzwischen glänzend ausgefeilt worden. Man hatte sogar Wege gefunden, neben den Posen auch gewisse Praktiken zu ändern, ohne die weiße Vorherrschaft zu gefährden. Schwarze Gewerkschaften erhielten legale Rechte. Man bot den farbigen Minderheiten, den Mischlingen und Indern, eine untergeordnete Partnerschaft in einer nationalen Regierung an, die weiterhin die Schwarzen ausschloß. Inzwischen erschien Verwoerd wie ein Monument an intellektueller Redlichkeit, denn er hatte den Schwarzen wenigstens gesagt, daß sie keine Chance in der weißen Welt hätten, daß sie anderswohin gehörten.

Seine Nachfolger schickten die Schwarzen immer noch anderswohin – in die »Homelands«, wo man sie sodann juristisch als Ausländer definieren konnte –, während sie gleichzeitig erklärten, daß Schwarze – oder wenigstens einige Schwarze – jede Chance in Südafrika erhalten müßten, daß sie als Konsumenten, Facharbeiter, ja sogar Manager eine wesentliche Rolle spielten oder bald spielen würden. Dem sich entwickelnden weißen Ethos zufolge hatte Südafrika sich also bereits, unabhängig von seinen Gesetzen, in eine Meritokratie verwandelt. Wenn es zufällig auch eine Rassenhierarchie besaß, so war das kein Problem, kein Ausdruck dessen, was naive Außenstehende als groteskes Ungleichgewicht der Macht ansehen könnten. Statt dessen sollte man diese Hierarchie als Ergebnis von Geschichte und Kultur, von natürlicher Auslese und vielleicht auch von biologischer Vorherbestimmung ansehen; jedenfalls als Ausdruck dessen, was das Land zu seiner Entwicklung brauche und was auch die Schwarzen brauchten und sich selbst wünschen würden, wenn sie nur in der Lage wären, die Lektionen der zahlreichen Katastrophen des nachkolonialen Afrika zu lernen, die die meisten Weißen auswendig kennen oder zu kennen glauben.

Das Wort »Apartheid« (wörtlich »Gesondertheit«) wurde im Jahre 1948 als Wahlversprechen von der politischen Partei geprägt, die seitdem an der Regierung ist. Aber heute wird es von den Hohepriestern ebendieser Partei vermieden, sogar verabscheut, als sei es ein von den Feinden des Landes ersonnenes Attribut. »Apartheid, was immer das bedeuten soll«, höhnte ein Leitartikel in *Die Burger,* der Parteizeitung in Kapstadt. Als wenn Daniel F. Malan, der erste Herausgeber der Zeitung, nicht mit dem Apartheid-Programm Regierungschef geworden wäre, als wenn er nicht versprochen hätte, »Südafrika zu einem Land des weißen Mannes zu machen«, als wenn die Politik der

Apartheid Kapstadt nicht verwandelt hätte, als wenn sie dort nicht strikter zum Zuge gekommen wäre als irgendwo sonst. »Apartheid, der Propaganda-Begriff der vergangenen Jahrzehnte«, hieß es murrend in *Rapport,* einer anderen regierungstreuen Zeitung.

Aber das Versprechen von 1948 ist unerbittlich eingelöst, in die Landschaft eingemeißelt worden. Die Gebiete, in denen einst Weiße, Braune und Schwarze nebeneinander lebten, sind fast ausnahmslos geräumt und »gesondert« worden. Vor der Apartheid wohnte ein Drittel der Weißen von Kapstadt in Bezirken, in denen auch Farbige lebten. Heute sind dic Ausnahmen von der Regel der Rassentrennung so selten, daß sie statistisch unsichtbar bleiben. Es gibt zwar immer noch einiges zu bereinigen – einige »schwarze Flecke«, das heißt Grundstücke von Schwarzen in gesetzlich zu »weißen Gebieten« erklärten Zonen, sind noch zu enteignen –, doch das rassische Schachbrett ist dem Land bereits fest aufgeprägt.

»Sie brauchen ihre Gesetze nicht mehr«, sagte mir J. N. Singh, ein leidenschaftlicher Führer des Widerstandes gegen die Apartheid in den vierziger und fünfziger Jahren, nachdem er mir die Viertel in Durban gezeigt hatte, aus denen Inder vertrieben worden waren. »Sie haben es geschafft! Wer auch immer an die Macht kommt, wird *dies* nicht mehr ändern können.« Mit ausholender Geste wies er über ein indisches Stadtviertel namens Chatsworth, in das man im Zuge der Rassentrennung Personen indischer Herkunft umgesiedelt hatte. Am anderen Ende der Stadt, unweit des Meeres, war das Grundstück, auf dem einst das Haus seiner Familie gestanden hatte, nun Teil eines Parkplatzes für das Einkaufszentrum eines Weißenviertels geworden. Auf der gegenüberliegenden Straßenseite standen eine weiße Methodistenkirche und eine burische Mittelschule. Grundstücksspekulanten verdienten sich eine goldene Nase an den Apartmenthochhäusern für Weiße, die in der Umgebung, mit Blick auf die Brandung des Indischen Ozeans, emporgeschossen waren. Der einzige Hinweis darauf, daß man das Land Indern weggenommen – oder, in Anbetracht der damit gemachten Profite, gestohlen – hatte, waren überwucherte Mangohaine an einem Hang, an dem einst hinduistische und moslemische Kaufleute gewohnt hatten, und eine weiß getünchte

Moschee, die – wie ein schwaches Zeichen der Barmherzigkeit – nicht dem Erdboden gleichgemacht worden war.

Ich unternahm ähnliche Rundfahrten in vielen südafrikanischen Orten und Städten und besuchte die Viertel, aus denen Schwarze und Mischlinge allein ihrer Hautfarbe wegen vertrieben worden waren. Die Nachbeben dieser Erschütterungen verschwinden rasch aus dem Gedächtnis der Weißen – wie die Oberfläche eines Teiches sich nach einem Steinwurf bald wieder glättet –, so daß sich der tiefsitzende Groll von Schwarzen und Mischlingen ihrem Bewußtsein entzieht. In Johannesburg etwa wurde das alte Schwarzenviertel Sophiatown in Triomf (»Triumph«) umbenannt, als die Weißen es bezogen. Jahre später waren die Bulldozer dabei, Inder aus dem Bezirk Pageview zu vertreiben, wo sie seit Gandhis Zeit gewohnt hatten. In Kapstadt gab es die nackte Wunde eines abgerissenen Viertels an den Ausläufern des Tafelbergs; dieses Viertel, das bei meinem ersten Aufenthalt in Südafrika dicht bevölkert gewesen war, hauptsächlich von Mischlingen, war nun eine Ödfläche im Herzen der Stadt.

In Uitenhage, einer Industriestadt am östlichen Kap, begleitete mich Reverend Allan Hendrickse, Kongregationalist und Führer einer politischen Gruppe von Mischlingen, die beschlossen hatte, die neue Verfassungsordnung als Pakt mit dem Teufel zu akzeptieren, zu den Ruinen der Kirche, deren Bau sein Vater sein ganzes Leben gewidmet hatte. Als das Gebiet aufgrund des berüchtigten Group Areas Act (der die gebietsmäßige Rassentrennung vorsieht) für »weiß« erklärt worden war und Bulldozer anrückten, um das Gotteshaus niederzureißen, hatte sich die Gesundheit des alten Hendrickse verschlechtert, und er war kurz darauf gestorben. Von seinem Lebenswerk war nur noch ein Überrest des Glockenturms stehen geblieben. Allan Hendrickse erklärte mit grimmiger Befriedigung, daß dieser letzte Teil der Kirche seines Vaters wundersamerweise der Kette widerstanden habe, die um ihn geschlungen und an einem Bulldozer befestigt worden war. Sie war auch nicht gerissen, nachdem der Bulldozer angefahren war; statt dessen war die schwere Maschine jäh zum Stehen gekommen, wobei der weiße Fahrer aus seinem Sitz geschleudert wurde und sich den Hals brach. Dies wurde als Zeichen Gottes gedeutet, und der Bulldozer kehrte nicht mehr zurück, um sein Zerstörungswerk zu beenden. In Reverend Hendrickses neuer Kirche in einer getrenntrassischen Township war an einer Mauer, die mit den Steinen der alten Kirche gebaut worden war, eine Tafel mit der Aufschrift angebracht: »Zum Andenken an Reverend C. W. Hendrickse und alle anderen Opfer des Group Areas Act.«

In Oudtshoorn, einer weiteren Stadt am Kap, die nach dem Group Areas Act zum Vorteil der Weißen auf rassischer Grundlage neu geordnet worden war, hatte ein junger Mischlingsbeamter von seinem weißen Vorgesetzten den Auftrag erhalten, mir zu zeigen, wie gut seine Rassegenossen in ihrer neuen Township lebten. Er dehnte die Besichtigungstour aus und zeigte mir, wo sie vor der Umsiedlung gewohnt hatten. Jedes Wochenende könne man Mischlinge aus Port Elizabeth oder Kapstadt oder Johannesburg langsam durch die alten Viertel von Oudtshoorn fahren sehen, in denen sie aufgewachsen waren. »Und dann kommt die große Wehmut«, sagte der junge Mann, und ich hatte den Eindruck, daß sie ihn selbst überkam.

Die Apartheid (»was immer das bedeuten soll«) ist also alles andere als eine fixe Idee. Man kann sie sehen oder, besser gesagt, nicht sehen, denn sie ist der Schirm, der die umfassende Realität des schwarzen Südafrika vor den Augen der meisten Weißen verbirgt. Kaum irgendwo müssen Weiße heute in der Nähe von Schwarzen leben – ausgenommen jene Schwarzen (allein in Johannesburg 120000), die sie sich als Bedienstete halten –, und fast nirgends brauchen sie zu sehen, wo und wie Schwarze leben, es sei denn gelegentlich von ferne aus einem vorbeifahrenden Auto. Weiße benötigen immer noch eine Genehmigung, um schwarze Townships zu betreten (auf meinem Passierschein für Soweto stand die Warnung, daß er mir »jederzeit ohne Angabe von Gründen entzogen werden« könne). Und Schwarze benötigen umgekehrt eine behördliche Erlaubnis, um sich in »weißen Gebieten« aufzuhalten. Doch auf den Schirm der Apartheid – und dies macht, so könnte man sagen, seine düstere Schönheit aus – können Weiße jede ihnen genehme Version der Wirklichkeit projizieren, darunter auch ihre eigenen Phantasien vom Leben in einer Gesellschaft, die keine Apartheid kennt.

Dieses neuersonnene Südafrika ist stets aufnahmebereit, trotzig geöffnet für die Welt, von der es in regelmäßigen Abständen mit Sanktionen und Boykotten bedroht wird. Nachdem etwa 15000 Bücher, Zeitschriften, Broschüren, Kalender und Plakate verboten worden waren, schien man nun, auf Druck von Weißen, hauptsächlich von Buren, die Zensurwut zu zügeln. Nicht nur wurde 1982 das Verbot von *Lady Chatterley* aufgehoben, nun ließ eine rasch aufpolierte Revisionsbehörde sogar Romane zu, die Folterungen durch die südafrikanische Sicherheitspolizei schilderten. Einer von ihnen, *Store Up the Anger* von Wessel Ebersohn, enthielt die klinisch genaue Beschreibung eines Todes in der Haft, der starke Parallelen zu Steve Bikos Ermordung aufwies. So etwas war jetzt zulässig, doch jedes Wort, das Biko gesprochen oder geschrieben hatte, blieb verboten. Wie so vieles in Südafrika war der Unterschied kompliziert, ohne subtil zu sein: Schwarze müssen immer noch so weit wie möglich von radikalen und revolutionären Ansichten und von ihrer eigenen Widerstandstradition isoliert werden, aber wenngleich Folterungen praktiziert werden müssen, brauchen sie nicht entschuldigt zu werden. Mit anderen Worten, der Staat und seine Zensoren sollen den Anschein von »Vernunft« erwecken. Deshalb werden die Werke von Karl Marx offen verkauft, aber nicht die von Lenin oder Mao oder Frantz Fanon. Der Kampf für Frauenemanzipation und Schwulenrechte, nicht aber der schwarze Nationalismus, gehen bei der Zensur durch.

Der südafrikanische Staat ist den meisten seiner Bürger gegenüber immer noch autoritär, vermag jedoch Verschrobenheiten aller Art zu tolerieren. Von allen bekannten Bewegungen scheinen nur Kommunismus und schwarzer Nationalismus einer lückenlosen polizeilichen Quarantäne unterworfen zu sein. Es ist unklar, ob die Behörden gelernt haben, feine Unterschiede zwischen Worten und Taten zu machen, oder ob sie so von den Taten in Anspruch genommen werden, daß das Reden relativ ungehindert möglich ist, jedenfalls wenn Weiße sich mit Weißen und sogar wenn Schwarze sich mit Weißen unterhalten. Scheinbar liberale Meinungen sprießen aus höchst unwirklichem Boden hervor, wie saftige Pflanzen aus der dürren Grassteppe: in Hochglanzjournalen, bestimmt für den Couchtisch von Industriekapitänen, die es als hilfreich empfinden, ihren ausländischen Bankiers als »Anhänger der Chancengleichheit« zu erscheinen, und sogar in der regierungstreuen afrikaanssprachigen Presse. Es ist nicht länger sinnvoll, von einem weißen Monolithen zu sprechen; schließlich ist ein wenig Promiskuität im Bereich der Meinungsäußerung nicht gefährlich, sondern gut für das Image, gut für die Selbstachtung. Also reden die verschiedenen weißen Eliten ständig über ihre eigene Zukunft und die des Landes; sie tun dies in einem dichten Netz inzestuöser Diskussionsgruppen, die sich ihrer Offenheit rühmen und nun regelmäßig die Ansichten von Mischlingen und Schwarzen einholen. Dabei bedienen sie sich einer Liste mit fünfzehn oder zwanzig Namen – von siebenundzwanzig oder achtundzwanzig Millionen; es sind hauptsächlich Personen, von denen man erwartet, daß sie »verantwortungsbewußt« sein werden, sowie einige wenige, die über verbale Peitschen und Ketten verfügen, um das gelegentliche weiße Verlangen nach Geißelung zu befriedigen.

Da ich meine Beobachtungen auf der weißen Seite der Rassengrenze begann, vermochte ich erst nach einer Weile die Grenzen dieser neuen Offenheit zu durchschauen und zu begreifen, daß Nichtweiße bei solchen interrassischen Begegnungen normalerweise stark in der Minderheit sind, daß sie vor allem dann eingeladen werden, wenn Weiße sich Ausländern gegenüber hervortun wollen, daß die Weißen nicht allzu interessiert an ihren Mitteilungen sind und daß kaum ein weißer Teilnehmer solcher Treffen sich je ein nützliches Gespräch würde vorstellen können, bei dem die Weißen in der Minderheit wären und niedergeredet würden. Auf der Suche nach einer unverfänglichen Ebene, auf der ihr Spielraum und ihre Macht nicht beeinträchtigt werden, sind die Weißen bereit, ausgewählte Schwarze zu ihrem Kreis zuzulassen. Aber sogar diese wenigen Auserwählten, die wissen, daß man sie herablassend behandelt, treiben die Unterhaltung oft weiter, als es den Weißen lieb ist: bis zur Erörterung grundsätzlicher Lösungen. Bei einem dieser kleinen Symposien, an denen ich teilnahm, schwieg ein etablierter Mischling – der die anwesenden Industriemagnaten ungezwungen mit dem Vornamen anredete – zwei Stunden lang vor sich hin, während die Weißen ihre übliche gesellige Debatte über die unmittelbare Zukunft führten. Dann explodierte er: »Kümmert es euch eigentlich, daß ich kein Wort von dem, was ihr hier von euch gebt, mitbekommen habe?« Als er Augenblicke später hinausstürmte, verstummte die Diskussion kurz, um dann fortgesetzt zu werden, als sei nichts geschehen.

Ich brauchte auch eine ganze Weile, um zu erkennen, wie anders die Regeln sind, wenn Schwarze mit Schwarzen reden. Auch hier geht es nun lockerer zu, denn die Spitzelgefahr erstickt nicht mehr jedwede Meinungsäußerung in Privatgesprächen. Aber die Gelegenheiten zu öffentlichen Äußerungen bleiben eng begrenzt, und das Spitzelnetz verbreitet immer noch Mißtrauen; bei jedem ernsthaften politischen Treffen, auf dessen Tagesordnung Aktionen stehen, muß man damit rechnen, daß ein Polizeiagent anwesend ist. Ein schwarzer Politiker braucht keine Genehmigung, um ein »internationales« Restaurant in einem »weißen Gebiet« aufzusuchen und sich dort mit einem ausländischen Journalisten oder anderen interessierten Weißen bei einem Essen auf Spesen über die Revolution zu unterhalten. Aber wenn er versuchen sollte, eine öffentliche Versammlung in einer schwarzen Township einzuberufen, um gegen eine Erhöhung der Bustarife zu protestieren, oder gar gegen irgendwelche Festnahmen oder einen Armeevorstoß über die Grenze in einen schwarzen Nachbarstaat, dann wird dies mit allergrößter Wahrscheinlichkeit als potentielle »Zusammenrottung« nach dem Gesetz für innere Sicherheit verboten. Während die Behörden die Zensur lockerten, brachten sie gleichzeitig ein Gesetz ein, das die Polizei autorisierte, politische Erklärungen oder Lieder bei schwarzen Begräbnissen zu verbieten; solche Begräbnisse waren zunehmend zu Foren der Meinungsäußerung geworden, weil Friedhöfe praktisch die einzigen verbliebenen Orte waren, an denen Schwarze sich frei versammeln konnten.

Südafrika überschüttet den Beobachter mit Paradoxien. Ein schwarzer Dichter, so hat es den Anschein, kann fast alles sagen, solange er sich beim Gebrauch von Eigennamen zurückhält. Hier ein Auszug aus dem Gedicht »Die Zeit ist abgelaufen« von Mongane Wally Serote, einem im Exil lebenden schwarzen Autor, dessen Werke offen in Johannesburg verkauft werden:

...
nach diesen Toden
spricht unser erstarrtes, stilles Auge
von der nationalen Revolution, die wir machen...
Indem wir Kinder verloren und schreckliche Tode starben, lernten wir
Gewehr und Granate zu halten
wir verstehen nun
Feuer zu machen, Feuer, Feuer
in dieser Stunde
unendlich langer und schleppender Bewegung...
dies ist unser Land
es trägt unser Blut
es muß unseren Willen tragen

Aber Thabane Ntshiwa, ein dreiundzwanzigjähriger Autoschlosser, der ein paar Parolen in einen Becher aus rostfreiem Stahl ritzte, aus dem er während der Mittagspause in einer Fabrik bei Johannesburg zu trinken pflegte, verlor nicht nur seinen Becher durch Beschlagnahme, sondern wurde selbst von der Sicherheitspolizei verhaftet und nach dem Gesetz für innere Sicherheit angeklagt. Eine der Inschriften auf dem Becher wandte sich an den Regierungschef und forderte: »P. W., wir wollen unser Land.« Eine andere lautete: »Laßt unsere Führer frei, laßt Nelson Mandela frei.« Die Inschriften waren aus einer Entfernung von mehr als einem Meter unsichtbar und auch aus nächster Nähe kaum zu entziffern, doch Ntshiwa hatte Eigennamen benutzt. Man gestattete mir, am Morgen der Urteilsverkündung in einem kleinen Amtsgericht in Krügersdorp den Becher in die Hand zu nehmen und mit dem Gefangenen zu sprechen. Der Richter bemerkte, daß man Ntshiwa sofort entlassen habe, als der Becher entdeckt worden sei, und daß er schon mehr als vier Monate im Gefängnis verbracht habe; dann sprach er salbungsvoll von seiner eigenen Pflicht als Christ und Gesetzesvertreter, Mitleid zu zeigen. Aber die Gesetzesvorschriften würden es ihm einfach nicht gestatten, die Tatsache zu übersehen, daß Ntshiwa den Becher täglich in eine von 135 anderen Schwarzen benutzte Kantine mitgenommen habe, deren Leidenschaften leicht hätten »aufgepeitscht« werden können. Einerseits, andererseits; eine sorgsame Abwägung dieser verschiedenen Gesichtspunkte erbrachte eine Gefängnisstrafe von achtzehn Monaten – mehr, als Ntshiwa bei einer früheren Verurteilung wegen schuldhafter Tötung erhalten hatte.

Die Unberechenbarkeit eines Systems, das einen Becher verbieten und ein Gedicht freigeben, einen Aktivisten foltern und einen anderen anscheinend ignorieren kann, überrumpelt seine Feinde immer wieder und lockt potentielle Kollaborateure an, sowohl im In- wie im Ausland. Wenn sie auch nicht allen Wünschen gerecht werden kann, so doch wenigstens den eigenen. Man kann sich darauf verlassen, daß der Zickzackkurs Verwirrung stiftet; westliche Bankiers und Diplomaten, die an eine Entwicklung zum Besseren glauben möchten, stellen nur selten die recht offensichtliche Überlegung an, daß die Schwarzen heute weniger politische Freiheit haben als vor dreißig Jahren, bevor ihre wichtigsten nationalistischen Bewegungen verboten wurden.

Wenn es einen Drahtzieher hinter alldem gibt, sagte ich eines Tages zu Zwelakhe Sisulu, dann muß er ein Genie sein. Sisulu, ein junger Schwarzer, der eine enorme Gefolgschaft haben könnte, wenn man ihm eine Führerrolle gestattete, brauchte über die offizielle Unberechenbarkeit nicht belehrt zu werden. In den drei Jahren, seit ich ihn kennengelernt hatte, war er nacheinander Redakteur und Gewerkschaftsführer gewesen, dann aufgrund einer offiziellen Verfügung eine Unperson unter einem Bannungsbefehl, der ihn mit Strafe bedrohte, falls er ein Zeitungs- oder Gewerkschaftsbüro betreten oder in Gesellschaft von mehr als zwei Personen angetroffen würde, dann saß er fast ein Jahr lang ohne Anklageerhebung in Einzelhaft, dann war er wieder eine gebannte Person und trat schließlich, als habe er die letzte Runde eines Marathonlaufs absolviert, wieder als Gewerkschaftsführer und Journalist in Erscheinung, der die Akkreditierung beim Regierungssitz in Pretoria hatte und dem Regierungschef auf Pressekonferenzen kritische Fragen stellen durfte. Seine Mutter war während des gleichen Zeitraums gebannt, von der Bannung befreit, wieder gebannt und eingesperrt worden. (Sein Vater, ein früherer Generalsekretär des geächteten Afrikanischen Nationalkongresses, wurde »nur« inhaftiert; er sitzt mit Nelson Mandela eine lebenslange Haftstrafe ab.) Sisulu war zu dem Zugeständnis bereit, daß das System sehr wirksam funktioniere und von Menschen betrieben werde, die gewiß nicht dumm und wahrscheinlich ziemlich gerissen seien. Doch er glaubte nicht, daß es unter ihnen Genies gebe. »Ein System wie dieses kann sich nur allmählich entwickeln«, sagte er, wobei er die langfristige Perspektive einnahm – die einzige, über die die Schwarzen verfügen.

Würden die Weißen die langfristige Perspektive einnehmen, würden sie in Panik geraten. Nicht zuletzt aus diesem Grunde können die weiße und die schwarze Realität als so unterschiedlich betrachtet werden, daß man es bei Zeitungen, die regelmäßig Leitartikel über die Verderbtheit und Unsinnigkeit der Apartheid veröffentlichen, für ganz natürlich hält, unterschiedliche Titelseiten für Schwarze und Weiße herzustellen. Schließlich sind auch die meisten Nachrichten entweder schwarz oder weiß. In Johannesburg wird das schwarze Exemplar des *Star* als »Afrikaausgabe« bezeichnet, was die Überzeugung der meisten Weißen zum Ausdruck bringt, irgendwo anders zu sein. Ein Blick auf die samstäglichen Titelseiten der relativ liberalen *Rand Daily Mail* illustriert anschaulich, wie unter kommerziellem Blickwinkel die gegensätzlichen Interessen von Weißen und Schwarzen beurteilt werden. Auf der weißen Titelseite ist ein großes Farbfoto von einem kleinen blonden Mädchen zu sehen, das auf einem Bett sitzt und ein Buch mit dem Titel *Die beliebtesten Pferde der Welt* auf den Knien hält. In der Bildunterschrift heißt es, sie fühle sich »in dem luxuriösen Ambiente eines der Musterhäuser der *Rand-Daily-Mail*-Idealheim-Ausstellung wie zu Hause«. Die Schlagzeile über dem Aufmacher warnt:

SOMMERSTÜRME ZIEHEN HERAN

Das Farbfoto auf der schwarzen Titelseite zeigt eine schwarze Krankenschwester bei der Versorgung einer schwarzen Hausangestellten, die den Sturz von einer Feuerleiter aus dem vierten Stock überlebt hat. Der Leitartikel handelt von einer behördlichen Verfügung, die eine Reihe von politischen Zusammenkünften der »Black-Consciousness«-(BC)-Bewegung untersagt:

Im Chinesischen bedeuten die beiden Symbole, deren Kombination für den Begriff »Widerspruch« steht, für sich genommen »Speer« und »Schild«. Speer-Schild ist alltägliche südafrikanische Realität – ein Merkmal des Landes, das die Weißen widerwillig mit der wachsenden Millionenzahl der Schwarzen teilen. Die Weißen haben gelernt, kleine Anpassungen vorzunehmen; sie haben sich schließlich daran gewöhnt, in Banken hinter Schwarzen Schlange zu stehen und vielleicht sogar von einem schwarzen Kassierer bedient zu werden. Aber das System bemüht sich, solchen Verdruß auf ein Mindestmaß zu reduzieren. An einer Straßenecke sieht man die Welt so, wie die Weißen sie sehen wollen. An der nächsten sieht man sie so, wie die Schwarzen sie erleben. Der Unterschied kann der zwischen einem »internationalen« Hotel und einer schäbigen Dachbaracke für schwarze Wanderarbeiter sein, die periodisch von Polizeirazzien heimgesucht wird. Oder zwischen weißen Bushaltestellen, die sich bequemerweise in der Nähe der Haupteinkaufszentren befinden, und schwarzen Bushaltestellen, die am Stadtrand versteckt sind.

Heutzutage bevorzugt man ein gewisses auf Verschleierung hinauslaufendes Understatement, um nicht zu sehr auf die Diskriminierungen aufmerksam zu machen. Die Massenverhaftungen von »illegalen« Schwarzen finden immer noch statt, aber selten am hellichten Tage und in »weißen Gebieten«. Die Schilder mit der himmelschreienden Aufschrift »Nur Europäer«, die überall zu sehen waren, sind meist abmontiert worden, doch auf denen, die an ihre Stelle gehängt wurden, steht das gleiche, nur in verschlüsselter Form. Auf den Hinweisschildern der weißen Bushaltestellen in Johannesburg steht zum Beispiel nur noch »Bus Stop«, aber mit schwarzen Buchstaben auf weißem Grund; an schwarzen Haltestellen sind die Buchstaben weiß auf schwarzem Grund. Die Bänke an den weißen Bushaltestellen sind nicht mehr mit dem Hinweis *Net Blankes* (»Nur für Weiße«), sondern mit *Net Bus Passassiers* (»Nur für Busfahrgäste«) gekennzeichnet, wobei natürlich der Haken ist, daß nur Weiße die Busse benutzen dürfen, die hier halten.

Über die Motive für solchen Wandel lohnt es sich nachzudenken. Meinen die Weißen, daß die Apartheid akzeptabler würde, wenn sie weniger beleidigend ist? Oder soll deren Fortbestehen vor leichtgläubigen ausländischen Besuchern verborgen werden, wo es schon unmöglich ist, es vor den Schwarzen geheimzuhalten? Oder aber handelt es sich darum, daß die Weißen die Existenz der Apartheid vor sich selbst verbergen müssen? Wie auch immer, Fürst Potemkin hätte Verwoerds Erben nichts Neues beibringen können.

Aber Inseln und Brückenköpfe ernsthafter multirassischer Bemühungen existieren ebenfalls, Seite an Seite mit den zentralen Institutionen des Apartheid-Staates. Speer-Schild ist auch in der Johannesburger Skyline auszumachen. Das gesichtslose Betongebäude in der Nähe des Bahnhofs, wo ich früher Verhandlungen über Verstöße gegen das Paßgesetz beigewohnt hatte, war vor langer Zeit abgerissen und durch einen festungsähnlichen Bau auf massiven Betonsäulen, ein finsteres Monument des Überlebens- und Behauptungswillens des Systems, ersetzt worden. Blickt man hier aus einem der Korridorfenster, so kann man den John-Vorster-Block und das Market Theatre, zwei Gebäude, die gegensätzliche Kräfte und Bestrebungen repräsentieren, mit einem einzigen geistigen Schnappschuß erfassen. In ersterem befindet sich das Hauptquartier der Sicherheitspolizei; wann immer ich es sah, zählte ich die Etagen, bis ich die berüchtigte neunte erreichte, wo viele Schwarze und einige Weiße routinemäßig gefoltert worden sind. Zwei Häuserblocks weiter, am Rande des alten Marktviertels der Stadt, steht ein Komplex von Theatern und Galerien, wo man die rassischen Gepflogenheiten des Landes ignoriert oder verspottet und schmäht und wo die Folter häufig Gegenstand moralischer Anklage ist.

Auch das ist Südafrika – und auf der anderen Seite des Paßgerichts liegen die Büros der großen Banken und Versicherungsgesellschaften, in denen immer mehr Weiße, Mischlinge und auch einige Schwarze Seite an Seite die gleiche Tätigkeit für gleichen Lohn verrichten, zumindest auf Angestelltenebene. Und direkt neben dem Paßgericht steht ein protziger Glaspalast, den die gigantische Anglo American Corporation in unmittelbarer Nachbarschaft der Börse errichtet hat. Das Bild wird zwar ein wenig dadurch getrübt, daß sich dieses neue

Bürohaus – ein Denkmal für die nichtrevolutionäre Zukunft des Landes – auf einem Grundstück erhebt, das indischen Händlern aufgrund des Group Areas Act (den die Direktoren des Unternehmens regelmäßig kritisieren, weil er den Prinzipien der freien Marktwirtschaft widerspreche) fortgenommen worden war. Aber das als reputierlichste Wirtschaftsadresse Südafrikas intendierte Bauwerk sucht sich über solche Widersprüche zu erheben. Mit seinen glitzernden Strebepfeilern an eine Startrampe erinnernd, scheint es als Kreuzung zwischen einem Concorde-Jet und einer gotischen Kathedrale konzipiert worden zu sein. Aber es vermag sich von der Apartheid nicht zu lösen, denn seine reflektierende Fassade spiegelt hartnäckig eine unansehnliche und vermeintlich vergangene Realität wider. Auf der einen Seite liegt eine Reihe von Geschäften, die einst behördliche Zulassungen als *Bantoe winkels* (»Bantu-Läden«) hatten; hier werden Gewürze und Kräuter sowie von Medizinmännern verschriebene Tränke und Pülverchen, aber auch geschächtetes Fleisch für Moslems verkauft. Es sind Läden in indischem Besitz, die sich trotz ständiger Belästigung durch die Group-Areas-Behörden in einer schrumpfenden Enklave erhalten haben. Auf der anderen Seite fängt die Glasfassade das gedrungene, unversöhnliche Bild des Paßgerichts ein, Schauplatz täglichen juristischen Gemetzels an Hunderten von »illegalen« Schwarzen. Vertreter der Anglo American Corporation entsandten Maler und Restauratoren, um die heruntergekommenen zweistöckigen Häuser, in denen die indischen Geschäfte untergebracht sind, anstreichen und verschönern zu lassen. Dies sollte die Händler verlocken, ihre Läden in »Boutiquen« umzuwandeln. Ihre Zukunft war inzwischen gesichert, da die Regierung die Group-Areas-Beschränkungen für Geschäftsviertel im Stadtinnern aufgehoben hatte. Hingegen hätte nicht einmal die aufwendigste Retusche das Paßgericht verschönern können, das wie ein Zeichen des Bösen in die reflektierende Fassade eingraviert schien.

Weiße mögen diese Widersprüche als Ausdruck der unleugbaren Vitalität des Landes ansehen. Für Schwarze sind sie nur relativ weniger erniedrigend als der alte, unverblümte Stil der Apartheid. Sie werden weiterhin in ihren eigenen Townships ghettoisiert. Zwar werden diese

Siedlungen zum Teil für eine kleine, sich langsam herausbildende Mittelschicht in Schuß gehalten, aber sie sind fast immer durch Pufferzonen – Schnellstraßen, Rangierbahnhöfe, Fabriken, Abraumhalden – in einer Weise isoliert, die als Vorkehrung für eine militärische Belagerung unverkennbar ist. Bis zur Absurdität einer Rassentrennung bei den Flügen seiner Fluggesellschaft hat sich Südafrika noch nicht verstiegen, doch die Züge und Busse – die Verkehrsmittel also, auf die die Masse der Schwarzen angewiesen ist – sind nach Rassen getrennt. In den behördlich genehmigten Theatern, die kaum von Schwarzen in größerer Zahl besucht werden, hat man die Trennung aufgehoben. Aber Kinos außerhalb der schwarzen Townships sind weiterhin den Weißen vorbehalten, obwohl eine offizielle Kommission erwogen hat, in einigen von ihnen die Rassentrennung aufzuheben. Swimming-pools in »internationalen« Hotels sollen auch Schwarzen und anderen Nichtweißen zur Verfügung stehen, doch die Strände bleiben getrennt. Bei Restaurants muß man sich auf ein Ratespiel einlassen. Wo ein Schild mit der Aufschrift »Recht auf Einlaß vorbehalten« aushängt, läßt sich die Praxis leicht erraten. Die meisten Restaurants sind nur für Weiße, einige gestatten Weißen, Schwarze mitzubringen; ganz wenige nur erlauben Schwarzen, allein zu kommen. Dieses verrückte Muster von Verschlagenheit, Manipulation und Kontrolle wird von den Weißen als Fortschritt bezeichnet. Einige Schwarze sind bereit, die Illusion für jeweils einen Augenblick zu teilen, aber die meisten wissen nur zu gut, woran sie sind. Sie nennen es Apartheid.

Das geringste Zeichen schwarzer Ungeduld ist den Weißen lästig, aber sie benötigen Schwarze, um ihren Glauben zu bestätigen, daß die Apartheid aufgehört habe, von Bedeutung zu sein – jedenfalls für sie. So wird schwarzen Superstars – etwa Diana Ross oder Sammy Davis junior – für eine Südafrikatournee nicht weniger als eine Million Dollar geboten, die gleiche Summe, die man Frank Sinatra gezahlt hat. (Beide winkten jedoch ab.) Aus dem gleichen Grund haben Schwarze ihren Platz in der kosmopolitischen Phantasiewelt, die den Weißen ständig nahegebracht wird. Die Werbeagenturen bedienen sich unterschiedlicher Techniken, um Schwarze in ihre Anzeigen und Spots einzuschleusen, ohne die krassen Tatsachen des südafrikanischen Lebens direkt zu leugnen. Manchmal wird ein interrassisches Motiv als patriotisch dargestellt. (Eine Anzeige für British Petroleum zeigt einen Weißen und einen Schwarzen Seite an Seite in einem Kohlebergwerk. »Schulter an Schulter auf der Suche nach Energie«, lautet der Slogan.) Manchmal versucht man es futuristisch. (Auf einer Johnnie-Walker-Anzeige trinken ein schwarzes und ein weißes Paar in Kostümen aus dem Film »Raumschiff Enterprise« gemeinsam Whisky. Die Bildunterschrift lautet: »Guter Geschmack ändert sich nicht mit den Zeiten«.) Und manchmal bemüht man die Geographie. (Für einen Zuckerrohrschnaps wird mit einem schwarzen und zwei weißen Paaren geworben, die sich in den klaren grünen Wellen einer tropischen Lagune tummeln. Kleingedrucktes verrät, daß diese interrassische Idylle auf den Fidschiinseln fotografiert wurde. Die größeren Buchstaben gebieten: »Sei frei mit Mainstay«.)

Die Variation dieses Themas, auf die ich zuerst aufmerksam wurde, war ein Modebericht, den ich im Wartezimmer des simbabwesischen Oppositionspolitikers Joshua Nkomo vorfand; das Zimmer war unerklärlicherweise zum Aufbewahrungsort für einen Stapel alter südafrikanischer Frauenzeitschriften geworden. Mein Blick fiel auf das doppelseitige Bild eines schwarzen südafrikanischen Mannequins in einer Goldbouclé-Jacke. Dazu trug sie eine goldene lange Hose, goldene Schuhe, goldene Handschuhe und einen mit Federn besetzten goldenen Hut. Sie lehnte an einer Brüstung über El Grecos Toledo, um den hauptsächlich weißen Leserinnen von *Fair Lady* diese Kleidungsstücke aus Südafrika vorzuführen. Der dazugehörige Artikel trug den Titel »Lady in Spain«. Auf den folgenden Seiten zeigte das südafrikanische Mannequin in aufrechter Haltung andere Prachtstücke der südafrikanischen Mode, diesmal in Madrid und auf dem Alcázar in Segovia. Auf den Stufen des Klosters del Parral, ebenfalls in Segovia, nahm sie eine liegende Stellung ein. Eine Bildunterschrift verkündete, daß das »Fair-Lady-Team« mit Iberia Airways von Johannesburg nach Madrid geflogen war.

Trotz mehrerer Versuche gelang es mir nicht, weißen Südafrikanern zu erklären, wieso ich den Artikel bemerkenswert fand. *Fair Lady*, die erfolgreichste Zeitschrift des Landes, wird in englischer Sprache von dem größten burischen Pressekonzern, Nasionale Pers, publiziert, der enge Beziehungen zur Regierungspartei unterhält. Der Ministerpräsident gehörte früher einmal seinem Aufsichtsrat an, die höchsten Manager des Konzerns gelten als seine Vertrauten. Unzweifelhaft würde Nasionale Pers niemals ein schwarzes Mannequin zeigen, das an einer Brüstung über Pretoria lehnt oder auf den Stufen der niederländisch-reformierten Kirche in Graaff Reinet liegt. Auch wird die Regierung, die der Konzern unterstützt, nicht unbedingt mit dem Prinzip der Bewegungsfreiheit für Schwarze identifiziert. Ich wies Piet Cillié, den damaligen Aufsichtsratsvorsitzenden von Nasionale Pers, auf den Artikel hin und fragte ihn, ob er ihn nicht für etwas seltsam halte. Er begriff nicht, worauf ich hinauswollte. »Es ist ein Modebericht«, sagte er. »Sehr hübsch.«

Das, was ich meinte, war alles andere als subtil. Wäre ich streitbarer gewesen, hätte ich mein Anliegen durch einen Vergleich des Mannequins in Segovia mit einer schwarzen Frau verdeutlichen können, die ich in der Anklagebank des Paßgerichts in der schwarzen Kapstadter Township Langa, etwa sechs Meilen von Piet Cilliés Büro entfernt, hatte stehen sehen. Sie hieß Virginia Nqanulyo, und zu ihrem Ensemble gehörten eine gestrickte weiße Mütze, eine hellblaue Strickjacke und ein Baby, das in eine gelbe Strickdecke eingewickelt war. Das Baby war mit ihr im Gefängnis Poolsmoor gewesen, wohin man sie unter der Beschuldigung gebracht hatte, illegal aus dem Transkei-Homeland nach Kapstadt gereist zu sein. Das Baby gluckste, während seine Mutter die Fragen des weißen Beamten auf der Richterbank beantwortete und ihm eine Geschichte erzählte, die sich im Gerichtssaal von Langa täglich Dutzende von Malen, Jahr um Jahr, wiederholt: daß sie jahrelang in Kapstadt gewohnt und dort, lange bevor die Transkei ihre Scheinunabhängigkeit erlangt habe, ihren Mann getroffen und ihre Kinder geboren habe und daß sie in ihrem »Homeland« keinen Lebensunterhalt finden könne. Während sie ins Kreuzverhör genommen wurde, begann das Baby zu schreien. Virginia Nqanulyo beugte eine Schulter vor, drehte ihren Oberkörper sittsam von der Galerie weg, schob den Kopf des Babys unter ihre Strickjacke und gab ihm die Brust. Der Richter verurteilte sie zu einer Gefängnisstrafe von sechzig Tagen mit Bewährung, vorausgesetzt, daß sie Kapstadt sofort verlasse. Ein paar Tage zuvor hatte er einer anderen Frau, die eingewandt hatte, daß sie in der Transkei verhungern werde, erklärt: »In Kapstadt verhungern wir auch. Es ist besser, wenn Sie zu Hause verhungern.«

Lady in Langa, »Lady in Spain«. Natürlich hatten sie nichts miteinander zu tun. Die eine war ein Teil der schwarzen Realität in Südafrika, die andere ein Teil der weißen Phantasie.

In der Diskothek »Q's« traf ich einen schwarzen Amerikaner, der sich J. J. nannte; er hatte sich die angenehme Seite weißer Wahrnehmungstrübung zunutze gemacht und sich als »Weißer ehrenhalber« in Johannesburg niedergelassen. Er war ein ehemaliger Marineinfanterist aus St. Louis, der sich in Los Angeles als Tänzer einem Ensemble namens »Skintight« angeschlossen hatte, mit dem er nach Südafrika gekommen war. Hier saß er plötzlich auf dem trockenen, nachdem er die Forderung eines südafrikanischen Agenten abgelehnt hatte, in zwielichtigen Johannesburger Cabarets aufzutreten. Also hatte J. J. (laut Paß hieß er Donald Givens, laut Visitenkarte Jay St. Jerome) eine Arbeit als Dressman für Werbeagenturen in Johannesburg angenommen. Bald war er sehr gefragt für Auftritte in Fernsehwerbespots, und schließlich fand er eine ständige Beschäftigung als Diskjockey in »Q's«, einem Klub, der eine Art Halbapartheid praktizierte: Schwarze durften dort speisen, aber nicht tanzen.

J. J. verdiente nun mehr Geld, als er je als Tänzer verdient hatte, und sammelte Erfahrungen als Diskjockey, zu denen er in seiner Heimat schwerlich Zugang gehabt hätte. Er wohnte in einem »internationalen« Hotel in Hillbrow, einem leicht bohemehaften und ziemlich heruntergekommenen Stadtteil, in etwa die Johannesburger Entsprechung von Greenwich Village, und entdeckte bald, daß er sogar die für Weiße bestimmten Busse problemlos benutzen konnte. Als die jungen Besucher des Klubs, Buren ebenso wie englischsprachige Weiße, herausgefunden hatten, daß er nicht aus Soweto, sondern aus Los Angeles kam, drängten sie sich danach, mit ihm Freundschaft zu schließen und ihm immer wieder zu erklären, wie er sich von »unseren Schwarzen« unterscheide. Unter den Frauen, die Donnerstag abends kamen, wenn männliche »Exoten« präsentiert wurden, gab es sogar einige, die, wie er glaubte, eine Einladung in sein Hotel annehmen würden. Aber J. J. hatte seinen eigenen Zeitplan dafür, wie lange er in Johannesburg bleiben, wieviel Geld und Erfahrung er dort anhäufen wollte. Er wollte nicht mit dem Unzuchtgesetz in Konflikt geraten, das sexuelle Beziehungen über die Rassegrenzen hinweg verbietet. Nichtweiße Frauen schienen, wie die weißen, nur dann an ihm interessiert, wenn sie herausgefunden hatten, daß er aus Amerika kam, und das verschlug ihm die Lust. Also führte J. J. in der »modisch-lässigen« Phantasiewelt des weißen Südafrika eine, wie er es darstellte, nüchterne und enthaltsame Existenz; es gelang ihm, Johannesburg zu erleben, als sei die Apartheid nur ein Gerücht, und sogar ein gewisses Maß an Anteilnahme für die Weißen zu empfinden, die sich so ernsthaft bemühten, ungehemmt zu erscheinen.

Vielleicht hätte J. J. erklären können – wenn es einer Erklärung bedürfte –, weshalb die kosmopolitischen Phantasien der Weißen dazu neigten, um ein paar Nuancen ausschweifender zu werden. Eine Zeitlang schienen die meisten Weißen sich bei der hartnäckig vom staatlichen Rundfunkmonopol geförderten Vorstellung zu beruhigen, daß die übrige Welt der Verdammnis entgegensteuere. Aber inzwischen gilt die Vorstellung, an dieser Fahrt in den Abgrund teilzunehmen, als modern. Von den beiden Arten der Verdrängung, die Südafrika zu Beginn der Apartheid-Ära durchmachte, weicht die Freudsche Variante offenbar einer eifrigen Jagd nach all dem, was gerade in Kalifornien und New York als neu und spontan gilt.

Eines Abends kurz nach meiner Ankunft war ich leicht erstaunt, unter meinem Scheibenwischer eine Einladung in den Salon »Extravaganza« zu finden, die »Jacuzzi, Sauna und Körpermassage« bis zwei Uhr morgens versprach. »Sind Sie allergisch gegen Wasser und Mädchen?« wurde gefragt. Das Unzuchtgesetz schien selten Erwähnung zu finden, wenn die Sittenpolizei wieder einmal einen Massagesalon aushob, doch eine Razzia in der Sauna »K. O.« in Durban führte in der Zeitung *Natal Daily News* zu folgendem Artikel:

ANGESTELLTE SAGT VOR GERICHT ÜBER SAUNASEX AUS
Die farbige Angestellte eines Saunasalons sagte heute vor einem Bezirksgericht in Durban aus, daß sie gesehen habe, wie die Frau des weißen Mitbesitzers in einer Kabine mit einem indischen Mann Geschlechtsverkehr ausübte...

Die Frau teilte dem Gericht mit, daß ihr von Mrs. Zelna Swanepool (25) bei Antritt ihrer Arbeit in dem Salon gezeigt worden sei, wie sie eine Beckenmassage auszuführen habe.

Die Angestellte sagte aus, ein indischer Freund von ihr namens Joe sei einmal auf Besuch in den Salon gekommen. Er sei mit Mrs. Swanepool in eine Kabine gegangen. Sie habe durch die Vorhänge gespäht, um Joe später aufziehen zu können. Sie habe gesehen, wie Joe mit Mrs. Swanepool Geschlechtsverkehr hatte...

Als die Sauna »Eleganz« in Johannesburg gerichtlich belangt wurde, kam zutage, daß auch bei ihr Angebot und Nachfrage vielrassisch waren. Eine weiße Angestellte namens Dawn Hart sagte laut *Citizen* aus, der Geschäftsführer habe sie auf ihre Mitteilung hin, daß sie fünfzig Rand für Geschlechtsverkehr verlange, gefragt, »ob sie bereit sei, Inder zu ›bedienen‹«. Ein Diakon der Niederländisch-Reformierten Kirche, der unter der Bedingung, daß sein Name nicht genannt würde, für die Anklage aussagte, erklärte unter Eid, daß »sich eine Frau um ihn gekümmert habe, deren nichtweiße Hautfarbe ihm nicht aufgefallen sei« – so gab die *Rand Daily Mail* dieses etwas bemühte Schuldbekenntnis wieder –, »weil es in der Kabine dunkel war«. Zuerst war ich versucht, diese Berichte als Zeichen für den langsamen Untergang der Apartheid zu nehmen, aber dann gelangte ich zu der naheliegenden Überlegung, daß Weiße in Südafrika die Rassengrenze drei Jahrhunderte lang aus geschlechtlichen Gründen überschritten hatten, bevor ihre gewählten Vertreter daran dachten, das Unzuchtgesetz zu verabschieden.

Die Kluft zwischen schwarzer und weißer Realität ist gewaltig und mehr oder weniger meßbar. Man kann zeigen, daß die viereinhalb Millionen Weißen mehr als 250000 Swimming-pools und 800000

Bedienstete haben, daß das Pro-Kopf-Einkommen der Weißen bis zu fünfzehnmal höher als das der Schwarzen sein kann, daß sich die Weißen, die fünfzehn Prozent der Bevölkerung stellen, mehr als zwei Drittel des Landes für ihren eigenen Gebrauch reserviert haben (das restliche Drittel überlassen sie den Schwarzen, Mischlingen, Indern und den Tieren in den Wildparks). Es gibt verschiedene Methoden zu demonstrieren, daß diese Kluft infolge eines allgemeinen Lohnanstiegs der städtischen schwarzen Arbeiter schmaler (oder trotz jenes Anstiegs breiter) wird. Aber ich wußte nie, wie ich die Kluft zwischen weißer Phantasie und schwarzer Realität oder zwischen weißer und schwarzer Phantasie messen oder wie ich meinen Eindruck rechtfertigen sollte, daß die eine wie die andere ständig breiter würde. Weiße behaupten, daß es sich hierbei um eine Frage von »Kultur« und »Zivilisation« handele, als wären dies statische und unwandelbare Größen, wo es doch offen zutage liegt, daß ihre eigenen Werte und Maßstäbe ebenso wie jene der gewaltigen Mehrheit, deren Existenz sie nahezu leugnen, wild durcheinandergewirbelt werden.

An dem einen Extrem findet man die Dekadenz, die etwa in einer Zeitschrift namens *Style* zum Ausdruck kommt; sie imitiert – manchmal hat man den Eindruck: parodiert – die »Life-style«-Magazine, die amerikanische Couchtische mit Nachrichten von der Front der Schlemmerei und des Überflusses eindecken. »Neureich zu sein ist besser, als gar nicht reich zu sein«, versichert *Style* seinen Lesern, die man in den besseren Vororten von Johannesburg vermuten darf. Die Zeitschrift fördert weniger einen Stil als ein Narzißmus, Aggression und Gier ausdünstendes Syndrom, indem sie Unersättlichkeit mit Macht gleichsetzt. Hier der Vorspann zu einem Artikel über das »soziale Stehvermögen« des aufstrebenden Managers: *Die heutigen Supermänner der Geschäftswelt sind mehr als bloß Pfadfinder mit einem guten Gebiß. Sie sind aus anderem Holz geschnitzt, eine neue genetische Kraft, eine Bedrohung für die Normen der Wechseljahre.* Oder, an anderer Stelle: *Sie sind das Ausleseprodukt einer schnellebigen, freizügigen Ära. Sie leben in einer leistungsorientierten Gesellschaft, in der alles, was statisch bleibt, sogleich zu stagnieren scheint. Kein Wunder, daß Ihre stabile alte Ehe ein wenig unzeitgemäß wirkt.*

Immer noch verheiratet, aber das Gefühl, ein bisschen passé zu sein? lautet die Überschrift des Artikels. In einer südafrikanischen Collage sollte er neben den folgenden Bericht aus dem *Star* geklebt werden:

> Geldstrafe für Zusammenleben mit Ehemann
> Eine Hausangestellte, Mathilda Chikuye, wurde in dieser Woche zu einer Geldstrafe von dreißig Rand (oder fünfzehn Tagen Gefängnis) verurteilt, weil sie ihren Ehemann illegal in ihrem Zimmer in 20 Talbrager Avenue, Craighall Park, beherbergte ...

Mrs. Chikuye lebt nicht in einer »leistungsorientierten Gesellschaft«. Sie ist dort nur physisch anwesend, um einen Dienst zu verrichten. Die Unersättlichkeit der Weißen und das Streben der Schwarzen nach Sicherheit bilden ein fundamentales Spannungsfeld. Während die gehobeneren weißen Zeitschriften ihren Lesern Ratschläge erteilen, wie sie Affären haben können, beschäftigen sich die entsprechenden Spalten in den Blättern für städtische Schwarze ständig mit Fragen von Untreue, unerwünschter Schwangerschaft und der Schwierigkeit, in der Überfüllung der Townships ein stabiles Eheleben zu führen. Die schwarzen Träume scheinen um die eintönige mittelständische Realität zu kreisen, die den unersättlichen weißen Appetit auf immer mehr nicht befriedigen kann. Hier scheint es sich um Speer-Schild im Exzeß zu handeln.

Immerhin, während die weißen Phantasien von einem kosmopolitischen Leben weitgehend Phantasien bleiben, beginnt der schwarze Traum von einer Kleinfamilie mit eigenem Haushalt, in dem Großeltern, Kinder, Tanten und Onkel nicht alle im selben Zimmer schlafen müssen, für eine winzige Schicht zur Realität zu werden. Es ist ein Trend, den zu fördern sich die Behörden gezwungen fühlen, aber nur bis zu einem gewissen Punkt. Wenn die schwarze Phantasie mit der weißen Realität verschmölze, was würde dann noch von der Apartheid übrigbleiben? Und wer würde dann herrschen?

Das Problem, nicht nur Menschen, sondern auch Phantasien voneinander trennen zu müssen, stellte sich den Behörden, als sie ein

Fernsehprogramm für Schwarze einrichteten. Die theoretische Rechtfertigung der Apartheid beruht im wesentlichen auf C. G. Jung: Jede rassische, ethnische und sprachliche Gruppe Südafrikas habe ein eigenes kollektives Unbewußtes, das nicht gestört werden dürfe. Das Fernsehen drohte nun, diese Gruppen durchlässig zu machen, so daß die Weißen gezwungen wären, mit allen anderen in McLuhans »globalem Dorf« zusammenzuleben. Das staatliche Fernsehmonopol bemühte sich, das Ungeheuer zu zähmen, indem es verfügte, daß alle auf Schwarze »abzielenden« Programme ausschließlich in einer von fünf afrikanischen Sprachen – Zulu, Xhosa, Tswana, Sotho oder Venda – gesendet werden müßten, wobei die Vermischung der Dialekte oder der Wechsel ins Englische oder ins Afrikaans, der in der afrikanischen Alltagssprache so häufig ist, zu vermeiden seien. So kann es nie ein englischsprachiges Programm für Schwarze geben, obwohl sie Englisch seit Jahrzehnten als ihre politische Lingua franca benutzt haben; auch Programme, in denen Weiße und Schwarze miteinander reden, als bewohnten sie dasselbe Land, werden normalerweise nicht zugelassen, es sei denn, daß die Sprache der Weißen synchronisiert ist. Zudem legte das Fernsehmonopol strenge Vorschriften fest, die das Auftreten von Schwarzen in Werbespots oder in Programmen des englischsprachigen und afrikaanssprachigen Kanals oder von Weißen in Werbespots auf den schwarzen Kanälen regeln. Sie können zum Beispiel zusammen gezeigt werden, wenn sie an einer Imbißstube stehen, nicht aber, wenn sie in demselben Restaurant sitzen.

Das Erscheinen von Schwarzen auf dem Kanal für Weiße muß sorgfältig rationiert werden, damit der Traum der Zuschauer von einem weißen Südafrika nicht beeinträchtigt wird. Aber die Autorität des Fernsehmonopols reicht nicht aus, um schwarze Finger daran zu hindern, einen Zentimeter weiter, zu den »weißen« Knöpfen des Apparats, zu wandern. Eines Abends besuchten wir zusammen mit unserer Tochter, die inzwischen im Collegealter war, ihr früheres Kindermädchen Dinah Dibakoane, die immer noch in jenem Gebiet außerhalb Pretorias lebte, wo wir sie im Jahre 1966 abgesetzt hatten. Inzwischen bestand der Ort nicht mehr aus einer Ansammlung winziger Blechbaracken inmitten der Grassteppe, und er galt auch nicht mehr als Teil Südafrikas. Die Township war gewachsen, hatte die Steppe verdrängt, und ihr größter Teil war Bophuthatswana zugeschlagen worden. Die Rassenplaner, die damals so seltsam von der Realität losgelöst zu sein schienen, hatten ihre Vision verwirklicht, mit Ausnahme eines einzigen Details: Dinah, die wie die meisten städtischen Afrikaner wenigstens vier Sprachen beherrschte, sah sich nicht das Tswana-, sondern das Afrikaans-Programm an.

Und das war noch nicht das Schlimmste. Sie schaute sich nämlich auf ihrem Schwarzweißapparat eine alte amerikanische, ins Afrikaans synchronisierte Klamotte über eine Basketballmannschaft an einer High School an, die mindestens einen schwarzen Lehrer hatte. Sie konnte sich auch die Detektivserie *Quincy* auf afrikaans ansehen, und selbst auf den schwarzen Kanälen war die Wahrscheinlichkeit groß, daß sie ins Xhosa oder Zulu synchronisierte amerikanische Programme geboten bekam.

Es ist schwer zu sagen, ob dies das globale Dorf oder der südafrikanische Turm zu Babel war, aber wenn die burische und die Tswana-Kultur nur dadurch vor gegenseitiger Verunreinigung bewahrt werden können, daß man amerikanische Trivialserien synchronisiert, dann erhebt sich zumindest die Frage, was hier eigentlich gerettet werden soll. Mögliche Antwort: Weiße Vorherrschaft oder weiße Illusionen – oder beides, da sie unentwirrbar miteinander verknüpft sind. Wenn Buren in der Vergangenheit von einer Identität und Kultur sprachen, die abgegrenzt und vor den Barbareien Afrikas geschützt werden müßten, dann schienen sie sich auf ihre Sprache, ihre getrennten Schulen und Kirchen, ihre fortdauernde Liebe zur heimatlichen Erde zu beziehen. Nun aber ist ihre Identität angeschwollen und umfaßt auch näselnde westvirginische Country Music, Pizza, die neuesten Doktrinen der Rebellenbekämpfung, geheime Ölabkommen mit arabischen Scheichs oder deren Mittelsmännern, Saunen und Jacuzzis, Waffenschmuggel, schnelle Autos, italienische Seidenhemden, Pauschalreisen nach Rio oder Bangkok und – für einige Mitglieder der neuen Elite – geheime Bankkonten in Übersee.

Für manche Buren schließlich ist Identität gleichbedeutend mit

Macht geworden, denn man kann sich das eine kaum mehr ohne das andere vorstellen. Ihre Innenwelt, in der die alten Frömmeleien und Rassendoktrinen mit dem neuen kosmopolitischen Ideal und Machtkult zusammenleben, scheint, jedenfalls dem Außenstehenden, auf der Suche nach Konturen zu sein und mutet an wie ein Ausstellungshaus, in dem jedes Zimmer anders eingerichtet ist: im Kolonial- oder Empire-, im rustikalen oder Art-deco-, im Vegas- oder Walhalla-Stil – ganz nach Belieben. Natürlich verharren viele Bewohner in einem Raum oder Flügel. Für sie behalten die alten Frömmeleien Gültigkeit, für sie ist der Bure immer noch auf seiner Pilgerfahrt durch eine gottlose Welt und kann nur dadurch zur Erlösung gelangen, daß er stärkere Selbstdisziplin und Pflichttreue als jeder andere zeigt. Andere wiederum, die wahren Makler der Macht, sind ständig in Bewegung: Verwandlungskünstler, die stolz auf ihre Fähigkeit sind, mit jedem Maskenwechsel auch ihren Intellekt und Umgangston zu verändern.

Ein unscheinbares Bürogebäude in Pretoria, das sich an eine Einkaufspassage anschließt, schien mir die Antipoden des Burentums zu beherbergen. Es ist das Parkade Building. Ich besuchte es zweimal, zuerst, um mich mit Hendrik Verwoerd junior, dem Sohn des zum Märtyrer gewordenen einstigen Regierungschefs, in einem engen, überfüllten Büro in der fünften Etage zu unterhalten, und zum zweitenmal, um mir die Mittagsvorstellung in der beliebten Diskothek »Jacquelines« anzuschauen.

Oben ringt Pfarrer Verwoerd, ein ordinierter Geistlicher der Niederländisch-Reformierten Kirche und früherer Missionar, mit dem, was er für das zentrale Dilemma seines Volkes hält: seine fortdauernde Abhängigkeit von schwarzen Arbeitskräften, die es, wie er fürchtet, letzten Endes zwingen könnte, den Schwarzen politische Rechte einzuräumen und seinen schwer erkämpften Nationalstatus aufzugeben. Die Lösung des jüngeren Verwoerd geht völlig logisch aus den Formulierungen seines Vaters hervor, obwohl sie einen Rückzug darzustellen scheint. Die Weißen müßten sich ein eigenes »Homeland« schaffen, ein Gebiet in Südafrika, das dem ursprünglichen Verwoerd-Ideal entsprechen würde: Dort würden nicht nur keine Schwarzen dauerhaft ansässig sein, sondern man würde auch weitgehend auf schwarze Arbeitskräfte verzichten. Mit der zuvorkommenden Freundlichkeit, die Besucher Verwoerd senior zuschrieben, beeilt sich der Sohn hinzuzufügen, daß Schwarze stets als Touristen oder Gäste willkommen sein würden. Das weiße Homeland werde sich nicht in Afrika isolieren wollen. Doch er räumt ein, daß es auf dem Weg zur Realisierung seines Plans zwei augenfällige Hindernisse gebe. Das eine bestehe darin, daß die meisten Weißen nicht gewohnt seien, untergeordnete Arbeiten zu verrichten, das andere, daß keine bewohnbare Region des Landes existiere, in der Weiße die Mehrheit bildeten.

Um diese Hindernisse zu überwinden, hat er die Gesellschaft der Oranje-Arbeiter (Oranjewerkers) ins Leben gerufen, eine Bewegung, die ähnlichen Druck auf die burische Regierung auszuüben hofft, wie ihn die Gusch Emunim auf die israelische Regierung ausübte, als sie begann, jüdische Siedlungen am Westufer des Jordan zu errichten. Die Gusch Emunim, so Verwoerd jr., sei als fanatische Extremistengruppe bespöttelt worden, doch sie sei ihren Zielen viel näher gekommen, als es sich irgend jemand hätte vorstellen können. Verwoerd gibt zu, daß auch die Oranjewerkers bespöttelt würden, aber sie seien dabei, Grundstücks- und Baufirmen zu bilden, um das Kapital und die Arbeitsorganisation zu erwerben, die ihr Plan erfordere. Es werde ein Beispiel, eine Inspiration für andere sein, wenn die weißen Mitglieder der Bewegung begönnen, auf Bauplätzen Ziegelsteine zu tragen. In diesem Stadium verlange man von den Behörden nicht mehr als das Recht, lokale Unternehmen zu gründen, die nur Weiße beschäftigten. Da die südafrikanische Interpretation einer freien Wirtschaft die Freiheit der Diskriminierung einschließt, dürfte dies keine Schwierigkeit sein. In einem späteren Stadium beabsichtigen die Oranjewerkers zu verlangen, daß ihre »weißen Keimzellen« zu »Vorzugsgebieten für weiße Arbeitskräfte« erklärt werden, damit auf keinem Tätigkeitsfeld Nichtweiße Weißen vorgezogen werden können. Statt die Apartheid von oben her durchzusetzen, wie sein Vater es versuchte, möchte Verwoerd jr. sie von unten her aufbauen – oder von der Mitte her, denn er ist dagegen, die weiße Macht nur eine Sekunde früher als notwendig zu demontieren. Sein Ziel ist es, etwas zu schaffen, was von Dauer ist und noch nie in Südafrika existiert hat: eine autarke weiße Wirtschaft. Schon im Jahre 1797 gab ein prominenter niederländischer Bürger namens van Ryneveld der Sorge Ausdruck, daß es dazu zu spät sei. Er schrieb: »Ein Bauer, der stets daran gewöhnt gewesen ist, daß seine Arbeit von Sklaven erledigt wird, und der deshalb nie etwas anderes getan hat, als Aufsicht zu führen, wird nicht leicht dazu gebracht werden können, jede Art ländlicher Arbeit zu verrichten.« Aber Verwoerd argumentiert: Wenn moderne Zionisten versuchen konnten, nach zwei Jahrtausenden einen rein jüdischen Staat aufzubauen, dann ist es nach nur dreieinhalb Jahrhunderten für die Buren vielleicht noch nicht zu spät.

Von den 2,8 Millionen Buren, die sechzig Prozent der weißen, aber nur acht Prozent der Gesamtbevölkerung ausmachen, hatten sich im Laufe von drei Jahren 1200 den Oranjewerkers angeschlossen. Ob sie alle auf schwarze Arbeitskräfte verzichtet hätten, erkundige ich mich. »Nicht sofort«, gibt Pfarrer Verwoerd mit einem scheuen Lächeln zu, das seine ehrlichen blauen Augen erstrahlen läßt, »aber auf lange Sicht werden es alle tun. Sie alle fühlen sich dem Ideal verpflichtet.« Im Einklang mit ihren Prinzipien versuchen die Oranjewerkers, ohne schwarze Dienstleistungen auszukommen. Es ist nicht ihre Schuld, daß man schwarze Reinemachefrauen beschäftigt, um die Flure des Parkade Building zu scheuern, aber Pfarrer Verwoerd teilt mir stolz mit, daß beim Einzug wenigstens alle Möbel von Weißen getragen worden seien. Man legt auch Wert darauf, keinen schwarzen Boten zu beschäftigen, der die Briefe der Gesellschaft zur Post bringt. Ich habe den Beweis vor Augen: Briefumschläge stapeln sich hoch auf Verwoerds Schreibtisch und auf Ablagen im ganzen Raum; der Pfarrer wartet darauf, daß weiße Freiwillige auftauchen und sie auf den Weg befördern, denn offensichtlich hat sich seit Tagen niemand um die Post gekümmert.

Unten, im »Jacquelines«, sind die schwarzen Arbeitskräfte kostümiert und als Bestandteil eines tropischen Leitmotivs kenntlich gemacht: die Kellner tragen nicht nur Tropenhemden, sondern auch batteriebetriebene Schirmmützen, besetzt mit kleinen Birnen, die rot und grün aufblitzen und auf unheimliche Weise dahinzugleiten scheinen, während ihre Träger sich einen Weg zwischen Bar und Tischen bahnen. Die Besucher sind ausnahmslos weiß und fast ausschließlich männlichen Geschlechts: kräftige junge Männer, die in dreiteiligen Anzügen eintreten, um sogleich ihr Jackett über eine Stuhllehne zu hängen; manche tragen Safarianzüge, die traditionelle Sommeruniform der südafrikanischen Beamten. Auf fast jedem Tisch stehen Eiskübel mit Wein, und auf fast jedem Teller liegen dicke Scheiben Rindfleisch, nach Wahl mit einer würzigen Flüssigkeit, die als Affendrüsensauce bekannt ist. An einem Tisch sitzen drei junge Frauen. Sie sind auf eine befangene, für Pretoria typische Weise übertrieben elegant angezogen; über ihren Estée-Lauder-Gesichtern ist jedes Haar am richtigen Platz. In der Bar, die einen Treppenabsatz über einer kleinen Bühne liegt, schlürfe ich langsam eine Bloody Mary und blicke durch eine Trennscheibe hinunter. Anfangs erklingen zu meinem Erstaunen die gleichen vertrauten Weisen der traditionellen *boeremusiek* (Volksmusik), die auf politischen Versammlungen der Buren immer noch einstimmig und voll Nostalgie gesungen werden: Melodien wie »Sarie Marais« und »O, Boereplaas«, die hier allerdings beschwingt wie ein Cocktail-Potpourri zu hören sind.

An vielen Tischen ist man schon von Wein zu Irish Coffee übergegangen, als das Licht gedämpft wird und eine pulsierende Hollywood-Fanfare ertönt. Vier weiße Tänzer mit Cowboyhüten und roten Strumpfhosen – drei Frauen und ein Mann – erscheinen auf der kleinen Bühne. Der Oberkörper des Mannes ist nackt; die Frauen tragen Büstenhalter mit Ausschnitten, die ihre Brüste zu entblößen scheinen, doch in Wirklichkeit sind sie von der transparenten Gaze eines Trikots bedeckt, und Ziersterne schmücken die Brustwarzen. Die Frauen huschen geschmeidig um den Mann herum, schlingen Arme und Beine um ihn und strecken die Hände in einer wenig überzeugenden Imitation von Begierde nach seinem Körper aus. Der Mann, der wie viele Zuschauer einen kleinen Schnurrbart und kurzgeschnittenes Haar trägt, stolziert umher und gibt sich unnahbar. Die Szene wechselt: Die Mädchen wackeln mit den Hüften, eine bewegt angestrengt die Lippen zu der Originalaufnahme des Liedes »Tits and

Ass« aus dem Broadway-Musical *A Chorus Line,* wobei sie beim Refrain immer wieder auf die entsprechenden Körperteile zeigt, als gebe sie Sprachunterricht für Anfänger. Wenn irgend etwas daran aufreizend ist, dann höchstens der Text und die freche, importierte Stimme, die an eine ungehemmte, zu allem bereite Frau denken läßt. Der Mann, stets im Mittelpunkt, sobald er die Bühne betritt, stets Objekt der Verherrlichung, entkleidet sich bis auf ein Tarzanhöschen, krümmt sich auf dem Boden und streicht sich mit einer brennenden Fackel über Fußsohlen und Brust, bevor er sie jäh in den Mund steckt.

Diesmal tut mir Pretoria leid, zumindest dieses Publikum, und ich hoffe, daß es sich betrogen fühlt, daß es diese von mir als grausam und zynisch empfundene Interpretation seiner Phantasien ablehnt. Ich begreife, daß dieses schäbige kleine Ballett mit seinem importierten Text und seiner Zurschaustellung männlicher Dominanz etwas von der Welt außerhalb des Parkade Buildings widerspiegelt. Aber für diese Art des Auftritts scheint die Bezeichnung »überspannt« wie geschaffen. Es ist einfach zu abstrus. Aber nein, das Publikum wirkt gelöst und heiter und unterhält sich offenbar gut bis hin zum mitreißenden Finale; wieder handelt es sich um die Imitation eines Liedes aus einer amerikanischen Show – eines Liedes, das in diesem Rahmen als Satire auf den burischen Traum von der Allmacht auf einem schwarzen Subkontinent interpretiert werden könnte. Ich kann es kaum glauben, bin völlig verblüfft, aber die Tänzer, nun als Harlekins gekleidet, bewegen die Lippen, und das Publikum hört tatsächlich:

Werd' 'nen Himmel aus 'ner kleinen Hölle bauen.
Werd' 'nen Himmel bauen, das ist klar.
Wenn ich nur meinen Berg erklimm'
Und meine Träume mit mir nehm'
Werd' ich im Himmel sein.

Blanc de Noir

Johannes van der Linde schien, als ich ihm im Jahre 1965 begegnete, nicht einmal von fern Bekanntschaft mit Widersprüchen und moralischen Zweideutigkeiten gemacht zu haben. Es war eines jener Gespräche, bei denen ein opportunistischer Reporter einen Schauder der Verlegenheit und des Mitgefühls mit seiner Beute unterdrückt, wissend, daß die Worte, die so ernsthaft für eine Selbstdarstellung aufgewendet werden, mit Sicherheit genau das Gegenteil des beabsichtigten Eindrucks bewirken müssen. Linde war damals Major in der Einsatzreserve der Armee; den nichtmilitärischen Teil seines Lebens verwandte er darauf, seine Milchviehherde und seine Farm im Oranje-Freistaat zu vergrößern. Die Farm lag östlich von Bloemfontein in einer sanft gewellten Landschaft, die hier und dort auf spektakuläre Weise von steilen Hügeln durchbrochen war, deren Gipfel abgeflacht waren wie das Deck eines Flugzeugträgers. Van der Linde, ein gastfreundlicher, freimütiger, überaus sympathischer Mann, erläuterte geduldig seine Theorie der Beziehungen zwischen Arbeitgeber und Arbeitnehmer, wobei er das Beispiel seines Vaters und seiner Kinder benutzte. Zum Beispiel habe er eine Schule für die Kinder seiner »Boys« – seiner schwarzen Arbeiter – gebaut, nicht etwa, weil irgendeine Behörde es verlangt, sondern weil er es einfach für richtig gehalten habe. »Es wird dem weißen Mann nichts nützen, daß er das Richtige für die Eingeborenen tut, solange sein einziges Motiv die Selbsterhaltung ist«, sagte er.

Sonntags wurde die Schule schwarzen Wanderpredigern von der Missionsabteilung seiner eigenen Kirche zur Verfügung gestellt, von denen einer, wie van der Linde zu seinem Erstaunen gehört hatte, damit begonnen habe, »Kommunismus« zu predigen. Sein getreuer »Boss boy«, Ou (»der Alte«) Sam, hatte ihn darauf aufmerksam gemacht. Sam war Gemeindeältester der Kirche und verließ manchmal die Farm, um zu Synoden zu reisen. »Es ist sehr gut, schwarze Leute wie ihn zu haben«, meinte Major van der Linde. »Man trifft Weiße, die nicht von derselben Qualität sind. Natürlich wird Sam hin und wieder ein bißchen unverschämt.«

Ich konnte die Frage nicht unterdrücken, was denn geschehe, wenn einer der »Boys« plötzlich »unverschämt« werde. Der Major erwiderte: »Es ist etwa so, wie wenn man mit seinen eigenen Kindern umgeht. Man will nicht zu streng sein, aber wenn man keine feste Hand hat, wird man seine Farm nicht lange behalten. Ich muß ab und zu einen von ihnen im Stall verhauen.« Ohne weitere Fragen abzuwarten, erzählte er mir, daß schwarze Väter manchmal mit ihren ungehorsamen Söhnen zu ihm kämen, damit er sie mit dem Stock züchtige; die Disziplin, für die er sorge, sei nötig, um der stets gegenwärtigen Gefahr des Viehdiebstahls entgegenzutreten. Major van der Linde hatte gehört, daß die Buren in der ganzen Welt immer wieder mißverstanden würden. Zum erstenmal schlich sich ein Beiklang von Vorsicht in seine Stimme ein. »Glauben Sie wirklich, daß man dies in New York begreifen wird?« fragte er. Das Interesse von Außenstehenden verblüffte ihn. »Heute wird in der Welt viel über diese Eingeborenen geredet«, kommentierte er mit einer Stimme, die eher Erstaunen und Neugier ausdrückte als den Ärger, dem andere Buren Luft gemacht hätten. »Ich möchte wissen, warum. Hat es mit diesem Jahrhundert zu tun? Es war doch nicht immer so.«

Vor Hendrik Verwoerd hatten die Buren nie viel über den Status der Schwarzen theoretisiert oder von einer weißen Nation geträumt, in der nur Weiße leben würden. Die Schwarzen und die Mischlinge waren einfach da, Teil einer natürlichen Ordnung. Man bediente sich ihrer, wann immer es Bedarf gab; man behandelte sie fair – was immer man darunter verstand –, solange dies nicht den Status der ärmsten Weißen kompromittierte; man glaubte, daß sie durch regelmäßige Bibellesungen »erhoben« werden könnten, betrachtete sie jedoch nie als seinesgleichen, jedenfalls nicht vor der Heraufkunft des himmlischen Königreiches.

Auf die Ebene der Schwarzen hinabsinken, zu einem »weißen

Kaffer« zu werden war das Schlimmste, was einem Weißen zustoßen konnte. Und der schlimmste Schwarze war einer, der *te wit* (»zu weiß«) war. Wissenschaftler argumentieren heute, das Hauptthema der langen burischen Stammeslegende sei nicht Rassismus, sondern Ethnozentrismus gewesen, die Sorge darum, eine kulturelle Identität zu bewahren, die oft zerbrechlich oder leicht verlierbar erschienen sein muß. Gewiß ist der Bure selbstfixiert, doch solche Charakterisierungen laufen leicht auf spröde Begriffsdefinitionen hinaus und berücksichtigen die tatsächliche Geschichte nicht. Das Gefühl, einer gottgewollten rassischen Hierarchie anzugehören, stellte sich schon sehr bald ein, als die Gemeinschaft der Weißen kaum einen Fleck auf der Spitze der gewaltigen unbekannten Landmasse ausmachte; wenn die Idee der Hierarchie auch nicht von Anfang an existierte, so doch jedenfalls schon lange bevor die Buren sich selbst als Afrikaaner, als ein Volk Afrikas, nicht mehr als Europäer einstuften. In dieser Idee war der Drang zur Herrschaft stets angelegt.

Jan van Riebeeck, der Holländer, der die erste weiße Siedlung am Kap der Guten Hoffnung gründete, um die Schiffe der Niederländischen Ostindien-Gesellschaft mit Fleisch und Gemüse zu versorgen, bevor sie ostwärts in Richtung Java weitersegelten, schlug den Ton an, als er die örtlichen Bewohner als »ein dummes, grobes, faules und stinkendes Volk« beschrieb. Er meinte jene braunhäutigen Eingeborenen, die als Hottentotten oder Khoisan bekannt wurden. Sie waren Hirten oder Jäger und keineswegs erpicht darauf, sich bei den Neuankömmlingen zu verdingen; deshalb schaffte die Ostindien-Gesellschaft Sklaven- und Sträflingsarbeiter aus Madagaskar, Indien, Ceylon, der Malaiischen Halbinsel und Java heran. Van Riebeeck, der Begründer der »weißen Zivilisation« in Afrika, war offenbar nicht geneigt, sich dort niederzulassen; neun Jahre später verließ er seinen verschlafenen kleinen Stützpunkt und machte sich selbst nach Ostindien auf. Mittlerweile begann die Rassenmischung zwischen Weißen und Sklaven oder zwischen Sklaven und Eingeborenen jene Menschen hervorzubringen, die heute Mischlinge genannt werden und immer noch überwiegend Afrikaans sprechen, das sich aus dem Niederländischen ihrer privilegiertesten Vorfahren entwickelte. In den frühen Tagen hinderte eine dunkle Haut nicht unbedingt am Eintritt in die weiße Gesellschaft, doch allmählich verhärtete sich die Identifizierung von Farbe und Klasse. Trotzdem dauerte es fast zwei Jahrhunderte, bis den Weißen die Idee einer eigenen Nationalität kam; sie waren immer gering an Zahl gewesen – kaum 20000 am Ende des 18. Jahrhunderts, als die meisten Familien schon in der vierten oder fünften Generation am Kap waren. Die neuen Nationalisten führten die Idee in romantischer Verklärung auf das entscheidende Ereignis der burischen Geschichte, den Großen Treck, zurück, als rund fünftausend Weiße das Kap hinter sich ließen und mit Ochsenkarren ins Innere des Landes zogen.

Aber den Trekkern war es nicht darum gegangen, sich von den Schwarzen und den Mischlingen zu entfernen. Wenn ihr Aufbruch ein Streben nach Unabhängigkeit markierte, dann nach einer Unabhängigkeit typisch südafrikanischer Art, denn sie wurden an Zahl von den Dienern und früheren Sklaven, die sie mitnahmen, fast übertroffen. Sie wußten auch, daß es dort, wo sie hingingen, mehr Schwarze gab als dort, wo sie herkamen, und daß sie um ihren Platz in Afrika würden handeln oder sogar kämpfen müssen. Sie flohen vor der britischen Kolonialverwaltung mit ihrer schwächlichen Empfänglichkeit für die philanthropische Meinung in London, die zuerst auf die Abschaffung der Sklaverei in den Kolonien und dann auch noch auf die Lockerung anderer Formen der Zwangsarbeit drängte. Ebenso wie es eine Verwandtschaft zwischen der heutigen Antiapartheidbewegung und der damaligen Antisklavereilobby gibt, hatten die Wut über fremde Einmischung und das Gefühl, mißverstanden zu werden, die die Trekker antrieben, anderthalb Jahrhunderte Zeit, um sich zu einem kulturellen Reflex auszubilden. Der ganz besondere Zorn der Trekker richtete sich gegen die importierte Idee, daß Weiße und Nichtweiße in bestimmten Fällen vor englischen Gerichtshöfen gleichgestellt werden könnten. Dies nannten sie »Gleichmacherei«, während es sich in Wirklichkeit nur um eine stark modifizierte Rechtsauffassung handelte, allenfalls um den Keim einer Gleichheitsidee, indem man davon ausging, daß eine äußere Autorität existiere, die unter gewissen Umständen die Beziehungen zwischen Herr und Knecht regeln könne. Selbst diese Vorstellung war in der groben Betrachtungsweise der

Buren unter afrikanischen Verhältnissen die Antithese von »Gerechtigkeit«. Es war eine radikale Idee, die, so eine Buren-Matriarchin, offensichtlich »im Konflikt mit den Gesetzen Gottes und den natürlichen Unterschieden von Herkunft und Glauben liegt«.

Als sie später ihre beiden Kriege gegen die Briten führten, um ihre Grenzrepubliken zu erhalten, bedurften die Buren der Schwarzen, um ihre Wagen zu fahren, ihre Pferde zu versorgen, ihre Schanzgräben auszuheben und Feindpositionen auszukundschaften. Sie hielten es jedoch für unmoralisch, daß die Briten den Schwarzen Gewehre aushändigten. Schußwaffen, so erklärte Jan Christiaan Smuts, könnten die Schwarzen zu einem Faktor in politischen Disputen machen, der »der Sache der Zivilisation in Afrika« schaden könne. In alldem offenbarte sich eine durchgängige Sicht der Rassenbeziehungen, die ein Jahrhundert nach dem Großen Treck von General J. B. M. Hertzog, einem der Gründerväter des burischen Nationalismus, bündig ausgedrückt wurde: »Welche Rechte die Eingeborenen auch haben mögen, sie haben kein Recht, uns etwas abzuverlangen, was unsere Vorherrschaft gefährden könnte.« Verwoerd, der diese Haltung ideologisch verbrämte, hatte den Takt, den Begriff »Vorherrschaft« durch den Begriff »Selbstbestimmung« zu ersetzen. Aber er ließ nie einen Zweifel daran, daß »weiße Selbstbestimmung« zuerst kam, daß Weiße die Regeln festlegten, nach denen auch Menschen anderer Hautfärbung ein wenig Selbstbestimmung genießen könnten.

Im Kern des Kampfes der Buren um ihre geliebte »Identität« verbirgt sich also ein offenkundiger und erheblicher Widerspruch, der nie gelöst wurde: Die von ihnen angestrebte Freiheit von Gesetzen, die ihnen von außerhalb auferlegt wurden, bedingte notwendigerweise die Freiheit, ihre eigenen Gesetze anderen aufzuerlegen. Sie betrachteten dies schließlich als eine Verpflichtung, als Auftrag; so schlüpften sie also, die sie vor dem britischen Gesetz geflohen waren, ins mosaische Gewand und betrachteten sich hinfort selbst als Gesetzgeber. Tatsächlich ist »weiße Selbstbestimmung« in einem Land, das zu fünfundachtzig Prozent nicht weiß ist, ohne Vorherrschaft unmöglich. Und so geschah es, daß ein Volk, dem man weithin zuschreibt, die ersten antikolonialen Kämpfe Afrikas geführt zu haben, das aus Einheimischen und nicht aus Kolonisten in irgendeinem herkömmlichen Sinne besteht, eines der rückschrittlichsten Kolonialsysteme der Welt etabliert hat. Dies wird manchmal als Paradoxon hingestellt, doch nichts in der burischen Tradition läßt vermuten, daß irgend etwas daran paradox sein könnte, daß Weiße Schwarzen Befehle erteilen.

Ernsthafte und weltgewandte Buren, von denen es viele gibt, wissen, daß man sich hüten muß, provozierende Wörter wie »Vorherrschaft« zu benutzen oder auch nur zu denken, da sie die Tendenz haben, sowohl praktisch als auch ideologisch Schaden anzurichten. Aber zugleich halten sie wie an einem Glaubensartikel daran fest, daß sie die Kontrolle über das Land behalten müssen. Für viele weiße Südafrikaner scheint diese Kontrolle mehr als bloß eine Idee oder ein politisches Resultat zu sein. Sie ist nahezu eine physische Empfindung, die üblicherweise in Bildern des Zugriffs und der körperlichen Anstrengung zum Ausdruck gebracht wird. »Man kann sie schließlich nicht dauernd niederzwingen«, sagte ein burischer Lehrer in dem Industriestädtchen Benoni, während er mir erklärte, weshalb er Verfassungsänderungen unterstütze, die den Mischlingen, nicht aber den Schwarzen, zum erstenmal eine symbolische Rolle in der nationalen Regierung einräumen würden. Die extremistische Opposition gegen diese sogenannte Reform ersann eine Parole, die nicht nur begreiflich, sondern auch griffig war: »Nicht loslassen«, forderte sie. Umgekehrt empfinden Schwarze die weiße Macht physisch wie eine niederdrückende oder ausquetschende Kraft. Die brutale Realität dieser Macht kann vor den Weißen verschleiert, aber nicht vor den Schwarzen verborgen werden. Die weißen Sicherheitspolizisten in Zivil, die in großen Fords und Datsuns durch die größeren schwarzen Townships rollen, befleißigen sich keinerlei Zurückhaltung. Wenn sie nicht im Auto sitzen, sind ihre Pistolen gewöhnlich nicht zu übersehen. Natürlich ist es ihren Zwecken dienlich, wenn jedermann weiß, daß sie präsent und bewaffnet sind.

Anderswo versteckt sich die weiße Macht zuweilen hinter einer schwarzen Fassade, aber selten sehr weit dahinter. Es gibt ein paar Schwarze mit Doktorgraden in Pädagogik, die für das Erziehungsministerium (alias Ministerium für Bantu-Erziehung) arbeiten, aber nie der

Zentralbehörde in Pretoria zugeteilt werden, von der aus – direkt oder indirekt – die Kontrolle über das gesamte schwarze Erziehungswesen ausgeübt wird. Dort sind die einzigen schwarzen Gesichter die von Boten und »Tea boys«. Würden Schwarze an der Gestaltung der Lehrpläne, nach denen ihre Kinder unterrichtet werden, an der Interpretation der afrikanischen Geschichte und Gesellschaft, an der Behandlung der grundlegenden Fragen von Bürgerrecht und Gleichheit beteiligt werden, dann wäre die »weiße Selbstbestimmung« auf dem Weg zum Untergang. Statt dessen verfügt die »weiße Selbstbestimmung« in autoritärer Weise, was Schwarze lernen dürfen. Bezeichnenderweise wird auf Bücher von afrikanischen Autoren wie dem nigerianischen Romanschriftsteller Chinua Achebe, die – vermutlich wegen ihrer satirischen Darstellung schwarzer Politik – gelegentlich an weißen Schulen benutzt werden, niemals in schwarzen Schulen zurückgegriffen, wo George Eliots *Silas Marner,* dieser Allzweck- und Standardtext, immer noch zum Lehrplan gehört. Ernsthafte Schriften schwarzer Südafrikaner sind noch weniger willkommen.

Auch im Hauptquartier des byzantinischen und geheimnistuerischen bürokratischen Apparats, den man euphemistisch als Ministerium für Zusammenarbeit und Entwicklung bezeichnet, begegnet man keinem schwarzen Beamten. Zutreffender müßte es Ministerium für Kontrolle heißen, denn das ist seine Funktion im Hinblick auf das Leben der Schwarzen. Früher nannte es sich Ministerium für Pluralistische Beziehungen – davor Ministerium für Bantu-Angelegenheiten und davor Ministerium für Eingeborenenangelegenheiten –, und es scheint alle fünf oder sechs Jahre einen neuen Namen zu benötigen, um seine wirkliche Rolle reinzuwaschen und zu maskieren. Diese besteht darin, die Mobilität der Schwarzen in Südafrika zu regulieren und ihr Siedlungsmuster so zu rationalisieren, daß jede Bedrohung oder Unbequemlichkeit für die Weißen möglichst gering gehalten wird. Dieser riesige Apparat von weißen Rassenideologen, die ständig damit beschäftigt sind, die gewaltige Apartheidgesetzgebung zu verfeinern, hat die Aufgabe, Millionen von Schwarzen vorzuschreiben, ob, wo und wann sie mit ihrer Familie zusammenleben dürfen.

Erst wenn er aufgelöst ist oder wenn Schwarze seine Politik bestimmen, wird man ernsthaft von einem Abbau der Apartheid sprechen können.

Im Hauptsitz dieses Ministeriums in Pretoria gab es ein Anwesenheitsbuch für schwarze Bedienstete, in dem sie ein Kreuzchen neben ihren Vornamen – Absalom, Samson und John waren die ersten drei – machen mußten; dies entspricht der südafrikanischen Tradition, wonach Weiße nicht die Mühe auf sich nehmen können, afrikanische Namen zu lernen. In der Port-Natal-Verwaltungsbehörde, einem Ableger dieser Bürokratie, der jene Schwarzen verwaltet, die einen Arbeitsplatz in Durban ergattern wollen, erspähte ich einen Organisationsplan für das als solches etikettierte »weiße Establishment« einer Dienststelle: Die oberen 361 Kästchen waren sämtlich auf Rassenbasis farblich kodiert und, bis hinab zur Hilfsstenotypistin, offenkundig für Weiße reserviert; darunter waren 168 Kästchen für schwarze Angestellte. Graphisch wie sozial repräsentierte der Plan einen einer schwarzen Masse übergestülpten weißen Deckel.

Wieder ging es um »weiße Selbstbestimmung«. Desgleichen in einer entlarvenden Szene in einer der wohlbehütetsten Einrichtungen Südafrikas, der Urananreicherungsanlage Valindaba, die hinter mehreren unüberwindlichen Zäunen inmitten einer lieblichen Hügellandschaft außerhalb Pretorias liegt. Der Name entstammt der Sotho-Sprache und bedeutet, wie man mir erklärte: »Darüber spricht man nicht.« Südafrika hat immer geleugnet, daß das Unternehmen Teil eines Atomwaffenprogramms sei, weigert sich jedoch hartnäckig, den Vertrag über die Nichtverbreitung von Atomwaffen zu unterzeichnen, weil es dann internationale Inspektoren nach Valindaba lassen müßte. Ich hatte das Gelände betreten dürfen, weil ich ein Interview mit dem Mann führen wollte, der der Anlage ihren Namen gegeben hatte und die sie betreibende staatliche Gesellschaft leitete: Ampie Roux. Er war ein ziemlich kleiner Mann, der sich nach einem Vierteljahrhundert als »Vater« des südafrikanischen Nuklearprogramms der Pensionierung näherte. Sein Mißtrauen mir als ausländischem Journalisten gegenüber zeigte er dadurch, daß er den Kopf wie eine Bulldogge gesenkt hielt und finster dreinblickte. Aber er legte Wert darauf, die

Versäumnisse nachfolgender amerikanischer Regierungen zu unterstreichen, die keine nukleare Technologie und kein nukleares Brennmaterial geliefert hätten. Nachdem er seine Argumente vorgetragen hatte, lockerte er seine Abwehrhaltung ein wenig und lud mich zum Mittagessen in seinen Privaträumen ein. Nachdem weiße Diener Suppe und Wein serviert hatten, entschuldigte er sich, mich für ein paar Augenblicke allein lassen zu müssen, da er eine kurze Ansprache vor der Belegschaft von Valindaba zum Thema Lohnerhöhungen zu halten habe; anschließend gehe es mit dem Hauptgang weiter. Das Speisezimmer hatte einen Balkon, und ich trat hinaus in die strahlende Herbstsonne. Unten versammelten sich Dutzende, dann Hunderte von Betriebsangehörigen auf einem vorbildlich gepflegten Rasen vor einem Podium. Als mein Gastgeber sich zu seiner Ansprache erhob, standen mehr als tausend Menschen unter dem Balkon, und mir fiel auf, daß kein einziger Nichtweißer unter ihnen war. Später, als ein Kellner zu lange gebratenes Rindfleisch servierte, bestätigte Dr. Roux widerwillig, daß sein Personal ausnahmslos weiß sei. Ursprünglich sei es eine Sache der Apartheid-Prinzipien gewesen. Man habe entschieden, daß getrennte Entstrahlungsräume gebaut werden müßten, wenn Nichtweiße eingestellt würden.

»Und Entstrahlungsräume sind sehr teuer, müssen Sie wissen«, erklärte er mit dem resignierten Seufzer eines Visionärs, der sich gezwungen sieht, praktische Beschränkungen hinzunehmen.

Seine Erklärung hatte sich auf die Vergangenheit bezogen, in die die Apartheid nun angeblich gehörte, doch das Personal war nach wie vor ausnahmslos weiß. »Es muß wohl auch Sicherheitsgründe geben«, warf ich ein. Dr. Roux nickte fast unmerklich. Die einzigen Schwarzen, die das Gelände betreten dürften, seien Bauarbeiter, und sie würden strengen Sicherheitsprüfungen unterworfen. Später begegnete ich zufällig einem Schwarzen, der als Reiniger in einer Fabrik arbeitete, die Artilleriegeschosse für die staatlichen Rüstungsbetriebe herstellte. Dort, so erfuhr ich von ihm, ließ man keine Schwarzen in die Halle, in der die Granaten zusammengesetzt wurden. Natürlich würde auch dies in offizieller Sicht nicht als Apartheid gelten. Aber was ist Apartheid? Wie begründen die weißen Eliten, die solche Anlagen planen, die angebliche Notwendigkeit, Schwarze auszuschließen, wenn sie unter sich sind? Flüchten sie sich weiterhin in Euphemismen, oder sagen sie einfach: »Natürlich können wir keine Schwarzen zulassen«? An welchem Punkt räumen sie ein, daß es ihnen letztlich nur darum geht, die Macht in weißen Händen zu behalten? Gestehen sie sich je ein, daß sie sich auf einen Rassenkampf vorbereiten?

Manchmal stellte ich mir unentwegt solche Fragen. Manchmal schien die Antwort nur zu offensichtlich. Da war jener Morgen in dem Amphitheater neben dem Voortrekker-Monument, einem unansehnlichen Granittempel auf einem Hügel außerhalb Pretorias. Das Bauwerk war präzise so errichtet worden, daß jedes Jahr genau am Mittag des 16. Dezember – dem Tag der Verheißung – ein Sonnenstrahl durch eine Öffnung in der Kuppel auf die Inschrift eines Zenotaphs fällt: die symbolische Ruhestätte von Piet Retief, einem Treckführer, der zum ersten Märtyrer des Burentums wurde, als der Zulukönig Dingane ihn hinterhältig umbringen ließ. Der Tempel, der im Jahre 1949 für die weiße Öffentlichkeit geöffnet wurde, dient der Darstellung des heldenhaften Kampfes zwischen »Zivilisation« und »Barbarei«. Ein Marmorfries im Innern des Heldensaals zeigt die Zivilisation stets als weiß, die Barbarei stets als schwarz. Aber die Kluft wird nicht als absolut unüberbrückbar dargestellt: Ein Häuptling des Barolong-Stammes, wenngleich nur mit Umhang und Lendenschurz bekleidet, führt ehrenhafte Verhandlungen mit einem weißen Führer – die Bildhauer hatten den Auftrag, sich an Verrocchio und Donatello zu orientieren und gleichzeitig »darauf zu achten, daß sich keine unburischen Elemente in die Arbeit einschlichen«. Vielleicht bezieht sich diese Bemerkung – zu lesen in einer frühen, unzensierten Ausgabe der offiziellen Broschüre zum Monument – nicht auf die Renaissance-Bildhauer, sondern auf irgendeinen einheimischen Willie van Verrocchio oder Hendrik Donatello. Oder vielleicht war dies eine der Gelegenheiten, bei denen sich »burisch« als kulturelle Orientierung mit »europäisch« gleichsetzen ließ. In derselben Broschüre läßt man keinen Zweifel daran, daß der Barolong-Häuptling eine Ausnahme war. Meistens war »der Bantu für Vernunft nicht zugänglich. Er respektierte nur eines, und das war Gewalt.«

Und es war Gewalt, die nun in dem Amphitheater zur Schau gestellt wurde – weiße Gewalt. Es handelte sich um eine Militärparade zu Ehren von Ministerpräsident Botha, der nach vierzehn Jahren vom Posten des Verteidigungsministers zurückgetreten war. Die Silhouette von Pretoria schimmerte in der Ferne mit weiteren Monumenten, bombastischen Gebilden, die in der Apartheid-Ära von den Nachfahren der Trekker als Tribut an ihre eigene Macht errichtet worden waren. Dort standen die festungsähnlichen Regierungsgebäude, mit ihren riesigen Betonplatten und -sockeln sich selbst überlassen und auf ihre Weise ebenso bezeichnend für eine geistige Haltung wie die stalinistischen Mißgebilde Osteuropas. Und dort, zwischen sie gestreut, standen die industriellen Zitadellen des burischen *volkskapitalisme* mit ihren Zuckerbäckerverzierungen, die zumindest ein wenig anheimelnd wirken sollten. Es mag eine sterile, vielleicht sogar dekadente Silhouette sein, aber an jenem Morgen erschien sie wie eine Anmaßung, die durch die Tausende von üppig blühenden Jakarandabäumen nur wenig gemildert wurde. Ihre Purpurflut leitete über zu dem noch ferneren Anblick der imposanten Union Buildings, die Sir Herbert Baker nach dem Burenkrieg entworfen hatte; sie sind immer noch der Sitz des Kabinetts, dessen Mitglieder heute in silbernen Mercedeslimousinen vorfahren. Vielleicht zwei oder gar drei Prozent der rund zehntausend Soldaten, die durch das Amphitheater marschierten, hatten braune oder schwarze Gesichter. Aber der Schauplatz, der nationale Schrein, machte das Ereignis unmißverständlich zu einer Weiheveranstaltung der Buren. Die Auszüge aus dem Neuen Testament, verlesen von einem Militärgeistlichen, hallten wider vom Geist der überlebenden Trekker, die sich an einem Ort im Zululand, der hinfort den blutrünstigen Namen Blood River trug, an Dingane hatten rächen können. Der Geistliche las aus dem Brief des Paulus an die Epheser: »Ziehet an den Harnisch Gottes, daß ihr bestehen könnet gegen die listigen Anläufe des Teufels. Denn wir haben nicht mit Fleisch und Blut zu kämpfen, sondern mit Fürsten und Gewaltigen, nämlich mit den Herren der Welt, die in der Finsternis dieser Welt herrschen, mit den bösen Geistern unter dem Himmel. Um deswillen ergreifet den Harnisch Gottes!«

Mirage-Jäger donnerten im Tiefflug über das Amphitheater hinweg, zogen Streifen farbigen Dunstes hinter sich her und verschwanden in Richtung Gerichtspalast im Zentrum von Pretoria. Etwa eine Stunde später wurde ich dort Zeuge, wie ein weißer Richter drei Mitglieder des illegalen Afrikanischen Nationalkongresses zum Tode durch den Galgen verurteilte; sie waren an einem Überfall auf eine ländliche Polizeistation beteiligt gewesen, bei dem ein schwarzer Sergeant leicht verwundet worden war.

Der Gedanke, wieviel die Buren vollbracht hatten, seit Paul Krüger an der Jahrhundertwende einer britischen Armee unter Lord Roberts seine Hauptstadt übergab, muß an jenem Morgen vielen der um das Monument Versammelten gekommen sein. Im Gerichtssaal schien der gegenteilige Gedanke einen burischen Professor zu quälen, der mit niedergeschlagener Miene, die Trauer und Erschütterung ausdrückte, neben der Anklagebank stand, während sich der Richter in seiner roten Robe majestätisch von seinem Sitz erhob und die Schwarzen auf den Zuschauertribünen trotzig die Fäuste in die Luft reckten und gemeinsam mit den Verurteilten »Nkosi Sikelel'i Afrika« (»Gott segne Afrika«) sangen, ein Methodistenlied, das schon lange als schwarze Hymne dient. Für Frans Maritz, einen Soziologieprofessor, der zugunsten der jungen Schwarzen ausgesagt hatte, als die Zeit gekommen war, Gnade bei der Festsetzung des Urteils zu erbitten, schien der Zusammenprall der Nationalismen in diesem schrecklichen Augenblick den mittleren Standpunkt zu zerstören, den er mit wohldurchdachten Argumenten hatte einnehmen wollen. Kurz vor der Urteilsverkündung hatte er mir versichert, daß die drei verschont werden würden, daß das Gericht seine Aussage berücksichtigen müsse. Auf Grund von Gesprächen mit den Angeklagten in ihren Zellen hatte er erklärt, daß es sich im Grunde um passive junge Männer handele, die lediglich von der Welle des Zorns und der Verzweiflung, die zur Zeit der Studentenproteste von 1976 und 1977 über die städtischen schwarzen Gemeinden hinwegrollte – damals hatten fast sechshundert Schwarze bei Konfrontationen mit der Polizei ihr Leben gelassen –, mitgerissen worden seien. Seiner Ansicht nach waren sie Opfer eines soziologischen Unglücks, weder abgebrühte »Terroristen« noch engagierte »Freiheitskämpfer«. Der Professor vertrat die These, die Behörden – dieselbe Elite, die ich gerade im Amphitheater gesehen hatte – wüßten inzwischen, daß hinsichtlich des schwarzen Unmuts etwas getan werden müsse; deshalb würden sie die Ungerechtigkeit und sogar Leichtfertigkeit eines Vorgehens durchschauen, das die sympathischen, zurückhaltenden Jugendlichen, die er kennengelernt habe, in Märtyrer verwandele. Aber ich bemerkte, daß der Atem des Professors schon nach Brandy roch, obwohl es erst Vormittag war, und daß er es anscheinend für nötig gehalten hatte, sich zu stärken, um vor Gericht auszusagen. Nachdem das Urteil – mit seiner Heraufbeschwörung des brutalen und greifbaren Bildes vom Hängen »am Hals, bis der Tod eintritt« – verkündet war, hatten die Schwarzen ihre Solidarität, ihr Gefühl der Rechtschaffenheit und Unvermeidlichkeit, und es war dieser zerknitterte weiße Mann mittleren Alters, der plötzlich hilflos wirkte.

Kurz nach der Verhandlung legten weiße Extremisten, die meinten, daß der Professor durch seine Aussage zugunsten von Schwarzen rassischen Verrat begangen habe, in seinem Büro in der Universität von Südafrika eine Bombe. Doch als ich ihn mehrere Monate später besuchte, war sein Ohnmachtsgefühl gewichen. Man hatte die drei jungen Männer noch nicht vor dem Tode gerettet – ihre Urteile wurden später infolge internationalen Drucks, nicht infolge der Argumente des Professors, in Haftstrafen umgewandelt –, aber er hatte seinen Optimismus und sein Gefühl, der Mehrheit anzugehören, zurückgewonnen. Nun konnte er mühelos davon reden, wie weit sich die Einstellungen der Buren entwickelt hätten. Sie würden nach pragmatischen Lösungen suchen und darin nur von ihrer beklagenswerten Unkenntnis der Situation des schwarzen Mannes in ihrem Land und von ihren verständlichen Ängsten gehemmt; diese Ängste wiederum rührten daher, daß die Schwarzen zur Anpassung an die kapitalistische Gesellschaft, die die Weißen bewahren wollten, unfähig seien.

Schwarze, so fuhr der Professor fort, seien in Wirklichkeit nicht an Freiheit »und dergleichen« interessiert, sondern an wirtschaftlichem

Aufstieg; wenn die Weißen ihnen dazu verhelfen könnten, dann lasse sich das heftige Drängen auf eine Änderung der Rechtsstruktur vielleicht bremsen. Somit ging es also um die Frage, wie die Weißen die Passivität der Schwarzen überwinden könnten, die deren Aufstieg behindere. Professor Maritz war unzweifelhaft ein anständiger und auch mutiger Mann, wenn man seine Bereitschaft bedenkt, für die drei jungen »Terroristen« auszusagen. Er verdiente es nicht, auf oberflächliche Weise beurteilt zu werden, aber wie viele burische Intellektuelle von offenkundig gutem Willen schien er nicht zu merken, wie distanziert und herablassend er sich anhörte, wenn er über Schwarze sprach. Die Vorstellung von der schwarzen Passivität war so grundlegend für seine Weltanschauung, daß er die Möglichkeit nicht ernsthaft in Betracht zu ziehen vermochte, daß junge Schwarze, die ins Exil gingen und sich dort militärisch ausbilden ließen, um dann in gefährlicher, praktisch selbstmörderischer Mission in ihr Land zurückzukehren, wenigstens manchmal nach reiflicher Überlegung und mit Engagement handelten; oder daß die Anpassung der Schwarzen an die freie Marktwirtschaft in einem System, das den gewöhnlichsten Äußerungen von Initiative – etwa der Arbeitssuche, der Gründung eines Geschäfts oder dem Erwerb von Eigentum – strikte Beschränkungen auferlegte, eng begrenzt war; oder daß, vom Standpunkt der Schwarzen aus betrachtet, das entscheidende Problem die kulturelle Haltung der Weißen war, es als selbstverständlich anzusehen, daß schwarzer Fortschritt nur unter weißer Vormundschaft erzielt werden könne. Die Erwägung, daß es die weiße Macht war, die Macht der am Voortrekker-Monument zur Schau gestellten Kanonen, die in erster Linie für das rätselhafte Überleben einer schiefen Gesellschaftsstruktur verantwortlich war, war ihm zwar einsichtig, aber keiner ernsthaften Betrachtung wert.

Die Suche nach einer Erklärung für die vermeintliche Rückständigkeit und mangelnde Initiative des schwarzen Mannes ist ein beliebtes Gesellschaftsspiel bei den burischen Eliten. Insgeheim ist es ein Ritual der Selbstbeweihräucherung, eine Methode darzulegen, wie mildtätig und fortschrittlich die herrschende rassische Schicht sei, wie wenig sie eine Verurteilung verdient habe. Auf einer unbewußten Ebene verrät es einiges mehr: wie eng die burischen Eliten sich in Stil und Arroganz ihren alten Gegnern in den englischsprachigen Eliten angenähert haben, die die Faszination des Kolonisten mit pseudoanthropologischen Theorien lebendig hielten, die die Unterschiede zwischen »ihnen« und »uns« erklärten. In den seltenen Fällen, in denen die Buren derlei Erklärungen für nötig hielten, fanden sie sie in der biblischen Geschichte von dem Fluch, der die Nachfahren Hams getroffen hatte. Doch nachdem sie gefährlich nahe davorstehen, zu »ihnen« zu gehören, begnügen sie sich nicht länger mit der göttlichen Vorsehung als Begründung dafür, daß sie »uns« geworden sind. Wenn sie Spekulationen über die Schwarzen anstellen, greifen sie daher nun nach Stereotypen, die mehrere Generationen englischer Schriftsteller und Kolonialbeamter benutzten, darunter solchen, mit deren Hilfe man die eigenartige Tatsache begründete, daß der weiße Stamm Afrikas überlebte.

Schon im Jahre 1835 stellte eine britische Zeitschrift fest, daß die niederländischen Bewohner des Kaps sich nur durch ihre Verschlagenheit auszeichneten. »Kein Volk kann mit einem größeren Anschein von Ehrlichkeit lügen oder betrügen«, schrieb sie. Im Jahre 1842 äußerte sich eine englische Zeitung am Kap über die »tiefsitzende und trostlose Ignoranz« der Buren in den Grenzgebieten. (Im selben Lichte, aber durch ein rassisches Prisma betrachtet, kamen die Schwarzen sogar noch schlechter weg. »Sie sind listig und verschlagen, gleichzeitig träge und erregbar, arbeitsunwillig, doch blutdürstig und grausam, wenn ihre Leidenschaften angefacht sind«, berichtete eine offizielle Kommission, rekrutiert aus der ersten Generation englischer Siedler in Natal, im Jahre 1852.) Lord Bryce schrieb am Vorabend des Burenkrieges, daß die Buren »weder Lust noch Talent« zu industrieller Tätigkeit hätten. Lord Kitchener, der letzte britische Oberbefehlshaber im Burenkrieg, beschrieb sie als »unzivilisierte Wilde mit dünner weißer Tünche«. Kurz bevor er von der Syphilis hingerafft wurde, porträtierte Lord Randolph Churchill den burischen Farmer als die Personifizierung »nutzloser Faulheit«. Seine Darstellung setzte einen Maßstab an schierer Bigotterie, den kein Bure je übertroffen hat:

Man darf behaupten, im allgemeinen zu Recht, daß er nie einen Baum pflanzt, nie einen Brunnen gräbt, nie eine Straße anlegt, nie einen einzigen Kornhalm anbaut. Die grobe Bestellung des Bodens zum Maisanbau durch die Eingeborenen läßt er in gewissem Grade zu, aber er ist von starker Verachtung sowohl für die Landwirtschaft wie für den Landwirt erfüllt. Er verbringt seine Tage damit, absolut nichts zu tun, abgesehen davon, daß er raucht und Kaffee trinkt. Er ist völlig ungebildet ... Seine schlichte Ignoranz ist unergründlich, und diese teilt er in stumpfem Gleichmut mit seiner Frau, seinen Söhnen, seinen Töchtern, und er ist stolz darauf, daß seine Kinder genauso unwissend, genauso unkultiviert, genauso rückschrittlich wie er selbst heranwachsen.

Pauline Smith, eine heute außerhalb Südafrikas vernachlässigte Romanautorin, schilderte die Buren mit Sensibilität und Sympathie, doch in ihrem Hauptwerk, *The Beadle,* ist von deren »langsamem Denken«, »Fatalismus« und Mangel an jedem »Streben nach intellektueller Erregung« die Rede. Die Buren sind, so folgert sie, eine »simple Rasse«. Das Attribut »kindlich«, das Smith wiederholt benutzt, taucht mehr als dreißig Jahre später von neuem in Doris Lessings Abhandlung *Going Home* (1957) auf. Das Überleben dieses Stereotyps über Jahrzehnte hinweg ist zweifellos nicht von der Dickköpfigkeit zu trennen, die dem burischen Nationalismus im selben Zeitraum Nachdruck verlieh und dieser »simplen Rasse« letztlich zu einer solchen Dominanz verhalf, daß die Sitte, andere bevormundend zu behandeln, zu Ideologie und Gesetz erhoben werden konnte.

Nur wenige Buren hören diese Echos, wenn sie über Schwarze sprechen. Der Brauch, sich intellektuell über den schwarzen Mann als rassischen Typus auszulassen, mag auf Jan Smuts zurückgehen, den Helden des Burenkriegs, der wegen seiner späteren Anglophilie für viele Mitglieder seines Stammes als Abtrünniger galt. Es fällt auf, daß Smuts seine gewichtigsten Theorien über den schwarzen Mann und dessen Schicksal lieber einer elitären Zuhörerschaft in Großbritannien als einem burischen Publikum auf dem *platteland* (ländliche Gebiete) von Transvaal oder des Oranje-Freistaats vortrug. Was er zu sagen hatte, war selten unumwunden genug für die Buren. Aber bei seiner Neigung, die Vergangenheit, was die Engländer anging, ruhen zu lassen, zögerte er nicht, im Jahre 1929 deren Einladung anzunehmen, in Oxford die Rhodes-Gedächtnis-Vorlesungen zu halten. »Der Neger und der negroide Bantu stellen eindeutig einen menschlichen Typus dar«, erklärte Smuts dort. »Beide sind weitgehend ein kindlicher Typus geblieben, mit kindlichem Wesen und Aussehen.« Diese Art der Argumentation fand 1929 in Oxford offenbar Anklang, denn Smuts' Vorlesungen, die stark vermuten lassen, daß sein Beitrag zu der später als Apartheid bekannten Theorie erheblich unterschätzt wurde, erschienen bald in einer Sammlung seiner Reden, herausgegeben von der Oxford University Press.

Während sich die Buren allmählich an die Macht gewöhnten, kam bei einigen von ihnen das Bedürfnis auf, hinsichtlich ihrer Behandlung der Schwarzen als großmütig und christlich anerkannt zu werden. »Sie sind Kindern sehr ähnlich«, sagte Johannes van der Linde über seine Arbeiter bei meinem ersten Besuch auf seiner Farm. Der weiße Minister für Zusammenarbeit und Entwicklung schreckte eine Generation später nicht davor zurück, einer schwarzen Versammlung in einem der elendsten Homelands zu erklären: »Als Eltern der schwarzen Völker Südafrikas wissen wir um die Hoffnungen und Ideale dieser Völker und würden unseren Kindern gern helfen, sich später als Erwachsene zu behaupten.«

Es mag ein Fortschritt sein, daß schwarze Rückständigkeit heute eher als ein Problem denn als Ergebnis der Vorherbestimmung angesehen werden kann, doch das Theoretisieren der meisten Weißen zu diesem Thema entbehrt der Integrität, denn es geht von der eigennützigen Voraussetzung aus, daß es sich um ein Problem handele, das nur Weiße lösen könnten. Mit anderen Worten, ihr Theoretisieren setzt sich in Bewegung, beschreibt einen kleinen Kreis und kehrt dann zu seiner Prämisse zurück. Verwoerd gab den Buren ein Weltbild, das dem Himmelsmodell des klassischen Astronomen Ptolemäus ähnelte: Sie standen im Mittelpunkt. Die heutigen Theoretiker lassen sich mit dem Astronomen Tycho Brahe aus dem 16. Jahrhundert vergleichen. Er entdeckte, daß die vorherrschenden Bewegungen der Planeten die

Theorie, daß sie alle um die Erde kreisten, nicht stützten; anstatt jedoch die Grundprämisse in Frage zu stellen, zeichnete er die Bewegungen neu auf. Mit einem gewaltigen Aufwand an Energie und Erfindungsgabe gelang es ihm, die alte Theorie für ein paar Jahrzehnte aufrechtzuerhalten, indem er sich vorstellte, daß die Bahnen der Planeten einer Reihe von Umwegen und Schnörkeln, bekannt als Epizyklen, folgten. Auch die neuen Theoretiker Südafrikas reden von einer »Konstellation« aus »Homelands« und anderen schwarzen Vasallen, die sich in kleinen Epizyklen um ein weißes Machtzentrum drehen. Die kopernikanische Auffassung, daß all das zu kompliziert sei, um der Wirklichkeit zu entsprechen, daß man die Schwarzen früher oder später im Zentrum ansiedeln müsse, bleibt Ketzerei.

Auf ihrer Suche nach Gedankenmodellen und Ausdrucksformen, mit deren Hilfe sie ihrer Weltsicht einen Anschein von Vernunft geben könnten, verüben die Ptolemäiker regelmäßig eine Art intellektueller Vergewaltigung an den Erkenntnissen der westlichen, vor allem der amerikanischen, Sozial- und Wirtschaftswissenschaften. Man höre etwa Professor J. L. Sadie, Ökonom an der Universität Stellenbosch, während er über die »Soziopolitischen Voraussetzungen von Stabilität und Wachstum« doziert. Niemand wird Professor Sadie für einen Marxisten oder Neomarxisten halten, aber er spricht lieber von Klassen als von Rassen. Er numeriert sie von I (Führungsklasse) über II (hochqualifiziert) und III (angelernt) bis IV (ungelernt und arbeitslos). Die Klassen I und IV befinden sich, wie er herausgefunden hat, in Südafrika in einem drastischen Ungleichgewicht, wodurch es zu einem unentwickelten und deshalb dem Wesen nach instabilen Land wird. Die Beseitigung einiger diskriminierender Gesetze werde diese Tatsache nicht ändern, sie lohne sich allerdings im Hinblick auf das, was er das »internationale Marketing dieses Landes« nennt. Auch eine politische Übereinkunft werde zu nichts führen, denn sie würde die Macht wahrscheinlich »verantwortungsbewußten Menschen« entziehen, die begriffen hätten, daß ökonomisches Wachstum kein »abiogenetischer, sich von selbst einstellender Prozeß« sei, und die wüßten, wie gefährlich es ist, »wenn man alle wirtschaftlichen Fragen politisiere und der Umverteilung des Nationaleinkommens Priorität verleihe«.

Die Ursachen der Instabilität, so Sadie weiter, könnten nur durch die Vergrößerung von Klasse I behoben werden – das heißt dadurch, daß man »NEUE MENSCHEN von kühner Phantasie und Tatkraft« mit einem nur in frühen Lebensjahren zu erwerbenden »Eta-Leistungsvermögen oder Leistungsdrang« produziere. »Eltern übermitteln ihren Kindern keine motivationalen Eigenschaften, die ihnen selbst abgehen.« Damit landen wir schließlich doch beim Thema Rasse: Schwarze mit ihrem – wie Professor Sadie es ignorant oder arrogant nennt – »innewohnenden Brauch« der Wanderarbeit seien der traditionellen Gesellschaft verhaftet, und dadurch würden sich nur »sehr wenige von ihnen für das Modell des NEUEN MENSCHEN qualifizieren«. Deshalb könnten sie nicht die Entwicklungsenergie »im Schumpeterschen Sinne« liefern, die Südafrika benötige. Sie seien nicht aufgeschlossen für die Herausforderung, die von der »Toynbee-These« ausgehe. Es gebe hier das bedauerliche Problem des »Nationalcharakters«. Im Unterschied etwa zu den Japanern hätten die Schwarzen Merkmale, die »wachstumsfeindlich« seien. Dann verliert der Artikel seine Linie. Über den Abbau dessen, was den Schwarzen »innewohnt«, erfahren wir nichts Näheres, aber Professor Sadie empfiehlt, hinsichtlich der Erziehung in den Homelands etwas zu unternehmen. Unterdessen müssen – es versteht sich von selbst – die überlasteten und mißverstandenen Weißen, die 96 Prozent von Klasse I ausmachen, weiterhin die »beträchtlichen Nachteile« – etwa »einen sechzehnstündigen Arbeitstag, chronischen Streß, psychosomatische Störungen, Magengeschwüre und Herzversagen« –, die der Preis der Führerschaft sind, auf sich nehmen, um »die maximale Zahl von Menschen ... mit der maximalen wirtschaftlichen Fürsorge« zu versehen. Hier haben wir sie, des weißen Mannes Bürde.

Die Möglichkeit, daß die von ihm vermißten »NEUEN MENSCHEN« der Sicherheitspolizei gut bekannt sind, daß sie sich entweder im Gefängnis oder im Exil aufhalten und neue Sabotageanschläge planen, interessiert Professor Sadie nicht, da solche kulturellen Mutanten unter den Schwarzen zweifellos weder der Stabilität noch dem Kapitalismus förderlich sind. Im Gegensatz zu den »verantwortungsbewußten Menschen«, die heute regieren, zeigen sie durch ihre Zuflucht zu

Waffen, daß sie »machthungrig« sind. Offenbar wäre es also der Schlüssel zur Stabilität, die »NEUEN MENSCHEN« unter Schwarzen zu kultivieren, die nicht machthungrig sind.

Ganze Abteilungen burischer Pädagogen haben zur Vorbereitung auf diese große Aufgabe über Untersuchungen gebrütet, die zur Schulintegration in den Vereinigten Staaten oder zu Erziehungsprogrammen in der Dritten Welt angefertigt wurden. Ihre wissenschaftliche Methode beschränkte sich dabei auf die Technik selektiver Zitate. Schwindelerregender Enthusiasmus, mitunter auch Naivität kennzeichnen die Anstrengungen, die sie unternehmen, um alte Rassendoktrinen in den modernen akademischen Jargon zu übersetzen, der das »internationale Marketing dieses Landes« fördern soll. Gestärkt durch ihr neues Vokabular, erklären sie sodann mit größter Aufrichtigkeit, daß sie keineswegs die Apartheid propagierten. Nichts liege ihnen ferner als das; sie schenkten nur den Erkenntnissen des *Journal of Negro Education* oder einer Studie der U. S. Civil Rights Commission die gebührende Aufmerksamkeit. C. H. Rautenbach, ein früherer Rektor der Universität von Pretoria, zitiert Reverend Jesse Jackson als Bürgen für seine These, daß schulische Integration eine »antiquierte Idee« sei. Daniel J. van den Bergh, Verfasser einer »Pädagogischen Studie über die mathematische Fähigkeit des schwarzen Mannes«, versicherte mir, daß »eingehende Forschungen« die Notwendigkeit einer getrennten technischen Ausbildung für Schwarze eindeutig bewiesen hätten. So legten etwa vom Human Sciences Research Council in Pretoria gesammelte Daten die Schlußfolgerung nahe, daß Schwarze und Weiße beim Lernen unterschiedliche optimale Temperaturen benötigten. Schwarze brauchten Klassenzimmer, die um mehrere Grad wärmer zu sein hätten.

Es gab noch viele andere Gründe: Schwarze entstammen einer Kultur, die nicht dynamisch, sondern statisch ist; sie sind stark auf ihre Gruppe, nicht auf individuelle Bemühung orientiert; sie neigen nicht zu Unvoreingenommenheit oder objektivem Denken; sie haben einen unterschiedlichen Zeitbegriff. Lebhaft – seine Augen glänzten vor Begeisterung über seine Funde – zitierte Dr. van den Bergh eine seiner vielen Gewährsleute: Kenneth Kaunda. Ich hielt es für unwahrscheinlich, daß der Präsident von Sambia wirklich erklärt hatte, Schwarze könnten nur in getrennten, von Buren kontrollierten Einrichtungen lernen, aber ich verzichtete darauf, politische Bemerkungen in ein gehobenes wissenschaftliches Gespräch einzubringen, zumal Dr. van den Bergh nun einige der erzieherischen Konsequenzen dieser Prinzipien darlegte und mir versicherte, daß man dabei sei, »Afrikas Problem« zu lösen.

Unser Gespräch fand in einem für hundert Millionen Dollar erbauten Technikum statt. Es war gegründet worden, um Schwarze in Tief- und Maschinenbau, analytischer Chemie, im Gesundheitswesen und in verschiedenen anderen technischen Disziplinen auszubilden; ein weiterer Ausbildungsgang, der einen Kursus »Ausdruck und Umgang« einschließt, bereitet schwarze Frauen auf den Beruf der Sekretärin vor. Es ist die Sun City der Bantu-Erziehung; man könnte den Campus – unverputzte Ziegel, Oberlicht und Rankpflanzen überall – für das Gelände der University of California halten, wenn man seinem Blick nicht gestattete, über die Mauern der Anlage hinweg zu der heruntergekommenen Township am Rande Pretorias zu wandern, in der sie errichtet wurde. Im grellen Tageslicht wirkt sie dann wie ein Denkmal für die Überzeugung, daß eine gemeinsame Gesellschaft unvorstellbar sei: nicht nur für Weiße, sondern auch für Schwarze. Die Township heißt Soshanguve – kein afrikanischer Name, sondern ein Akronym, gebildet von weißen Bürokraten aus den Namen verschiedener schwarzer ethnischer Gruppen (*So*tho, *Shan*gaan, *Ngu*ni, *Ve*nda), die hier leben, aber offiziell nicht zu der angrenzenden, praktisch nicht unterscheidbaren Township in dem angeblich souveränen und unabhängigen Tswana-Homeland gehören. Ob Tswana und Venda bei derselben Temperatur lernen können, wird nirgends dargelegt. Die Apartheid ist verschwenderisch – nur ein Land, das über die halbe Goldproduktion der Welt verfügt, konnte sich leisten, Bürokratien und sonstige Einrichtungen nach Rassengrenzen zu vervierfachen –, aber das Ideal eines eigenen Technikums für jede schwarze Volksgruppe ist sogar für Südafrika zu teuer. Bei solchen Visionen wird einem schwindelig, und so senkt man den Blick und versucht, sich auf das zu konzentrieren, was Dr. van den Bergh über die Lehrmethoden des Technikums sagt. Und plötzlich hört er sich – zu meiner Überraschung und meinem Erschrecken – ganz vernünftig an, entweder weil ich nun hinreichend zermürbt bin oder weil die ganze theoretische Einführung notwendig war, um den Lernprozeß für die Dozenten mehr noch als für die Studenten zu entmystifizieren.

Die Ausbildung für Schwarze solle vom Konkreten zum Abstrakten voranschreiten; deshalb zeige man den Studenten, wie Dinge herzustellen sind, bevor man ihnen die dazugehörige Theorie beibringe. Man ermuntere sie, in Gruppen zu arbeiten und sogar Prüfungen in Gruppen abzulegen, statt miteinander zu wetteifern. Sie dürften während des Unterrichts so viel reden, wie sie wollen, solange sie beim Thema blieben. Das Technikum sei auf Erfolg ausgerichtet; die Studenten hätten die Zeit, die sie zum Lernen benötigen. Ich werfe ein, daß eine ähnliche Methode vor etwa einem halben Jahrhundert in Amerika als fortschrittliche Erziehung bezeichnet worden sei. Ob es einen Grund gebe, weshalb sie nicht auch für südafrikanische Weiße geeignet wäre? Es ist eine Frage, die Dr. van den Bergh anscheinend nie erwogen hat. »Es gibt keine schwarze oder weiße Erziehung«, antwortet er und erklärt damit alles für null und nichtig, was er seit einer Stunde gesagt hat. »Es gibt nur gute Erziehung.«

Aber wieso braucht man dann ein schwarzes Technikum in einem Ort namens Sotho-Shangaan-Nguni-Venda, den man sich eher in einer anderen Galaxis vorstellen könnte als hier in den Außenbezirken von Pretoria, kaum fünfzehn Meilen vom Büro des Ministerpräsidenten entfernt? Ein kleiner, doch wichtiger Hinweis ist den komplizierten Vorkehrungen zu entnehmen, die man getroffen hat, um die politischen Ausdrucksmöglichkeiten der Studenten zu kontrollieren. Ich erfahre, daß ein Student, der in das Technikum eintreten will, von einem Unternehmen finanziell unterstützt werden muß. »Wenn es ein Disziplinproblem gibt, brauchen wir nur den Telefonhörer zu heben«, sagt ein Beamter. Südafrika benötigt Schwarze mit technischen Fertigkeiten. Aber Schwarze mit technischen Fertigkeiten *und* politischen Ambitionen sind höchst überflüssig. Das ist die Botschaft.

Es war immer wieder verblüffend, wie dienstbar der von amerikanischen Politologen geschaffene Jargon derlei Anläufen zur Erneuerung der Apartheid ist. So wie das »Fried chicken« als *vingerlek lekker* eingebürgert wurde, kann sich die herrschende Nationale Partei heute einen Spiegel vorhalten und darin entdecken, daß sie, mit den Worten von Professor Robert Rotberg vom Massachusetts Institute of Technology, »das Zeug hat, zum Modell einer sich modernisierenden Oligarchie« zu werden. Begriffe wie »Parameter« und »Legitimität« schwimmen in den Gesprächen weißer Politiker und Beamter wie exotische Obstscheiben in einem Cocktail. Ein Professor der Universität Stellenbosch berichtete mir von den Bemühungen der Partei, einen »Paradigmen-Wechsel« zu bewerkstelligen. Das erste bedeutendere Dokument über den neuen Anlauf zu Verfassungsänderungen – der Bericht des sogenannten Präsidentenrats, eines multirassischen beratenden Gremiums – wurde von einem einheimischen Akademiker mit Doktorgrad der amerikanischen Cornell University verfaßt, der es schaffte, rund dreißig amerikanische Politikwissenschaftler zu zitieren, nur um das ebenso korrupte wie scheinheilige Argument zu stützen, Schwarze könnten wegen »ihrer kulturellen Differenzen, relativen Zahl, gegensätzlichen Interessen und abweichenden politischen Ziele ... unter den gegenwärtigen und vorhersehbaren Umständen« nicht in eine »erfolgreiche Demokratie« einbezogen werden. Mit anderen Worten, es bestehe die Gefahr, daß die Mehrheit die Demokratie für ihre eigenen Interessen mißbrauchen würde. Der Bericht forderte sodann eine »begrenzte Konsoziation« unter Weißen, Mischlingen und Indern auf der Grundlage »segmentärer Autonomie«, was, wie er versprach, »das bestehende Machtgefüge nicht im geringsten stören würde«.

Professor Samuel P. Huntington von der Harvard University, der die zweifelhafte Ehre hatte, häufiger als jeder andere Amerikaner in diesem Dokument zitiert zu werden, war nach Südafrika geflogen, um einen Vortrag zu halten, in dem er die abstrakte These behandelte, daß ein härteres staatliches Durchgreifen für einen Reformprozeß sogar vonnöten sein könne. »Es ist nicht unvorstellbar«, erklärte er hochtrabend, »daß das Ausmaß politischer Beteiligung verringert werden muß, um diese Beteiligung letztlich zu erweitern.« Professor Huntington hielt sich durch Formulierungen wie »nicht unvorstellbar« und »letztlich« eine Rückzugsmöglichkeit offen, stützte mit seinen Äußerungen aber gleichwohl eine der Standardrationalisierungen, mit denen man gegen Volksbewegungen einschreitet oder das Kriegsrecht ausruft. Sodann bot er eine mögliche Rationalisierung für polizeistaatliche Methoden an: »Die Zentralisierung der Macht kann auch notwendig sein, damit die Regierung die Kontrolle über die Gewalt behält, was für die Verwirklichung durchgreifender Reformen wesentlich ist.« Eine solche These in Johannesburg vorzutragen, ohne von den realen Methoden zu sprechen, mit denen die »Kontrolle über die Gewalt« in Südafrika ausgeübt wird – Inhaftierung auf unbestimmte Zeit ohne Gerichtsurteil, Isolierhaft, demütigende Verhöre, Folterungen –, bedeutete nichts anderes, als Balsam zu spenden, gewissermaßen im Vertrauen zu sagen, daß man ja wisse, wie schwierig Reformen sein können.* Abschließend bemerkte der Besucher aus Harvard, daß der »Reformprozeß ... erhebliche Elemente der Unaufrichtigkeit, Täuschung und vorsätzlichen Blindheit« erfordere.

Dies mag eine unparteiische Analyse sein. Es mag sich sogar um eine zutreffende Beschreibung der Umstände handeln, unter denen eine sozialistische Partei in Spanien weniger als ein Jahrzehnt nach Francos Tod gewaltlos an die Macht kommen konnte oder unter denen sich die Rückkehr repräsentativer Institutionen in Brasilien vollzieht. Aber derlei Analogien sind unergiebig und werfen die Frage auf, was eigentlich reformiert werden soll. Wenn sich Reformen aus reduzierter politischer Beteiligung, Zentralisierung der Macht, Unaufrichtigkeit und Täuschung herleiten lassen, dann ist die Apartheid schon immer eine Reformbewegung gewesen. Und sie hat sich stets als solche präsentiert. Niemand braucht burischen Politikern die Lektion zu erteilen, daß Worte Waffen sein können. Ihr Verständnis dieser Tatsache sorgt dafür, daß sie unentwegt Dinge umbenennen, neue

* General Johan Coetzee, der Befehlshaber der südafrikanischen Polizei, berief sich ein Jahr später in der Zeitschrift *Servamus*, die für die Polizei publiziert wird, dankbar auf die »Huntingdon-These« [sic!], als solle sie demnächst als Naturgesetz anerkannt werden.

Euphemismen für alte Realitäten erfinden. Die »Eingeborenenreservate« wurden zu »Bantustans«, dann zu »Homelands«, dann zu »Nationalstaaten«. Das Ausmaß menschlichen Elends innerhalb ihrer Grenzen vergrößerte sich dabei, ebenso wie das Ausmaß »vorsätzlicher Blindheit«.

Auf das Risiko hin, mich selbst in Stereotypen zu ergehen, fand ich es doch hilfreich, an den Burenkrieg zurückzudenken und mich daran zu erinnern, daß die Buren die ersten Guerillakämpfer des Jahrhunderts waren, daß taktische Flexibilität ihr Ziel ebenso wie ihr Mittel sein konnte. Es ist keine Beleidigung, sondern ein Tribut an die Zähigkeit und Erfindungsgabe des Buren, wenn man sagt, daß er heute noch manchmal aus »mit weißer Flagge verzierten Häusern« schießt. Das gesamte Unterfangen der Verfassungsreform, wie man es bis jetzt in Südafrika erlebt hat, läuft auf kaum etwas anderes hinaus. In seinem eigenen Bezugsrahmen gibt sich derselbe Bure – und das ist neu – gleichzeitig einer gewissen Grübelei über seine rassischen Einstellungen und Beziehungen zu anderen Gruppen in dem Land hin, das er gelernt hat, als sein eigenes zu betrachten. Dies führt ihn zu Überlegungen, die so überraschend, so anders als die seines Vaters sind, daß er sich manchmal vorstellt, die Revolution habe schon stattgefunden, und gar nicht sieht, daß der dramatischste Wandel sich in seinem eigenen Sessel und in seinem eigenen Kopf abgespielt hat. In der realen Welt sind Buren, die sich die Mühe machen, mit Schwarzen zu sprechen und sich mit deren Lebensumständen vertraut zu machen, weiterhin seltene Exemplare. Das ist immer noch eine Aufgabe für Stellvertreter, für die Polizei und die Schergen der zahlreichen Apartheid-Bürokratien. Aber die Bekundung, daß die Sicherheit der Weißen einen höheren Lebensstandard der Schwarzen und eine neue Etikette für den Umgang über die Farbgrenze hinweg erfordere, ist zu einem unverzichtbaren Bestandteil der überaus introvertierten Diskussion geworden, die burische Elitegruppen unablässig führen. Es ist ein Thema, das Politiker der Regierungspartei mit bekehrerischer Inbrunst, auf zuweilen anrührende Weise predigen. Aber sie sprechen vom Stil der Politik, nicht vom Wesen der Macht. Südafrika, da sind sie sicher, würde sich leichter regieren lassen, wenn die Weißen die

Ansicht überwinden könnten, daß alle Schwarzen Diener und alle Diener unendlich verfügbar seien. Wenn diese Botschaft nicht verstanden wird, verspüren einige burische Politiker echte Frustration und sogar Angst. Aber es ist Angst um ihr eigenes Volk, nicht um die Schwarzen.

Die Schwierigkeit, die fortdauernde Existenz weißer Autorität mit Reformversprechungen zu vereinbaren, bringt einige aufschlußreiche und geradezu rührende Beispiele politischer Syntax hervor – Sätze, die nicht nur auf Zweideutigkeit angelegt sind, sondern sich an der Grenze des Unsinns bewegen, um verschiedenen Zuhörern verschiedene Bedeutungen zu übermitteln. Der Minister für Zusammenarbeit und Entwicklung reiste um die Welt und erläuterte die Absicht Südafrikas, »unnötige und verletzende Diskriminierungen« abzuschaffen. Als ich mich bei ihm erkundigte, welche Diskriminierung nicht verletzend sei, wimmelte er die Frage ab. »Das ist Semantik, nichts als Semantik«, erwiderte er, als müsse sein Glaube an die eigenen guten Absichten genügen, um jedermann daran glauben zu lassen.

Folgendes gab der Minister für nationale Erziehung in dem Bemühen von sich, ein leicht zu beeindruckendes Publikum in Washington, D. C., zu vereinnahmen, ohne seinen weißen Wahlkreis zu Hause in Rage zu versetzen: »Getrenntheit wird nicht mehr als die einzige Antwort auf die Frage gesehen, wie eine Vielvölkergesellschaft in Eintracht leben könne. Während Getrenntheit immer noch als ein wesentlicher Bestandteil gesehen wird, akzeptiert man heute, daß sie in vielen Fällen mit einem unvermeidlichen Maß an Zusammengehörigkeit einhergehen sollte.« Das verstehe, wer kann. Ich glaube, es bedeutet: »Wir werden so viel Getrenntheit haben, wie möglich, aber wir sehen ein, daß wir nicht so viel haben können, wie wir wollen.« Hier ein Beispiel aus einer Rede desselben Ministers vor dem weißen Parlament: »Es bedarf einer differenzierten kulturellen Förderung innerhalb der verschiedenen Gemeinschaften, aber dabei ist Flexibilität vonnöten.« Unumwunden hieße dies etwa: »Wir werden so lange standhalten, wie wir können; sollten wir aber zurückweichen müssen, dann nur Zoll um Zoll und unter Einbeziehung möglichst vieler unserer Volksgenossen.«

In einem Privatgespräch drückte besagter Erziehungsminister sich meinetwegen einmal ganz simpel aus. Die Buren seien keine Rassisten. Sie seien einfach abgestoßen von der Art und Weise, wie manche Schwarze in der Öffentlichkeit niesten und ausspuckten. Wenn sich die Manieren der Schwarzen besserten, würde auch die Bereitschaft der Weißen wachsen, eine politische Lösung zu suchen. Dies wurde mir als klinischer Befund über beide Gemeinschaften und als realistische politische Analyse angeboten. Aber ich spürte, daß sich dahinter eine armselige Ängstlichkeit und Spießigkeit des Ministers verbarg – eine physische Spannung, die noch aus den Tagen herrührte, als die Politik der Buren darauf abzielte, verarmte Weiße nicht auf das Niveau der noch ärmeren Schwarzen absinken zu lassen. »Zusammengehörigkeit« bleibt ein erschreckender Gedanke.

Der Minister für nationale Erziehung (Gerrit Viljoen) war ein Muster an Klarheit in seinen öffentlichen Äußerungen, wenn man ihn mit dem Verfassungsminister (J. C. Heunis) verglich, der ebenfalls in Ronald Reagans Washington eine Rede hielt. Was er dort als Erläuterung des Reformprozesses in Südafrika anbot, hatte die ganze moralische Kraft des Kleingedruckten in einem anrüchigen Vertrag. Wie er erklärte, plane die Regierung,

> das historisch gewachsene hierarchische politische System der Apartheid zu etwas umzugestalten, was sich auf die Voraussetzung geteilter Macht und gemeinsamer Strukturen stützt, wobei Diskriminierungen – das versteht sich von selbst – verschwinden müssen, ohne jedoch die nicht verhandlungsfähigen Elemente der Wahrung von Gruppeninteressen und -bestrebungen innerhalb des breiteren Rahmens von Sicherheit und Stabilität zu gefährden.

Gerade als die Lichter an den Ufern des Potomac auszugehen begannen, wurde in Kapstadt ein amtliches Rundschreiben herausgegeben, das ein paar Hinweise auf den Charakter dieser »Umgestaltung« enthielt. Es bezog sich auf die Gerichte: »Alle in Zukunft zu errichtenden neuen Gebäude werden ohne getrennte Einrichtungen geplant, abgesehen von Toiletten und Wartezimmern.« Ich kann die Exegese noch einen Schritt weitertreiben. Dieses Rundschreiben erregte wegen eines Vorfalls, den ich gerade in einem Gerichtsgebäude in Pretoria erlebt hatte, meine Aufmerksamkeit. Ich stand zufällig vor dem Männerwaschraum, als meinem Freund Chabani Mangyani – Universitätsprofessor, klinischer Psychologe mit Yale-Ausbildung, Verfasser mehrerer hochgeachteter Bücher und an diesem Tag Sachverständiger bei einem politischen Prozeß – zu verstehen gegeben wurde, er möge die eine Etage tiefer gelegene Toilette aufsuchen, die auch »die anderen Boys benutzen«. Dies mag nicht der Absicht des Ministers entsprochen haben, aber es war das Ende der Kausalkette von Theorie und Praxis. Hier zeigte sich letztlich, was es bedeutete, »Gruppenbestrebungen innerhalb des breiteren Rahmens« zu schützen.

Es ist leicht, sich über offizielle Doppelzüngigkeiten lustig zu machen, aber hier und dort verbergen sich in den Worthülsen Kerne der tatsächlichen Bedeutung. Man nehme den Verfassungsminister. Auf heimischem Boden erklärte er einmal in einer kurzen Anwandlung von Freimut, weshalb es im Parlament keinen Platz für Schwarze geben könne, nicht einmal nach dem Muster der neuen Verfassung, die Mischlingen und Indern eine untergeordnete Rolle in der nationalen Regierung einräumt. Schwarze würden Weiße, Mischlinge und Inder im Verhältnis 36:9:5:2 übertreffen; selbst wenn man nur die als städtische Schwarze eingestuften Personen berücksichtige, betrage das Verhältnis immer noch 16:9:5:2. »Und was würde dann von dem Prinzip, zivilisierte Maßstäbe aufrechtzuerhalten, übrigbleiben?« fragte er. Bei anderer Gelegenheit erläuterte er sogar, wie zivilisierte Maßstäbe zu bewahren seien: »Es ist im langfristigen Interesse Südafrikas, daß der Bure immer das Privileg der Führungsrolle genießen sollte.« Nicht nur für einen Tag, nicht nur für ein Jahr, sondern *immer*.

Dies ist die einzige Voraussetzung, für die immer noch Orthodoxie zu gelten hat. Heutzutage kann ein Bure sich überraschend weit vorwagen, ohne sich vom Establishment zu entfremden. Er darf über Fragen wie Bodenreform oder Einkommensverteilung theoretisieren; er darf Verfassungsmodelle entwerfen, die wie Kronleuchter oder DNS-Moleküle aussehen; er darf mit seinem Stift Hand an die Karte legen und neue Teilungsgrenzen ziehen. Er darf sogar darüber spekulieren, wie wahrscheinlich Verhandlungen mit den verbotenen schwarzen Bewegungen eines Tages sein werden. Dies alles sind legitime Schritte im intellektuellen Spiel. Auf keinen Fall aber darf er die »Führungsrolle« der Buren in Frage stellen oder die Regierungspolitik nach anderen als Nützlichkeitskriterien angreifen. Er darf nicht an Werte wie Gerechtigkeit und Gleichheit appellieren. Er darf nicht äußern, daß das Überleben der burischen Kultur nicht auf Macht, sondern auf der Bereitschaft des individuellen Buren beruht, zu demonstrieren, wie es Professor André du Toit aus Stellenbosch formuliert hat, »daß die burische Kultur eine schöpferische und befreiende Kraft in der südafrikanischen Gesellschaft insgesamt sein kann . . ., daß man mit Nichtburen bei gemeinsamen Anliegen solidarisch zusammenstehen und zusammenarbeiten kann, sogar und besonders dann, wenn dies bedeutet, schwarze Bewegungen zu deren Bedingungen zu unterstützen«. Erst wenn ein Bure so argumentiert, wird er zum Renegaten. Es sei »in politischer Hinsicht völlig unmoralisch«, an Gerechtigkeit und den »Fairneß-Faktor« zu appellieren, konterte die Zeitung *Die Transvaaler* barsch und ohne die geringste Spur von Ironie, da dies nur eine »Kapitulation vor schwarzer Macht« bedeuten könne. Die Gerechtigkeit mochte erfordern, so das Blatt, daß schwarzer Macht das Tor geöffnet werde, aber schwarze Macht sei ihrem Wesen nach von Übel. Also war Gerechtigkeit unmoralisch.

Nach kurzer Zeit empfand ich die Gespräche mit den meisten gemäßigten, angeblich aufgeklärten burischen Vordenkern wie Betäubungsmittel. Sie schienen sich über Stunden hinzuziehen und frei über dem Boden zu schweben, jenseits aller Anziehungskräfte außer denen von Karriere und Einfluß. Am meisten widerte mich der Klang meiner eigenen Stimme bei diesen Begegnungen an: so ruhig, so neutral, so logisch. Ich gab nicht vor, aus journalistischen Gründen distanziert zu sein. Ich war es wirklich. Während ich mich vom Gesprächsfluß treiben ließ, sann ich darüber nach, daß meine Partner keine bösen Menschen, daß sie nicht opportunistischer als ich selbst waren. Oder ich spielte mit dem Gedanken, daß auch sie Opfer waren, gefesselt durch ihre Machtbesessenheit und unfähig, einen befriedigenden Weg zu finden, um sich für ihr geliebtes Land zu engagieren. Ab und zu stolperte ich über eine Bemerkung, die mich aus meiner Träumerei aufrüttelte. Da war zum Beispiel der Politologieprofessor aus Stellenbosch, der von seiner eigenen Erörterung »konföderativer« und »konsoziativer« Regierungsformen gelangweilt war und mich abrupt fragte, ob ich je bemerkt hätte, daß der Mann bei gemischtrassischen Paaren an amerikanischen Universitäten gewöhnlich schwarz und die Frau weiß sei. Ich entgegnete, daß ich es nicht bemerkt hätte, und beendete die Diskussion damit. Später bereute ich, daß ich ihn nicht abgekanzelt oder durch einen Hinweis auf schwarze Potenz provoziert hatte.

In Potchefstroom fuhr der Blitz der Selbstentlarvung in die Schilderung, die ein anderer Politikwissenschaftler von einem Tagesausflug gab, den er kurz zuvor mit einem fünfzigjährigen Kollegen nach Soweto gemacht hatte. Sein Kollege habe zum erstenmal eine schwarze Township betreten. »Ich hoffe, wir sehen uns heute abend wieder«, habe er nervös gescherzt, während er seine Frau zum Abschied küßte. Mein Gastgeber grinste herablassend. Er unternahm diese Ausflüge nach Soweto zweimal im Jahr als pädagogische Übung. »Wir trinken Tee mit ihnen«, prahlte er. »Kein Problem.« Ich glaube, er wollte damit sagen, daß die Weißen es über sich gebracht haben, aus Tassen zu trinken, die Schwarze benutzt haben mußten, etwas, was sie nie zuvor wissentlich getan hätten. Nur etwa zehn Prozent seiner Studenten, sagte der Professor, hätten je schwarze Townships besucht. Es sei unmöglich, zeitgenössische Fragen mit ihnen zu diskutieren, ohne ihnen ein bißchen von ihrem Land zu zeigen. Deshalb mache er diese Exkursionen nach Soweto, nicht etwa um seiner selbst willen. »Weshalb sollte ich schließlich zweimal im Jahr Soweto besuchen?« fragte er.

Ganze achtzehn Jahre waren vergangen, bevor ich zum zweitenmal zu Johannes van der Lindes Farm im Oranje-Freistaat fuhr. Die Idee war mir erst gekommen, als ich in der Kunsthalle von Pretoria eine Retrospektive der Arbeiten von David Goldblatt besichtigte, dem originellsten und sensibelsten Fotografen Südafrikas, der mich bei meinem ersten Besuch begleitet hatte. In der Ausstellung sah ich ein

Foto, das ich gut kannte; es zeigt den jungen Major in Khakihose und Tweedjacke, mit kurzgeschorenem Haar, wie er mit dem »Alten Sam« spricht, der einen Schritt neben ihm steht, einen Schlapphut trägt und milde lächelt. Zwischen den beiden steht im Hintergrund, am Rande eines morastigen Ackers, eine Gestalt, die dem Bild eine nicht nur formale Spannung gibt: ein junger Schwarzer mit gestreifter Mütze, der sich offenbar gerade eine Zigarette anstecken will. Die Neigung seines Körpers verdeutlicht, wie bewußt er sich der Gegenwart des *Baas* ist, doch sein Gesicht trägt eine Maske der Unbekümmertheit.

Ich dachte daran, den van der Lindes einen Abzug des Fotos mitzubringen, da ich annahm, daß sie es noch nicht gesehen hätten. Glücklicherweise traf ich mit leeren Händen ein, denn sie kannten das Bild gut, und es gefiel *Mevrou* (»Frau«) van der Linde überhaupt nicht. »Dieser *erhobene* Finger«, erklärte sie, verzog das Gesicht und streckte den Zeigefinger zweimal heftig in die Luft, um eine Herrschaftsgeste anzudeuten. Ich wußte sofort, was sie meinte; ihr Ehemann war als eine Autoritätsperson dargestellt worden, und ein solches Bild war nicht unbedingt schmeichelhaft. Der moderne Bure möchte nicht als feudale Gestalt betrachtet werden. Erst später, als ich mir das Bild noch einmal anschaute, merkte ich, daß ihre scharfe Intuition ihrem wie meinem Gedächtnis einen Streich gespielt hatte. Niemand streckt den Finger aus. Der Major hält die Hände an den Seiten, etwa so, als nehme er Habachtstellung ein.

Nun war er bis zum Oberst aufgestiegen. Er deutete an, daß er wegen der Art, in der ich ihn nach meinem ersten Besuch porträtiert hatte, keinen Groll gegen mich hege, sondern nach so vielen Jahren vielleicht sogar eine wertvolle Lektion darin sehe. Seine Einstellung zu dem, was man in New York oder letztlich auch in Pretoria, wo er mit dem Befehlshaber der Streitkräfte befreundet war, dachte, war nicht länger naiv. Zufällig war er gerade aus New York zurückgekehrt. Im Laufe der Jahre war sein Haar grau geworden, und er hatte sich einen Bauch zugelegt, der über seine Jeans quoll. Der Erwerb von mehr Land und besseren Rindern sowie die Einstellung weiterer schwarzer Arbeiter hatte ihn in einen Agrargeschäftsmann verwandelt und seinen Sinn für Humor bereichert. Grob gesprochen hatte er sich so entwickelt wie das Burentum insgesamt.

Während wir hinausfuhren, um einen Streifen Futterroggen zu inspizieren, auf dem es ihm gelungen war, seine Milchkühe trotz der schlimmsten Dürre des Jahrhunderts nicht vom Fleisch fallen zu lassen, unterhielt er mich mit Geschichten von seiner Reise nach Amerika. Oberst van der Linde hatte sich von New York nicht moralisch beleidigt gefühlt, sondern es hatte ihm aus guten Gründen gefallen: wegen der Vielfalt der Menschen, der eleganten Art, in der sie sich kleiden, und wegen des pulsierenden Lebens rund um die Uhr.

»Wissen Sie, ich hätte Ihnen nichts von der Verprügelung der Boys sagen sollen«, bemerkte er plötzlich, weiterhin gut gelaunt. »So war es früher. Es gibt Farmer, die es immer noch tun – mein Nachbar dort drüben zum Beispiel –, aber das sind solche, die ihre Arbeitskräfte nicht halten können.« Der »Alte Sam« war gestorben und auf der Farm begraben worden, während der Oberst mit seinem Panzerkorps im aktiven Einsatz in Namibia gewesen war. Im Jahre 1965 hatte er mir erzählt, daß er vier Familien seit mehr als zwanzig und sechs seit mehr als zehn Jahren auf seiner Farm habe. Nun gebe es insgesamt fünfundzwanzig Familien, ungefähr hundertzwanzig Personen, aber weniger alte Arbeiter. Das frühere Feudalverhältnis sei heute weniger attraktiv für die Schwarzen. Er deutete in östliche Richtung, um mir eine der Ursachen ihrer gewachsenen Mobilität zu zeigen. Dort breitete sich über die nächstgelegenen Hügel wie ein Auswurf lebendiger Substanz, wie Protoplasma von gigantischem amöbenhaftem Wachstum, eine dichte Siedlung aus. Sie war vor achtzehn Jahren, ja selbst vor fünf Jahren noch nicht dort gewesen, aber sie war schon jetzt mit einer Bevölkerung von fast einer Viertelmillion die größte schwarze Ansiedlung im Oranje-Freistaat, und sie sog, da sie zumindest die theoretische Möglichkeit untergeordneter Beschäftigung im fünfzig Kilometer entfernten Bloemfontein eröffnete, die überschüssigen Arbeiter der Farmen auf. Sie hieß Onverwacht – nach einer der weißen Farmen, die die Behörden eilig aufgekauft hatten, als sie merkten, daß die Errichtung einer neuen Siedlung der einzige

Weg war, der Infiltration der schwarzen Townships von Bloemfontein durch sogenannte Illegale einen Riegel vorzuschieben.

Onverwacht bedeutet auf afrikaans »unerwartet«. Zumindest Oberst van der Linde hatte die Siedlung nicht erwartet; nun aber befand sie sich gut drei Kilometer von seiner Farm entfernt und nahm etwa die gleiche Fläche ein wie diese. Dazwischen lag ein großer Stausee, der wie eine Art Burggraben wirkte. An diesem Samstagmorgen vergnügten sich dort junge Weiße beim Surfen und Motorbootfahren in einem nur Weißen zugänglichen Erholungsbereich, der von der schwarzen Siedlung abgezäunt war. Kein Objektiv hätte das Bild vollständig einfangen können, aber es war wie ein Symbol Südafrikas: im Vordergrund die reiche weiße Farm; in mittlerer Entfernung der Wassersport, ebenfalls für Weiße; im Hintergrund, aber deutlich über die Grassteppe hinweg sichtbar, die überfüllte schwarze Siedlung in all ihrer Verwahrlosung. Als einer der höchsten Offiziere der Einsatzreserve des Freistaates mußte mein Gastgeber mit den Krisenplänen vertraut sein, die Militär und Polizei sicherlich entwickelt hatten, um Onverwacht in seinen vorgesehenen Grenzen zu halten; er schien unbesorgt. Immerhin wußte er, daß er nun konkurrenzfähige Löhne und Wohnbedingungen anbieten mußte, um seine Arbeitskräfte zu halten. Zwar gibt es eine Vorschrift, die schwarze Landarbeiter daran hindert, eine Beschäftigung in der Stadt zu suchen, wenn sie nicht die schriftliche Genehmigung des weißen Farmerverbandes ihres Wohngebiets vorlegen können, aber Oberst van der Linde wollte davon nicht abhängig sein. Er hatte schon zwei Ziegelhäuser für seine wertvollsten Arbeiter gebaut und dadurch die traditionellen Lehmhütten ersetzt, in denen sie früher untergebracht waren. Dies sei erst der Anfang, sagte er.

Die Lebensbedingungen in seinem eigenen Haus hatten sich auffallender gewandelt als die seiner Arbeiter. Ich entsann mich vage, daß mich die spärliche Möblierung des steinernen Gutshauses bei meinem ersten Besuch überrascht hatte, besonders die Tatsache, daß ein neuer Kühlschrank wie ein Luxusmöbel, das man gern vorzeigt, im Speisezimmer stand. Inzwischen gab es ein Farbfernsehgerät, einen Videorecorder, eine hochmoderne Stereoanlage, eine elektrische Orgel und eine Hausbar. Die van der Lindes hatten geschmacklich mehrere Generationen übersprungen. Ihr Wohnzimmer war mit einer braunen Samtgarnitur elegant eingerichtet. An den Wänden hingen Keramikteller aus Griechenland. Aber während ihr Gatte Boschendal Blanc de Noir einschenkte, vertraute Frau van der Linde mir an, daß ihr Griechenland nicht gefallen habe. »Es ist so arm«, sagte sie. »So schmutzig.« Später fragte ich sie, ob sie je die benachbarte Siedlung besucht habe. Es war, als frage man eine Gastgeberin an der East End Avenue in Manhattan, ob sie je in Spanish Harlem gewesen sei. Sie verzog das Gesicht und verneinte.

Der Oberst sinnierte über die Geschichte seines Volkes. »Man kann sich darüber streiten, ob der Große Treck oder der Burenkrieg wirklich notwendig waren oder ob wir 1948 einen Fehler machten, als wir die Apartheid einführten«, sagte er. »Aber das läßt sich nicht mehr ändern. Das ist Realität. Jetzt müssen wir das tun, was richtig ist.« Auf den ersten Blick schien das ein verblüffender Gedanke für einen Farmer im Freistaat zu sein, wo man Schwarzen seit der Begründung der weißen Vormacht nie erlaubt hatte, Land zu besitzen, und wo Inder, die angeblichen Nutznießer der neuen Reform, sich unter keinen Umständen niederlassen durften. Aber nach einigem Überlegen fand ich Lindes Äußerungen nicht mehr so überraschend. Im Grunde unterschieden sie sich gar nicht so sehr von denen aus dem Jahre 1965. »Dem weißen Mann«, so hatte er damals gesagt, werde es »nichts nützen, daß er das Richtige für die Eingeborenen tut, solange sein einziges Motiv die Selbsterhaltung ist«. Eigentlich wollte er nur darauf hinaus, daß man nicht aufgeben dürfe: Nach seinen eigenen Maßstäben hatte er seit einer Generation das Richtige getan und zweifellos Vorteile daraus gezogen, aber jetzt war nun einmal Onverwacht am Horizont aufgetaucht.

Der Siedlungszugang war, wenn man mit dem Auto fuhr, vierzig Kilometer vom Gehöft der van der Lindes entfernt; in der Luftlinie waren es wahrscheinlich gerade dreizehn Kilometer. Seit meinem früheren Besuch in Onverwacht war der Teil, den man von der Straße aus sehen konnte, auf potemkinsche Weise verschönert worden. Es gab helle neue Bretterzäune, Wellblechschuppen für einen angeblichen Industriepark und Reihen von Modellhäusern. Es gab auch einen asphaltierten Weg, der von hohen Laternenpfählen gesäumt war, aber die Asphaltierung und die Laternen verschwanden sofort, als der Weg eine Biegung machte und von der Straße aus nicht mehr zu sehen war. Die Besiedlung begann etwa zehn Kilometer von der Zufahrt entfernt, wo mehrere Reihen kleiner Blechlatrinen den nächsten Zustrom erwarteten. In den älteren Teilen, die seit zwei oder drei Jahren existierten, ragten in Abständen regelrechte Häuser aus Schlackenstein zwischen den Blechschuppen und -baracken hervor, in den erst jüngst bezogenen Teilen gab es nichts als Baracken. Es hätte ein Flüchtlingslager in Pakistan, Honduras, Eritrea oder an sonst einem erbarmungswürdigen Ort der »Dritten Welt« sein können. Weiße Südafrikaner gebrauchen den Begriff »Dritte Welt« heute routinemäßig, um die schwarzen Gebiete ihres Landes zu umschreiben. Als Metapher ist er der Bezeichnung »Homeland« überlegen, denn er verweist die Schwarzen nicht nur in ein anderes Land, sondern in eine andere Welt; Choleraepidemien oder verhungernde Kinder sind deshalb keine Schande, sondern Beispiele chronischer »Dritte-Welt«-Probleme. Südafrika kann sogar als ein »Mikrokosmos« des gesamten Nord-Süd-Gegensatzes dargestellt werden – ein Bild, das auf mehrfache Weise für seelischen Balsam sorgt: Die Weißen können sich dann mit der Ersten Welt identifizieren, über die sie meist in rassischen Kategorien denken; sie können Unterstützung für die Ansicht finden, daß die Probleme ihres Landes nicht durch kurzfristige Lösungen zu beheben seien, oder sogar behaupten, wie ein Kabinettsmitglied es einmal tat, daß Südafrika (gemeint ist das mythische weiße Land) mehr Hilfe für die Dritte Welt (gemeint ist die Mehrheit des eigenen Volkes) als jeder andere entwickelte Staat aufbringe.

Es handelt sich zwar nur um ein Argument, das andere Argumente abwürgen soll, aber es entbehrt nicht einer gewissen Plausibilität, bis man nach Onverwacht fährt. Viele Länder der Dritten Welt besitzen verantwortungslose Oligarchien, die sich genauso wenig Sorgen um ihre besitz- und arbeitslosen Bürger machen wie die weiße Elite Südafrikas – zuweilen, um der Wahrheit die Ehre zu geben, noch viel weniger. Aber keine von ihnen redet von Reform und schafft gleichzeitig von Amts wegen Flüchtlingslager inmitten des Wohlstands. Die Menschen in den Baracken, an denen ich vorbeifuhr, wohnten nicht dort, weil sie arm, sondern weil sie schwarz waren; auch die größte Geldsumme konnte ihnen nicht auf legale Weise das Recht verschaffen, fünfzig Kilometer weiter nach Bloemfontein oder auch nur in die nähere Umgebung ihrer Siedlung zu ziehen. Ich fuhr weiter, bis ich über den Staudamm hinweg zur Farm der van Lindes zurückblicken konnte, wo ich eine Stunde zuvor Blanc de Noir getrunken hatte. Es war mitten am Nachmittag, doch das Licht wurde rasch fahl wie vor einer Sonnenfinsternis, und ich konnte die Farm kaum erkennen. Als ich mich umdrehte, sah ich, daß der nördliche Himmel eine tiefe, unheilverkündende Terrakottafärbung angenommen hatte. Die Dürre hatte den Freistaat verwundbar für Sandstürme gemacht, und aufkommende Winde wirbelten die wertvolle Bodenkrume Hunderte von Metern empor und trieben sie in riesigen Staubwolken unterschiedslos auf Onverwacht und die Farm der van der Lindes zu.

Zwei junge Leute, die ich auf der Hinfahrt hatte Hand in Hand spazierengehen sehen, schmiegten sich nun, als ich zurückfuhr, aneinander und stemmten sich rückwärts gegen den Wind. Bevor ich die Straße erreichte, mußte ich die Scheinwerfer einschalten. Wieder dachte ich unwillkürlich, daß dies übertrieben war, daß der Regisseur einer zweitklassigen Fernsehdokumentation sich genau diesen Sandsturm für die Abblendung nach einem solchen Tag hätte aussuchen können. Aber ich war allen südafrikanischen Metaphern gegenüber mißtrauisch geworden. Der Gedanke an eine unvermeidliche Katastrophe war erschreckend, aber noch erschreckender war die Vorstellung, daß sie unendlich lange hinausgezögert werden könnte, daß die Weißen weiterhin surfen und versuchen würden, das Richtige zu tun, daß die Schwarzen weiterhin in verkommene Lager ziehen und daß Sandstürme nichts als Sandstürme sein würden.

Die Herrschaft des Rechts

Es wird Zeit, vom Recht zu sprechen. Während es anderen Regimen nicht schwerfällt, ihre Bürger unter dem Mantel von Verfassungen, die universelle Menschenrechte garantieren, zu tyrannisieren, sind die weißen Herrscher Südafrikas immer ungewöhnlich gewissenhaft vorgegangen, um sich für ihre Mißbräuche die gesetzliche Autorität zu sichern. Wenn ein Recht – sogar ein Geburtsrecht wie die Staatsbürgerschaft – aufgehoben wird, dann geschieht es stets mit Hilfe eines Gesetzes. Die meisten Weißen haben kein Verständnis für das Argument, daß das Recht in Verruf gerät, wenn man es benutzt, um den Habeascorpus-Grundsatz, die Unschuldsvermutung, die Gleichheit vor dem Gesetz und verschiedene andere Grundfreiheiten zu beseitigen. Recht ist Recht. Es ist das Prinzip der Ordnung und deshalb der Zivilisation, die Antithese des weißen Mannes zu dem, was er aufgrund seiner eigenen Stammesüberlieferung als fundamentale These Afrikas begreift: Anarchie. Übermäßige Freiheit ist seiner Meinung nach das, was die Zivilisation bedroht; das Recht ist das, was sie erhält. Die gegenteilige Ansicht, daß das Recht die Freiheit erhalten solle, gilt deshalb als Widerspruch, als – jedenfalls in Afrika – Kapitulationsversprechen. Auf dieser Basis ist es möglich gewesen, die Apartheid nicht bloß als die Summe verschiedener Weisen der Rassentrennung oder als Entrechtung der Mehrheit, sondern als umfassendes System der Rassenherrschaft aufzubauen. Ein Jahrzehnt nachdem die südafrikanischen Behörden ihre Absicht angekündigt hatten, von »verletzender und unnötiger Diskriminierung« Abstand zu nehmen, versuchte ich, ein Gefühl für die wichtigsten Gesetzesvorschriften zu gewinnen, indem ich sie in den Händen wog, wie man eine Aubergine oder eine Melone taxiert. Einige Gesetze, etwa jene, die die besten industriellen Arbeitsplätze Weißen vorbehielten, aber auch das Gesetz gegen Mischehen, waren außer Kraft gesetzt worden in dem wohlkalkulierten Bestreben, das Niveau der Schändlichkeit, die dem System anhaftet, zu senken. Ich wollte spüren, buchstäblich wiegen, was blieb.

Was geblieben war, hatte ein Gewicht von rund zehn Pfund, als ich mit einem aktualisierten Band jener südafrikanischen Gesetze auf die Waage stieg, die speziell für Schwarze gelten, das heißt, normalerweise nur von Schwarzen gebrochen werden können (oder von Angehörigen anderer Rassengruppen, falls sie den staatlichen Generalplan für die Schwarzen behindern). Das Gewicht von zehn Pfund war allerdings zu halbieren, weil der 4500 Seiten umfassende Band sowohl die afrikaanse wie die englische Version der vierundsechzig Statuten enthielt, die das Leben der Schwarzen regulieren. Nun hatte ich es also mit etwa 2250 engbedruckten Seiten zu tun, die ungefähr fünf Pfund wogen. Aber das Kleingedruckte hinter den Statuten zeigte an, daß sie etwa 2000 Durchführungsbestimmungen zur Folge hatten, so daß wenigstens zwei oder drei Pfund hinzukamen. Diese dürften ihrerseits Hunderte oder vielleicht Tausende von amtlichen Rundschreiben nach sich gezogen haben, die nicht zum öffentlichen Recht gehören, aber von den Beamten, die die Schwarzen verwalten, als Gesetz behandelt werden. Und das war nur die Rassengesetzgebung für Schwarze. Außerdem gab es Gesetze, Verordnungen und Rundschreiben für Mischlinge und Inder, die Hunderte von zusätzlichen Seiten und weitere zwei Pfund ausmachten. Und es gab die Gesetze, Verordnungen und Rundschreiben zur Durchführung des Group Areas Act, jenes Gesetzes, das die rassische Gebietstrennung reguliert. Es gelang mir nicht, alle Materialien zusammen und präzise zu wiegen, doch das Hauptcorpus der südafrikanischen Rassengesetze belief sich immer noch auf mehr als 3000 Seiten, und wenn man alle Verordnungen und Rundschreiben mitrechnete, lag das Gesamtgewicht bestimmt weit über zehn Pfund.

Natürlich läßt sich die Wirkung der Apartheid nicht in Pfunden messen. Ein südafrikanischer Gogol mag eines Tages einen Weg finden, sie in »toten Seelen« auszuloten. Aber ich konnte sie nur ermessen, indem ich versuchte, das System in Aktion zu beobachten – dort, wo es in individuelle Leben eingreift, besonders in dem Labyrinth von Gerichten und Behörden, die es sich geschaffen hat, um schwarze Arbeiter in wirtschaftliche Nutzgebiete hinein- und wieder aus ihnen hinauszuschleusen und gleichzeitig ihre Möglichkeiten, mit ihren Familien einen ständigen Wohnsitz zu finden, auf ein Mindestmaß zu reduzieren. Wenn dieses Labyrinth plötzlich abgebaut würde, wenn die Weißen aufhörten, das Leben der Schwarzen zu regulieren, dann würde es immer noch Hunderttausende von Wanderarbeitern und Millionen von verarmten Schwarzen in Südafrika geben. Es würde immer noch reiche Vororte, riesige Farmen, schwarze Townships und verwahrloste Landgebiete geben. Aber dann würde es möglich sein, die Gesellschaft als Ganzes zu betrachten und rational über ihre Bedürfnisse zu sprechen. Die Apartheid gewährleistet, daß die Sprache für eine solche Diskussion kaum existiert. Dafür hat sie ihre guten Gründe. Sobald man die Gesellschaft als ein Ganzes betrachtet, ist es unmöglich, nicht an die Verteilung des Bodens – fünfzigtausend weiße Farmer besitzen zwölfmal soviel Acker- und Weideland wie vierzehn Millionen ländliche Schwarze – oder an die Notwendigkeit zu denken, den Druck in jenen Landstrichen zu lindern, die systematisch in Auffanggebiete für die überschüssige schwarze Bevölkerung verwandelt worden sind.

Wenn Südafrika als einheitliches Land betrachtet würde, ließe sich vielleicht eine auffallende Tatsache seiner sozialen Geographie zur Kenntnis nehmen: die Existenz eines nahezu lückenlosen sichelförmigen Gürtels von schwarzer ländlicher Verelendung, der sich über mehr als sechzehnhundert Kilometer vom nordöstlichen Transvaal über die Swazi- und Zulu-Stammesgebiete bis hinunter zu den beiden «Homelands« für xhosasprachige Schwarze am östlichen Kap erstreckt und von etwa sieben Millionen Menschen, also fast dreißig Prozent der schwarzen Bevölkerung, bewohnt wird. Statt dessen verteilen sich diese Schwarzen in dem eigentümlich geschichteten und gekastelten Bewußtsein, das die Apartheid in heimtückischer Weise hervorbringt, auf Venda, Gazankulu, Lebowa, KwaZulu, Transkei und Ciskei: fremdländische, auf Karten nur schwer auffindbare Orte, eine andere Galaxis.

Nach den Begriffen der Apartheid ist es revolutionär oder zumindest exzentrisch, diesen Armutsgürtel für ein Problem Südafrikas zu halten. Indem sie Grenzpfähle errichtet, steigert die Apartheid vorsätzlich massenhafte ländliche Armut, um die Privilegien und die Macht der Weißen zu bewahren. Es ist die vollendete Strategie des Teilens und Herrschens, die das Land in als rassisch deklarierte Gebiete und vorgebliche Homelands zerlegt und die Bevölkerung in deutlich unterscheidbare rassische Kasten und Unterkasten zerteilt, von denen ich wenigstens acht auszumachen vermag: die Weißen, die alle Freiheiten haben außer der, sich in einem als nichtweiß erklärten Gebiet niederzulassen; die Mischlinge und Inder, die sich im ganzen Land frei bewegen können, aber in mehr als 95 Prozent des Landes keinen Grundbesitz haben dürfen; und die Schwarzen, die aufgrund der Gesetze in sechs mehr oder weniger undurchlässige Kategorien unterteilt sind.

Die grobe Unterscheidung zwischen städtischen und ländlichen Schwarzen ist erst der Anfang dieses Entfremdungsprozesses. Die städtischen Schwarzen gliedern sich in zwei Unterkasten: die »Insider«, wie sie heute gelegentlich genannt werden, und die »Pendler«. Den Insidern wird eine gewisse Immunität gegen willkürliche Vertreibung eingeräumt, die bis zum Recht auf einen ständigen Wohnsitz im offiziellen Südafrika gehen kann. Die Bedingungen der städtischen Pendler scheinen auf den ersten Blick identisch zu sein, doch ihre Townships gelten heute infolge von Gebietsmanipulationen als innerhalb der Grenzen irgendeines Homelands liegend. Obwohl sie nur eine kurze Busfahrt von einer südafrikanischen Stadt wie Pretoria, Durban oder East London entfernt wohnen mögen – nicht weiter als die Schwarzen Sowetos von Johannesburg –, gelten sie nach südafrikanischem Recht als Ausländer oder künftige Ausländer. Immerhin können diese Pendler noch befristete »Sondergenehmigungen« erhalten, die sie zu »autorisierten Arbeitssuchenden« in einem Stadtgebiet machen.

Das bedeutet, daß sie noch weit besser dran sind als eine zweite Gruppe von Pendlern, die als eigenständige Unterkaste anzusehen sind, weil sie aus Homeland-Gebieten, die im wesentlichen einen ländlichen Charakter bewahrt haben, in die Industriezentren fahren. Diese ländlichen Pendler befinden sich auf einer eindeutig niedrigeren

Stufe der Hierarchie, aber man kann sagen, daß sie die privilegierteste oder, besser gesagt, am wenigsten mißhandelte der vier unterscheidbaren Unterkasten ländlicher Schwarzer darstellt. Ländliche Pendler legen im allgemeinen viel weitere Entfernungen bis zum Arbeitsplatz zurück als städtische Pendler, sie wohnen nicht in organisierten Townships, sondern in, wie es offiziell heißt, »geschlosseneren Siedlungen«, ohne Annehmlichkeiten wie fließendes Wasser oder Elektrizität, und sie erhalten ihre Beschäftigung durch das staatliche System von Arbeitsämtern. Sie haben meist Jahresverträge wie die nachfolgende Kategorie, die Wanderarbeiter, aber im Gegensatz zu diesen können sie abends und an Wochenenden zu ihren Familien zurückkehren.

Die Wanderarbeiter, die nächste Unterkaste, leben in städtischen Townships oder auf dem Gelände von Bergwerken oder Zuckerrohrplantagen in kasernenartigen, nach Geschlechtern getrennten Heimen, gewöhnlich elf Monate im Jahr. Theoretisch können einige von ihnen nach zehn oder fünfzehn Jahren das städtische Wohnrecht erwerben, aber in der Praxis ist es ihnen unmöglich, eine Unterkunft zu bekommen, in der sie dieses Wohnrecht ausüben können.

Schwarze, die als Farmarbeiter in den weißen Landgebieten leben, stellen die nächste Unterkaste; traditionell erhalten sie den größeren Teil ihrer Bezahlung in Naturalien – gewöhnlich in Säcken Maismehl –, doch allmählich kommen Lohnzahlungen in Mode. Schließlich gibt es die Schwarzen der Homelands, die ihr ganzes Leben in den schwarzen Landgebieten verbringen. Eine winzige Elite von ihnen dient den Homeland-Regierungen als Beamte, Lehrer oder Polizisten, andere verrichten untergeordnete Dienstleistungen. Aber insgesamt bieten die früheren Stammesreservate weniger als zwanzig Prozent der in ihren Grenzen aufwachsenden jungen Schwarzen eine Erwerbsmöglichkeit – sogar nur zwölf Prozent laut einer Statistik, die einem weißen Kabinettsmitglied während eines Wahlkampfs bei dem Versuch entschlüpfte, den extremistischen Argumenten zu begegnen, daß für die Schwarzen zuviel getan werde. Die übrigen Schwarzen der Homelands – jene, die nicht selbst Wanderarbeiter werden können – sind weitgehend von den Löhnen der Wanderarbeiter abhängig, schaffen sich eine karge Existenz als Kleinstbauern auf dem erschöpften

Homeland-Boden oder sind arbeitslos und völlig notleidend. Der als Kwaschiokor bekannte lebensbedrohende Eiweißmangel und der durch Hunger bedingte Kräfteverfall sind bei den Kindern dieser Gruppe weit verbreitet. Zuverlässige Statistiken werden nur sporadisch vorgelegt, aber es scheint, daß in manchen schwarzen Gebieten eines Landes, das man zutreffend als das Saudiarabien der Mineralien beschrieben hat, kaum fünfzig Prozent der Kinder das fünfte Lebensjahr erreichen.

Südafrika ist nicht das einzige Land mit einer schiefen Gesellschaftsstruktur. Aber es ist das einzige, das eine solche Struktur auf einer Rassenbasis gesetzlich vorschreibt und rigoros durchsetzt. Es ist unmöglich, ohne die Entscheidung einer offiziellen Berufungsbehörde, daß man eine andere Farbe als die ursprünglich festgelegte habe, seine Kaste zu ändern. Diese wundersamen Verwandlungen werden alljährlich in Tabellen zusammengefaßt und bekanntgegeben. Während des ersten Jahres nach meiner Rückkehr nach Südafrika wurden 558 Mischlinge zu Weißen, fünfzehn Weiße zu Mischlingen, acht Chinesen zu Weißen, sieben Weiße zu Chinesen, vierzig Inder zu Mischlingen, zwanzig Mischlinge zu Indern, 79 Schwarze zu Mischlingen und acht Mischlinge zu Schwarzen. Der Geist dieser grotesken Selbstparodie, die aus den Überlegungen einer offiziellen Rasseneinstufungsbehörde resultiert, hat offensichtlich mehr mit Grand Guignol als mit den Nürnberger Gesetzen zu tun – mit anderen Worten, es ist eine sadistische Farce. »Hören Sie, es ist alles ein Spiel, ein Riesenwitz«, wurde mir einmal in Kapstadt von einem Mischling versichert, dem es gelungen war, sich als Weißer einstufen zu lassen, eine Verwandlung, die auf afrikaans manchmal als *verblankingsproses* (»Weißungsprozeß«) beschrieben wird. »Wenn du in Rom bist, was bist du dann?« fragte er. »Etwa ein Deutscher? Nein, verdammt noch mal, du bist ein Römer! Selbsterhaltung ist die einzige Regel.«

Die gesetzlichen Definitionen der verschiedenen Kategorien von Rassenkasten sind vage, überschneiden sich und sind zuweilen widersprüchlich. Eine der Definitionen besagt, ein Weißer sei »eine Person, die ihrem Äußeren nach offensichtlich weiß ist oder allgemein als weiß akzeptiert wird, im Gegensatz zu einer Person, die trotz ihres offensichtlich weißen Äußeren allgemein als Mischling akzeptiert wird«. Mit anderen Worten, eine Rose ist eine Rose oder vielleicht auch nicht. »Ein Mischling«, heißt es in demselben Statut, »ist eine Person, die kein Mitglied der weißen Gruppe oder der schwarzen Gruppe ist«.* Aber als Mischling gilt auch jede Frau, »welcher Rasse, Klasse oder Stammesgruppe sie auch immer angehört«, die einen Mischling heiratet, oder ein weißer Mann, der eine Mischlingsfrau heiratet. Um Mischehen zwischen Braunen und Schwarzen hat sich die Apartheid nie gekümmert. Sie blieben legal. Nur die weiße Rasse mußte geschützt werden.

Carel Boshoff, Theologieprofessor an der Universität von Pretoria und Schwiegersohn von Hendrik Verwoerd, teilte mir als gleichsam unstreitige Tatsache mit, daß eine ethnische Gruppe zu sechs oder sieben Prozent »verwässert« werden und trotzdem ihre »Identität« bewahren könne. Burische Forscher auf diesem esoterischen Gebiet sind tatsächlich zu dem Schluß gekommen, daß der wahrscheinliche Anteil von »Mischlingsblut« in ihren Adern 6,9 Prozent betrage. Daraus läßt sich ableiten, daß Rassismus nicht mehr als 93,1 Prozent ihrer Doktrin ausmacht. Trotzdem bildet die Einstufung weiterhin den Kern des Systems. Niemand – schon gar kein Schwarzer – hat das Recht, sich selbst einfach als Südafrikaner einzustufen. Dadurch bleibt die Zufälligkeit der Geburt der wichtigste Einzelfaktor, was Status und Rechte in Südafrika betrifft. Die meisten weißen Südafrikaner würden diese Behauptung in Zweifel ziehen, aber die meisten weißen Südafrikaner halten sich schließlich von jeder Kenntnis dessen fern, wie das System funktioniert.

Selbst vom burischen Standpunkt aus betrachtet ist die südafrikanische Rassengesetzgebung alles andere als elegant. Sie ist im Grunde kein Gesetzescorpus, sondern ein legalistisches Gewirr, das die Macht der Bürokratie auf ein Höchstmaß steigern und die Verteidigungsmöglichkeiten des Individuums auf ein Mindestmaß reduzieren soll – ein

* Es sei denn, versteht sich, daß er ein Inder ist, der die gleiche Hautfarbe haben mag, aber aufgrund seiner ethnischen Herkunft rechtlich zumeist anders eingestuft wird.

Labyrinth von Wörtern, deren Bedeutung von den weißen Funktionären festgelegt wird, die sie verwalten. Schwarze sind für einen Wohnsitz in »festgelegten« städtischen Gebieten entweder »qualifiziert« oder »disqualifiziert«. Sogar wenn sie »qualifiziert« sind, müssen sie eine »autorisierte Unterkunft« besitzen, in der nur ihre »nachweislichen Angehörigen« wohnen dürfen. Beamte qualifizieren, disqualifizieren, autorisieren und legen fest – und entscheiden letzten Endes, was all diese Begriffe bedeuten. Selbst eine »nachweisliche« Ehefrau kann einfach deshalb »disqualifiziert« werden, weil die Behörden beschlossen haben, keine Unterkunft zu »autorisieren«. Ein »disqualifizierter« Schwarzer begeht ein Verbrechen, wenn er sich länger als 72 Stunden in einem »festgelegten« Gebiet aufhält. Definitionen und Statistiken sind dehnbar, aber unzweifelhaft ist der größte Teil des Landes »festgelegt« und sind die meisten Schwarzen »disqualifiziert«.

Manche Südafrikaner sprechen davon, daß es Schwarze mit »Wohnrechten« in städtischen Gebieten gebe, doch der Begriff »Rechte« taucht in den Gesetzen nirgends auf. Die privilegiertesten Schwarzen besitzen eine begrenzte, bedingte Immunität gegen willkürliche Aktionen, denen alle anderen Schwarzen ausgeliefert sind. Doch selbst sie können entfernt werden, wenn irgendein Beamter sie für »faul und unerwünscht« hält. Laut Gesetz »liegt die Beweislast« dafür, daß ein Schwarzer sich legal in einem städtischen Gebiet aufhält, »beim Angeklagten«. Das Gesetz bestimmt auch, daß »ein Schwarzer, der zu irgendeiner Zeit in einem Gebäude unter Umständen angetroffen wird, die den begründeten Verdacht zulassen, daß er in diesem Gebäude wohnt, als dort wohnhaft zu gelten hat«. Dieser »begründete Verdacht« genügt, ihn ins Gefängnis zu bringen, wenn er nicht beweisen kann, daß seine Anwesenheit »autorisiert« ist. Der Beweis hat aus seinem Paßbuch hervorzugehen, dem Inlandspaß, den alle Schwarzen über sechzehn Jahre bei sich tragen müssen, wenn sie sich in »festgelegten« Gebieten aufhalten. Wer sein Paßbuch nicht vorweisen kann oder will, landet normalerweise im Gefängnis. Für derlei Überprüfungen sind keine gerichtlichen Befehle erforderlich. Sie können jedem Schwarzen widerfahren, überall, jederzeit, auch mitten in der Nacht in seiner eigenen Wohnung. Das Gesetz sagt schlicht:

»Jede befugte Person kann jeden Schwarzen jederzeit auffordern, sein Paßbuch vorzuweisen.«

Neben dem rechtlichen Status muß das Paßbuch über die Umstände der Beschäftigung seines Besitzers Auskunft geben. Im Gesetz heißt es: »Niemand soll einen Schwarzen beschäftigen, wenn aus seinem Paßbuch hervorgeht, daß er einen Dienstvertrag mit einer anderen Person geschlossen hat, und wenn diese andere Person nicht in diesem Buch ... die Tatsache verzeichnet hat, daß dieser Vertrag beendet ist.« Mithin benötigt ein Schwarzer die Genehmigung seines Arbeitgebers, wenn er kündigen will; wenn er keine »qualifizierte« Person ist, endet sein Recht, sich in dem »festgelegten Gebiet« aufzuhalten, automatisch mit seinem Arbeitsverhältnis. Schließlich verlangt das Staatsbürgerschaftsgesetz, daß alle Schwarzen als Bürger des einen oder anderen schwarzen »Nationalstaates« ausgewiesen sind, selbst wenn sie nie in diesem Staat gelebt, ja ihn nie gesehen haben. Die Entscheidung, welchem Staat ein Schwarzer als Bürger angehört, kann von »jedem Beamten oder jeder Person, die der Minister dazu ermächtigt«, getroffen werden und »soll bindend für die betreffende schwarze Person und die betroffene Territorialbehörde sein«. Im Jahre 1978 verdeutlichte ein Minister die Implikationen dieser Vorschrift, als er sich öffentlich auf den Tag freute, an dem alle schwarzen Staaten die zweifelhafte Souveränität, die Südafrika ihnen anbietet, akzeptiert haben würden, und unterstrich, daß es dann »keinen einzigen Schwarzen mit südafrikanischer Staatsbürgerschaft mehr geben wird«. Vier der zehn schwarzen Staaten gelten schon jetzt als souverän, weshalb ihre angeblichen Bürger – bis auf die jüngsten allesamt durch Geburt südafrikanische Staatsbürger und zumeist immer noch im offiziellen Südafrika wohnhaft – nach dem »Gesetz zur Regulierung der Zulassung von Personen in die Republik« ohne Berufungsrecht deportiert werden können.

Dies sind einige der Grundlagen, auf denen die südafrikanische Rassengesetzgebung ruht. Daneben gibt es zahlreiche regulative Kniffe. Unbesorgt, daß sie des Guten zuviel tun könnten, haben die Gesetzesentwerfer sich bemüht, die vielfältigen weißen Bürokratien mit Vollmachten für nahezu jeden denkbaren Umstand auszurüsten, unter dem Schwarze versuchen könnten, in einem weißen Gebiet aus freien Stücken zu handeln. Schwarze und Mischlinge haben nie irgend etwas mit der Formulierung dieses Kodex zu tun gehabt. Und obwohl dies angeblich eine »Reformperiode« in Südafrika ist, hat man die Durchführung der Gesetze, die den Zugang von Schwarzen zu »festgelegten« Gebieten regeln, stetig verschärft. Dafür gibt es zwei erkennbare Gründe. Der erste betrifft die Sicherheit: Je straffer die Kontrollen sind, je mehr von Computern gespeicherte Informationen darüber vorliegen, welche Schwarzen zu welchem Aufenthalt »befugt« sind, desto leichter ist es, von Untergrundbewegungen entsandte Infiltranten aufzuspüren. Der andere Grund hat mit Politik zu tun: Sollte es unmöglich sein, das Ideal durchzusetzen und alle Schwarzen zu Ausländern zu machen, dann wird man früher oder später jenen städtischen Schwarzen, die in keinem Homeland unterzubringen sind, irgendwelche politischen Rechte einräumen müssen, was es nach den Überlegungen der offiziellen Planer um so wichtiger erscheinen läßt, daß es so wenig Schwarze wie möglich gibt, die auch nur potentiell für solche Rechte in Frage kommen. »Reform« heißt, anders ausgedrückt, strengere Kontrollen für die meisten Schwarzen.

Gleichzeitig versuchen die Behörden, jene nicht zu brutal zu behandeln, mit denen sie, auf der Basis gemeinsamer Klasseninteressen, taktische Bündnisse über die Farbgrenzen hinweg zu schließen versuchen: Mischlinge, Inder, Mittelschichtschwarze. Das Gesetz sieht tatsächlich vor, Paßbücher mit verschiedenfarbigen Deckeln auszugeben, damit Polizisten auf Anhieb feststellen können, wann sie es mit einem Schwarzen – einem Geistlichen vielleicht, einem Arzt oder einem Funktionär des Apartheid-Systems – zu tun haben, der mit einer gewissen Höflichkeit behandelt werden sollte. Doch das System kann nicht umhin, wie ein System zu funktionieren, das heißt, jene zu bevormunden und zu demütigen, die es für sich gewinnen sollte. Ein Mischling darf heute seine Stimme für Personen gleicher rassischer Einstufung abgeben, die dann in einer getrennten Parlamentskammer tagen, wo sie jederzeit von der weißen Kammer überstimmt werden können, aber weder die Mischlings-Abgeordneten noch ihre Wähler können legal in einem Gebiet wohnen, das laut Group Areas Act als

»weiß« deklariert wurde. In den größeren Städten gibt es nur in solchen Gebieten ohne weiteres verfügbare Wohnungen, denn Habgier und Furcht der Weißen sorgen gemeinsam dafür, daß ein permanenter Wohnungsmangel für Mischlinge und Schwarze besteht. Unter diesen Umständen wird das Gesetz von genau den Menschen gebrochen, die die herrschende weiße Elite als potentielle Verbündete ausgemacht hat, also von den aufstrebenden Mischlingen und Indern, die in die Randzonen weißer Viertel ziehen und dort wegen ihrer rechtlichen Verwundbarkeit unmäßige Mieten für heruntergekommene Behausungen zahlen. Für dieses kriminelle Tun werden sie von einer speziellen Polizeiabteilung belangt, deren Aufgabe es ist, jeder anonymen Anzeige nachzugehen, die das Eindringen von Nichtweißen in weiße Wohnzitadellen zum Gegenstand hat.

Es geschieht jeden Tag in Johannesburg. Cheryl und Michael Noel gehörten zu jener Sorte von Menschen, die Südafrika in seinen Anzeigen im *Wall Street Journal* und in der Londoner *Financial Times* auftreten läßt, um die neuen Möglichkeiten vorzuführen, die sich Nichtweißen unter den revidierten Arbeitsgesetzen laut Werbetext bieten. Ihre Werte waren die gleichen wie die der Weißen, neben denen sie arbeiteten oder einkaufen gingen, doch sie hatten einen Grad der Verzweiflung erlebt, wie Weiße ihn sich nicht einmal vorstellen können. Deshalb waren sie, obwohl weder politisch engagiert noch militant, bei unserer Begegnung von jenem unverfälschten moralischen Schmerz erfüllt, den die Machtlosen hinunterschlucken müssen, wenn sie die betrügerischen Ausflüchte der Mächtigen hören. Man könnte es Ekel nennen.

Michael Noel war Facharbeiter in einer Fabrik, die gepanzerte Truppenfahrzeuge für die südafrikanische Armee baute. Wenn er als Weißer in den englischen Midlands geboren worden wäre, hätte seine Firma ihn dafür bezahlt, nach Südafrika zu emigrieren, und ihn dort in einem komfortablen Haus untergebracht. Da er in Durban geboren worden war, übernahm die Firma keine Verantwortung für seine Unterkunft. Cheryl Noel hatte eine leitende Stellung bei der Barclays Bank, die ihr eine günstige Hypothek eingeräumt hätte, ihr aber nicht helfen konnte, ein Haus oder Grundstück zu finden, auf das sie ein gesetzliches Anrecht gehabt hätte. Deshalb wohnten die Noels illegal in einer schäbigen Einzimmerwohnung in Hillbrow, wo man die Miete innerhalb von acht Monaten dreimal erhöht und ihre Beschwerden über eine verstopfte Toilette ignoriert hatte. Außerdem drohten ihnen Anklagen aufgrund des Group Areas Act.

Ismail und Marlene Jeena hatten praktisch die gleiche Geschichte zu erzählen. Er war Leiter einer Reparaturwerkstatt, sie arbeitete im Büro einer Versicherungsgesellschaft. Sie hatten in fünf Jahren fünf verschiedene Wohnungen in Hillbrow gehabt und waren der Group-Areas-Polizei immer nur knapp entgangen, bis man sie schließlich anklagte.

»Wir wohnen nicht hier, weil wir weiß sein wollen«, sagte Cheryl Noel.

»Uns ist es egal, wo wir wohnen, solange wir dort glücklich sein können«, ergänzte ihr Mann.

»Ich habe Versicherungspolicen. Bei mir ist alles so, wie es sich für einen normalen Menschen gehört«, sagte Ismail Jeena. »Ich kann mir leisten, ein Haus oder ein Grundstück zu kaufen, und ich wurde in Südafrika geboren. Soll ich ohne jeden Grund zum Verbrecher gemacht werden?«

Der Minister für Recht und Ordnung verurteilte alle, die kleine *Knelpunte* (»Zwickpunkte« oder Mißlichkeiten) wie diese zu *strydpunten* (»Streitpunkten« oder Problemen) hochspielten. Sie seien dem Staat gegenüber feindlich eingestellt. Aber es ist der Staat, der die Menschen zwickt, der sie nach Rassengesichtspunkten vor Gericht schleppt, sie dort bedrängt und ins Kreuzverhör nimmt, um sie zu dem Geständnis zu zwingen, daß sie auf ihrer Suche nach Unterhalt oder Unterkunft zu Straftätern geworden seien. Cynthia Freeman hatte eine weiße Haut, blondes Haar und blaue Augen, aber als Tochter eines weißen Vaters und einer gemischtblütigen Mutter wurde sie als Mischling eingestuft. Als sie aus Natal nach Johannesburg kam, lebte sie in einem Wohnheim für Mischlinge und zog dann in eine Wohnung in Hillbrow, wo sie eine Zeitlang mit einem weißen Mann zusammenlebte; er ließ sie mit einem Baby zurück, das ebenfalls weiß aussah. Bei ihrem Arbeitgeber, einer kleinen Baufirma, die sich auf Swimmingpools spezialisiert hatte, hielt man sie für weiß. Als sie nach dem Group Areas Act angeklagt wurde, leugnete sie ihre rassische Einstufung nicht, sondern stützte ihre Verteidigung zum Teil auf eine Gesetzeslücke, die ihr Anwalt entdeckt hatte. Er behauptete, daß sich die Definition von »gemischtrassisch« in dem Gesetz, nach dem man sie angeklagt hatte, von jener des Einstufungssystems unterscheide. Als Person, die offensichtlich weiß sei und allgemein als weiß akzeptiert werde, erfülle sie den Rassenstandard des Gesetzes. Ihre Lebensumstände verlangten, daß sie für die eigene und ihres Kindes Unterkunft selbst sorge, und sie könne nicht verurteilt werden, wenn keine andere Wohnung zur Verfügung stehe.

Bei der Zurückweisung dieser Argumente blieb dem Staatsanwalt nichts anderes übrig, als die Menschenverachtung und den Rassismus des Systems bloßzustellen. Sein Tonfall war spöttisch, inquisitorisch, unerbittlich. Weshalb sie nicht wieder in das Wohnheim für Mischlinge gezogen sei?

»Ich mußte mich um das Kind kümmern«, erwiderte Miß Freeman. »Mit einem Kind kann ich nicht im Wohnheim leben, und ich habe die Möbel. Ich brauche ein Zuhause für mein Kind.«

Aber in Bosmont, einem Bezirk für Mischlinge, gebe es ein Hotel, beharrte der Staatsanwalt. Weshalb sie nicht dort eingezogen sei?

»Das habe ich nicht versucht.«

»Sie haben also die nötigen Auskünfte nicht eingezogen?«

Die Angeklagte blieb stumm. »Ich hätte gerne eine Antwort, Miß Freeman«, sagte der Staatsanwalt.

»Nein«, entgegnete sie müde. »Es gibt so viele Menschen, die eine Unterkunft suchen. Ich bin sicher, daß es voll gewesen wäre.«

Der Staatsanwalt zwang sie dann zu dem Eingeständnis, daß sie eine offizielle Wohngenehmigung für das weiße Gebiet beantragt und eine Absage erhalten habe. »Sie sind also sogar nach dem Bescheid noch in der Wohnung geblieben«, fuhr er fort.

»Ja, ich hatte keine Wahl.«

»Sie hatten eine Wahl, Miß Freeman.«

»Ich hatte keine Wahl.«

»Sie konnten ins Hotel gehen.«

»Ich konnte ins Hotel gehen«, räumte sie mit einem bitteren Lachen ein, das sich im Gerichtssaal wie ein Schmerzensschrei anhörte.

Damit war das Argument der Zwangslage ausgeräumt. Es blieb das Argument, daß sie offensichtlich weiß sei. »Miß Freeman, wie stufen Sie sich selbst ein?« begann der Staatsanwalt.

»Andere haben mich immer als weiß akzeptiert.«

»Ich rede von Ihnen selbst. Wie stufen Sie sich selbst ein?« Der Gedanke, daß es einer Südafrikanerin vielleicht gar nicht einfiel, sich selbst einzustufen, war dem Staatsanwalt anscheinend nie gekommen. Möglicherweise war er auch Cynthia Freeman nie gekommen, denn sie antwortete: »Ich stufe mich selbst als weiß ein, obwohl ich offiziell als gemischtrassisch klassifiziert worden bin.«

»Sie stufen sich selbst als weiß ein?«

»Ja, und meinen kleinen Jungen auch.«

Aber sie habe doch zugegeben, bemerkte der Staatsanwalt, daß Mischlinge und Inder in ihr Mietshaus in dem weißen Gebiet eingezogen seien. Wieso, fragte er und projizierte seine eigenen Rassengefühle, könne sie ihrem kleinen Jungen gestatten, gemeinsam mit Mischlingen und Indern unter einem Dach zu leben, wenn sie ihn wirklich als weiß ansehe?

»Ich kann sonst nirgendwohin gehen«, erklärte sie.

Wenn sie wirklich weiß wäre, insistierte der Staatsanwalt, hätte sie doch das gleiche wie andere Weiße tun und in ein Gebäude ziehen können, das ausschließlich von Weißen bewohnt werde.

»Ich habe nicht das Geld, um dauernd umzuziehen.«

»Und wenn Sie das Geld hätten?«

»Dann würde ich es vielleicht tun.«

Wieso sie dann mit Mischlingen befreundet sei? Der Staatsanwalt wollte andeuten, daß sie durch ihren Umgang ihre Gene so oder so verrate. Er schien sagen zu wollen, daß echte Weiße nur mit Weißen verkehrten.

»Ich bin Christin.«

»Von Ihrem christlichen Glauben ist jetzt nicht die Rede.«

»Ich besuchte sie, weil ich Christin bin, und vom christlichen

Standpunkt aus sind alle gleich. Deshalb ist es unerheblich für mich, wen ich besuchte.«

»Sind Sie mit den Gesetzen dieses Landes vertraut?« fragte nun der Staatsanwalt – ein rhetorischer Rundumschlag, der ihn selbst ans Kinn zu treffen schien.

Schließlich wandte sich die Verhandlung der Plattheit von Miß Freemans Nase, der Stellung ihrer Wangenknochen und der Frage zu, ob ihr Haar wirklich blond sei. Die Angeklagte erklärte, ihre Nase sei bei einem Unfall verletzt worden und habe genäht werden müssen.

»Nur genäht?«

»Ja.«

»Das ist alles?«

Ein Professor von der Universität Witwatersrand sagte aus, daß er in der »anthropologischen Literatur« keinen Hinweis auf hohe Wangenknochen als »ein diagnostisches Kriterium zur Rassenbestimmung« habe finden können; ohnehin kämen Cynthia Freemans Wangenknochen ihm nicht besonders hoch vor. Der Staatsanwalt drängte ihn zu dem Eingeständnis, daß die Rasseneinstufungsbehörde ihn nie um seine Meinung gefragt habe. Deshalb, so wollte er andeuten, sei die Kompetenz des Professors zweifelhaft.

Cynthia Freeman sagte aus, daß ihr Haar von natürlichem Blond sei. Der Staatsanwalt wollte wissen, weshalb sie dann nicht zu weißen Friseuren gehe. Ob sie in Wirklichkeit nicht Angst habe, daß man sie als Mischling erkennen und nicht bedienen werde?

In einer zwölfseitigen Begründung ging der Richter auf alle diese vertrackten Punkte ein und kam zu dem Schluß, daß die Haarfarbe der Angeklagten natürlich sein mochte, doch ihre Nase sei unstreitig platt und sie habe hohe Wangenknochen. »Nach den Beobachtungen des Gerichtes«, so erklärte er, »war es von den Gesichtszügen der Angeklagten her offensichtlich, daß sie nicht offensichtlich weiß war.« Dies ist ein so facettenreiches Juwel der Jurisprudenz, daß es eine Hervorhebung verdient: *offensichtlich nicht offensichtlich weiß!* »Sie konnte als weiß durchgehen«, verkündete dieses Orakel, »aber sie war nicht offensichtlich weiß.« Zudem hatte sie nicht die Rasseneinstufungsbehörde angerufen, um sich als weiß umstufen zu lassen. Deshalb war sie schuldig im Sinne der Anklage und erhielt eine Gefängnisstrafe von fünfzig Tagen, die unter der Bedingung, daß sie aus ihrer Wohnung auszog und die weiße Gegend verließ, zur Bewährung ausgesetzt wurde.

Cynthia Freemans gerichtliche Demütigung war eine der geringeren Brutalitäten der Apartheid, nicht mehr als einer jener groben Kitzel, die ein wiederkehrendes Merkmal des südafrikanischen Lebens sind. Edward Crankshaw dachte an ähnliche Exzesse, als er schrieb, daß die »bloßen Frivolitäten« des bürokratischen Systems in Rußland letzten Endes stärker zum Sturz der Zarenautokratie beigetragen hätten als deren Grausamkeiten. Vielleicht wird man eines Tages das gleiche über das Apartheid-Regime sagen, das sich immer wieder bei potentiellen Verbündeten in Verruf bringt, indem es willkürlich Individuen anprangert, die es ohne weiteres in Frieden lassen könnte. Aber Cynthia Freeman verdiente immer noch ihren Lebensunterhalt und konnte vielleicht sogar die Stimmberechtigung erwerben, sollte sie das für nützlich erachten. Sie blieb auf der zweiten Stufe der Rassenhierarchie, privilegierter als jeder Schwarze.

Die fairste Weise, das modernisierte Apartheid-System zu betrachten, die Bedeutung und die Grenzen der Forderungen nach »Reformen« zu begreifen, besteht darin, die Lebensumstände und Einstellungen ihrer schwarzen Nutznießer, der industriellen Elite einer rechtlosen Masse, zu untersuchen. Diese Elite ist nicht von dem rassischen Kastensystem befreit, sondern innerhalb seines Rahmens befördert worden. Ihre Mitglieder sind nun endlich in der Lage, sich Gewerkschaften anzuschließen, die den gleichen legalen Status wie die Gewerkschaften der Weißen besitzen. Das Gesetz überläßt es den Arbeitgebern, ob sie Tarifverhandlungen mit schwarzen Gewerkschaften führen wollen, und mehr als achtzig, vielleicht neunzig Prozent der schwarzen Industriearbeiter sind weiterhin ohne Vertretung. Doch das System hat eine erkennbare schwarze Machtbasis zugelassen und ihr Wachstumsmöglichkeiten eingeräumt. Schwarze werden nicht mehr durch Gesetz von den besten industriellen Arbeitsplätzen ferngehalten; sie können sogar Häuser und Grundstücke in ihren Townships pachten, jedenfalls diejenigen, die als ständige Stadtbewohner akzeptiert werden. Der Unterschied zwischen Pachtbesitz und freiem Grundbesitz wird gewöhnlich – das heißt von weißen »Reformern« – als rein symbolisch hingestellt, da er nur geringe praktische Bedeutung für den schwarzen Hausbesitzer habe, der nun in seinen vier Wänden nicht mehr nur »Gast auf Zeit« sei, sondern einen »billigen Anspruch« entwickeln könne. Aber das, was dieser Unterschied symbolisiert, ist nicht trivial. Schwarze haben deshalb nicht das Recht, ebenso wie Weiße und Mischlinge in dem für Südafrika erachteten Gebiet zum Grundeigentümer zu werden, weil dieses Südafrika nicht für ihr Land erachtet wird.

Trotzdem ermöglichen die nicht unbeträchtlichen Anpassungen den großen südafrikanischen Industriekonsortien, etwa Anglo American und Barlow Rand, den amerikanischen und europäischen multinationalen Unternehmen nachzueifern, die bestrebt waren, ihre Investitionen durch einen Einstellungskodex »reinzuwaschen«. Wie die Multinationalen rühmen sich auch die großen südafrikanischen Unternehmen, daß sie »gleiche Chancen« böten. Es ist eine sonderbare Prahlerei, da sie alle – die südafrikanischen wie die multinationalen Konzerne – den Anschein der Diskriminierung auf Rassenbasis nur dadurch vermeiden können, daß sie strengste Diskriminierung auf der Basis rassischer Kasten praktizieren. Es ist unmöglich, der Masse der Wanderarbeiter und »Pendler«, die von der Nutzung der neuen Wohngelegenheiten ausgeschlossen sind, auch nur den Abglanz »gleicher Chancen« zu bieten. Die Einstellung von Wanderarbeitern würde das sorgfältig gepflegte Image beeinträchtigen. Deshalb weigern sich auch die fortschrittlichsten Arbeitgeber, Wanderarbeiter zu beschäftigen. Indem man diese Barriere im Interesse der eigenen Imagepflege aufrichtet, akzeptiert man stillschweigend die offizielle Theorie, daß die Schwarzen der Homelands grundlegend anders, das heißt Ausländer seien. Wenn diese Unternehmen behaupten, nicht zu diskriminieren, dann meinen sie einfach, daß sie bestrebt sind, innerhalb der Fabriktore, unter den bereits eingestellten Arbeitern, keine Diskriminierungen zuzulassen. Also sind die Toiletten nun nicht auf Rassenbasis, sondern auf der Basis des Beschäftigungsstatus getrennt. Dies ist in der Praxis gewöhnlich das gleiche, aber man bekommt zu hören, daß damit ein erster Anfang gemacht sei.

Aus der Perspektive der weißen Manager ist das Tempo der sozialen Reformen in der Industrie atemberaubend. Aus der Perspektive von Timothy Zimu, einem Schwarzen, dessen Leben durch die neuen Chancen scheinbar umgewandelt wurde, ist es nach wie vor das Gewicht der Apartheid, das ihm den Atem raubt und vor Zorn fast die Sprache verschlägt. Er war sechsundzwanzig Jahre alt, als ich ihm begegnete, und sein Lohn hatte sich innerhalb von fünf Jahren verdreifacht. Sein Arbeitgeber, der westdeutsche Elektrogigant Siemens, hatte ihm eine Sonderausbildung zuteil werden lassen und ihm eine Aufsichtsposition übertragen. Seine Aufstiegschancen waren damit noch keineswegs erschöpft. Er besaß einen Farbfernseher, einen Kühlschrank, eine Stereoanlage und bewohnte ein mit neuen Möbeln vollgestelltes Haus – all das paßte schwerlich in das Bild, das man sich in der Welt von einem unterdrückten südafrikanischen Schwarzen macht. Er plante, sich das Haus und ein neues Auto zu kaufen. Wenn er sein Schicksal mit dem anderer südafrikanischer Schwarzer verglich, war er nicht weit von der Spitze der Pyramide entfernt. Aber er verglich sich nicht mit anderen Schwarzen und hielt sich nicht für einen privilegierten schwarzen Arbeiter der »Dritten Welt«. Statt dessen blickte er auf die weißen Industriearbeiter bei Siemens, die immer ein oder zwei Ränge über ihm zu stehen schienen. Die meisten dieser Weißen wohnten in East Lynne, einem Vorort von Pretoria, den man vor Jahren auf dem Gelände einer schwarzen Township errichtet hatte; Bulldozer hatten diese Township eingeebnet, nachdem ihr offiziell eine »ungünstige Lage« bescheinigt worden war. Timothy Zimu hatte einen Teil seiner Kindheit dort verbracht. Er hatte erlebt, was ihre Zerstörung seiner Familie antat, die die Behörden nach Mamelodi umsiedelten, jener schwarzen Township, die jetzt seine Heimat, aber gleichzeitig – so empfand er es – sein Gefängnis war. Diese alte Wunde brach täglich auf, denn der Bus, der ihn von Mamelodi zum Siemens-Werk und zurück brachte, fuhr durch East Lynne, wo seine vermeintlichen weißen Standesgenossen in kleinen Ranchhäusern wohnten, die sein Township-Ziegelhaus weit in den Schatten stellten. »Wenn ich in

East Lynne wohnen möchte, muß ich das Recht dazu haben«, sagte Timothy Zimu mit jäher Leidenschaft. »Und ich muß den gleichen Lohn bekommen wie die Leute in East Lynne.«

Es ist nicht immer Mangel an Phantasie, der die meisten Weißen davon abhält, sich die Welt unter der Perspektive von Timothy Zimu vorzustellen. Für jene, die begreifen, daß Schwarze zu den gleichen Emotionen fähig sind, die sie selbst haben würden, ist es eine Willensanstrengung. Andere scheinen zu glauben, daß Schwarze zu einfältig sind, um den Wohlstand und die Sicherheit der Weißen zur Kenntnis zu nehmen. Die weiße Hausfrau, die sich für großzügig hält, weil sie ihrem Dienstmädchen vielleicht zwanzig Dollar für eine Sechzigstundenwoche bezahlt, traut ihrem »Mädchen« einfach nicht die Fähigkeit zu, sich auszurechnen, daß es im Monat weniger Geld bekommt, als sie bei einer einzigen Fahrt zum Supermarkt ausgibt. Sie käme nie auf den Gedanken, daß das »Mädchen« seinem Bruder oder Mann oder Liebhaber erzählt, wie gut die Weißen leben; ihr fällt nicht ein, daß das Ausmaß der weißen Privilegien das schlechtestgehütete Geheimnis Südafrikas und daher eine ständige Quelle der Verbitterung ist.

Frank Bartos, ein Amerikaner, der als Repräsentant der Caterpillar Tractor Company aus Peoria, Illinois, nach Johannesburg kam und dort blieb, um Wrightech, eine Tochter von Barlow Rand, zu leiten, war sensibel genug, sich in die Umstände seiner hochgeschätzten schwarzen Arbeiter hineinzuversetzen. Ihm wurde klar, daß sie Anlaß hatten, sich frustriert zu fühlen, selbst wenn sie relativ gut bezahlt wurden. Deshalb tat er etwas, was nur wenige südafrikanische Manager je tun: Er überzeugte sich persönlich davon, wie seine Arbeiter in der Township Daveyton lebten. Er hielt ihre Lebensbedingungen für »gräßlich«, obwohl Daveyton auf der Skala dessen, was schwarzen Südafrikanern normalerweise an Unterkünften zur Verfügung steht, eher am oberen Ende liegen dürfte. Der tatkräftige Bartos ging also daran, die Angestellten von Wrightech zu den komfortabelst wohnenden schwarzen Arbeitern des Landes zu machen. Dabei wurde er nicht nur von Altruismus oder einem Rückfall in die Maßstäbe von Peoria motiviert, sondern auch von dem Bestreben, seiner Firma eine stabile schwarze Facharbeiterschaft zu sichern. Er veranlaßte Wrightech, am Rande von Daveyton eine Siedlung von 108 Häusern zu errichten. Die Preise, die die Arbeiter zu bezahlen hatten, waren hoch, aber dafür sollten die Häuser nicht die geringste Ähnlichkeit mit den als »Streichholzschachteln« verspotteten winzigen Township-Baracken haben. Bartos versicherte mir: »Sie würden froh sein, in einem dieser Häuser zu wohnen.«

Alle 108 Häuser waren belegt, als ich sie zwei Jahre später von neuem besuchte. Ehrlich gesagt, ich wäre nicht froh gewesen, in einem von ihnen leben zu müssen. Was die Architektur und die Einfügung in die umliegende Gemeinde anging, wäre es meiner Ansicht nach möglich gewesen, für die gleiche Summe viel mehr zu schaffen. Aber die kleinen Ranchhäuser waren durchaus ansehnlich; nicht nur in Südafrika, sondern auch in den Vereinigten Staaten wäre es nicht schwer gewesen, weiße Industriearbeiter in weniger ansprechenden Häusern zu finden. Die Mischlinge und Inder, die in Hillbrow und anderen weißen Randgebieten Zielscheibe der Rasseninquisition waren, hätten bestimmt nur zu gern hier gewohnt. Und verglichen mit dem übrigen Daveyton und seinen Reihen serienmäßig hergestellter Township-Häuser waren dies die reinsten Paläste.

Die Firma Wrightech hatte ihre Modellsiedlung, und ihre Arbeiter hatten ein kleines Stück vom amerikanischen Traum, wie er in Peoria geträumt wird. Aber es gab ein Problem, das tiefer reichte als der Bau von Wohnungen: Wrightech, eine weitere Firma, die keine Wanderarbeiter beschäftigt, hatte unbeabsichtigt eine neue Art der Apartheid innerhalb der Apartheid erfunden. Ihre Arbeiter wohnten nun abgeschieden am Rande der Township in ihrem eigenen kleinen Ort, der sich um zwei hufeisenförmige Straßen, jeweils benannt nach einem weißen Firmenvertreter, gruppierte. Die eine hieß Frank Bartos Crescent und die andere, zu Ehren des Arbeitsdirektors, Andre Oosthuizen Crescent. Einer der Wrightech-Angestellten erzählte mir, daß das neue Quartier in den illegalen Schnapsbuden von Daveyton mit dem Spitznamen »Bonzendorf« belegt worden sei. Die Wrightech-Arbeiter wußten, daß sie eine lohnende Investition getätigt hatten, und redeten sich ein, etwas Bedeutendes für ihre Familien geleistet zu haben, aber sie waren auch kleinlaut, weil sie merkten, daß ihre alten Nachbarn begannen, ihre Gegenwart zu meiden. Die anderen schienen zu glauben, daß sie gekauft worden seien, daß sie durch ihren Umzug in den Frank Bartos Crescent die Solidarität gebrochen und sich auf die Seite der weißen Privilegien geschlagen hätten. Es war ein Gefühl, das sie manchmal sogar teilen konnten.

Auf doppelte Weise abgesondert und immer noch entrechtet, stellten die Wrightech-Hausbesitzer die vielleicht kleinste der wuchernden Unterkasten dar. Sie waren die Elite der schwarzen Industrieelite, und unterm Strich schien ihre Erfahrung das Kalkül zu bestätigen, das südafrikanische Geschäftsleute und einige westliche Kapitalanleger inspiriert: die Möglichkeit, daß eine Duldung des Status quo, womöglich gar die aktive Loyalität der Schwarzen zu kaufen oder wenigstens mittelfristig zu pachten ist.

Wenn man den Weg kennt, braucht man mit dem Auto weniger als eine halbe Stunde von Daveyton nach Vosloorus, einer der kleinen Apartheid-Inseln, die jenseits von Abraumhalden und Rangierbahnhöfen in einem scheinbar unbegrenzten Meer weißer Vororte zu finden sind. Das dortige Wohnheim für schwarze Industriearbeiter bildet einen lehrreichen Kontrast zu der winzigen Enklave am Frank Bartos Crescent. Entscheidend ist nicht der physische Zustand des Wohnheims, eines Labyrinths aus verfallenen einstöckigen Baracken, das nicht unpassenderweise wie ein Lager für Zwangsumsiedler wirkt. Auffallender noch ist der menschliche Kontrast zwischen den schwarzen Hausbesitzern aus Daveyton und den schwarzen Heimbewohnern aus Vosloorus, die zu zwanzig oder mehr in verwahrlosten, engen Schlafräumen untergebracht sind; die Wände sind mit dem Fett der Kerosinkocher bedeckt, auf denen die Männer ihre Mahlzeiten zubereiten. Stets müssen einige der Männer auf dem Fußboden schlafen, weil es nicht genug Betten gibt. Das eigentlich Entscheidende an diesem menschlichen Kontrast ist, daß es ihn gar nicht gibt. Die Männer in Vosloorus und in der Enklave von Daveyton haben im wesentlichen die gleiche Lebensgeschichte: mangelhafte, früh abgebrochene Schulbildung, Hilfsarbeit in irgendeinem Industriegebiet für

Löhne, die erst vor kurzem auf ein nennenswertes Maß angehoben worden sind. Ungeachtet aller Theorien über multiethnische Gesellschaften, die Südafrika sich zu eigen macht oder plagiiert und dann in der Welt verbreitet, um das System der Rassenherrschaft zu verschleiern, konnten diese Männer auf ethnischer Grundlage nicht voneinander unterschieden werden. Am Frank Bartos Crescent lebten Sotho, Tswana und Zulu nebeneinander, in dem Wohnheim in Vosloorus ebenso. Aber sie hatten unterschiedliche Stempel in ihren Paßbüchern, die bescheinigten, daß sie gesetzlich verschiedenen Unterkasten angehörten. Der Mechanismus der Apartheid, der die Zahl städtischer Schwarzer beschränken soll, macht die Männer von Daveyton zu Mitgliedern der Gesellschaft und die Männer von Vosloorus zu permanenten Außenseitern.

Obwohl die letzteren ihr gesamtes Arbeitsleben im gleichen East-Rand-Gebiet verbringen wie erstere – in Fabriken, die denen von Wrightech oder Siemens praktisch benachbart sind –, haben sie so gut wie keine Chance, je von solchen vermeintlich fortschrittlichen Arbeitgebern eingestellt oder zur Teilnahme an Ausbildungskursen, geschweige denn an ausgefallenen Wohnprojekten eingeladen zu werden. Doch auch sie sind nicht weit von der Pyramidenspitze der in Arbeit stehenden Schwarzen entfernt; sie sind trotz ihrer erdrückenden Lebensumstände Nutznießer der vielgerühmten »Neuregelung« der Arbeitsbedingungen für Schwarze. Schließlich sind sie in einem weißen Gebiet beschäftigt, dürfen Gewerkschaften beitreten, und ihre Löhne sind erheblich gestiegen. Nach zehn oder fünfzehn Jahren können sie, der jüngsten Auslegung des Gesetzes zufolge, womöglich sogar einen solchen Status erwerben, daß sie sich auf dem städtischen Arbeitsmarkt nach einer besseren Tätigkeit umsehen dürfen, ohne die automatische Ausweisung in ihre Homelands auszulösen – eine Vergünstigung, die für jeden Wanderarbeiter in den Bergwerken oder auf den Zuckerrohrplantagen unerreichbar und für jeden arbeitslosen schwarzen Jugendlichen in den ländlichen Gebieten nahezu unfaßbar ist. Aber die Schwarzen von Vosloorus sehen sich nicht als Arbeiteraristokraten. Aus irgendeinem Grund mangelt es ihnen an Dankbarkeit. »Wir leben immer noch mit leerem Magen«, sagte Robert Mashile, ein

Mitglied der schwarzen Metallarbeitergewerkschaft, dessen Lohn sich innerhalb von drei Jahren verdoppelt hatte. Er gab zu, etwas mehr Geld in der Tasche zu haben, doch die Preise seien stark gestiegen, seine Frau und seine fünf Kinder befänden sich immer noch in einem Homeland namens Lebowa, und er selbst hause nun schon im sechzehnten Jahr in dem Männerwohnheim von Vosloorus. Das war sein Leben, und er hatte nicht die geringste Aussicht, der Apartheid-Bürokratie auch nur eine Untermieterlaubnis abzuringen, um bei der Familie irgendeines Kollegen in der Township unterzukommen. Im Grunde änderte sich nichts für ihn.

Wenn ein Schwarzer in einem weißen Gebiet »zur Arbeitssuche befugt« ist, wird von ihm erwartet, daß er seine Suche auf die offiziellen Arbeitsämter beschränkt. Diese sind eine Art Warenbörse, an der schwarze Arbeitskräfte auf der Basis von Angebot und Nachfrage gehandelt werden. Weiße Arbeitgeber haben ein Formular mit der Überschrift »Erfassung freier Stellen/Antrag auf Zuteilung einer Arbeitskraft« auszufüllen. Sie können sich sogar telefonisch melden und Arbeit von beliebiger Dauer und zu beliebigem Lohn anbieten. Bei dem unerschöpflichen Angebot findet sich bestimmt jemand, der sie akzeptiert. An einem heißen Sommertag durfte ich in Park Rynie, einem ruhigen Erholungsort am Indischen Ozean, den neuesten Stapel dieser Formulare durchblättern; ich saß in einem Büro und konnte durch ein Drahtschutzgitter auf einen offenen Hof hinausblicken, auf dem die »Arbeitssuchenden« warteten. Unter anderem fand ich folgende Angebote: Die Sugarlands-Metzgerei bot 15,75 Dollar pro Woche für einen Schwarzen, der »sauber und gescheit« zu sein hatte; ein vorstädtischer Hausbesitzer bot 42 Dollar pro Monat für einen »Hausboy«, der »sauber und nicht dick« sein sollte; das Summer Sands Hotel suchte einen Putzmann, der für 97 Dollar im Monat »bereit sein muß, sehr schwere Nachtschichtarbeit zu leisten«. Die Wörter »sehr schwere« waren dick unterstrichen. Das Postamt in Durban hatte angerufen und um sechzig Männer gebeten, die Gräben für Telefonkabel ausheben sollten – eine Arbeit, die sechs Wochen dauern und 3,60 Dollar pro Tag einbringen würde. Ein weiteres Kurhotel suchte einen

»Zimmer-Boy« für 96 Dollar im Monat, der nicht nur »etwas Englisch« sprechen, sondern auch »kräftig gebaut« sein mußte. Ein Getränkeladen benötigte einen »Boy« mit »nüchternen Gewohnheiten«; eine Wäscherei wollte einen »Boy«, der »nicht zu jung sein darf«. Eine Fabrik war bereit, einem Wächter, der Englisch und Afrikaans sprach, 150 Dollar im Monat zu zahlen.

»Wir leisten viel Nützliches«, sagte mir ein weißer Beamter namens Hennie Venter an jenem Tag. Er trug die Sommeruniform seiner Kaste: einen Freizeitanzug mit kurzärmeligem Hemd. Es war Zeit für ein wenig Populärethnologie – das unvermeidliche Schicksal von Gesprächen zwischen Männern seiner Profession und einem Ausländer, von dem man nicht erwarten kann, daß er rassische Feinheiten durchschaut. »Der Schwarze ist wirtschaftlich subsistenzorientiert«, sagte er. »Der westliche Mensch plant für die Zukunft, der Schwarze lebt für den heutigen Tag.« Ich warf bescheiden ein, daß dieses Stereotyp in Südafrika Gesetzeskraft zu haben scheine, daß das System eine solche Haltung von den meisten Schwarzen nicht nur erwarte, sondern sogar verlange. »Wenn ein System funktioniert«, erwiderte Hennie Venter frohlockend, »weshalb soll man es dann nicht funktionieren lassen?«

Ich beendete den Nachmittag in einem großen Arbeitsamt, das den Namen Prospecton trägt und nur ein paar Schritte von der Toyota-Montagehalle in einem Industriebezirk südlich von Durban entfernt ist. Dort war der Hof, auf dem die »Arbeitssuchenden« warteten, so groß, daß man ihn in eine Rollschuhbahn hätte verwandeln können. Es war später Nachmittag, kurz vor Büroschluß, und das Börsengeschäft hatte nachgelassen, aber etwa 120 bis 150 Männer saßen immer noch auf Bänken herum und warteten auf Angebote. Normalerweise, so erfuhr ich, erscheine ein schwarzer Beamter an einem vergitterten Fenster, um einen Kandidaten auszusuchen. Angeblich wurden Arbeiter nach ihren Qualifikationen, an Hand derer man sie bereits eingeteilt hatte, und nach der Länge der Wartezeit ausgewählt. Ich fragte einen weißen Beamten, ob Bestechungen unter solchen Umständen nicht unvermeidlich seien. Die Frage drängte ihn nicht in die Defensive. »Das geschieht in allen Arbeitsbereichen«, sagte er unbekümmert. »Vielleicht verstehen Sie es nicht, aber es ist ein Teil ihrer Kultur. Wenn man zu seinem Häuptling geht, um eine Entscheidung fällen zu lassen, muß man ihm ein Lamm oder eine Ziege mitbringen. Die Leute sagen: ›Du mußt dem Häuptling den Mund öffnen.‹« Ich fragte mich, ob von dem schwarzen Beamten, der die Kandidaten für eine Arbeit aussuchte und dem auf diese Weise die Augen mit Bargeld geöffnet wurden, erwartet würde, daß er seine weißen Vorgesetzten aus Respekt vor ihrem Wissen um seine Traditionen daran beteiligte? War das vielleicht ein Teil *ihrer* Tradition? Es wäre unsinnig gewesen, diese Frage zu stellen. Ich hätte nicht mit einer aufrichtigen Antwort rechnen können, aber ich glaubte zu wissen, wie sie hätte lauten müssen.

Auf der anderen Seite des Subkontinents, in der Nähe des Daniel F. Malan International Airport in Kapstadt, haben die Behörden in ihrer unerforschlichen Weisheit eine verblüffende Ausstellung des rassischen Kastensystems in Aktion geschaffen. Natürlich wurde sie in Wirklichkeit nicht arrangiert, um ausländischen Voyeuren in Zeitnot entgegenzukommen, aber man kann nun dort landen und die ganze bittere Lektion mit Hilfe eines Führers innerhalb von zwei Stunden in sich aufnehmen. Auf einer Fläche von etwa acht Quadratkilometern sind 200 000 Mischlinge und Schwarze auf offiziell abgeteilte, schachbrettartig angelegte Rassenenklaven verteilt worden; in jeder gelten die Maßstäbe und Vorschriften, die für die dort mit amtlicher Genehmigung lebende Kaste oder Unterkaste als angemessen erachtet wurden. Kapstadt ist das einzige großstädtische Gebiet des Landes, in dem Schwarze in der Minderheit sind. Die größte Bevölkerungsgruppe sind nicht Weiße, sondern Mischlinge, aber es ist das erklärte Ziel der Weißen, dafür zu sorgen, daß Schwarze im westlichen Teil des Kaps, der Wiege der weißen »Zivilisation« in Afrika, für immer in der Minderheit bleiben – gleichgültig, was im übrigen Lande geschieht. Der Grund wird nie genannt, doch er liegt auf der Hand: All jene, die den Gedanken an eine schwarze Regierung nicht ertragen, können sich jederzeit ausmalen, daß sie in der Lage sein werden, ihren ursprünglichen Brückenkopf auf dem Kontinent zu halten, wenn es je nötig sein sollte, den Großen Treck umzukehren. Wegen der zahlenmäßigen Überlegenheit der Mischlinge ist Kapstadt flexibler als der Rest des Landes, was Probleme der Farbschranke betrifft. Aber wegen der offiziellen Antipathie jeder schwarzen Ansiedlung gegenüber ist es auch der Ort, an dem das als Zuzugskontrolle bekannte System des Rassenausschlusses am brutalsten praktiziert wird. Die Weißen von Kapstadt und sogar die Buren des *Boland*, des aus Obst- und Weingärten bestehenden Hinterlandes der Stadt, betrachten die Weißen von Transvaal geringschätzig als verstockte politische Primitivlinge, aber bis 1984, als ihr Sonderstatus gesetzlich gemildert wurde, war Kapstadt die einzige Stadt, in der Schwarze ihre Heime nicht einmal pachten konnten. Aufgrund der drakonischen Anwendung der Zuzugsgesetze, die die ständige schwarze Bevölkerung Kapstadts auf 20 000 Familien beschränken sollen, besteht die Hälfte der dortigen Schwarzen aus »Illegalen«.

Das Ergebnis ist ein nie endender Zermürbungskrieg zwischen den Behörden und den »Illegalen«; die weitaus meisten von ihnen stammen aus der Transkei und gelten deshalb als Ausländer – selbst dann, wenn sie seit Jahren in Kapstadt gelebt und gearbeitet, dort geheiratet und Kinder aufgezogen haben. Gewöhnlich sind es die Frauen und Kinder, die man gesetzlich auszuweisen sucht, um die Kastenhierarchie im Westteil der Kapprovinz zu erhalten, der offiziell zum »Vorzugsgebiet für Mischlingsarbeit« proklamiert wurde. Das besagt, daß kein Schwarzer einen Arbeitsplatz bekommen kann, bis weiße Beamte bestätigt haben, daß kein Mischling für die Arbeit zur Verfügung steht. So vermag dasselbe Rassensystem, das Mischlinge wie Cynthia Freeman am Rande der weißen Gebiete Johannesburgs verfolgt, Fürsorge für Mischlinge vorzuschützen, damit es Schwarze in Kapstadt verfolgen kann. Dabei handelt es sich nicht um eine verfahrensrechtliche Verfolgung mit gerichtlichen Verfügungen, eidesstattlichen Erklärungen und anderen Dokumenten als staatlichen Waffen, sondern um eine Verfolgung mit Überfallkommandos, scharfen Hunden und Tränengas, gewöhnlich mitten in der Nacht. Nach jeder großen Razzia, die die »Illegalen« aus den schwarzen Townships vertreiben soll, entsteht auf den Sandflächen der spärlichen Buschlandschaft rund um den

Flugplatz ein provisorisches Abschiebelager. In aller Eile werden klägliche Unterkünfte errichtet, behelfsmäßige Jurten aus Zweigen, Kartons und Plastikplanen. Sie sind die Zielscheibe der Polizei, die sie umgehend niederreißt und in Brand steckt. Meist kommt es dann zu einem Aufschrei der Entrüstung, und manchmal – wenn genug Familien zerbrochen, genug Arbeitsplätze verloren, genug Kinder mit Lungenentzündung in Krankenhäuser eingeliefert worden sind und wenn man vor allem in Europa und Amerika genug Fernsehaufnahmen gezeigt hat – verkünden die Behörden die vorübergehende Einstellung der Feindseligkeiten. Mit jeder Waffenruhe entsteht eine winzige neue Unterkaste, die zwar immer noch kein Recht zum Bleiben, jedoch wenigstens die zweifelhafte Zusicherung hat, daß Hunde und Polizei für einen unbestimmten Zeitraum, während die Behörden ihren Status prüfen, nicht auf sie angesetzt werden. Daher das Schachbrettmuster.

Man kann an dem privilegierten Ende beginnen, indem man nach Mitchell's Plain fährt, einer Township für Mischlinge, die als Mustersiedlung der Apartheid gebaut wurde. Sie war hauptsächlich für jene Mischlinge bestimmt, die durch Bulldozer aus dem Sechsten Bezirk vertrieben wurden, ihrem alten Viertel im Herzen dessen, was sie zu Recht als ihre Heimatstadt hätten bezeichnen dürfen. Adrette kleine Reihenhäuschen, Landschaftsarchitektur und Blumenbeete entlang der Hauptstraßen und vor den Einkaufszentren sollen sie vergessen machen, was sie verloren haben. Dann kann man weiterfahren nach Nyanga, einer schon etablierten schwarzen Township mit verwahrlosten Streichholzschachtelhäusern und minimalen Einrichtungen. An Nyanga schließt sich New Crossroads an, eine neuere, sehr viel kleinere Parzelle für Schwarze, die ebenfalls als Vorzeigesiedlung gedacht war. Aber die Mittel wurden in einer frühen Bauphase eingefroren, als die Behörden einen Generalplan für die neunziger Jahre ausheckten, der vorsah, alle Schwarzen aus Kapstadt in einer neuen Township namens Khayalitsha (»neue Heimat«), gleich neben Mitchell's Plain, zusammenzufassen. Unterdessen gibt es noch das alte Crossroads, ein überfülltes Gewirr von Blechbaracken, das wie eine soziale Katastrophe aussieht, in Wirklichkeit aber einen Triumph schwarzer Selbstbehauptung darstellt, denn es entstand unbefugt und hat bis heute überlebt. Nur etwa die Hälfte der dort lebenden rund 40 000 Menschen kann nachweisen, daß sie schon da waren, als die Behörden unter internationalem Druck die Bulldozer zurückbeorderten, die das Lager einebnen sollten, und ihren Plan aufgaben, die Bewohner zur Rückkehr in die Transkei zu zwingen; diejenigen, die später nach Crossroads kamen, weil sie hofften, in Kapstadt legalen Status zu erhalten, gelten immer noch als »Illegale«, doch es heißt, daß ihre Fälle geprüft würden.

Jeder weiß, daß die Flutwellen der schwarzen Bevölkerung von der absoluten Armut hervorgerufen werden, die in den schwarzen Landgebieten herrscht. In ihrem Bemühen, diesem Ansturm zu widerstehen, gleichen die weißen Beamten dem irischen König Chuchulain bei seinem Kampf gegen die Wogen (die »unangreifbare Flut«, wie Yeats schrieb). Unbarmherzigkeit und Starrsinn sind vorrangige Bestandteile ihres Ringens, doch mit ihrer beharrlichen Tapferkeit sind ihnen die Verfolgten ebenbürtig, die sich aus Verzweiflung und aus der prinzipiellen Weigerung, sich in ihrem eigenen Land als »Illegale« einstufen zu lassen, behaupten. Diese Tapferkeit kann sehr ergreifend sein und legt Worte wie »unbeugsam« nahe, aber es ist nicht zu leugnen, daß die Unbarmherzigkeit obsiegt. Die Bewohner von Mitchell's Plain machen nicht gemeinsame Sache mit denen von Nyanga. Die Menschen in Nyanga und New Crossroads kümmern sich nicht um diejenigen im alten Crossroads, wo einige von ihnen zuerst Fuß faßten. Die Bewohner des Crossroads-Lagers sind gespalten in solche, die sich mit amtlicher Befugnis dort aufhalten, und solche, die sich um diese Befugnis erst bemühen. Und keine der beiden Gruppen unterstützt normalerweise die »Illegalen« aus den umliegenden Lagerprovisorien, die wiederum einander kaum oder gar nicht helfen. Das System schüttet Dämme auf. Es kennzeichnet alle Schwarzen in Kapstadt als Ausländer, sogar jene, die es als »Legale« akzeptiert; dann unterteilt es die »Illegalen« in so viele kleine, verletzliche Gruppen wie möglich. Manchmal weicht es zurück, aber seine Herrschaft bleibt stets unangefochten.

Doch auch wenn seine Herrschaft unangefochten bleibt, trifft die

Beschreibung »unbeugsam« auf seine Opfer zu. Dies wird verständlich, wenn ich von den »wilden Siedlern« und »Illegalen« erzähle, denen ich im Laufe von zwei Jahren in jenem Gebiet in der Nähe des Flugplatzes von Kapstadt begegnete. Goodwill Zisiwe versuchte, sich an einem stinkenden, schwelenden Reifen zu wärmen, den er auf die verglühenden Kohlen eines Feuers in einem Buschlager bei Nyanga geworfen hatte, als ich ihn an einem feuchtkalten Samstagmorgen kennenlernte. Er war ein gutaussehender junger Mann von zweiundzwanzig Jahren, klein und drahtig, mit sanften Zügen, die nichts von seiner Spannung oder seinem Trotz widerspiegelten. Sein Trotz zeigte sich daran, daß er sich überhaupt in diesem Buschlager aufhielt, denn er war an gleicher Stelle zwei Wochen zuvor verhaftet und anschließend ins Gefängnis Pollsmoor gesteckt worden; dort hatte er mit einundzwanzig anderen eine Zelle geteilt, aus der er gerade wieder aufgetaucht war. Die Spannung rührte nicht von seiner Obdachlosigkeit, sondern von der Sorge um seine Frau Nofine her. Sie war hochschwanger, als man sie in Gewahrsam genommen hatte. Einige Frauen, die mit ihr in der Frauenabteilung des Gefängnisses zusammen waren, hatten ihm berichtet, daß sie kurz vor der Niederkunft ins Gefängniskrankenhaus verlegt worden sei, aber es war ihm nicht gelungen, Nachrichten über ihren Zustand, die Geburt oder das Geschlecht seines Kindes zu erhalten. Inzwischen hatte er auch seine Arbeit auf einem Holzplatz verloren. Sein weißer Chef hatte entschuldigend erklärt, daß er nicht länger riskieren könne, einen Schwarzen zu beschäftigen, dessen Papiere nicht in Ordnung seien.

Als ich das Buschlager fast zwei Wochen später mitten in der Nacht erneut besuchte, begegnete ich Goodwill Zisiwe wieder. Er erzählte mir stolz, daß Nofine und ihr gesunder Sohn entlassen worden seien und die Nacht im Untergeschoß einer Kirche verbrächten. In jener Nacht hielten sich rund sechshundert Personen in dem Lager auf, und die Jurten aus Abfallbeuteln waren wieder errichtet worden. Kleine Feuer im Innern erhellten diese dürftigen Unterkünfte wie Lampions; lange Schatten flackerten über die leicht entzündbaren Plastikplanen, während die an den Feuern zusammengekauerten Gruppen hin- und herrückten. Diejenigen, die noch wach geblieben waren, lauschten leidenschaftlichen Ansprachen und sangen Hymnen auf xhosa. Goodwill Zisiwe war einer der Sprecher; in einer Weise, die Respekt verdiente, machte er seinen Zuhörern Mut. Dann stimmte die Gruppe eine Hymne an. Ich fragte, was der Text bedeute. »Gottes Geist ist mit mir wie ein Vogel«, erfuhr ich.

Nie hatte ich eine verelendetere Gruppe gesehen – in mancher Hinsicht ging es ihnen noch schlechter als den Bordsteinbewohnern von Kalkutta –, und trotzdem sangen sie von göttlicher Gnade. Ungefähr sechs Stunden später, im Morgengrauen, stürmte die Polizei das Lager und brannte es nieder. Ich konnte nicht erfahren, ob Goodwill Zisiwe erneut verhaftet worden war, aber das war früher oder später unausweichlich. Wenn die Polizei ihn bei dieser Razzia nicht gefaßt hatte, würde sie es bei der nächsten tun. Und trotzdem war klar, daß er zurückkehren würde.

Die Zahl solcher Geschichten, die man in Kapstadt mühelos sammeln konnte, war unbegrenzt, aber es gab eine Begrenzung der Möglichkeit, sie als Neuigkeit zu präsentieren. Ich muß zugeben, daß ich bei späteren Besuchen bewußt versuchte, ihnen auszuweichen; deshalb vergingen fast zwei Jahre, bis ich Jerry Tutu begegnete, dem Führer einer Restgruppe von »Illegalen«, die der Verhaftung bei irgendeiner Razzia in irgendeinem dieser Buschlager entgangen waren. Er war zwanzig Jahre zuvor nach Kapstadt gekommen. Damals war unbestritten, daß die Transkei zu Südafrika gehörte. Er hatte sechs Kinder, die alle in Kapstadt geboren worden waren, aber wie Zehntausende andere hatte er es nie geschafft, eine offizielle Wohngenehmigung zu erhalten. Deshalb war seine Familie illegal von Stadtviertel zu Stadtviertel gezogen. Wenn man ihn fragte, woher er stamme, erwähnte er nicht die Transkei, sondern rasselte eine Liste von Kapstadt-Bezirken und -Townships herunter: »Ich komme aus Kensington, ich komme aus Guguletu, ich komme aus Elsie's River – ich komme aus all diesen Orten.« Nun aber waren die Tutus, obwohl Jerry seine Arbeit in einer Kunststoffabrik noch hatte, endgültig zu Vertriebenen geworden; sie hatten in einem Gemeindesaal Quartier gefunden, der tagsüber als Kindergarten benutzt wurde, so daß Jerry versuchen mußte, draußen auf einer Veranda etwas Schlaf zu finden.

Jerry Tutu war bestürzt. Er hatte sein ganzes Leben als Schwarzer in Südafrika verbracht, aber er konnte nicht glauben, was ihm nun widerfuhr. Plötzlich schien er in eine Sackgasse geraten zu sein. Er hatte kein Land, keine Sippe, keinen Ort in der Transkei, an den er hätte zurückkehren können. Seine eigene Familie war über ganz Südafrika verstreut. »Mein Herz fühlt sich nicht gut«, sagte er. »Ich bin wie tot. Ich denke an all diese Dinge, die Regierung und alles, und manchmal weine ich.«

Man könnte sagen, diese Fälle seien außergewöhnlich. Wirklich außergewöhnlich ist jedoch der Widerstand, den diese Menschen gegen den fast unwiderstehlichen Druck aufbringen, mit dem das Gesetz schwarzen Familien zusetzt, damit sie sich mit den Bedingungen von Trennung und Zersplitterung abfinden, die normalerweise mit einem System erzwungener Wanderarbeit einhergehen. Viele, vielleicht die meisten ländlichen Schwarzen lernen von Jugend auf, die Erwartung, daß Familien zusammenbleiben können, aufzugeben. Manche, die jährliche Arbeitsverträge eingehen, gründen an ihrem neuen Aufenthaltsort eine zweite Familie. Andere vergeuden ihren Lohn für Prostituierte und Alkohol. Viele vertrinken ihn nur. Auf den Bergwerksgeländen, wo sich weibliche Gesellschaft nur schwer finden läßt, gibt es eine homosexuelle Subkultur, wie sie in Gefängnissen und anderen Verwahranstalten üblich ist. In den Minen, in den Township-Wohnheimen, in jeder Gruppe von Vertragsarbeitern gibt es immer einige, die die Leere ihres Lebens mit Religion ausfüllen, und ein paar, die den schmalen Pfad der Enthaltsamkeit und Genügsamkeit beschreiten, um gegen alle Wahrscheinlichkeit irgendeinen Traum zu verwirklichen – eine sportliche Trophäe zu gewinnen, ein Geschäft in ihrem Homeland zu gründen, sich ein Auto zu kaufen, ihre Kinder die Schule besuchen zu lassen. Verallgemeinerungen sind schwierig, denn es gibt mehr als 800 000 schwarze Wanderarbeiter in Südafrika, davon wenigstens 250 000 in der Industriezone um Johannesburg – eine Fremdenlegion auf eigenem Boden.

Ich hatte gesehen, wo sie arbeiten und leben. Ich hatte gesehen, wie sie Sonntag nachmittags, zur ödesten Zeit der Johannesburger Woche, durch die Straßen des Stadtzentrums oder die vorstädtischen Einkaufsgewölbe schlenderten, wie sie sich an Bordsteinen oder auf Parkplätzen oder Baustellen versammelten, jenen kleinen Lücken zwischen den weißen Besitztümern. Ich hatte auch die ländlichen Gebiete gesehen, die sie hinter sich gelassen hatten. Aber ich war nie mit einem Wanderarbeiter von einer seiner beiden Welten zur anderen gereist, um zu sehen, wie ihm der Brückenschlag gelingt oder ob er, mit den Worten eines südafrikanischen Wissenschaftlers, nicht ein Mann von zwei Welten, sondern »ein Mann ohne Welten« ist. Also bat ich zwei Schwarze, die mir fast täglich in Johannesburg begegneten, ihren Heimatort, möglichst in ihrer Begleitung, besuchen zu dürfen.

Napthali Ngcobo arbeitete als uniformierter Wächter und Faktotum in der Eingangshalle des Gebäudes, in dem ich mein Büro einrichtete. Er war ein rundlicher Mann, der gern unter lebhafter Beteiligung seiner Augen lachte und die Ausstrahlung und Instinkte eines geborenen Politikers besaß. Die meisten Weißen eilten vorbei, ohne ihn zu bemerken, doch in seinem Winkel in der Johannesburger Innenstadt genoß er bei Schwarzen ein gewisses Ansehen. Wie ich war er Mitte Vierzig, aber sein Chef, der burische Hausverwalter, der wenigstens zehn Jahre älter war, nannte ihn mit widerwilligem Respekt *Madala* (»alter Mann«) statt des üblichen »Boy«. Ich gewann den Eindruck, daß er ein Mann von Unternehmungsgeist und festen Überzeugungen war. Manchmal trug er eine Bibel bei sich, manchmal einen Wettschein. Verschiedentlich sah ich junge Frauen in seinem Verschlag unter der Treppe sitzen, als sei es ein Beichtstuhl. Als ich ihn schließlich dazu brachte, mir seine Lebensgeschichte zu erzählen, wurde mein Eindruck bestätigt. Wie sich herausstellte, war Napthali ein erfahrener Gesundbeter; seine Kräfte waren ihm durch eine Reihe erstaunlicher Träume enthüllt worden, in denen ihn ein hochgewachsener und imposanter Zulu in weißem Kittel unterwies.

Er wohnte damals mit seiner Familie in Zululand und war arbeitslos geworden, nachdem man die Molkereigesellschaft in Durban, die ihn beschäftigt hatte, schloß. Während des einen Monats im Jahr, den er nun zu Hause bei seiner Familie verbrachte, zog sein Ruf, zu Wunderheilungen fähig zu sein, immer noch Menschenmengen an. Während der übrigen elf Monate predigte er häufig Sonntag morgens in Soweto in einer unabhängigen schwarzen Kirche, der »New Swaziland Church in Zion«. Dort traf er Winna, eine fünfunddreißigjährige Reinemachefrau einer städtischen Bank; sie teilte nun sein Bett in einem überfüllten Dachquartier, wo nur ein Vorhang das Paar von Napthalis jungem Cousin abschirmte. Wie es der Zufall oder das Schicksal wollte, war es dasselbe Dach, auf dem ich am ersten Wochenende nach meiner Rückkehr nach Südafrika jenen Polizeiübergriff beobachtet hatte. Napthali hätte zu den Opfern gehört, wenn er nicht in der Kirche gewesen wäre.

Winna war zweimal mit ihm zu seiner Frau nach Zululand gereist. Die New Swaziland Church hatte keine Einwände gegen dieses Arrangement, das man als Anpassung von Zulu-Traditionen an die von der Apartheid verordneten Umstände betrachten konnte. Napthali verdiente ungefähr 235 Dollar im Monat, wovon er den größten Teil nach Hause schickte: sechzig Dollar, um seinen achtzehnjährigen Sohn, seine Hoffnung für die Zukunft, ein Internat besuchen zu lassen; weitere 110 Dollar für seine Frau, die in ihrem Haushalt immer noch fünf ihrer acht Kinder sowie Napthalis Vater versorgte. Napthali schien die ungleichartigen Bestandteile seines Lebens erfolgreich zusammengefügt und ein gewisses Maß an Zufriedenheit erlangt zu haben, aber in seiner Vorstellung – und in Wirklichkeit – war dies trotz, nicht wegen des Systems geschehen. »Den Weißen sind wir völlig gleichgültig«, sagte er. »Sie machen es uns unmöglich, mit unserer Familie zusammenzuleben. Sogar wenn wir Geld haben, lassen sie es nicht zu.«

Zalaowakho Mhlongo, genannt Drum, verließ sich stärker auf die Erzeugnisse der südafrikanischen Brauereien als auf Religion oder die eigene Persönlichkeit, um mit seiner Situation in Johannesburg fertig zu werden. Meine Frau und ich hatten beschlossen, unsere Wohnverhältnisse in Johannesburg denen von New York so weit wie möglich anzunähern. Das bedeutete, daß wir nicht in einem Haus mit Garten, Swimming-pool und Tennisplatz leben und keine Diener haben wollten. Aber zu Wohnungen in Johannesburg gehören nun einmal »Raumpfleger«, die leichte Hausarbeit übernehmen. Drum war ein wandelndes Zubehör, ein Inventarstück unserer Wohnung. Wir brauchten ihn nicht zu bezahlen, aber als wir herausfanden, daß er Frau und Kinder in Zululand hatte und von der Gebäudeverwaltung nur einen äußerst niedrigen Lohn von weniger als 110 Dollar im Monat erhielt, fühlten wir uns verpflichtet, sein Salär auf wöchentlicher Basis durch Geld und Lebensmittel aufzustocken. Drum verstand etwas Englisch und schien zu glauben, daß er es spreche, doch die freundlichen Laute, die er auf unsere Begrüßung hin hervorbrachte, waren stets unverständlich. Obwohl er über viele Monate hinweg täglich eine Stunde in unserer Wohnung verbrachte, erfuhren wir daher kaum etwas über ihn, was wir nicht ohnehin hätten sehen können: daß er entsetzlich arm war und nach den Wochenenden gewöhnlich einen Kater hatte.

Allmählich bedrückte uns die Absurdität – oder, genauer gesagt, Gruseligkeit – dieser Situation, und schließlich baten wir Chris More, einen uns befreundeten schwarzen Journalisten, an einem Samstag zu uns zu kommen und zu dolmetschen, damit wir Drum besser kennenlernen konnten. Die Szene war nicht ohne komische Effekte – die netten Ausländer bitten den schwarzen Diener zum erstenmal, in dem Wohnzimmer, das er täglich mit dem Staubsauger reinigt, Platz zu nehmen –, zumal Chris sich verspätete und wir Drum nicht klarmachen konnten, daß wir ihn nicht etwa festhielten, weil er etwas falsch gemacht hätte. Der arme Kerl wirkte niedergeschlagen und nervös, bis Chris auftauchte; dann aber kam es zu einer sehr angenehmen Verwandlung. Wenn er die Gelegenheit erhielt, war er durchaus fähig, sich zu artikulieren. »Wenn man herumläuft und seine Gefühle zeigt, dann hat man bald keine Arbeit mehr«, erklärte er. Bald reagierte er auf unsere Fragen nach seinem Leben – seine Frau und seine sieben Kinder wohnten in der Nähe von Durban, wo er jedoch nicht arbeiten durfte – mit Fragen nach dem unsrigen. »Was machen Sie hier überhaupt?« war die erste. »Behandeln Sie Schwarze in Ihrem Land so schlecht, wie wir hier behandelt werden?« war die zweite.

Es traf sich, daß Napthali und Drum ihren Jahresurlaub in verschiedenen Monaten erhielten, weshalb wir verabredeten, daß Chris und ich zusammen mit Drum nach Zululand fahren und dort versuchen würden, anhand von Napthalis Beschreibung seinen Kral am Tugela-Fluß zu finden, um uns seiner Familie vorzustellen. Funumuthi Mhlongo, genannt Philemon, Drums Neffe, der ebenfalls als »Raumpfleger« in unserem Gebäude arbeitete, erhielt gerade seinen ersten Urlaub seit vierzehn Monaten und schloß sich uns an. Er war ein auffälliger junger Mann, geschmeidig und stattlich, und er sprach erstaunlich gut Englisch. Er war Jogger und erschien allmorgendlich im eleganten Trainingsanzug in unserem Apartmenthaus. Wären wir nicht in Johannesburg gewesen, hätte man sich ihn als einen jungen Manager vorstellen können, der gleich in seinen dreiteiligen Anzug steigt. Statt dessen schlüpfte er in einen blauen Overall. Manchmal, wenn ich mich meinerseits zum Joggen aufmachte, traf ich ihn im Fahrstuhl kniend, wo er den Messingverzierungen ihre tägliche Politur verabreichte, als handele es sich um das Erste-Klasse-Deck eines Vergnügungsdampfers. Es war schwer zu sagen, wer von diesen Begegnungen peinlicher berührt war. Während der fünfzehn Sekunden, die der Fahrstuhl bis zum Erdgeschoß benötigte, hielt Philemon stets in seiner Arbeit inne und erstarrte in der Hocke, während wir verlegene Grußworte austauschten.

Aber nun, während wir in meinem Peugeot auf der Nationalstraße nach Durban fuhren, war er ein gewandter und lockerer Gesprächspartner. Ich brauchte ihn nur einmal zu bitten, mich »Joe« statt »Sir« zu nennen, schon war es ihm Gewohnheit. Er hatte nie das übertriebene »Master« benutzt, das in Johannesburg in der Kommunikation zwischen »Boy« und Wohnungseigner weithin üblich ist. Seine täglichen Trainingsläufe, hin und zurück jeweils sechs Kilometer, führten ihn in einen anderen weißen Vorort von Johannesburg, wo er offenbar eine Freundin hatte, die dort als Dienstmädchen arbeitete. Jetzt, während der Rückkehr zu seinen drei Kindern und seiner vierundzwanzigjährigen Frau, der er nur einmal in vierzehn Monaten geschrieben hatte, trug er einen Sportanzug. In seiner Alitalia-Reisetasche befand sich eine Urkunde, die ihm bescheinigte, daß er das größte Marathonrennen von Johannesburg im Jahre 1983 als 172. – 1982 war er noch 307. gewesen – beendet hatte.

Wir erreichten Durban am späten Nachmittag und fuhren dann an der Küste des Indischen Ozeans entlang nordwärts, vorbei an großen

Zuckerrohrplantagen, zu einer indischen Gemeinde namens Stanger, wo wir ins Inland abbogen und damit wieder in Richtung unseres Ausgangspunktes zurückfuhren. Ich hatte mir von Drum und Philemon Anweisungen geben lassen, ohne auf die Karte zu sehen. Nun merkte ich, daß sie nur eine sehr vage Vorstellung von der tatsächlichen Geographie zwischen ihren Heimatorten und Johannesburg hatten; wir waren der Route gefolgt, die die Busse normalerweise einschlagen. Auf direktem Wege hätten wir 580 Kilometer zurücklegen müssen, aber als sie mir zeigten, wo ich anhalten sollte, waren wir 770 Kilometer gefahren. Wir hielten neben einem Laden am Fuße eines Hügels, etwa fünfzehn Kilometer von einem obskuren Flecken namens Mapumulo entfernt.

In der Abenddämmerung brachen wir auf, um einen steilen, schmalen Pfad hinaufzusteigen, der bei Regen zu einer Rutschbahn werden mußte. Das einzige Geräusch, das mit dem heiseren Zirpen der Grillen wetteiferte, war der Generator der weißen Familie Bignoux, die seit vierzig Jahren den Laden betrieb, neben dem ich mein Auto geparkt hatte – die einzigen Weißen im Umkreis von vierzig Kilometern, in einem Gebiet, das von Zehntausenden von Zulu bewohnt wurde. Überall an den Hängen, die das enge Tal säumten, lagen Zulu-Krale, vornehmlich aus bienenkorbförmigen, strohgedeckten Lehmhütten. Aber das einzige sichtbare Licht drang aus dem Haus der Bignouxs. Nach kurzer Zeit stießen wir auf eine Gruppe junger Männer, Verwandte der beiden Mhlongos, die ihre älteren Familienangehörigen verhalten und respektvoll begrüßten und sich unaufgefordert deren Gepäck aufluden – eine Gefälligkeit, die Drum und Philemon als selbstverständlich hinnahmen. Als wir den entferntesten Kamm erreicht hatten, teilte Philemon mir fast im Flüsterton mit, daß wir uns nun Drums Kral näherten. Eine Schar von Frauen kam uns auf dem Pfad entgegen. Wieder wurden leise gemurmelte Begrüßungsworte ausgetauscht. Für Philemon müssen sie einen Schock bedeutet haben, aber er ließ es sich nicht anmerken. Erst etwas später teilte er mir mit, er habe erfahren, daß er seine Frau nicht antreffen werde, weil sie mit den Kindern in das 280 Kilometer entfernte Newcastle gefahren sei, um ihre Mutter zu besuchen.

Mittlerweile standen wir im fahlen Dämmerlicht auf einer ebenen, kahlen Lichtung vor drei Hütten. In einem Gehege aus Dornenzweigen waren ein paar Ziegen angebunden. Einige magere Hühner verschwanden in einer kleinen Anpflanzung mit kränklichem Mais. Dies war Drums Zuhause; er schüttelte den Kater ab, der ihn während des größten Teils der Fahrt geplagt zu haben schien, straffte die Schultern und stellte sich, einen Fuß vor den anderen setzend, wie ein spanischer Edelmann im Waffenrock in Pose. In Wirklichkeit trug er eine grellblaue Windjacke und zerschlissene Jeans. Eine energische, stämmige Frau kam aus einer der Hütten gesaust, rannte über die Lichtung und verschwand in einer anderen Hütte; dabei kam sie in kaum zwei Meter Entfernung an Drum vorbei, der das Kinn nun zum Himmel emporgereckt hatte und sie nicht zu bemerken schien. Es war seine Frau Thandekile, die er seit einem Jahr nicht gesehen hatte und die nun seiner alten Mutter mitteilte, daß ihr Odysseus zurückgekehrt sei. Dann rannte sie zu der ersten Hütte zurück, wohl um sich zu vergewissern, daß alles in angemessener Ordnung war, kam wieder hervor und bat ihren Mann, einzutreten und sich niederzulassen. Die Begrüßung zwischen beiden und zwischen Drum und seinen Kindern beschränkte sich auf Blicke und kurze gemurmelte Floskeln; man berührte einander nicht. Dies war vermutlich die übliche Begrüßung für einen Krieger, der in seinen Kral zurückkehrt, aber ich konnte mich des Gedankens nicht erwehren, daß es auch eine passende Begrüßung für einen Gatten und Vater war, der in den vorhergehenden vierzehn Jahren nicht mehr als vierzehn Monate zu Hause verbracht hatte und nahezu als Fremder erschien.

In der Hütte setzte sich Drum auf eine Strohmatte, die zu seiner Bequemlichkeit ausgebreitet war, und lehnte sich gegen die Wand. Es gab nur vier Möbelstücke: einen mit einem Wachstuch bedeckten Tisch, zwei Stühle, die für Chris und mich reserviert waren, und einen Wäscheschrank, der durch eine an der Wand befestigte, sich unter Kleidungsstücken zum Zerreißen spannende Schnur ergänzt wurde. Die Kinder waren barfuß; ein winziges Mädchen von angeblich acht Jahren, das sogar für eine Fünfjährige zu klein gewesen wäre, war sichtlich kränkelnd und unterernährt. Zusammen mit ihrer Mutter drängten sie sich an die Drum gegenüberliegende Wand. Eine Kerze, die wahrscheinlich für einen besonderen Anlaß wie diesen aufgespart worden war, flackerte zwischen ihnen in der Mitte der Hütte; eine vor langer Zeit geleerte Brandyflasche diente als Kerzenständer.

Drum beendete die förmliche Audienz und ging mit seiner Frau in die Nachbarhütte. Nach einer – wie ich hoffte – angemessenen Wartezeit brachen wir auf. Philemon führte Chris und mich über den Kamm hinweg zum Kral seines Vaters und dem adretten, rechteckigen und daher modernen Bungalow, den er dort für seine Familie errichtet hatte. An der Wand hing die Urkunde des letztjährigen Marathonlaufes neben einem Farbfoto von Philemon an der Ziellinie. Er erzählte mir, daß er seine Frau Sonto erst nach Beginn seiner Wanderarbeit getroffen habe. Sie sei in der Township von Newcastle aufgewachsen und erst sechzehn Jahre alt gewesen, als sie heirateten. In fast neunjähriger Ehe hatten sie nie mehr als einen Monat zusammen verbracht. Sonto und die drei Kinder wurden durch das Geld unterstützt, das er seinen Eltern schickte; an sie direkt schickte er nichts.

Ich versuchte mir vorzustellen, was eine junge Frau aus einer Township empfinden mochte, die nun an diesem Hügel, in einem Kral, weit entfernt von ihren Verwandten und Freunden lebte und darauf wartete, daß ihr schneidiger Mann in seinem Trainingsanzug und mit einer neuen Urkunde aus *Egoli* (»die Stadt des Goldes«) zurückkehrte. Vierzehn Monate warten. Philemon sagte, daß er ihr nichts von seiner Ankunft geschrieben habe, wodurch er ihre Abwesenheit förmlich entschuldigte und gleichzeitig seine Kränkung und Verlegenheit verbarg. Der offensichtliche Gedanke, daß Sontos Abwesenheit nicht nur zeitweilig sei, ging mir durch den Kopf; ich konnte nicht feststellen, ob er auch Philemon gekommen war. Ich bot ihm an, ihn ein paar Tage später fast bis Newcastle mitzunehmen. »Oh, das ist nicht nötig, Joe«, antwortete er. Eine leichte Schroffheit seines Tonfalls schien anzudeuten, daß er es für unpassend hielt, wenn ein Zulu-Ehemann hinter seiner Frau herliefe. Er wollte den Monat zu Hause verbringen, sich durch Läufe auf einem Sandpfad, der sich neben einem Flüßchen namens Dlakhati durch das Tal schlängelte, in Form halten und auf Sontos Rückkehr warten.

Zwei Tage später fanden Chris und ich etwa 130 Kilometer entfernt, an einem anderen Sandweg in den Zulu-Hügeln, Napthali Ngcobos Frau. Später erzählte sie uns, daß unser plötzliches Erscheinen sie erschreckt habe, denn sie habe uns für Polizisten gehalten, die eine schlechte Nachricht überbringen würden.

»Ich hatte nur Zeit zu beten«, sagte sie. »Ich dachte: ›Ist mein Mann hingeschieden? Ist mein Sohn gestorben? Nur Du kannst mir helfen, mein Gott.‹«

Napthalis Kral, an einem Hang über dem Fluß, in einem dichtbesiedelten, aber kaum erschlossenen Landstrich gelegen, war, mit demjenigen Drums verglichen, eine Art Gutsbesitz. Papayabäume wuchsen im Hof. Das Haupthaus hatte die üblichen Lehmwände und ein Strohdach, aber es war hübsch mit blauer Farbe getüncht; die Fenster hatten Glasscheiben, und Vorhänge wehten sanft in der Brise. Es war ausreichend, wenn auch bescheiden möbliert. Bei seinen jährlichen Reisen nach Hause hatte Napthali Kerosinlampen, eine Uhr, einen Kerosinherd und ein Radio mitgebracht. Seine Frau Martha, eine füllige, geschäftige Frau, die bei unserer Ankunft im Garten gearbeitet hatte, servierte uns Tee. Dazu brachte sie Scheiben gedämpften Brotes, frisch aus dem Ofen. Nachdem Chris unseren ursprünglichen Plan erwähnt hatte, sagte sie: »Wenn er mit Ihnen gekommen wäre, hätte ich eine Ziege genommen und . . .« Sie fuhr sich mit dem Finger über die Kehle und lachte von Herzen.

Auf einem Regal neben dem Tisch stand ein gerahmtes Farbfoto von Napthali in einem Gewand, das ich nie an ihm gesehen hatte. Statt der mit Messingknöpfen verzierten Wächteruniform, die ihn in der Eingangshalle unseres Hauses schmückte, trug er einen marineblauen Anzug, den Kragen eines Geistlichen und einen Umhang von bischöflichem Purpur. In der einen Hand hielt er eine Bibel, die andere wies nach vorn. Jemand, vielleicht Napthali selbst, hatte kleine rote, grüne und blaue Sterne, wie sie Schulkinder in Poesiealben kleben, wie einen Heiligenschein um seinen Kopf herum geheftet. Mich faszinierte vor allem der Hintergrund dieser Apotheose, denn ich erkannte das Dach, auf dem er in Johannesburg wohnte. Der zum Heiligen gewordene Napthali stand an der Brüstung, wo die Polizisten die Schwarzen vor nun schon mehr als drei Jahren verprügelt hatten. Irgend etwas rührte mich. Es war nicht nur das liebenswerte, halbkomische Bild des selbsterschaffenen Heiligen, der einen Traum lebt, den die Weißen nicht zerschlagen können, sondern auch das Gefühl, daß ich schließlich wieder an meinem Ausgangspunkt in Südafrika angekommen war.

»Grüßen Sie meinen Mann«, bat Frau Ngcobo inständig. »Bitte, grüßen Sie meinen Mann.«

Busse, immer wieder Busse

Auch Albino Carleo ist der Sohn eines Wanderarbeiters. Er war noch im Mutterleib, als sein Vater Gaetano unversehens seinen kleinen Schlachterladen in Cava de Tirreni, außerhalb Salernos, schloß, seiner Frau und den drei schon vorhandenen Carleo-Sprößlingen *Arrivederci* sagte und sich nach Durban einschiffte. Gaetano Carleo – weiß, entschlossen und fleißig – sollte letzten Endes beweisen, daß Südafrika ein Land der beinahe unbegrenzten Möglichkeiten sein kann, aber es dauerte eine Weile. In den ersten fünf Jahren wechselte er von einem Arbeitsplatz zum andern, schuftete in Bergwerken und bei der Eisenbahn, beaufsichtigte schwarze Bauarbeiter und lernte Fanagalo – ein vorwiegend aus Zulu-Elementen bestehendes Kauderwelsch, das die Weißen als Befehlssprache entwickelt hatten –, bevor er Englisch lernte. Als Albino im Alter von fünf Jahren seinen Vater zum erstenmal zu Gesicht bekam, war der Höhepunkt der Weltwirtschaftskrise erreicht, und Gaetano hatte nur magere Früchte seines Schweißes vorzuweisen. Aber sein Leben war zu einer Suche nach Besserem geworden, und er war nicht bereit, diese Suche zu beenden. Deshalb machte er sich, nach nur einer Woche Wiedersehen in Cava de Tirreni, in Richtung New York auf und eröffnete mit seinen Ersparnissen aus Johannesburg ein Lebensmittelgeschäft in Brooklyn. Doch das südafrikanische Klima hatte ihn für Nordamerika untauglich gemacht, und drei Jahre später, 1936, reiste er wieder zurück, diesmal mit einem nagelneuen amerikanischen Auto als Trophäe und Startkapital. In Johannesburg angekommen, kaufte er mit dem Erlös des Autos einen gebrauchten Ford-Bus und besorgte sich eine Transportgenehmigung von der schwarzen Township Alexandra zum Stadtzentrum. Die Rapido Bus Company, wie Gaetano sie nannte, war ein Einmannbetrieb: Der Eigentümer arbeitete als Fahrer und Mechaniker und lebte selbst in der schwarzen Township.

Albinos Mutter starb, ohne Südafrika je gesehen zu haben, und er selbst hatte während des Zweiten Weltkriegs keine Möglichkeit, Kontakt mit seinem Vater aufzunehmen, der als »feindlicher Ausländer« für kurze Zeit im Oranje-Freistaat interniert wurde. Der Sohn war also schon ein junger Mann, als er in die Fußstapfen seines Vaters trat und auswanderte; unterwegs nach Johannesburg überlebte er einen Flugzeugabsturz in Belgisch-Kongo und lernte schließlich Gaetano kennen, indem er das Busgeschäft kennenlernte. Gaetano Carleo ist heute in den Achtzigern und verbringt den größten Teil des Jahres in seiner Heimat in Cava de Tirreni, während Albino von einer in einem ruhigen weißen Vorort von Johannesburg gelegenen Zentrale aus, deren Architektur entfernt neapolitanische Züge aufweist, eine Kapitalgesellschaft mit rund neuntausend Angestellten, zwanzig Tochterfirmen und einer Flotte von 3500 Bussen kontrolliert.

Die Rapido Bus Company änderte ihren Namen sehr bald in »Rapid« und ging in einer anderen kleinen Busgesellschaft auf, die sich allmählich unter verschiedenen Namen und Firmenidentitäten in schwarze »Standorte« vorschob, deren Bewohner im weißen Industriegürtel um Johannesburg arbeiteten. Schließlich hielt es die größte private Busgesellschaft, die Putco, für zweckmäßig, der Konkurrenz durch die Carleos zu begegnen, indem sie deren sämtliche Unternehmungen aufkaufte. Auf der Suche nach einer Möglichkeit, den Erlös anzulegen, merkten die Carleos, daß sie sich mit Bussen am besten auskannten, und erwarben ihrerseits eine Mehrheitsbeteiligung bei Putco. Der Besitz dieser Konzession brachte sie sofort in eine heikle Beziehung zu den offiziellen Verwaltern des Apartheid-Systems, jenen Sozialingenieuren, die emsig Schwarze hin- und herschoben und Grenzen zogen, um, wie sie hofften, eine stabile Rassenordnung zu schaffen. Es war eine Beziehung von gegenseitiger Abhängigkeit. Mit dem Fortschreiten der Apartheid-Ära suchten die Sozialingenieure nach Methoden, die Zahl der Schwarzen, die entweder mit ihren Familien in den Townships oder als Wanderarbeiter in nach Geschlechtern getrennten Heimen in den städtischen Gebieten übernachteten, zu verringern. Ihr Ziel war, eine Klasse von »Pendlern« aufzubauen, von Schwarzen, die in Südafrika arbeiten durften, solange sie allabendlich über eine angeblich nationale Grenze hinweg in ihr »Homeland« zurückkehrten. In ihrer ausgeklügeltsten und reifsten Form benötigte die Apartheid Busse, und zwar jedes Jahr mehr, da man immer mehr Schwarze aus den weißen Gebieten in offiziell festgelegte Umsiedlungszonen trieb, in sogenannte »geschlossene Siedlungen«, riesige ländliche Slums mit städtischer Bevölkerungsdichte, aber ohne städtische Infrastruktur, abgesehen von den Bussen, die ihre dünne Nabelschnur zu den Städten darstellten.

Bevor in diesen Siedlungen ein Krankenhaus gebaut oder eine sichere Wasserversorgung geschaffen wurde, mußte es eine Bushaltestelle geben. Damit wuchs Putco mit der Fortentwicklung des Apartheid-Systems. Als sich aber die Routen über immer größere Entfernungen erstreckten, stiegen die Fahrpreise, die das Unternehmen verlangen mußte, um seine Kosten zu decken und einen Gewinn zu machen, weit über die finanziellen Möglichkeiten der von ihm beförderten Hilfsarbeiter hinaus. Deshalb wurde die Aushandlung von Subventionen, die die Apartheid-Regierung für die Wirksamkeit des Systems zu zahlen bereit war, zu einem geschäftlichen Schlüsselelement, das letztlich eine wichtigere Rolle spielte als die Wartung der Busse oder die Höhe der Benzinpreise. Die Behörden hätten ihre eigenen Busgesellschaften betreiben können, doch die Kosten wären enorm gewesen, ebenso die Risiken. Die Taktik des Busboykotts wurde von den Schwarzen Südafrikas angewandt, lange bevor Martin Luther King sie in Montgomery, Alabama, erprobte, und später, als der Widerstand nicht mehr nur gewaltlos war, gehörten Busse gewöhnlich zu den ersten Zielen, die in den Townships angegriffen wurden. Es war ein Erfordernis der Realpolitik, die Busgesellschaften, die schwarze Gebiete versorgten, vom Staat zu trennen.

Für Gaetano Carleo hatte es genügt, sich mit Bussen auszukennen. Doch die Betriebsanleitung, die Albino Carleo studieren mußte, hätte von Machiavelli verfaßt sein können, denn er mußte sich nicht nur seinen ausschließlich schwarzen Fahrgästen und den Apartheid-Bürokraten gegenüber liebenswürdig zeigen, sondern in dem Maße, in dem das System seine Ziele zu verwirklichen begann, auch den verschiedenen Stammeshäuptlingen, Ältesten, Speichelleckern, Verrätern und

Politikern gegenüber, die sich als Minister in den neuen Homeland-Staaten in den Vordergrund schoben. Heute wirbt Putco für sich als ein Arbeitgeber, der »Chancengleichheit« gewährt, und unterhält eine Putco-Stiftung, die Fürsorgeeinrichtungen in schwarzen Gemeinden bezuschußt; gleichzeitig nimmt sie ehemalige hohe Beamte des Ministeriums für Zusammenarbeit und Entwicklung in ihren Vorstand auf und unterhält enge Beziehungen zu Homeland-Führern. Als ich Albino Carleo in einem holzgetäfelten Büro mit gewölbten Fenstern zum Kaffee traf, war er erstaunlich bereit, sich zu verschiedenen gesellschaftlich relevanten Themen zu äußern, darunter die »Lebensqualität« in städtischen Gebieten und die Verantwortung der Unternehmen. Auch über seine politischen Ansichten sprach er offen: »Wenn wir eine schwarze Regierung hätten, würde ich mit ihr genauso aufrichtig und entschlossen reden wie mit der weißen Regierung. Aber das ist eine Sache der Zukunft. Wenn eine kleine Minderheit die faktische Macht besitzt, ist es dumm, sie herauszufordern. Was man durch Gewalt nicht erreicht, bekommt man durch Überredung. Wer mir vorwirft, ein Handlanger des Systems zu sein, der weiß nicht, wovon er spricht. Ich muß ein gutes Verhältnis zur Regierung haben, damit ich der schwarzen Gemeinschaft einen guten Dienst leisten kann.«

Sodann erläuterte er eine praktische Philosophie, die er in einer harten Schule erlernt hatte. »Menschen lieben es, sich bedeutend zu fühlen,und wenn du ihnen zeigst, daß sie bedeutend sind, dann haben sie dich gern«, sagte er. »Sie haben dich gern und vertrauen dir, weil du einen Maßstab ihrer Größe darstellst.« Es sei eine Philosophie, so fuhr er fort, die er unparteiisch auf Weiße und Schwarze anwende. Er habe zum Beispiel gerade in Pretoria ein Essen für den Chefminister des demnächst unabhängig werdenden Homelands KwaNdebele gegeben, einen früheren Lastwagenfahrer namens Simon Skhosana, der von der dritten seiner fünf Frauen begleitet worden sei. KwaNdebele sei seit fünf Jahren die wichtigste Wachstumszone Putcos. Während dieses Zeitraums habe sich die Bevölkerung dieser fast unbekannten Stammesenklave beinahe verdoppelt, auf 465 500 Menschen. Jedenfalls habe der Chefminister mit dieser Zahl geprahlt; andere sprächen von 300000. Wahrscheinlich wisse es niemand genau. Die letzte präzise Zählung habe während des Zensus von 1970 stattgefunden, also bevor KwaNdebele überhaupt existierte, und damals hätten nur 32000 Menschen in dem Gebiet gelebt. »Er war sehr stolz«, sagte Albino Carleo über seinen Gast und gestattete sich einen Hauch von Herablassung, um sein soziales Gewissen zu zeigen. »Es ist schwierig, den Leuten klarzumachen, daß die Bevölkerungsexplosion die Welt zerstören kann.«

Aber die Bevölkerungsexplosion in KwaNdebele hat, im Gegensatz zu der in der übrigen Welt, wenig mit Fortpflanzung und fast ausschließlich mit Apartheid zu tun. In einer Zeit, in der sich Südafrika angeblich im Wandel befindet und die Apartheid abbaut, ist das Vordringen der Putco in den *bundu* (Busch) der Homelands ein verläßlicher Gradmesser für die tatsächliche Richtung des Wandels. Das Busunternehmen mußte eigene Karten anfertigen, denn seine neuen Linien verliefen auf eben erst angelegten Straßen; seine Busse folgten praktisch unmittelbar den Bulldozern. Im Jahre 1979 begann Putco einen Pendelverkehr mit täglich zwei Bussen von Pretoria zu den Umsiedlungslagern von KwaNdebele. Im Jahre 1980 waren es schon 66 pro Tag, 1981 105, 1982 148, 1983 220 und 1984 263. Im gleichen Jahr erhielt Putco eine staatliche Subvention von 26,5 Millionen Dollar für die Aufrechterhaltung des Homeland-Pendelverkehrs. Das waren etwa 25 Dollar pro Kopf und Woche, mehr als tausend Dollar pro Jahr für jeden »Pendler« – eine negative Sozialinvestition, die in Form von Benzindämpfen in die Luft gejagt wurde, obwohl man sie genausogut in neue Wohnhäuser in der Nähe der Industriezentren hätte stecken können, wenn dies nicht dem Plan der Apartheid zuwidergelaufen wäre. Es war der Preis, den die weiße Regierung – auch in Zukunft, Jahr um Jahr – zu zahlen bereit war, um den normalen Urbanisierungsprozeß zu stoppen. Die Bussubvention für KwaNdebele – die höchste Einzelausgabe der Regierung für die Entwicklung dieses Homelands – war höher als das gesamte Bruttoinlandsprodukt des Homelands. Dies ist die elementare Wirtschaftslehre der Apartheid. Die Subvention mußte so hoch sein, weil KwaNdebele, ein Staat, der sich angeblich auf dem

Weg zur Unabhängigkeit befand, weder über eine produktive Wirtschaft noch über irgendwelche Bodenschätze verfügte. Die Rassendoktrin setzt die Prioritäten: Erst erfindet man das Land, dann, wenn möglich, eine Wirtschaft. Unterdessen gibt es Busse, die die Bürger des Homelands zu Arbeitsplätzen in den nächstgelegenen Industriezentren bringen. Im Falle von KwaNdebele war dies das neunzig Kilometer entfernte Pretoria.

Ich hatte KwaNdebele zwei Jahre zuvor zum erstenmal gesehen; damals bestand es aus einer Ansammlung »geschlossener Siedlungen«, hingetupft aufs offene Grasland, das früher von dreißig weißen Farmern als Weidegrund genutzt wurde. In dem Ort Kwaggafontein stieß ich auf die Familie Nduli, die gerade von ihrem Kral auf einer weißen Farm bei Middelburg, etwa achtzig Kilometer entfernt, vertrieben worden war. Sie fand sich mit ihren kümmerlichen Habseligkeiten auf einer Parzelle wieder, die weiße Beamte an einem Hügel für sie abgesteckt hatten und um die herum rasch immer neue schäbige Hütten aus dem Boden schossen. Rose Nduli saß buchstäblich auf dem Erdboden, während ihr Sohn Kleinbooi – er trug am rechten Fuß einen braunen Halbschuh und am linken einen schwarzen, mit Kupferdraht verschnürten Stiefel – mit einer Schaufel die trockene, gipsartige Erde aufzubrechen suchte, um den Boden für eine Unterkunft vorzubereiten. Kleinbooi sagte mir, daß sie keinen ihrer Nachbarn kannten. Er wußte, daß sie an einem Ort namens Kwaggafontein gelandet waren, aber man hatte ihnen nicht erklärt, daß KwaNdebele als Homeland große Bedeutung für sie haben würde. Auf meine Frage, wer sie hergebracht habe, antwortete er schlicht: »GG.« Diese Initialen sind die beiden ersten Buchstaben auf den amtlichen Nummernschildern der staatlichen Lastwagen, mit denen man die Schwarzen aus den weißen Gebieten hinausbefördert. Im gesamten ländlichen Natal und Transvaal sind sie unter Schwarzen zum universellen Kürzel für die weiße Regierung, ihre allumfassende Autorität und ihre willkürlichen Methoden geworden, die sich dem gewöhnlichen Verständnis zu entziehen scheinen.

Kwaggafontein war mir genauso unbegreiflich wie den Menschen, die man dorthin verfrachtet hatte. Aber ich sollte überall in Südafrika solche Umsiedlungen und ihre Auswirkungen zu sehen bekommen. Als ich nach Kwaggafontein zurückkehrte, wäre ich zu einer zweifelhaften Prahlerei imstande gewesen, der sich – aufs Geratewohl geschätzt – wahrscheinlich weniger als hundert Südafrikaner hätten anschließen können: Ich hatte jedes der zehn Homelands besucht und die meisten größeren »geschlosseneren Siedlungen« gesehen. Ich erwartete nicht, von neuem überrascht zu werden. Denn ich glaubte zu verstehen, daß dieser Prozeß – euphemistisch als Umsiedlung, schonungslos als Abtransport und zynisch als Repatriierung bekannt – das Endstadium einer Kampagne zur Vertreibung der Schwarzen von ihrem Land darstellte, die schon seit hundertvierzig Jahren in Transvaal stattfand. Seit siebzig Jahren war es in mehr als 86 Prozent des Territoriums, das die Welt immer noch als Südafrika bezeichnet, für Schwarze verboten, Land zu erwerben. Seit 35 Jahren hatte man sie von den »schwarzen Flecken« vertrieben, fortgelockt und verdrängt, jenem Land, für das sie vor der Verabschiedung des Native Lands Act von 1913 (des Gesetzes über den Heimatboden) nach weißem Recht Rechtstitel erworben hatten. Ich wußte, daß die Umsiedlung eine zentrale Rolle in dem kühnen Plan der Regierung spielte, die meisten, wenn nicht alle Schwarzen im eigenen Land zu Ausländern zu machen. Zuerst hatte ich dies nur für eine ideologische Wortspielerei gehalten, die nicht ernst zu nehmen sei. Aber das Elend und die verbreitete Unterernährung, die ich in den abgelegenen Umsiedlungslagern von Thornhill in der angeblich souveränen Ciskei im Südosten bis Rooigrond im angeblich souveränen Bophuthatswana im Nordwesten gesehen hatte, hatten mir schon lange die leichtfertige Vorstellung ausgetrieben, daß dieses Programm der Ausschließung und Absonderung nur auf dem Papier existiere.

Zudem begriff ich seine Dimensionen, denn ich hatte mir die Schlußfolgerungen zu Gemüte geführt, die eine beflissene Gruppe von weißen südafrikanischen Wissenschaftlern – das »Personen-Überschuß-Projekt« – aus ihrer enzyklopädischen fünfbändigen Untersuchung über Zwangsumsiedlungen gezogen hatte. Daraus ging hervor, daß mehr als 3,5 Millionen Menschen innerhalb von zwanzig Jahren von der Apartheid umgesiedelt worden waren, mehr als zwei Millionen davon offenbar in »geschlossenere Siedlungen« in den Homelands. Die Betroffenen waren zumeist Landbewohner, die als Teilpächter und Pachtarbeiter auf weißen Besitzungen gelebt hatten; sie verloren bei diesen Umsiedlungen sogar die Möglichkeit, als Kleinbauern ihren Eigenbedarf zu decken, denn was eine geschlossenere Siedlung »geschlossener« machte, waren der Mangel an Weideland und die Beschränkung des Anbaus auf winzige Gartenparzellen. Charles Simkins von der Universität Kapstadt, der die sorgfältigste Analyse des Vorgangs angestellt hatte, schätzte, daß im Jahre 1980 schon 3,7 Millionen südafrikanische Schwarze in diesen verwahrlosten Lagern lebten. Er nannte den Vorgang »verlagerte Urbanisierung« und zeigte, wie sich die Regierungsanstrengungen, den Apartheid-Plan in die Praxis umzusetzen, bezahlt machten: Im Jahre 1960 lebten 39,8 Prozent der gesamten schwarzen Bevölkerung in den früheren Stammesreservaten; bis 1980 war diese Zahl durch Umsiedlung und Grenzmanipulationen auf 53,1 Prozent gestiegen. Die absolute Zahl der Schwarzen auf denselben dreizehn Prozent des Landes hatte sich in diesen zwanzig Jahren mehr als verdoppelt, von 4,4 auf 11 Millionen. Und fast der Hälfte dieser Menschen war ihre südafrikanische Staatsbürgerschaft entzogen worden.

Obwohl ich glaubte, all das zu begreifen, war ich nicht auf den visuellen Schock vorbereitet, den der Anblick dessen, was aus Kwaggafontein in zweieinhalb Jahren geworden war, in mir auslöste. Es war nicht mehr bloß ein Fleck in einer Ansammlung »geschlossenerer Siedlungen«. Nun war es Bestandteil eines nahezu ununterbrochenen Umsiedlungsgürtels. Man fuhr durch die Vororte von Pretoria und dann über mehr als sechzig Kilometer durch reiches Farmland, bevor man auf ihn stieß; danach verschwand er sechzig Kilometer lang selten aus dem Blickfeld: ein sich windender Strom von Wellblechbaracken und Lehmhütten, deren Blechdächer normalerweise mit kleinen Felsbrocken beschwert waren, damit sie nicht von den heftigen Hagelstürmen des Transvaal fortgeblasen wurden. Solche Anblicke bieten sich auch in anderen Ländern, gewöhnlich nach Hungersnöten oder Kriegen. Ich wüßte nicht, wo sie sonst irgendwo durch Planung zustande gekommen wären. Der Hang, an dem man die Ndulis abgesetzt hatte, war nun so dicht besiedelt wie Soweto. Er sah nicht mehr aus wie ein Hang, sondern war zu einer sanften Woge in einem Meer von Hütten geworden. Ich bog von der Fernstraße ab und folgte etwa acht Kilometer einem Sandweg, um zu sehen, wie weit die Siedlung nun in den *bundu* hineinreichte. So kam ich zu dem Ort Frisegewacht, der am äußersten Rand des Homelands zu liegen schien, denn hinter der letzten Hütte erstreckte sich offenes, unverbrauchtes, unbesiedeltes Grasland, das einem weißen Viehzüchter gehörte.

In Frisegewacht traf ich einen Mann, der um sieben Uhr morgens seine Arbeit in einer Rüstungsfabrik in Brits antreten mußte. Der Mann war seiner ethnischen Herkunft nach kein Ndebele, sondern ein Swazi, und er war nicht von GG hierhergebracht worden. Er war nach seiner Vertreibung aus einem weißen Farmgebiet nach Frisegewacht gekommen, weil das Swazi-Homeland zu weit von jeder Beschäftigungsmöglichkeit entfernt lag. Hier konnte er wenigstens mit seiner Familie leben. Er verdiente 85 Dollar in der Woche – ein ungewöhnlich hoher Lohn für einen schwarzen Industriearbeiter –, aber er hatte ein erhebliches Problem: Da der erste Putco-Bus oft erst um Viertel nach vier in Frisegewacht eintraf, kam er regelmäßig zu spät zu seiner Arbeit in Brits, das am anderen Ende von Pretoria und damit beinahe hundertfünfzig Fahrkilometer von seinem Wohnort entfernt lag. Sein weißer Vorgesetzter – der natürlich in Brits lebte – war nicht an Entschuldigungen interessiert, so daß sein Arbeitsplatz in Gefahr war. Um pünktlich zu sein, brauchte er einen Bus, der schon um halb vier losfuhr. Während wir uns unterhielten, bog ein blauer Putco-Bus um die Kurve des staubigen Sandwegs. Hier standen wir draußen im Buschland, etwa hundertdreißig Kilometer von Pretoria und knapp zehn Kilometer von der nächsten Autostraße entfernt. Es hätte nicht absurder sein können, wenn hier plötzlich ein roter Londoner Doppeldecker aufgetaucht wäre.

Ich fragte den Mann, wann er von seiner Arbeit in Brits abends wieder zu Hause sei. Das hänge davon ab, ob der Putco-Fahrer bereit sei, bis zur Endstation in Frisegewacht zu fahren, erwiderte er. Manchmal mache der Fahrer schon ein paar Kilometer vorher kehrt und zwinge seine Passagiere, zu Fuß zu gehen. An solchen Abenden komme er selten vor zehn Uhr nach Hause. An einem guten Tag brach dieser »Pendler« um vier Uhr morgens auf und kehrte, siebzehn Stunden später, um neun Uhr zurück. Wenn er dann rasch aß und sofort zu Bett ging, bekam er fünf Stunden Schlaf.

Man hatte von Frisegewacht aus einen herrlichen Blick über das Weideland des weißen Farmers, das Klima war zweifellos gesund, der Mann konnte mit seiner Familie zusammenleben und wurde nicht schlecht bezahlt. Aber Frisegewacht mußte, neben den Bergwerkslagern und den nach Geschlecht getrennten Wohnheimen, als Teil des südafrikanischen Gulag bezeichnet werden. Es war auf eine andere Weise erschreckend als die weiter entfernten »geschlosseneren Siedlungen«, in denen Wanderarbeit als einzige Beschäftigungsmöglichkeit in Frage kam. Die Schroffheit und Unfruchtbarkeit solcher Orte und das Fehlen jeder sichtbaren Wirtschaft schienen einen Zusammenbruch des Systems anzukündigen. Jedenfalls lag diese Vorstellung für einen Besucher nahe. Aber Kwaggafontein und Frisengewacht faßten tatsächlich Wurzel. Ihre schwarzen Bewohner retteten durch ihre schiere Ausdauer einen von weißen Ideologen ausgeklügelten, scheinbar verrückten Plan und verliehen ihm Beständigkeit. Auf meiner Fahrt zurück zur Fernstraße bemerkte ich bescheidene Ansätze von Handel: Geschäfte, die Lebensmittel, Fleisch und sogar Baustoffe verkauften – alles mit Lastwagen aus den weißen Gebieten herantransportiert. Einige der Hütten waren eindrucksvoll verschönert worden. Für Schwarze aus entlegeneren Gebieten konnte Kwaggafontein einen schwachen Schimmer wirtschaftlicher Hoffnung darstellen, zumindest einen Ausweg aus dem von Regierungsvorschriften geschaffenen Labyrinth. GG brauchte sie nicht länger hierherzuverfrachten. Unter schwerem Druck und von winzigen Anreizen angelockt, kamen sie nun von allein.

Hier wohnten immerhin Lohnempfänger. Sie hatten Geld in der Tasche, und sie waren fähig, eine »geschlossenere Siedlung«, deren Existenzgründe völlig abstrakt waren, in so etwas wie eine Gemeinschaft zu verwandeln. In Pretoria betrachtete man, wie ich hörte, KwaNdebele voller Stolz als ungeheuren Erfolg für die Rassenplaner, als Antwort auf das Problem der Wanderarbeit – eine Antwort, die in kaum mehr als einem Jahrzehnt aus dem Nichts entwickelt worden war. Ein hoher Regierungsvertreter äußerte gegenüber einem Freund von mir, daß Schwarze gar nicht in Städten wohnen wollten. Sie seien viel glücklicher unter ihresgleichen, draußen im Busch. Das afrikaanse Wort, das er benutzte, war *doodgelukkig* (»todglücklich«). Es schien überaus angemessen für das entstehende KwaNdebele, eine Nation von Schlafwandlern.

Um den ersten Putco-Bus aus dem Busbahnhof von Wolverkraal in KwaNdebele zu erwischen, schätzten der Fotograf David Goldblatt und ich, würden wir das Bundu Inn (ein weißes Gasthaus, das »international« wurde, nachdem es sich plötzlich in einem Homeland befand) nicht später als halb zwei Uhr verlassen müssen. Um diese Zeit beginnen sich die ersten »Pendler« von KwaNdebele zu rühren. Wolverkraal war sogar noch weiter von Pretoria entfernt als Kwaggafontein oder Frisegewacht. Die schwarzen Siedler des neuen Staates, die den Bus dort bestiegen, mußten etwa hundertfünfzig Kilometer zurücklegen, bevor sie auf örtliche Busse umstiegen, die sie zu ihren Arbeitsplätzen brachten – in Gebieten, in denen sie nicht wohnen durften. Das bedeutete an jedem Arbeitstag ein Minimum von dreihundert Kilometern in Bussen, die mit ihren harten Sitzen für kurze Stadtfahrten vorgesehen waren. In einer Hinsicht hatten sie Glück – sie hatten Arbeit –, aber sie verbrachten bis zu acht Stunden pro Tag in Bussen. Ich rechnete aus, daß die Entfernung, die sie jährlich zurücklegten, mehr als einer Reise um den Erdball entsprach.

Der Putco-Busbahnhof war eine eingezäunte Lichtung im Busch, mit nichts anderem als einer winzigen Hütte für den Fahrdienstleiter; es gab keine Flutlichter, keine Uhren, keine Kaffeeautomaten, keine Reparaturgruben. Regen hatte die Luft während der Nacht gereinigt und eine Wolkenschicht entleert, die bei Sonnenuntergang finster über dem Busch hing; eine leichte Brise wehte, und der Vollmond verlieh den Karosserien der aufgereihten Busse einen matten Glanz. Ich zählte zweiundfünfzig.

Es war ungefähr zwanzig nach zwei, als die Lichter im Innern der Busse nacheinander aufzuflackern begannen. Nummer 4174 – in diesen Bus stiegen wir ein, nachdem wir erfahren hatten, daß er als erster den »Bahnhof« verlassen werde – wurde von zwei Birnen spärlich erhellt, die in einer roten und einer grünen Halbkugel flackerten; beide warfen ein gespenstisches Licht in die Finsternis, die trotz der klaren Nacht durch die verkrustete Schlammschicht an den Busfenstern dämonisch anmutete. Auf einem Schild über dem Fahrersitz stand, daß Nummer 4174 lizensiert war, 62 sitzende und 29 stehende Passagiere zu befördern. Rasch stellte ich eine meiner Kopfrechnungen an: Die 52 Busse bildeten rund ein Fünftel der täglichen Transportkolonnen aus dem Homeland in die weißen Gebiete; damit betrug die Zahl der »Pendler«, die von Südafrika subventioniert wurden, allein aus KwaNdebele ungefähr 23 000.

Um zwei Uhr vierzig verließ Nummer 4174 den Busbahnhof und steuerte gen Norden und Osten, *fort* von Pretoria, um seine ersten Passagiere in Kameelrivier aufzunehmen. Im Ndebele-Homeland schienen alle Ortsnamen noch aus dem Afrikaans zu stammen – es waren zumeist die Namen der weißen Farmen, die der Staat aufgekauft hatte, um den Busch zum Ghetto zu machen. Im Scheinwerferlicht tauchten sechs Männer und vier Frauen auf, die geduldig – irgendwo im Niemandsland – neben der Sandpiste warteten, bis der Bus um zwei Uhr fünfzig, mit zehn Minuten Verspätung, zum erstenmal anhielt. An diesem Ort und zu dieser Stunde war der Anblick von zwei Weißen in dem Bus ebenso überraschend, wie es der von zwei »pendelnden« Walrossen gewesen wäre. Er rüttelte die Passagiere für einen Moment aus ihrer Schläfrigkeit auf. Nachdem unsere Anwesenheit erklärt worden war, hatten wir die Möglichkeit, ein paar Fragen zu stellen, während der Bus zu seiner nächsten Haltestelle rumpelte.

John Masango, der als erster eingestiegen war, erzählte uns, daß er sechs Tage in der Woche auf einem Bauplatz bei Benoni arbeite, einem Industriestädtchen sechzig Kilometer jenseits von Pretoria; er benutze auf der Hin- und Rückfahrt jeweils drei Busse. Sogar bei den ermäßigten Fahrpreisen, die die Behörden für KwaNdebele arrangiert hatten, verschlangen seine wöchentlichen Busfahrten ein Viertel seines Lohnes. Er war dreiundfünfzig Jahre alt, und an den Tagen, an denen er keine Überstunden machen mußte, konnte er bis halb neun Uhr wieder in Kameelrivier sein. Nur sonntags sah er sein Heim und seine Familie bei Tageslicht. An den meisten Abenden ging er, nachdem er sich gewaschen, gegessen und sich, wie er es ausdrückte, »um Familienangelegenheiten gekümmert« hatte, gegen zehn oder viertel nach zehn Uhr schlafen. Bei vier Stunden Schlaf zu Hause und zwei im Bus gelang es ihm, während der Arbeit wach zu bleiben. Es sei wichtig, sagte er, nicht beim Dösen erwischt zu werden, da man schnell seine Stelle verlieren könne. Während ich ihm für seine Geduld dankte, griff John Masango in eine Tasche, die er bei sich hatte, und holte ein Schaumgummistück, etwa von der Größe eines Taschenbuches, hervor. Dann zog er sich seine blaue Strickmütze über die Augen, lehnte sich vor, legte den Schaumgummistreifen auf die Kante des Vordersitzes, ließ die Stirn darauf ruhen und legte die Hände in den Schoß. Soweit ich erkennen konnte, schlief er schlagartig ein.

Inzwischen war es drei Uhr zwanzig, und Nummer 4174 hatte das schmale Asphaltband, das KwaNdebele mit Pretoria verknüpft, noch nicht erreicht. Aber der Bus hatte bereits an so vielen »geschlosseneren Siedlungen« angehalten, daß alle Sitze besetzt waren; wer später einstieg, mußte stehen – nicht nur an diesem Morgen, sondern an jedem Morgen der Woche. Die Fahrt nach Pretoria würde noch fast zweieinhalb Stunden dauern. Manche Leute *standen* also mehr als zwölf Stunden pro Woche im Bus. Diese Berechnungen begannen, mich mehr zu ermüden als die Fahrt, die anstrengend genug war, zumal ich meinen Sitz aufgegeben hatte und neben einen Mann gezwängt im Gang stand, der es schaffte, im Stehen zu schlafen.

Ein anderer »Pendler«, ein Bauarbeiter, der im Pretoria-Vorort Sunnyside beschäftigt war, blieb lange genug wach, um mir zu erzählen, daß er mehrere Verwarnungen – jede wurde in seiner Akte vermerkt – erhalten hatte, weil er bei der Arbeit eingeschlafen war. Dieser Mann verkörperte ein besonders aufschlußreiches Beispiel für die dramatischen Veränderungen, die sich im Leben mancher südafrikanischer Schwarzer vollzogen, denn seine Familie hatte Land in einem »schwarzen Fleck« namens Doornkop besessen, von dem sie zusammen mit 12000 anderen im Jahre 1969 vertrieben worden war. Als Entschädigung hatte die Regierung, die nie müde wird, ihre

Hingabe an die Prinzipien des privaten Unternehmertums zu beteuern, seiner Familie weniger als dreihundert Dollar gezahlt. Der Mann lächelte bitter, als er die Summe nannte. Dann entschuldigte er sich, zog eine zusammengefaltete Zeitungsseite unter einer Jacke hervor und breitete sie säuberlich auf dem Fußboden zwischen seinen Füßen aus. Mit der Geschmeidigkeit eines Jogis ließ er sich in eine sitzende Position hinab, zog die Knie an und legte den Kopf darauf.

Ich blickte um mich. Außer dem Fahrer und einem Mann ungefähr in der viertletzten Reihe, der eine Zigarette rauchte, schienen David und ich sowie ein schwarzer Putco-Angestellter, der freundlicherweise zu unserer Begleitung abgestellt worden war, die einzigen unter den mehr als neunzig Personen zu sein, die nicht eingedöst waren. Wie die sprichwörtlichen Ölsardinen war der Mittelgang mit Körpern vollgestopft. Die Bewegungen des Busses brachten einige Zufallspaare – Männer und Frauen, die an verschiedenen Stationen eingestiegen waren – in engen Kontakt. Der Kopf einer jungen Frau fiel auf die Schulter des Mannes neben ihr, der zu tief schlummerte, um sein Glück wahrzunehmen. Weiter vorn griff ein junger Mann im Schlaf unruhig nach der neben ihm träumenden Frau. Einige Köpfe baumelten nach hinten, aber die meisten Körper waren nach vorn gebeugt wie der des Mannes mit dem Schaumgummipolster. Um Viertel vor vier erreichte der Bus die Fernstraße, und die Fahrt wurde ruhiger. Mit verhüllten Köpfen und Decken über den Schultern schwankten die Passagiere wie orthodoxe Juden im Gebet. Im unheimlichen Licht der beiden Deckenleuchten hätte man sie auch für eine Versammlung von Gespenstern, für Seelen im Fegefeuer halten können.

Der erste Schein der Morgendämmerung brach durch, als wir die Außenbezirke von Pretoria erreichten. Während Nummer 4174 durch den ersten von mehreren weißen Bezirken rollte, sahen wir zahlreiche Schwarze auf dem Weg zur Arbeit, doch kein Zeichen weißen Lebens mit Ausnahme eines Joggers, eines keuchenden grauhaarigen Mannes um die Fünfzig, der ein T-Shirt trug, auf das mit roter Farbe – wie zur Verhöhnung der Putco-Passagiere – ein »Happy Face« mit nach oben gezogenen Mundwinkeln gedruckt war. Auch die Plakate, die extremistische weiße Parteien an Laternenpfählen und Bäumen angebracht hatten, um gegen die neuen Verfassungsvorschläge Stimmung zu machen, schienen die »Pendler« zu verhöhnen, die von der »Neuregelung« ohnehin ausgeschlossen waren. »Schützt unsere Zukunft«, mahnten sie uns, und: »Denkt an Rhodesien!«

Es war Oktober, und die prächtigen Jacarandabäume von Pretoria standen in voller Blüte, aber ihr Anblick, betrachtet von einem schwarzen Pendlerbus aus, ließ mich kalt. Es war, als betrachte man Werbeplakate für einen Urlaub auf Bali oder im Himalaja, zu dem man nie aufbrechen würde. Nur wenige Momente später bogen wir nach Marabastad ein – früher ein reges schwarzes Wohnviertel am Rande der Innenstadt von Pretoria, nun eine eingeebnete, überwucherte Ödfläche, die als Niemandsland zwischen dem Geschäftszentrum der Hauptstadt und einer winzigen Enklave indischer Läden lag; hier befand sich die Endstation, an der die Busse aus KwaNdebele ihre schwarze Fracht abladen. Nummer 4174 beendete seine Fahrt um fünf Uhr vierzig, genau drei Stunden nachdem sie im *bundu* am Wolverkraal-Busbahnhof begonnen hatte. Eine Art magnetische Kraft ließ die benommenen »Pendler« aus KwaNdebele zu den wartenden Putco-Bussen taumeln, die sie über die nächste Etappe ihrer Reise zur Arbeit befördern würden.

Da die »Pendler« von KwaNdebele einen größeren Teil ihrer Arbeitswoche in Bussen als in ihren »geschlosseneren Siedlungen« verbringen, haben sie wenig überschüssige Energie, die sie auf das Studium der Geschichte ihrer künftigen Nation verwenden könnten. Dennoch ist sie einer kurzen Betrachtung wert, denn sie entlarvt die Fragwürdigkeit der ethnischen Konstruktionen, denen sich die besten Apartheid-Hirne hingaben, um mehr als ein halbes Jahrhundert nach Vollzug die maßlos ungleiche Bodenverteilung zu rechtfertigen, die im Heimatbodengesetz festgelegt wurde. Die grundlegende Theorie besagt, daß die Schwarzen im Gegensatz zu den Weißen, deren Hautfarbe als Ausweis der »Zivilisation« angesehen werden könne, keine einheitliche Identität und kein einheitliches Wertsystem besäßen; sie besagt weiterhin, daß die Geschichte eine spontane Spaltung der scheinbaren schwarzen Mehrheit in zehn unterschiedliche Nationen – jede mit ihrer eigenen

Sprache, Kultur und Identität – verfügt habe. Die Buren haben natürlich nichts anderes getan, als ihren eigenen Traum von der Souveränität auf ihre Nachbarn zu projizieren. »Wir haben ihnen getan, was wir wollen, daß sie uns tun«, bemerkte der frühere Ministerpräsident Balthazar Johannes Vorster mit einem Knurren, das keinen süßen Beiklang der Nächstenliebe erkennen ließ, als ich ihn vor seinem Tode in Port Elizabeth besuchte.

Dies ist als Rationalisierung bequem und sogar reizvoll, aber es ist wenig plausibel. Wären die Buren etwa mit der Bodenregelung zufrieden gewesen, die man den Zulu aufzwang – einem Stamm, dessen Souveränitätsgefühl etwas älter ist als das ihre und dessen Mitgliederzahl heute die ihre um das Dreifache übertrifft? Man könnte antworten, daß es die Engländer gewesen seien, die den Zulu zum Verhängnis wurden. Die Buren bauten auf diesem Modell auf und taten ihr Bestes, um all den anderen auf der Grundlage ihrer eigenen Nationalitätstheorien zum Verhängnis zu werden. Diese Theorien aber erwiesen sich als historisch zweifelhaft und anthropologisch unhaltbar, als man sie auf die ethnischen Spielarten, die Stämme und Sippen anwandte, die in das mannigfaltige Muster des schwarzen Südafrika eingewoben sind. Letztlich waren es die Bürokraten in Pretoria, die bestimmten, daß es zehn schwarze Nationen gebe. Sie hätten genausogut zwei, drei oder zwanzig zählen können. Schwarze Nationalisten zählen natürlich nur eine.

Die Annahme von zwei oder drei Nationen hätte die Übergabe großer Teile des weißen Landes und die Schaffung schwarzer Machtbasen bedeutet, also veritabler Staaten, von denen aus ein erfolgreicher Angriff auf die weiße Vorherrschaft hätte eingeleitet werden können. Zwanzig wären unkontrollierbar gewesen. Zehn waren ein willkürlicher Kompromiß, eine Möglichkeit, die Forderung nach politischen Rechten für Schwarze zu zerstreuen, ohne sich lächerlicher als nötig zu gebärden. Zunächst zählten die Bürokraten neun Nationen. Dann zählten sie noch einmal und fügten KwaNdebele hinzu. In Wirklichkeit teilen Wissenschaftler die schwarzen Völker Südafrikas im allgemeinen in zwei übergreifende Sprachgruppen ein, die Sotho und Nguni, deren Territorien sich überschnitten und die sich im Zuge des Auf und

Ab politischer Ordnungen während ihrer schwer faßbaren, offenkundig vor dem Eintreffen der Weißen einsetzenden Geschichte mitunter vermischten. Mächtige Häuptlinge praktizierten keine Apartheid, sondern besiegten die Nachbarn und absorbierten sie in ihr Volk. Wenn eine Stammesgruppe sich durchsetzte, flohen die anderen und stießen auf ihrem Weg mit wieder anderen zusammen oder verjagten sie. Oft führten diese Zusammenstöße zur Bildung neuer Stammesverbände. Wie im Falle der chemischen Allotropie lagen die Unterschiede nicht in ihrer Grundstruktur, sondern in ihrer Gestalt und Erscheinung. Sie konnten sich untereinander mit ihren Dialekten verständigen, ihre Werte und Bräuche wiesen große Übereinstimmungen auf. Im neunzehnten Jahrhundert gab es keine größeren ethnischen Unterschiede zwischen den Menschen, die Zulu, und jenen, die Ndebele genannt werden sollten, als zwischen den Anhängern rivalisierender Burenführer, etwa von Andries Pretorius und Andries Potgieter, zur Zeit des Großen Trecks. Alle Buren sprachen dieselbe Sprache, aber sie fanden sich schließlich in zwei Grenzrepubliken wieder, von denen sich ständig winzige Stammesgruppen abspalteten, um ihren eigenen Platz in Afrika zu suchen.

Auch Zulu und Ndebele sprachen dieselbe Sprache, aber als der große Zulu-Krieger Shaka sein Reich errichtete, flohen Rivalen und aufrührerische Vasallen aus dem heutigen Natal nach Transvaal, wo sie die ansässigen Sotho-Sippen brutal überfielen und ausplünderten. Einer der Rebellen war ein Häuptling namens Mzilikazi, der Shaka im Jahre 1823 anscheinend dadurch herausforderte, daß er sich weigerte, einige beim Kampf erbeutete Rinder als Tribut auszuhändigen. Als Mzilikazi und seine Krieger Transvaal erreichten, waren sie gering an Zahl, doch sie gewannen rasch an Stärke, indem sie die besiegten Feinde absorbierten. Die neue politische Verbindung bildete den Beginn der Ndebele-Nation. Sie hatte keine fünfzehn Jahre bestanden, als sie auf verhängnisvolle Weise mit den ersten Buren, die Transvaal erreichten, zusammenstieß. Diese Schlacht im Jahre 1836 wurde von manchen Buren als Ausgangspunkt für ihren Anspruch auf das gesamte Territorium angesehen. Sie argumentierten, daß die Ndebele zwar Eindringlinge gewesen sein mochten, daß sie jedoch die

Oberhoheit über alle anderen Stämme errungen hätten; deshalb sei diese Oberhoheit auf die Schar weißer Pioniere übergegangen, die sie mit Feuerwaffen überwunden hätten. Das nächste halbe Jahrhundert verwendeten die Weißen darauf, diese Theorie, die kein Schwarzer je akzeptierte, zur Realität zu machen.

Währenddessen vermischten sich Ndebele mit Sotho, Tswana und Zulu. Sie lebten Seite an Seite mit Pedi, Tsonga und Swazi. Wenn sie in die Städte zogen, neigten all diese Schwarzen dazu, ihre Herkunft zu vergessen. Can Themba, ein schwarzer südafrikanischer Schriftsteller, bemerkte: »Ein Mann wirkte einfach lächerlich, wenn er damit prahlte, ein Mopedi oder Mosuto oder Xhosa oder Zulu zu sein – es schien niemanden zu interessieren. *Hier* war man Afrikaner, und irgendwo *dort* war ein weißer Mann: zwei verschiedenartige Menschen, die ab und zu, häufig sogar, zusammenprallten, und zwar schmerzhaft.«

In ihrem Vorsatz, eine feste und stabile Ordnung zu schaffen, die nie existiert hatte, begannen die weißen Behörden alsbald, Grenzen ethnischer »Homelands« zu ziehen, die denen der alten Stammesreservate nahekamen. Sie träumten sogar davon, städtische Schwarze, für die die Homelands völlig belanglos, wenn nicht beleidigend waren, wieder in ihre Stämme einzugliedern. Ethnische Identitäten, die sich verwischt und an Bedeutung verloren hatten, bestimmten plötzlich, welche Art drittklassiger Bürger ein Schwarzer sein würde. Manche, die sich für Ndebele hielten, entdeckten, daß sie in einem Land namens Bophuthatswana lebten, das für die Tswana geschaffen worden war. Nun sollte es ihnen nicht nur schlechter als Weißen, Mischlingen und Indern, sondern auch noch schlechter als den Tswana gehen. Andere fanden sich plötzlich in einem Staat namens Lebowa wieder, wo Sotho und Pedi die Oberhand haben sollten. Die Apartheid ließ alte Feindschaften unter Schwarzen wiederaufleben und schuf neue. Dies fügte den versicherungsmathematischen Aussichten des weißen Regimes natürlich keinen Schaden zu, aber nachdem der Prozeß der Teilung und Entfremdung einmal begonnen hatte, war er schwer zu stoppen. Die weißen Behörden zogen die Grenzen und beschlossen, im wesentlichen ihrer eigenen Bequemlichkeit halber, daß es nicht einen, sondern zwei Xhosa-Staaten, aber keinen Mpondo-, Mfengu- oder Ndebele-Staat geben werde; daß das Zulu-Homeland in einundvierzig Bruchstücken über eine einzige südafrikanische Provinz zu verteilen sei, während das Tswana-Homeland in sechs oder sieben Fragmenten in drei Provinzen entstehen werde; und schließlich, daß der Traum oder die Illusion, daß irgendeiner dieser Staaten ein gewisses Maß an wirtschaftlicher Unabhängigkeit entwikkeln könne, aufgegeben werden müsse. Als dann eine bunt zusammengewürfelte Gruppe von Ndebele-Häuptlingen sich widersetzte und ein eigenes Homeland forderte, in dem auch sie, wie die Tswana-Häuptlinge, Luxusvillen und -autos bekommen würden, sahen sich die weißen Bürokraten in eine heikle Lage gebracht. Die Apartheid sei ihre Idee, erklärte ihnen einer der Ndebele-Häuptlinge, deshalb sei es ihre Aufgabe, »das Knäuel« des schwarzen Südafrika »zu entwirren«.

Die weißen Beamten, die dem Schauplatz am nächsten waren, wußten um die Unmöglichkeit, die Schwarzen in Transvaal auf ethnischer Grundlage zu unterteilen, da sie seit mehr als einem Jahrhundert verstreut und miteinander vermischt lebten. Die Homelands konnten also dem Ideal deutlich unterscheidbarer ethnischer Enklaven, das sie verwirklichen sollten, bestenfalls nahekommen. Die Apartheid konnte ebensowenig einen reinen Ndebele-Staat wie einen reinen Burenstaat schaffen; sie war nur in der Lage, sich selbst zu reproduzieren und eine Stammessatrapie hervorzubringen, in der die Macht auf ethnischer Basis ungleich verteilt war. Die Apartheid-Idelogen wußten dies alles, aber sie waren geschmeichelt von der Forderung der Ndebele, die sie als Äußerung des Ndebele-Nationalismus und deshalb als Beweis dafür begrüßten, daß ihre theoretischen Schwafeleien eine gewisse Gültigkeit besaßen. Die Unterdrückung von Ndebele durch Tswana rechtfertigte ihre eigene unterdrückerische Politik und demonstrierte, welches Chaos in Südafrika ausbrechen könnte, wenn sie nicht da wären, um Grenzen zu ziehen. Deshalb schlossen sie einen Kompromiß: Es könne ein Homeland für die südlichen Ndebele geben, nicht aber für die nördlichen, die weiterhin in Lebowa zu leben hätten. Kaum waren die Grenzen des neuen Staates festgelegt, als eine Gruppe von Pedi eine Grenzkorrektur forderte, da der Staat ihre traditionellen Besitzungen einschließe. Was diese verdrehte Chronik erzählenswert macht, ist das Ergebnis. Das winzige, obskure KwaNdebele begann plötzlich, in all seiner Verwahrlosung zu existieren, und Schwarze kamen zu Zehntausenden herbei, um in neuen »geschlosseneren Siedlungen« Baracken zu errichten. Die Zuschüsse für Putco wurden ausgehandelt, und die Busse begannen zu rollen. Dann wurde deutlich, daß viele unter der rasch wachsenden Bevölkerung überhaupt keine Ndebele waren. Manche sagen, daß vierzig, andere behaupten, daß fünfzig Prozent anderen schwarzen Volksgruppen angehören. Dem Stammesstaat fehlte nicht nur eine Infrastruktur, eine Wirtschaft und eine nennenswerte Geschichte in dem ihm plötzlich zugewachsenen Gebiet, er war nicht einmal ein Stammesstaat, höchstens im Sinne einer korrupten Protektionsmaschine, die jeden diskriminierte, der kein Ndebele war. Doch Zulu und Shangaan und Swazi strömen immer noch in dieses kläglichste aller Homelands, weil sie sich hier legal mit ihren Familien niederlassen können und weil es sinnvoller ist, von hier aus mit dem Bus zu ihren Arbeitsplätzen in den Industriegebieten zu fahren, als in den noch entlegeneren Homelands darauf zu warten, daß die Arbeitsplätze zu ihnen kommen.

Busse. Man kommt immer wieder auf die Busse zurück. In einer Untersuchung des Human Sciences Research Council in Pretoria wurde festgestellt, daß zwar »nur« 22,6 Prozent der 534 000 schwarzen »Pendler« drei oder mehr Stunden zur Arbeit zu fahren haben, daß jedoch 71,3 Prozent mehr als zwei Stunden unterwegs sind und daß mehr als die Hälfte von ihnen wenigstens fünfzehn Stunden jedes Arbeitstages außer Hauses verbringt. Diese Zahlen können dahingehend interpretiert werden, daß die Schwarzen mit den Füßen für die Apartheid stimmen, aber es ist nicht Stammeschauvinismus, sondern schiere, an Verzweiflung grenzende Notwendigkeit, die sie durch das von Menschen geschaffene Labyrinth unergründlicher Vorschriften treibt. Was immer die Zahlen über die Motive der Schwarzen aussagen mögen, sie lassen keinen Zweifel an den inneren Unzulänglichkeiten eines Systems, dem nichts wichtiger ist, als Menschen auf der Grundlage ihrer Rasse umzusiedeln, und das sich erst an zweiter Stelle um die wirtschaftlichen Voraussetzungen kümmert, wie sie am Leben zu erhalten sind.

In verschiedenen Jahren und Jahreszeiten folgte ich in der Abenddämmerung den Buskonvoys, die den winzigen schwarzen Staat Qwaqwa mit Harrismith, einem kleinen Handelszentrum, verbinden; oder den Bussen zwischen dem nahegelegenen Ladysmith und den drei Umsiedlungszonen Ezakheni, Ekuvukeni und Limehill, die weiße Beamte an einem Sandweg in einem öden, unerschlossenen Teil des Zulu-Nationalstaats aufgereiht hatten; oder den Konvoys zwischen Vryheid – afrikaans für Freiheit – und Nondweni, einer weiteren von wenigstens vierundzwanzig »geschlosseneren Siedlungen« in Natal. Und immer mußte ich daran denken, daß die Menschen in diesen Bussen, die theoretisch nur zur Arbeit nach Südafrika kommen und es dann allabendlich wieder verlassen, die glücklichen sind, die überhaupt einen Arbeitsplatz haben. Orte wie Harrismith, Ladysmith und Vryheid gelten als industrielle »Wachstumszentren«, aber sie können nicht einmal annähernd so viele Arbeitsplätze bereitstellen, wie nötig wären, um die rasch steigende Zahl von potentiellen »Pendlern« in den »geschlosseneren Siedlungen« am Ende der Buslinien zu versorgen. Und es gibt noch eine weitere Kategorie solcher Umsiedlungslager – vergessene, einsame Orte wie Qudeni, noch einmal hundert Kilometer Sandpiste von Nondweni entfernt –, die so unmöglich abgelegen sind, daß jeder Traum eines Sozialingenieurs von einer Pendelstrecke scheitern muß, und deren einziges Einkommen das von Wanderarbeitern geschickte Geld ist. All diese Lager entstanden infolge des gnadenlosen Drucks der Regierung, die gleichzeitig zu Hause und im Ausland für Anerkennung dafür warb – und sie manchmal auch erhielt –, daß sie eine Kurskorrektur vorgenommen habe.

Dieser Widerspruch muß mit einigem Feingefühl behandelt werden. Wo immer möglich, werden Schwarze überredet, beschwatzt und genötigt, »freiwillig« fortzuziehen. Die Überredung ist am wirksamsten, wenn man dafür sorgt, daß sie keine Alternative haben. Statt schwarzen Pachtbauern und -arbeitern zuzusetzen, damit sie ihre

Heimstätten in weißen ländlichen Gebieten räumen, verlegen sich die Behörden darauf, weißen Farmen die Einsicht zu vermitteln, daß es in ihrem Interesse liege und zudem eine patriotische Pflicht sei, überschüssige Schwarze zu vertreiben. Wenn die Behörden eine Entscheidung erzwingen wollen, bemühen sie sich, massenhaften Widerstand zu vermeiden, indem sie so unauffällig und rasch wie möglich jeweils nur eine kleine Anzahl fortschaffen. In Seymour, einem verlassenen Flecken im östlichen Teil des Kaps, der der angeblich souveränen Ciskei übergeben werden sollte, sah ich eines Nachmittags zu, wie Zulu-Arbeiter reihenweise Wellblechbaracken für Xhosa-Familien errichteten, die aus einem achtzig Kilometer entfernten weißen Gebiet umgesiedelt werden sollten. Irgendein weißer Bürokrat hatte den einzigen Fußballplatz der schwarzen Township von Seymour als günstigstes Quartier für die erwarteten Umsiedler ausgewählt. Bis zum Abend war der Fußballplatz verschwunden.

Das Gebiet, das man im bergigen Qwaqwa für die Ansiedlung von Menschen vorgesehen hatte – kaum 65 Quadratkilometer groß –, füllte sich in einem Jahrzehnt der Umsiedlung mit nahezu einer Viertelmillion Menschen. Vorgesehen als Homeland für zwei Millionen südlicher Sotho – die dominierende schwarze Gruppe im Oranje-Freistaat, wo es immer noch dreimal mehr Schwarze als Weiße gibt und wo Schwarze seit mehr als einem Jahrhundert kein Land besitzen dürfen –, lebten demnach etwa 88 Prozent der nominellen Bevölkerung Qwaqwas außerhalb seiner Grenzen. Trotzdem schien seine Übervölkerung so auffällig und unnatürlich, daß ich unwillkürlich nach orientalischen Vergleichen suchte. Erinnerte es mich an Peshawar? Könnte es so im Jemen aussehen? Da ebener Boden in der Umgebung von Phuthaditjhaba, der Hauptstadt dieses Westentaschenstaates, immer knapper wurde, mußten Neuankömmlinge ihre Baustellen in steile Böschungen vortreiben. Ungefähr eine Stunde lang experimentierte ich damit, diese Hügelsiedlungen zu fotografieren – in der Hoffnung, ein Bild zu erhalten, das die bienenstockartige Dichte von Qwaqwa vermitteln würde –, dann gab ich es enttäuscht auf. Die Bilder der Lehmhütten, die sich in der kahlen Landschaft zusammendrängen, sahen mehr oder weniger eines wie das andere aus. Nicht die Hütten selbst schufen das überwältigende Gefühl von Verlassenheit und Klaustrophobie, das man höchstens in einem Flüchtlingslager erwarten würde; vielmehr lag es an ihrer Häufung, ihrer Gesamtheit, und an dem fast völligen Fehlen einer sichtbaren, das Land stützenden Wirtschaft. Es hätte einer Panoramaaufnahme mit präzise berechneter Tiefenschärfe bedurft, was meine Fähigkeiten überstieg. Außerdem bedurfte es des unmittelbaren Kontrasts zum weißen Südafrika gleich nebenan, mit all seiner Fülle und Weiträumigkeit. Wie sonst hätte man Ausschließung bildlich wiedergeben können?

Der Chefminister von Qwaqwa, ein früherer Schulinspektor namens Kenneth Mopeli, hatte ein Foto des weißen Präsidenten von Südafrika über seinem Schreibtisch hängen. Während er mir berichtete, wie sehr seine weißen Berater ihn zu überzeugen suchten, daß er sich um die Unabhängigkeit von Qwaqwa bemühen solle, betrat ein schwarzer Mitarbeiter das Zimmer und reichte ihm – mit einem Blick, der große Dringlichkeit andeutete – ein zusammengefaltetes Stück Papier. Der Chefminister las die Mitteilung, wobei sich sein Gesicht verfinsterte. »Ich bin äußerst schockiert«, sagte er tadelnd. »Wie ich sehe, sind Sie einer dieser ausländischen Journalisten, die mit vorgefaßten Meinungen nach Südafrika kommen, um einseitige Artikel zu schreiben. Hier steht, daß Sie Fotos von ärmlichen Hütten und Baracken gemacht haben.«

Ich erwiderte, daß es gewiß eine Menge Baracken in Qwaqwa gebe, daß ich mich aber nicht auf die elendsten konzentriert, sondern nur versucht hätte, Fotos aufzunehmen, die die Bevölkerungsdichte in seinem Staat zeigten. Manche der Lehmhütten, fügte ich hinzu, um ihn versöhnlicher zu stimmen, seien offenbar sehr liebevoll herausgeputzt worden. Der Chefminister räumte nun ein, daß Armut existiere, aber es gebe auch einige »Lichtblicke«. Da seien zum Beispiel die acht Häuser, die die südafrikanische Regierung für mehr als eine Million Dollar für ihn selbst und für die Mitglieder seines Kabinetts gebaut habe. Als ich bemerkte, daß ich sie gern besuchen und fotografieren würde, wurde er gelöster. »Führer sollten in Residenzen wohnen, auf die ein Volk stolz sein kann«, sagte er in einem Tonfall, der ein gewisses Unbehagen zu verraten schien. Zu seinen Gunsten nahm ich an, daß er eine Rechtfertigung zum besten gab, die er selbst nicht völlig akzeptieren konnte.

Die Ministervillen von Phuthaditjhaba lagen auf dem Gipfel einer Erhebung und boten einen imponierenden Blick über das Umsiedlungselend hinweg auf die nahegelegenen Berge, darunter das abgeplattete Tafelland – nahezu eine Kopie des Tafelberges von Kapstadt –, dem Qwaqwa seinen Namen verdankt und das wie eine symbolische Barriere zum weißen Südafrika hin wirkt. Ein Tor mit einem Wachhäuschen bildete die einzige Lücke in dem Stacheldraht, der das Gelände umgab. Alle Residenzen hatten ein hohes Giebeldach und eine Garage für drei Wagen. Swimming-pool und Tennisplatz waren gerade im Bau. Jenseits einer Senke, die mit Baracken gefüllt war, lag, durch den Stacheldrahtzaun sichtbar, ein weiteres umzäuntes Grundstück mit deutlich bescheideneren Häusern. Dies war die Enklave für die weißen Beamten, die das Kabinett von Qwaqwa berieten. Der Chefminister lud mich ein, mir seine Residenz von innen anzusehen; dann verweilte ich, von zwei Fragen in Anspruch genommen, eine Zeitlang auf einer Veranda, auf der sich leere Whisky- und Brandy-Flaschen zu einem kleinen Haufen ansammelten. Eine Frage war, was aus Qwaqwa und insbesondere aus diesen absurden Villen werden würde, wenn das südafrikanische System je zusammenbrach. Ein freundliches Nachfolgeregime könnte sie in ein Altersheim, eine Nervenklinik oder in ein Zentrum für ländliche Entwicklung umwandeln; ein übles Regime würde sie für seine örtlichen Partei- und Militärführer mit Beschlag belegen, wodurch sich ihre Bestimmung nicht wesentlich ändern würde. Die andere Frage, die mich bewegte, war komplizierter. Ich konnte mich nicht entscheiden, ob mein erster Instinkt richtig war, den weißen Beratern zynische Motive zu unterstellen, weil sie schwarzen Homeland-Führern, die sie selbst herangezogen und gefördert hatten, teure Villen und Mercedes-Limousinen anboten? Vielleicht war es nicht Zynismus, sondern verschrobener, enthüllender Idealismus, der sie für andere das tun ließ, »was wir wollen, daß sie uns tun«. Vielleicht mußten sie sich glauben machen, daß es beim »Bau von Nationen« allein hierauf ankam oder daß, wenn die Menschen ihre Führer wirklich in prächtigen Residenzen sehen wollen, auch die

Umkehrung zutreffen könnte: daß sie jeden als Führer akzeptieren, der in den einzigen weit und breit zu sehenden Residenzen wohnt. Vielleicht, dachte ich melancholisch, hatten sie nicht völlig unrecht.

Bei meinem nächsten Besuch in Qwaqwa begleiteten mich zwei Schwarze aus Soweto, die eine solche Argumentation schwerlich akzeptiert hätten. Ein neues Einkaufszentrum war, logisch genug, neben einem neuen Busbahnhof errichtet worden. Nebenan hatte eine Verkaufsstelle für Kentucky Fried Chicken eröffnet; soweit ich wußte, handelte es sich um das erste Vordringen dieser amerikanischen Hähnchenbraterei in die schwarzen Homelands von Südafrika. *Nou oop* (»Nun geöffnet«) verkündete auf afrikaans ein Schild am Fenster. Zur Eröffnungsfeier erwartete man Chefminister Mopeli, eine Kapelle und ein Korps Tambourmajorinnen. Untersuchungen zeigen, daß der durchschnittliche Haushalt in Qwaqwa mit weniger als fünfhundert Dollar pro Jahr für Lebensmittel auskommen muß, aber in den Geschäften wurden Luxusartikel angeboten: Bally-Schuhe, italienische »Freizeitkleidung«, japanische Kameras. Auch die Banken Barclays, Standard und Volkskas waren vertreten. Sie spekulierten vermutlich auf die Beamten und Lehrer, die in den nahebei errichteten Betonblockhäusern der Township lebten. Eine kleine Gemeinschaftspraxis von Ärzten hatte sich über einer Apotheke niedergelassen, die von einem burischen Pharmazeuten betrieben wurde. Die Partner waren sämtlich Absolventen der Universität Pretoria.

Qwaqwa erschien mir immer noch wie ein von Menschen geschaffenes Unglück, aber wie in KwaNdebele ließ auch hier mein zweiter Besuch das gespenstische Gefühl in mir aufkommen, daß der große Entwurf der Apartheid-Planer ein bißchen dauerhafter, wenn auch nicht weniger absurd wirkte als bei meinem ersten Besuch. Am nächsten Morgen wurde ich im Hotel Qwaqwa um halb fünf Uhr von den ersten Bussen geweckt, die nach Harrismith abfuhren. Nach meinen Erfahrungen in KwaNdebele konnte ich mich nun mit dem beruhigenden Gedanken auf die andere Seite drehen, daß halb fünf gar nicht so schlimm sei.

In Ekuvukeni, wo wir die nächste Nacht verbrachten, gab es kein Kentucky Fried Chicken, kein Hotel und keinen sonstigen »Homeland-Rummel«. Dies war eine Umsiedlungsstätte, schmucklos, verloren im Busch, finster vor Elend und Verzweiflung. »Hier gibt's nichts, nichts, nichts«, sagte eine Witwe, die seit drei Jahren dort lebte. Wir befanden uns auf einer der vielen Inseln des Zulu-Nationalstaats, eines landumschlossenen Archipels namens KwaZulu. In der Abenddämmerung machten wir uns in ein Nachbarland namens Südafrika auf, um Matiwaneskop zu besuchen, einen »schwarzen Fleck«, wo die Behörden ihre Absicht, die Gemeinschaft abzufinden und einzuebnen, dadurch angezeigt hatten, daß sie an jedes Haus und jede Baracke, die sie unerbittlich zu enteignen gedachten, Nummern pinseln ließen. Der Boden von Matiwaneskop war in der Tat bereits formell enteignet worden.

Unterwegs kamen wir an den Ruinen der Gemeinde Steincoalspruit vorbei; hier hatten mehr als 11 000 Schwarze auf Land gewohnt, das ihre Vorfahren im Jahre 1877 erworben hatten. 101 Jahre später wurde fast die ganze Gemeinde – außer einer winzigen Zahl von Grundeigentümern, die sich eine Gnadenfrist verschafften, indem sie der Vertreibung ihrer Pächter zugestimmt hatten – von GG dreißig Kilometer weiter, über die Homeland-Grenze hinweg, nach Ekuvukeni verfrachtet. Auf dem Land der umgesiedelten Gemeinde hatte ein Tochterunternehmen von Anglo Vaal, einer der südafrikanischen Bergbaugesellschaften, mit dem Tagebau begonnen. In Natal schienen die »schwarzen Flecken«, die Kohle besitzen, gewöhnlich als erste enteignet zu werden. Die dafür verantwortlichen weißen Beamten konnten sich einreden, daß es für die betroffenen Schwarzen nach ein paar Jahren oder nach einer Generation unerheblich sein werde, daß sie nicht mehr in Steincoalspruit, sondern in Ekuvukeni lebten. Aber Matiwaneskop – einer der noch verbliebenen 195 »schwarzen Flecken«, die in Natal beseitigt werden sollten – leistete Widerstand. Und dieser Widerstand bewies, daß es eben doch nicht unerheblich war, wo sie lebten, denn in Ekuvukeni gab es keinen Widerstandswillen mehr und nichts, was sie hätten verteidigen können.

In den Augen eines weißen Beamten, der jeden Abend in seinen in kalifornischem Stil gebauten Vorort zurückkehrt, mochte das, was Matiwaneskop zu verteidigen hatte, kümmerlich wirken, aber der Ort hatte praktisch alles, was er besaß, darunter eine neue weiterführende Schule, ohne Hilfe der Regierung gebaut. Die hier wohnenden Menschen – etwa 12 000 – brauchten nicht über Gemeinschaftspflege oder traditionelle Werte belehrt zu werden. Einem Brief, den ihre Gemeindeältesten an die Regierung schickten, um gegen die drohende Umsiedlung zu protestieren, war ein Verzeichnis der »Stammeserrungenschaften« beigelegt – darunter der Bau von zehn Kirchen, sechzehn Schulen, einer Bücherei und einer Reparaturwerkstatt. Es gebe, so hieß es dort, in Matiwaneskop immer noch Boden zur Beackerung und Beweidung, und man habe niemals eine Dürre erlebt (im Gegensatz zu Ekuvukeni, wo die Wasserreserven erschöpft waren und Nachschub mit Lastwagen herantransportiert werden mußte). Der Ort befinde sich nur 25 Kilometer von Ladysmith entfernt, wo viele seiner Bewohner arbeiteten. Und das wichtigste: »Die Gräber unserer Vorväter, die traditionellen Begräbnisstätten unserer Häuptlinge, verbinden uns untrennbar mit diesem Ort.«

Die Bürokratie zeigt sich Stammestraditionen gegenüber aufgeschlossen, wenn dies ihren Zwecken dient, aber sie duldet keinen heidnischen Hokuspokus über die Gräber der Vorväter, wenn eine langgeplante Umsiedlung ansteht. Doch die Gemeindeältesten waren zu geschickten Diplomaten geworden, wenn es darum ging, weiße Regierungsvertreter abzuwimmeln, die ihnen Vorträge darüber halten wollten, daß sie den Gesetzen, aufgrund derer ihre Eigentumsrechte aufgehoben worden waren, gehorchen müßten. Sie hatten den letzten offiziellen Besucher durch ihre Großzügigkeit, Ehrerbietung und christliche Nächstenliebe nahezu überwältigt.

Man beschrieb uns die Szene, die ich nur zu gern miterlebt hätte. Eine Ehrengarde von jungen Schwarzen hatte ein Spalier außerhalb des Gemeindesaals gebildet; der Regierungsbevollmächtigte aus Ladysmith hatte nicht umhingekonnt, es zu durchschreiten, um vor einer von ihm einberufenen Versammlung zu sprechen. Rund tausend Gemeindemitglieder erwarteten ihn im Saal. Viele weiße Beamte lassen sich immer noch gern nach alter Kolonialsitte als »Vater« und »Gebieter« titulieren, und diesen Bevollmächtigten wollte man offenbar nach allen Regeln kolonialer Ehrerbietung empfangen. Unter anderem erhielt er ein Schaf überreicht. Percy Hlope, der Schuldirektor, erklärte uns, weshalb die Gemeinde beschlossen hatte, ihm lieber ein Schaf zu schenken, als einen Ochsen zu schlachten. »Ich sagte ihm«, erzählte er und lächelte hinter seinem mächtigen grauen Bart, »daß er sich dafür entschieden habe, mit schwarzen Menschen, armen Menschen, den verachtetsten Menschen des Landes zusammenzuarbeiten und daß er sich deshalb mit Jesus Christus identifiziert habe. In seinem Bilde sähen wir unseren Erlöser vor uns, und deshalb hätten wir es für angemessen gehalten, ihm das einzige Geschöpf zu schenken, das mit Jesus Christus identifiziert werden könne.«

Der »Erlöser« war zu Recht sichtlich bewegt von der moralischen Überlegenheit der Menschen, die doch eigentlich unter seiner Vormundschaft standen. Und als er an der Reihe war, sich zu äußern, sah er sich nicht imstande, die Botschaft zu überbringen, die vermutlich den Zweck der Versammlung darstellte: daß die Existenz von Matiwaneskop befristet sei. Statt dessen versprach er, eine höhere Instanz über die Gefühle der Gemeinde zu unterrichten. Die Haltung höherer Instanzen brachte ein stellvertretender Minister mit einer Salbung zum Ausdruck, die selbst für einen südafrikanischen Würdenträger ungewöhnlich ekelerregend war. Er schrieb an die Gemeinde eines »schwarzen Fleckens«, die auf ähnliche Weise bedroht war: »Jeder von uns muß auf die eine oder andere Weise Opfer bringen, um Frieden und Wohlstand in diesem unseren schönen Lande zu fördern.«

In Ekuvukeni gab es kaum Zeichen von Wohlstand und auch nicht allzuviel Frieden. Die bejahrte Witwe des Religionslehrers, bei der wir wohnten, beklagte sich über die durch Alkohol verursachten Ausschreitungen arbeitsloser Jugendlicher, die vom örtlichen Arbeitsamt keine Beschäftigung vermittelt bekamen. Ich hatte keinen Zweifel an ihren Worten, denn schon um neun Uhr morgens drängten sich diese Ausgestoßenen vor der einzigen Kneipe am Ort und warteten darauf, daß sie öffnete. Anderswo versammelten sich Frauen mit Plastikeimern, um auf die Wasserwagen zu warten.

In der Zulu-Sprache bedeutet Ekuvukeni »Ort des Erwachens«. Apartheid-Bürokraten lieben derartige Namen. In der Ciskei tauften sie ein gleichermaßen bedrückendes Umsiedlungslager Zweledinga,

»Gelobtes Land«. Der Ort des Erwachens war an diesem Morgen totenstill, abgesehen von dem Singsang von neunzig Kindern zwischen drei und sieben Jahren, die in einem als Kindergarten dienenden fensterlosen Wellblechschuppen untergebracht waren, und den Gesängen einiger weiblicher Kirchenmitglieder, die für eine Nachbarin, deren Ehemann schwer erkrankt war, beteten und Geld sammelten. Die Wanderarbeit führt dazu, daß die Zahl der Frauen die der Männer in Ortschaften wie dieser normalerweise im Verhältnis drei zu zwei übertrifft.

In einer Baracke besuchten wir einen Leprakranken, dessen Zustand schockierender war als alles, was ich in Benares, Kalkutta oder Rangun diesbezüglich erlebt hatte. Der Mann, der halb von Sinnen schien, war nie ärztlich behandelt worden; seine Geschwüre waren nicht verbunden. In der Klinik hatte man ihm mitgeteilt, er leide an »Kafferngift« und sei das Opfer schwarzer Magie; deshalb hielt er seinen Zustand für hoffnungslos. Solche Diagnosen waren in Ekuvukeni an der Tagesordnung.

Es gab Zeiten, in denen Südafrika mich völlig ratlos werden ließ, und dies war eine von ihnen. Ich wußte nicht, ob ich über die Fähigkeit von Menschen, es an einem Ort wie Ekuvukeni auszuhalten, entsetzt oder gerührt sein sollte. Ein dringendes Bedürfnis sorgte dafür, daß diese Stimmung nicht andauerte. Seit drei Jahren hatte ich die Außenaborte aus Wellblech gesehen und gezählt, die weiße Behörden auf jeder Parzelle errichten, wenn sie eine »geschlossenere Siedlung« vorbereiten. Diese Abtritte, die wie Schilderhäuser wirken und in militärischer Formation aufgereiht werden, erschienen mir – wie die Busse – als sichtbares Zeichen und Symbol der Umsiedlungsbestrebungen.

In Nondweni, wohin ich am nächsten Tag fuhr, hatte ich zum erstenmal begonnen, Latrinen zu zählen. Nun, drei Jahre später, fand ich dort ein kleines Depot vor, wo sich die vorgefertigten Teile von Aborten und metallenen Notunterkünften hinter einem Drahtzaun stapelten – einsatzbereit, sobald neue Flüchtlinge aus den weißen Gebieten eintrafen. GG erlaubt Neuankömmlingen großzügig, die Schuppen ein paar Monate lang zu behalten, bis sie ihre eigenen

Häuser aus sonnengetrockneten Lehmblöcken gebaut haben. Manchmal händigt sie auch grüne Zelte aus. Überall im Land gab es entlegene, windgepeitschte Erhebungen, auf denen diese Umsiedlungslager plötzlich aufgetaucht waren – Orte, deren Namen in den eleganteren weißen Vierteln weniger bekannt sind als die Namen von ägäischen Inseln oder Adriahäfen. Und doch werden alle, die diese Orte gesehen haben, geradezu von einem Zwang getrieben, ihnen Namen zu verleihen. Ich hatte Zelte und Latrinen in Kammaskraal in der Ciskei gezählt, einer »geschlosseneren Siedlung«, die so isoliert war, daß sogar den Behörden, die sie geschaffen hatten, Zweifel an ihrer Überlebensfähigkeit kamen. Schließlich luden sie die Bewohner wieder auf Lastwagen und karrten sie zu einem verlassenen, verfallenen Homeland-Kaff namens Peddie, wo man sie, wiederum in Form einer »geschlosseneren Siedlung«, in serienmäßig hergestellten Zwei-Zimmer-Holzhäusern unterbrachte. In Peddie zählte ich Latrinen auf unbewohnten Parzellen, die am Rande des Ortes angelegt waren. Diese Latrinen – gewöhnlich der einzige öffentliche Hinweis der geheimniskrämerischen Bürokratie auf künftige Räumungen – zeigten, daß die Umsiedlungen nach Peddie noch nicht beendet waren.

In Qudeni waren Aborthäuschen in regelmäßigen Abständen an einem Hang jenseits der letzten Reihe bewohnter Grundstücke aufgestellt worden. Unweit von Ekuvukeni, so ging das Gerücht, seien am Ende einer Straße, in der es von Schildern mit der Aufschrift »Betreten verboten« auf zulu, afrikaans und englisch nur so wimmelte, bereits die Latrinen für die Menschen von Matiwaneskop errichtet worden. In Compensation – der ironische Name eines weiteren KwaZulu-Geländes, auf das man die Bewohner des relativ unabhängigen »schwarzen Fleckens« Kwapitela verschleppt hatte – zeigten die Reihen numerierter Latrinen auf leerstehenden Grundstücken an, daß sich das offizielle Netz schon um eine weitere schwarze Gemeinde zusammenzog; dort würde man schon die Häuser numeriert und den Grundbesitzern eine dicke Entschädigung für ihr Eigentum versprochen haben, wenn sie es den Behörden nur leichtmachten, die Pächter hinauszusetzen.

An jedem dieser Orte begegnete ich Schwarzen, die von einem auskömmlichen Lebensunterhalt abgeschnitten worden waren, den sie sich unter hartem Einsatz trotz der Hindernisse südafrikanischer Gesetze und Bräuche geschaffen hatten. Judeah Nido war aus Kwapitela umgesiedelt worden, das etwa fünfzehn Kilometer von der Grenze des international anerkannten schwarzen Staates Lesotho entfernt liegt. Er besaß einen Ford-Lieferwagen und betrieb mit ihm ein Taxi- und Transportunternehmen von Lesotho nach Pietermaritzburg. Nachdem man ihn nach Compensation, siebzig Kilometer landeinwärts, gebracht hatte, war er zu weit von der Grenze entfernt, als daß er seine alte Fuhrstrecke hätte beibehalten können, und es gab nicht genug Geld und Nachfrage für die Eröffnung einer neuen. Er war selbständig gewesen, aber nun war er mit der Aussicht konfrontiert, Wanderarbeiter zu werden. »Ich versuche immer noch, mir etwas anderes einfallen zu lassen«, sagte er. Ephraim Koheswa, ebenfalls aus Kwapitela, hatte gerade einen alten Trecker von einem weißen Farmer gekauft und vorgehabt, schwarzen Pachtbauern seine Dienste anzubieten. In Compensation gab es keine Möglichkeit zum Ackerbau, was seinen Trecker überflüssig machte. Das gleiche widerfuhr Ephraim Mdlulu, einem schwarzen Treckerbesitzer, der nach Qudeni gebracht wurde. Und es widerfuhr Simon Mkodi in Rooigrond und Sam Pita in Thornhill, deren Trecker als verrostete Wracks auf einer Umsiedlungsparzelle endeten. Vielleicht waren diese Fälle nicht typisch, aber ich stieß immer wieder auf robuste schwarze Kleinunternehmer, die das System zu Ausgestoßenen machte, indem es sie gleichsam wissen ließ, daß sie sich übernommen hätten. »Wir sind Menschen, die mit den Händen arbeiten«, sagte Sam Pita. »Es ist schrecklich, nichts zu tun zu haben.«

Liberale und religiöse Gegner der Räumungen neigen dazu, auf jede einzelne so zu reagieren, als sei sie eine isolierte Ungeheuerlichkeit, ein Rückfall, eine Verirrung, die verhindert oder hinausgezögert werden könne, wenn man nur laut genug protestiere. Sie bekämpfen das Böse von Fall zu Fall, weil sie aus Erfahrung wissen, daß das Gerechtigkeitsempfinden der Weißen wie eine seichte Pfütze ist, die austrocknet, sobald das System insgesamt angegriffen zu werden scheint. Aber sie wissen natürlich auch, daß die Räumungen keine Ausnahmen, sondern Teil einer wohlgeplanten Kampagne sind. Ich stellte mir vor, daß es irgendwo in Pretoria einen Lagerraum mit geheimen Tabellen und Karten geben müsse, die die nächste Phase in allen Einzelheiten festlegten. Die Behörden wollen zu keinem Zeitpunkt allzu heftige Kontroversen; wenn die Aufmerksamkeit sich auf eine bedrohte Gemeinde in Transvaal konzentriert, mag es taktisch sinnvoll sein, sich dort zurückzuziehen und an einer anderen Flanke am Kap oder in Natal anzugreifen, wo der Widerstand nachzulassen scheint. Irgendein Big Brother, dachte ich, müsse von einer Zentrale aus solche Entscheidungen treffen.

Das große Bauwerk der Apartheid ist weit von der Vollendung entfernt. Sechs von zehn Homelands müssen noch nach der zweifelhaften Souveränität greifen, mit der Südafrika ihnen winkt. Mehr als 1,5 Millionen Schwarze sind noch über die Grenzen der Homelands hinweg umzusiedeln. So etwas kann nicht das Werk einer einzigen Generation sein, doch man wird es nie schaffen, wenn es eine Unterbrechung gibt. Der Apparat darf nicht zum Stillstand kommen, er muß gleichzeitig an allen Fronten weiterkämpfen, denn er steht gegen den menschlichen Überlebensinstinkt und gegen die Gebote der schwarzen ländlichen Entwicklung in Südafrika, die alle auf ein gegensätzliches Programm hinweisen: die Menschen nicht in Reservate abzuschieben, sondern sie dort herauszuholen und in den derzeit noch sakrosankten weißen Gebieten eine Bodenreform durchzuführen.

Jede Latrine, die ich zählte, schien mir ein Markstein zu sein, ein greifbarer Ausdruck der Entschlossenheit, des Geschicks und des Sendungsbewußtseins, mit denen eine winzige und verschwörerische weiße Elite die Aufgabe in Angriff nimmt, das wahre Südafrika, mit all seiner Energie und seinen Widersprüchen, ihrem eigenen Ordnungstraum anzupassen. Es ist ein bizarrer Traum, aber er wird überall im Lande, in diesen unbekannten, hoffnungslos entlegenen Winkeln, zur elenden Realität. Eines Tages kam ich schließlich an einen Ort, an dem so viele Marksteine standen, daß ich sie nicht mit einem Blick erfassen konnte. Die vertraute Anordnung der Blechlatrinen erstreckte sich über das hügelige Land; Reihe um Reihe glänzte in der Morgensonne. Ich hätte in einem Hubschrauber fliegen oder die Hügel zwei Stunden lang abschreiten müssen, um alle zählen zu können. Meiner Schätzung nach waren es etwa tausendfünfhundert. Ein Netz von Straßen und Parzellen war angelegt worden. Es gab sogar eine Schule und ein Krankenhaus. Das einzige, was fehlte, waren menschliche Bewohner. Dies war eine »geschlossenere Siedlung«, die auf ihre Inbetriebnahme wartete. Sie hatte die schauerliche Symmetrie eines Soldatenfriedhofs und bedrückte mich mehr als all die verwahrlosten Lager, die ich gesehen hatte, weil sie in reiner Form das repräsentierte, was an dem gesamten Umsiedlungsprogramm am erschreckendsten war: die arrogante weiße Willkür, die seine einzige Daseinsberechtigung bildete.

Die Frau des südafrikanischen Regierungsvertreters hatte versucht, sich aus ein paar aufgeschnappten Äußerungen von mir einen Reim zu machen; das Resultat ließ sie stutzig werden. »Stimmt es wirklich«, fragte sie mit freundlicher Neugier, »daß Sie ein Buch über KwaNdebele schreiben?«

Meine flapsige Antwort, gegeben auf einer Diplomatenparty in Pretoria, fand offenbar nur ich selbst witzig. Die darin enthaltenen Anspielungen waren den Umstehenden fremd, so daß sie nur zwinkerten, verlegen lächelten und verständnislos dreinblickten. »Ja, ich nenne es *The Boys on the Bus.*«

»Hm, vielleicht sollten Sie sich einmal die andere Seite ansehen«, erwiderte meine Gesprächspartnerin.

Die andere Seite war eine Viehfarm von 14000 Morgen, die zwei ihrer Freunde aus Universitätstagen seit vierundzwanzig Jahren bewirtschafteten. Sie besaßen eine Herde von rund zweitausend Kühen sowie etwa drei Dutzend prämierte Zuchtbullen. Ihr Lebenswerk war durch den Beschluß der Regierung belohnt worden, das Land für den Bau der neuen Hauptstadt von KwaNdebele zu enteignen. Schließlich kann eine Unabhängigkeitsfeier nicht inmitten eines Flüchtlingslagers abgehalten werden. Man hatte Dirk van Veventer und seiner Frau Paula mitgeteilt, daß es ihre patriotische Pflicht sei, einen guten Preis für ihr Eigentum auszuhandeln und fortzuziehen.

Dirk van Deventer war groß und schlank, von rauhem, attraktivem

Äußeren und humorvoller, sympathisch offener Art; er verkörperte den südafrikanischen Buren von seiner besten Seite. Seine Frau, die ein Studium der Agrarwirtschaft abgeschlossen hatte und selbst etwas Vieh und Land besaß, schien ein wenig zaghaft in seiner dominierenden Gegenwart. Sie hatte sich nicht verwöhnen lassen wie die Ehefrauen von Pretoria – das Leben draußen auf den Weiden hatte ihre Haut gegerbt –, aber die Mischung aus Verletzlichkeit und Kraft, die sie ausstrahlte, ließ sie lebensnaher, interessanter und auch attraktiver wirken, als jene Frauen es je hätten sein können. Ihr Mann, dessen rechtes Handgelenk eingegipst war, stellte das *braai* (Grillfleisch) auf einem großen Felsbrocken unter einem *enkeldoring* ab, einer Art Akazie, die auf seiner Farm so häufig vorkam, daß sie nach ihr benannt worden war. Ein Strauß, der als Haustier für den neunjährigen Edward van Deventer gehalten wurde, stakste in der Nähe herum und hielt nach Essensresten Ausschau. Unser Gastgeber beklagte sich, wobei er Flüche mit fröhlichem Gelächter mischte, daß der Vogel kurz zuvor seinen Autoschlüssel verschluckt habe. Während die Steaks, Koteletts und *boerewors* (Würste) über der glühenden Asche brutzelten, ließ er sich in ähnlich launischer Weise über die Ungerechtigkeit und den Irrsinn der bevorstehenden Enteignung sowie über die Pflanzenkrankheiten, die Bodenerosion und den Viehdiebstahl aus, die seit dem Bestehen von KwaNdebele in der Gegend aufgekommen seien. Die nächstgelegene »geschlossenere Siedlung« war nur etwa sechs Kilometer entfernt, und in manchen Nächten saß Dirk mit seinem Gewehr in einem Entwässerungsrohr an seinem Zaun und hoffte, einen Dieb zu schnappen. »Und ich würde ihn umbringen«, sagte er eher jungenhaft-prahlerisch als drohend, »egal, ob er schwarz oder weiß ist.«

Die meisten seiner Nachbarn hätten beschlossen, »realistisch« zu sein und um Südafrika und seiner Zukunft willen zu verkaufen, ganz abgesehen von den Preisen, die ihnen geboten wurden, und der Möglichkeit, einige Entfernung zwischen sich und das schwarze Homeland zu bringen. »Ihr habt dafür gestimmt, also tut es«, habe er ihnen gesagt. Hier sprach kein heimlicher Liberaler. Dirk war das, was man als *bloedsap* bezeichnet (ein politisches Anagramm für eine aussterbende Gattung von Buren – im Geiste von Jan Smuts' Südafrikanischer Partei [SAP] erzogene Erzkonservative, die sich dem »Blute« nach zur »SAP« gehörig fühlen und den regierenden Nationalisten immer noch feindlich gesonnen sind). Ihm wäre nie in den Sinn gekommen, daß es eines Tages so etwas wie eine vernünftige schwarze Regierung in Pretoria geben könnte oder daß, falls so etwas doch möglich wäre, deren Wunsch, die Bevölkerung zu ernähren, sie durchaus bewegen könnte, ihn auf seinem Land zu lassen. Schließlich war dies Robert Mugabes Politik in Simbabwe. Aber obwohl es die weiße Regierung war, die nun die van Deventers vertreiben wollte, sah er dies als Kapitulation vor »Afrika« und dem »Kommunismus« – diese Begriffe waren für ihn synonym – und gleichzeitig als Kapitulation vor einer ignoranten und verschwenderischen Haushaltspolitik an.

Nach dem Essen fuhren wir hinaus auf seine Weiden, um das Gelände der neuen Hauptstadt zu inspizieren. Besser gesagt, der struwwelköpfige Edward fuhr, wobei er den Kopf rechts neben das Lenkrad des *bakkie* (Lieferwagen) neigte, weil er zu klein war, um darüber hinwegzublicken, während sein Vater von hinten auf afrikaans Anweisungen brüllte. »Kann einen Trecker so gut lenken wie jeder andere auf dieser Farm«, sagte sein Vater auf englisch. »Arbeitet den ganzen Tag.« Seine Mutter erzählte, daß man dem Jungen mit sechs Jahren sein Gewehr für ganze zwölf Monate habe fortnehmen müssen, da er über den Abschuß einiger Tauben gelogen habe. »Er sagte, er habe auf ein paar wilde Vögel gezielt, und die Tauben seien in seine Schußbahn geflogen, *nachdem* er den Hahn abgezogen habe.« Also durfte er ein Jahr lang nur angeln. Nun schoß er, angelte, fuhr Auto und sagte, wie man vermuten darf, seinen Eltern immer die Wahrheit.

Während der kleine Junge eine Böschung hinauffuhr, zeigte sein Vater auf einen Fleck roter Erde neben einem Flüßchen unter uns, am Fuße des Hügels. »Dort ist das Unabhängigkeitsstadion«, kommentierte er mit höhnischem Lachen. »Die Verwaltungsgebäude sind dort drüben.« Er deutete den Hügel hinauf. »Die Beamten leben, glaube ich, dort.« Im Moment lebten dort *enkeldorings;* sein Vieh weidete in ihrem Schatten.

Ich erkundigte mich nach dem unvermeidlichen Homeland-Casino, das gewöhnlich die erste Frucht der Unabhängigkeit ist (verglast hinter den Fenstern der Spielautomaten). Holiday Inns beabsichtigte, es hier, nur achtzig Kilometer von Pretoria entfernt, zu bauen, und hoffte, damit den Besucherstrom von Sun City fortzulocken. Aber nun zeigten sich die Niederländisch-Reformierten Kirchen von Pretoria entrüstet über diese Bedrohung der Moral, und vor allem hatte die Dachgesellschaft, der Sun City gehört, gerade den Casinobetrieb von Holiday Inns übernommen. Vielleicht also war der Bau eines Casinos doch nicht unvermeidlich, was aber bedeutete, daß der neue Staat überhaupt keine Wirtschaftstätigkeit haben würde.

Aber solche Phantasien waren an einem Frühsommernachmittag bald nicht mehr sehr unterhaltsam.

Wir fuhren weiter und kamen an einer alten verlassenen Zinngrube und den Häusern einiger der siebenundzwanzig Arbeiter unseres Gastgebers vorbei. Hier erklärte er uns, weshalb sein Handgelenk eingegipst war; er hatte es angebrochen, als seine Faust auf den Kopf eines dieser Arbeiter niedergegangen war. Die Geschichte wurde mit einer Mischung aus Entrüstung und Prahlerei erzählt. Der Mann hatte sich unter dem Vorwand frei geben lassen, er müsse seine Tochter zu einem Arzt bringen. Statt dessen hatte er sich zu einem Gelage aufgemacht, war betrunken zurückgekehrt und hatte sich in diesem Zustand hinters Steuer eines teuren Treckers gesetzt. Schlimmer noch war, daß die Tochter tatsächlich schnellstens von einem Arzt behandelt werden mußte. Als man sie eiligst zu einem solchen bringen wollte, hatte Frau van Deventer die Nachlässigkeit des Vaters entdeckt. Nun aber fürchtete sie, daß die Darstellung ihres Mannes den amerikanischen Gästen einen falschen Eindruck verschaffen könne. »Du gehörst nicht zu denen, die sie einfach verprügeln«, unterbrach sie. »Du schlägst sie. Dann redest du mit ihnen. Dann schlägst du sie noch einmal.«

Inzwischen war der *bakkie* am Rande der Fernstraße angekommen, und obwohl diese nur gekreuzt werden mußte, wollte Paula, daß ihr Mann sich ans Steuer setzte. Der Junge habe keinen Führerschein, er solle nicht auf einer öffentlichen Straße fahren. Doch Dirk bestand darauf, daß sein Sohn uns bis zum Haus chauffierte. »Ich werde nichts tun, um ihn zu entmutigen, um seinen Enthusiasmus zu dämpfen«, sagte er. Ich hatte burische Farmer oft äußern hören, daß sie ihre schwarzen Arbeiter genauso behandelten wie ihre Kinder. Dieser wunderbare Vater verhalf mir zu der Einsicht, daß auch dies nichts als Sentimentalität, nichts als ein Mythos war. Er hätte seinen Arbeitern niemals die forsche Unabhängigkeit zugetraut, die er an seinem Sohn so leidenschaftlich förderte.

Der Tag auf der Enkeldoring-Farm hatte mir die »andere Seite« zeigen sollen. Die andere Seite wovon? Was ich gesehen hatte, erschien mir als Sieg der wahnwitzigen Visionen der Sozialingenieure in Pretoria und vielleicht noch einer kleinen Gruppe von Homeland-Ministern, für die Südafrika nun protzige Villen auf der Farm der van Deventers errichten würde; für alle anderen war es eine Niederlage. Das Scheitern der Homelands – Pflanzenfäule, Erosionen und Diebstähle, die Umsiedlung und die Busse, die um vier Uhr morgens an der Farm vorbeidonnerten – diente, zumindest stellte sich dieser Verdacht bei mir ein, einem tieferen Bedürfnis, hatte nicht bloß etwas mit sozialer Ordnung zu tun. Diese schwarzen Staaten oder Parodien schwarzer Staaten können nur scheitern, und dann müssen sie sich um Hilfe an die weiße Regierung wenden, die sie geschaffen hat. Durch ihr Scheitern bestätigen sie wohltuend die Zwangsvorstellung des weißen Mannes von »Afrika« und erteilen den Schwarzen eine Lektion über ihre grundlegende Unverantwortlichkeit und Abhängigkeit; die Bitte um Hilfe bestätigt die Zwangsvorstellung des Weißen von sich selbst.

Ein burischer Magnat erklärte mir einmal: »Man kann hier leben, wenn man das Gefühl hat, unersetzlich zu sein.«

Generalissimus

»Wörter«, schrieb die Romanautorin Jean Rhys, »haben einen langen, dünnen Hals, den man ihnen umdrehen möchte.« Jeder Außenseiter, der nach Monaten oder Jahren nach Südafrika zurückkehrt, dürfte am ehesten durch das Wort »Veränderung« zu Anfällen dessen getrieben werden, was man als »Wortkrankheit« bezeichnen könnte. Die in dem Wort »Veränderung« verborgene Herausforderung ist gewöhnlich in eine Frage gekleidet; man formuliert sie so, daß der Außenseiter sich in der Vorstellung wiegen kann, sein Urteil habe besonderes Gewicht, weil er einen objektiven Standpunkt einnehmen könne. Aber eine objektive und ausgewogene Antwort ist selten erwünscht; der Außenseiter wird hellhörig für Nuancen der Fragestellung, die auf die erwartete Antwort hinweisen. »Sehen Sie die Veränderungen?« war, wie ich herausfand, gewöhnlich keine Frage, sondern eine Feststellung, daß überall Veränderungen stattfänden, daß sie dramatisch seien und daß man zweifelhafte politische und intellektuelle Qualitäten besitze, wenn man dies nicht sofort erkenne. »Sehen Sie *irgendwelche* Veränderungen?« war eine listige Art des Erfragens, ob man einfältig genug sei, sich von den offiziellen, halboffiziellen oder verbandlichen Imagepflegern des Landes übertölpeln zu lassen. In seltenen Fällen konnte eine Frage auch als solche gemeint sein, aber nachdem ich durch Unvorsichtigkeit ein paar häßliche Streitgespräche mit aggressiven südafrikanischen Weißen ausgelöst hatte, lernte ich, die Gesprächsgrundlage zu prüfen, bevor ich der Annahme nachgab, daß man mehr als nur eine höfliche Bestätigung ohnehin für selbstverständlich erachteter Tatbestände erwartete. »Sie sollten sich klarmachen«, explodierte ein englischsprachiger Anwalt, den ich unabsichtlich provoziert hatte, »daß es etwas gibt, was sich Barbarei nennt!« Es gibt etwas, was sich Schlaganfall nennt, und er schien kurz davor, einen solchen zu erleiden.

Also gewöhnte ich mir an, ausweichend zu reagieren. »Ja, es hat sich etwas verändert«, sagte ich dann, wobei ich den erwarteten Vergleich zu meiner ersten Inkarnation im Lande zog, »aber nicht so sehr wie New York im selben Zeitraum.« Diese Antwort war leicht herausfordernd, interessant und wahrscheinlich zutreffend, ohne daß sie als politische Erklärung hätte angegriffen werden können. Bei anderen Gelegenheiten bemerkte ich, mich gefährlich der Ernsthaftigkeit nähernd, daß es immer noch einen offensichtlichen politischen Konflikt in Südafrika gebe, der nicht gelöst zu sein scheine. Wenn diese Worte verbindlich genug gesagt wurden, war niemand geneigt, eine Diskussion zu entfachen. Doch eines Tages, nachdem ich schon fast ein Jahr wieder im Lande war und glaubte, meine Antworten wie am Schnürchen zu beherrschen, platzte ich zu meiner eigenen Überraschung mit einer Erwiderung heraus, die ich nie vorher getestet hatte. »Sehen Sie die Veränderungen?« fragte ein burischer Geschäftsmann, neben dem ich bei einem Mittagessen in Kapstadt saß. Die Warnglöckchen läuteten schwach in meinem Hinterkopf, aber ich wollte mich gesprächig geben und antwortete: »Ja, ich hätte nie gedacht, daß sie in der Lage wären, die Apartheid so weit zu treiben.« Erst nachher begriff ich, daß dies die Antwort war, die sich in all jenen Monaten allmählich in meinem Kopf herausgebildet hatte; zumindest für mich besaß sie den Klang der nackten Wahrheit.

Wer hätte sich ein KwaNdebele oder ein Qwaqwa vorstellen können? Oder ein Umsiedlungsprogramm, das bis in die achtziger Jahre und darüber hinaus reicht? Oder ein schwarzes Fernsehprogramm, in dem Zulu-Gangs und Zulu-Detektive einander in einer Zulu-Stadt jagen, in dem Zulus Bars und Hotels besitzen und Luxusautos fahren und in dem kaum je ein weißes Gesicht zu sehen ist? Oder die vier »unabhängigen Homelands«, die sich, in trauriger Isolierung von Südafrika und der Welt, angeblich darum bemühen, diesem Paradigma gerecht zu werden? Man brauchte nur mit dem Finger die vom Statistischen Zentralamt in Pretoria veröffentlichten Zahlen für die schwarze Bevölkerung entlangzufahren, um zu erkennen, wie weit die Apartheid gediehen war. Trotz hoher Geburtenziffern ging die Zahl der Schwarzen in Südafrika laut offiziellen Schätzungen regelmäßig zurück. 1976 gab es 18,5 Millionen Schwarze, 1977 wiesen die offiziellen Statistiken nur noch 15,7 Millionen aus. Zwischen 1973 und 1982 hatte es, wenn man seinen Augen trauen konnte, praktisch keinen Zuwachs gegeben. Die doppelte Buchführung der Apartheid, die bei jeder Unabhängigkeitsfeier in einem Homeland Schwarze von der Bevölkerung abzieht, ermöglichte dieses Wunder. Wer hätte sich das vorstellen können?

Nicht nur Menschen, sondern auch Orte verschwanden als Ergebnis dieser weißen Magie. Wenn man im Jahre 1981 die Vorwahlnummer einer der größeren schwarzen Townships am Ostkap nachschlagen wollte, etwa der Wohnsiedlung Mdantsane außerhalb von East London am Indischen Ozean, schaute man in das Telefonbuch der Region, in dem sowohl die Vorwahl von East London wie die von Mdantsane angeführt waren. Mdantsane besaß nicht viele Anschlüsse, doch mit einer Bevölkerung von mehr als 300 000 hatte die Township viermal mehr Einwohner als East London, dem sie zugeordnet war. Sie war sogar die größte Ansiedlung in der Region, doch dann begann sie dahinzuschwinden. Wenn man im Jahre 1982 im Telefonbuch nach Mdantsane suchte, fand man keine Eintragung mehr, sondern nur einen kleinen Vermerk in halbfetter Schrift: »Siehe Telefonbuch der Ciskei«. Das Homeland dieses Namens, dessen Grenzen nur zu erraten und auf dem Boden nicht ausfindig zu machen waren, hatte gerade seine vermeintliche Souveränität erlangt. Im Jahre 1983 wurden in dem Telefonbuch der Region Mdantsane und ein Dutzend andere Orte, von Alice bis Zwelitsha, die früher am Ostkap existierten, überhaupt nicht mehr erwähnt. Die Ciskei tauchte nur noch in dem Verzeichnis ausländischer Staaten auf, die durch Direktwahl von East London aus zu erreichen waren. Dort nahm sie ihre alphabetische Position zwischen China (gemeint war Taiwan) und Cyprus (Zypern) ein. Man hätte meinen können, daß Mdantsane nun irgendwo zwischen Nikosia und Taipeh herumgeistern würde. Wer aber hätte sich das vorstellen können?

Wer hätte sich Phuthaditjhaba oder Lebowagoma oder Giyani oder Bisho vorstellen können, die neuen, im Busch verstreuten oder versteckten Homeland-Hauptstädte mit ihren Ministervillen, üppigen

Regierungszentren, Gerichtshöfen, Gefängnissen, Lehrerausbildungsstätten und angeblichen Universiäten, deren Namen, von ihrer geographischen Lage gar nicht zu reden, den meisten Weißen unbekannt waren? Die Apartheid hatte eine begrenzte Zahl von Nutznießern, für einige aber war sie zu einer enormen Geldquelle geworden: für die großen Baufirmen, die diese ebenso grandiosen wie überflüssigen Zentren für gewaltige Summen, auf Kosten der hauptsächlich weißen Steuerzahler, errichteten, für die weißen Beamten, die in den schwarzen Staaten höhere Posten und Gehälter als in Pretoria erreichen konnten, und für die Stammesklüngel schwarzer Gesetzgeber und Bürokraten, deren Gehälter und Limousinen einen greifbaren Anteil des gesamten unmäßigen Gebildes, seinen letzten Daseinsgrund ausmachten. Jan Christiaan Smuts versprach seinen Zuhörern im Jahre 1929 in Oxford: »Die neue Politik der Selbstregierung wird den Eingeborenen viele Anlässe zum Grübeln und Zanken geben – nichts ist ihnen lieber als *ad infinitum* zu reden und zu disputieren –, und auf diese Weise dazu beitragen, ihr ansonsten inhaltsloses Leben interessant zu machen.« Selbst Smuts, der die Rolle des Visionärs pflegte, hätte höchstens undeutlich voraussehen können, daß das Kalkül, das er mit so gütiger Herablassung zum Ausdruck brachte, auch mehr als ein halbes Jahrhundert später noch das Leitmotiv südafrikanischer Staatskunst bleiben würde.

Und wer, so fragte ich mich, hätte sich eine Gestalt wie Generalleutnant Xhanti Charles Sebe vorstellen können? Er war Chef des Staatssicherheitsdienstes der »unabhängigen« Ciskei, ein herausgeputzter schwarzer Polizist, der mitunter einen schwarzen Stetson zu seiner getönten Brille und seinen Dior-Anzügen trug. Dieser schwarze Generalissimus paßte sich dem System, das ihn hervorgebracht hatte, nicht nur an, sondern er widmete sich der Aufgabe, seine Feinde aufzustöbern, genauso hingebungsvoll wie jeder Weiße. Die Apartheid machte sein »ansonsten inhaltsloses Leben« interessant. Sie entsandte ihn zu Lehrgängen über das Sammeln nachrichtendienstlicher Informationen und über Buschkriegführung, unterstellte weiße Obersten seiner nominellen Befehlsgewalt und teilte ihm einen Gebietsabschnitt zu, den er in dem vielfältigen Kampf gegen den

»Terrorismus« zu sichern hatte. Sie stellte ihm einen Hubschrauber und zwei Flugzeuge sowie eine luxuriöse BMW-Limousine mit getönten Scheiben zur Verfügung, so daß die Attentäter, die vermeintlich auf ihn lauerten, nie wissen konnten, ob er im Fond seines Wagens saß oder nicht. Sie gab ihm ein Arsenal aller möglichen Waffen und Abhörgeräte, vier kleine Militärbasen, darunter eine, in der schwarze Fallschirmjäger und Kommandotruppen nach einem angeblich geheimen Programm ausgebildet wurden, ein eigenes Gefängnissystem, eine Brust voller Orden und ein echtes Sicherheitsproblem in einem Gebiet, das seit langem der Schmelztiegel des schwarzen Widerstands gegen die weiße Vorherrschaft gewesen war. Und so verfügte er drei kurze Jahre lang über mehr Macht und mehr traurige Berühmtheit innerhalb des südafrikanischen Systems als irgendein Schwarzer vor ihm. Er war genau das, was das System zum Zweck seines eigenen Überlebens schaffen mußte: ein verläßlicher schwarzer Verbündeter, der mehr oder weniger an die Ziele des Systems glaubte. Seine Macht, die sich wirkungsvoll gegen sein eigenes Volk richtete, war real, nicht symbolisch; auf diese Weise beantwortete das System die Forderung nach schwarzer Macht, die in der Region nur ein paar Jahre zuvor von Steve Biko erhoben worden war. Charles Sebe, damals ein einfacher Sergeant bei der südafrikanischen Sicherheitspolizei, hatte den Auftrag gehabt, Biko zu beschatten.

Als der schwarze General stürzte, taten seine weißen Betreuer im südafrikanischen Sicherheitsapparat alles in ihrer Macht Stehende – abgesehen von der Beseitigung der Marionettenregierung des von ihnen selbst ins Leben gerufenen Homelands –, um ihn zurückzuholen. Später müssen sie sich, so stellte ich mir vor, wie die frühen Weltraumforscher nach einem Raketenunfall gefühlt haben, die sich sagten, daß sie, nachdem sie eine Rakete ins All befördert hatten, dies auch ein zweites Mal schaffen würden.

Von einem Standpunkt liberaler Pietät aus ließ Charles Sebe sich natürlich auch als Opfer betrachten, aber ich betrachtete ihn als eine wandelnde, atmende Allegorie des gesamten Rassenkonfliktes. Wenn man sich vor Augen hielt, was die Ciskei wirklich war – eine Senkgrube der Verzweiflung und des sozialen Elends, in die die weißen Behörden weiterhin überschüssige Schwarze aus benachbarten weißen Gebieten hineinleiteten –, dann hatte seine Begeisterung für seine Mission erschreckende Implikationen. Natürlich war der weiße Staat in der Lage, Schwarze auf seine Gehaltsliste zu setzen und Homeland-Führer im Zustand von Vasallen zu halten, doch es war etwas ganz anderes, Schwarze zu finden, die sich aktiv für die Verteidigung dieses Zustands einsetzten. Aber es war nicht nur Charles Sebes Konfliktbereitschaft, die ihn hervorhob. Es war vor allem der Umstand, daß man sich stets ohne Schwierigkeiten eine kleine Wendung des Schicksals vorstellen konnte, die ihn auf der anderen Seite der Barrikade hätte landen lassen, wo er den gleichen Appetit auf unausgegorene Doktrinen der Guerillakriegführung gehabt haben würde, den er nun auf unausgegorene Doktrinen der Aufständischenbekämpfung hatte. Gewiß, er hatte sich verkauft, allerdings lange bevor er sich die Privilegien und die Macht hätte ausmalen können, die ihm später in die Hände fallen sollten. Er hatte sich verkauft, weil er auf der Seite der Macht und Autorität sein wollte. Jede Kultur, jede Gesellschaft bringt solche Männer hervor. Die Überlebensfähigkeit des südafrikanischen Rassensystems hing, so schien mir, zum Teil von seiner Fähigkeit ab, Schwarze wie Charles Sebe zu rekrutieren und zu belohnen. Daß aber überhaupt eine solche Figur existieren konnte – wenn auch im Rahmen eines Homelands, das eine groteske soziale Mißbildung darstellte –, war für mich ein Hinweis darauf, daß das Rassensystem womöglich dauerhafter sein würde, als ich gedacht hatte.

Also bemühte ich mich, mit ihm Bekanntschaft zu schließen, und fand meine Annahme bald auf unheimliche Weise durch die Entdekkung bekräftigt, daß die Hingabe, Energie und Macht dieses schwarzen Militaristen an eine Gefolgschaft offenbar fähiger schwarzer Helfer weitergegeben wurden: an redegewandte, gutbewaffnete junge Männer mit teuren Anzügen und Autos, die gemerkt hatten, daß sie sich in der Ciskei nicht dem Untergrund anzuschließen brauchten, um auf der Seite der Handelnden zu sein. Sie waren nach Charles Sebes Bild geschaffen, was zeigte, daß er eine Führerpersönlichkeit war. »Meine Jungs«, schnurrte er immer wieder, plötzlich liebevoll und onkelhaft, »ich motiviere meine Jungs.« Ein paar Monate später saßen sie alle in einem von General Sebes Gefängnissen, zusammen mit dem General selbst. Diese überraschende Entwicklung bescherte meiner Allegorie ein zweifelhaftes Ende, aber ihre Plätze würden von anderen eingenommen werden.

Ich muß gestehen, daß Charles Sebe mir gefiel. Ich konnte ihn nicht seines Engagements wegen respektieren, wie ich die schwarzen Gewerkschaftsführer in East London respektierte, die einer ständigen, von ihm in enger Zusammenarbeit mit seinen Mentoren in der südafrikanischen Sicherheitspolizei organisierten Schikanierungskampagne ausgesetzt waren. Aber er ließ sich nie auf die bemühten Verteidigungsreden und zynischen Berechnungen der anderen Homeland-Potentaten ein, die behaupteten, daß sie die Apartheid lediglich benutzten, um sie von innen her zu bekämpfen, oder daß sie weiterhin die Ziele der schwarzen Nationalistenbewegungen unterstützten, auch wenn sie gezwungen seien, deren Anhänger einzusperren. In Umtata, der Hauptstadt des benachbarten Transkei-Homelands, begegnete ich Tsepo Letlaka, der gleich mehrere Stufen übersprungen hatte und von einem exilierten Führer des Panafrikanischen Kongresses, einer der verbotenen nationalistischen Bewegungen, zum Justizminister eines schwarzen Staates geworden war, der Südafrika nacheiferte, indem er die Bewegung, in der Letlaka einst aktiv gewesen war, ächtete. Er beharrte darauf, daß er »in der Befreiungsbewegung aufgewachsen« und daß sein Engagement »völlig unverändert« sei. Die Transkei, argumentierte er, sei die Erfüllung der panafrikanischen Prinzipien, denn sie stelle einen schwarzen und unabhängigen Staat dar. Allein das Unvermögen der nationalistischen Bewegungen, diesen Sachverhalt zu erkennen, zwinge das Homeland, gegen sie vorzugehen. Aber es gab eine noch einleuchtendere Erklärung: Tsepo Letlaka hatte einen Posten gefunden und war in seine Heimat zurückgekehrt; gleichgültig, ob er während seines Exils ein echter Nationalist oder ein Agent – oder ein wenig von beidem – gewesen war, nun jedenfalls hatte er die Kälte der Verbannung hinter sich gelassen.

Charles Sebe hatte nie einen Rückzieher machen oder sich herausreden müssen. Als Romantiker, der imstande war und es für notwendig hielt, in jedem Moment des Wachzustandes, sogar bei müßigem Geplauder, eine heroische Rolle in einem Drama einzunehmen, war er von der Sicherheitspolizei für den Part eines schwarzen antikommunistischen Kreuzzüglers ausgebildet worden, und obgleich er wohl gelegentlich begriff, daß er absurdes Theater spielte, lebte er seine Rolle. Sogar seinen Opfern fiel es manchmal schwer, nicht das Vergnügen zu teilen, das er aus seinen Auftritten bezog. Die Gewerkschafter von East London waren alle zu wunderbaren Imitationen seiner langsamen, wichtigtuerischen, abgehackten Sprechweise fähig, in der jede Silbe maximale Wirkung erzielen sollte.

Als ich ihn zum erstenmal sah, stand er – eine schlanke, fast katzenhafte Gestalt mit einer dunklen Pilotenbrille – in Habachtstellung neben dem Präsidenten der Ciskei, seinem älteren Bruder Lennox L. Sebe. Die Brüder hätten kaum unterschiedlicher aussehen können. Der Präsident, ein früherer Schulinspektor und Dorfprediger, war dunkler und schwerer, plumper in Auftreten und Gestalt. Charles Sebe dagegen schien nur aus gespannter Energie zu bestehen; ich weiß nicht, um welchen Effekt er sich an jenem Tag bemühte, aber er ließ mich an einen unheimlichen Voodoopriester aus Haiti denken. Nur der Präsident sprach; er schien an irgendeinem unbestimmten oder ungenannten Groll fast zu ersticken, während er einer geladenen Gruppe ausländischer Journalisten mühsam erklärte, weshalb er beschlossen habe, das zweifelhafte Geschenk einer Souveränität unter südafrikanischen Bedingungen anzunehmen. Anlaß der Veranstaltung war ein bevorstehendes Referendum über seine Entscheidung, dessentwegen man alle Hebel der Stammesloyalität und Protektion in Bewegung gesetzt hatte, um in diesem Ein-Parteien-Gebilde ein Meinungsbild herbeizuführen, das als Zustimmung ausgegeben werden konnte. Thozamile Gqweta, der Vorsitzende der schwarzen South African Allied Workers Union, und die anderen Gewerkschaftsführer, die eine wirksame Opposition hätten organisieren können, waren für die Dauer der Kampagne eingesperrt worden, und keinerlei oppositionelle Töne waren zu vernehmen, aber eine Gruppe angeblich unparteiischer ausländischer Beobachter war zur Beaufsichtigung der Vorgänge aus Pretoria eingeflogen worden.

Charles Sebe war damals gerade vom Obersten zum Brigadegeneral befördert worden. Ein Jahr später, als ich mein erstes Gespräch mit ihm führte, war er Generalmajor. An einem Sonntag, der zu einem Sabbat der Danksagung proklamiert worden war, weil die Unabhängigkeitsfeierlichkeiten der Ciskei unmittelbar bevorstanden, verbrachte ich einen Nachmittag lang mit ihm auf dem schwerbewachten Gelände, auf dem, umringt von den Häusern seiner zuverlässigsten Offiziere, seine Villa stand. Das Gelände befand sich auf einem Kamm am Ende einer Sandpiste, nur ein paar Kilometer außerhalb von King William's Town, einem kleinen weißen Handelszentrum, das man dem Homeland als Hauptstadt versprochen, dann aber im letzten Moment als Teil Südafrikas zurückbehalten hatte. Die neue blauweiße Flagge der Ciskei flatterte bereits an einem Dutzend Masten rund um das Unabhängigkeitsstadion, das Südafrika eilig auf dem in Aussicht genommenen Gelände der neuen Ersatzhauptstadt errichtet hatte, einer fünfzig Millionen Dollar teuren Paradestadt namens Bisho, die im übrigen nur auf dem Reißbrett existierte.

Aber die Banner eines rivalisierenden schwarzen Nationalismus waren an jenem Wochenende nicht weniger auffällig; sie wurden beim Begräbnis eines schwarzen Rechtsanwaltes, der Gqwetas Gewerkschaft vertreten hatte, zur Schau gestellt. Dieser Anwalt – er hieß Griffiths Mxenge – war unter rätselhaften Umständen in Durban brutal ermordet worden. 15 000 angebliche Bürger der Ciskei nahmen an seiner Beerdigung teil, um ihrer Überzeugung Nachdruck zu verleihen, daß sein Tod das Werk der südafrikanischen Sicherheitspolizei gewesen sei. Es war das größte Begräbnis seit der Bestattung des zum Märtyrer gewordenen Steve Biko vier Jahre zuvor. Bikos Grab auf einem zwischen Eisenbahngeleisen und einer Kiesgrube am Rande von King William's Town gelegenen schwarzen Friedhof war durch einen Granitstein gekennzeichnet, der seinen eigenen stummen Protest gegen die Feierlichkeiten, die bald darauf in dem Stadion veranstaltet werden sollten, erhob. »Ein Azania, eine Nation«, lautete die Aufschrift, jenen Namen nennend, den viele schwarze Nationalisten gern einem von Schwarzen regierten Südafrika geben würden.

Der General versuchte nicht, die Bedeutung der Beerdigung vom

Vortag herunterzuspielen. »Es war *die Wie-der-ge-burt des Af-ri-ka-ni-schen Na-tio-nal-kon-gres-ses«* sagte er und preßte jede Silbe hervor wie einen Vergeltungsschuß. Ich hatte den Eindruck, daß Charles Sebe für gewöhnlich kursiv sprach. Das Ostkap, die traditionelle Kampfstätte Südafrikas, wo sich Schwarze und Weiße zum erstenmal begegneten und befeindeten, hatte eine lange Ahnenreihe schwarzer nationalistischer Helden, die Jahrzehnte vor Biko und Gqweta zurückreichte. Schon im Jahre 1930 hatte eine schwarze Gewerkschaft East London für kurze Zeit durch einen Generalstreik lahmgelegt. Neu hingegen war ein schwarzer General auf der anderen Seite der Barrikade, den man durch die Anspielung, seine früheren Kollegen bei der Sicherheitspolizei seien an der Beseitigung Mxenges, der auf sadistischste Weise mit Messern traktiert worden war, beteiligt gewesen, in seiner Berufsehre kränken konnte.

»Kein professioneller Polizist oder Sicherheitsbeamter würde sich auf eine so dumme Geschichte einlassen«, sagte er. »Sie wissen doch selbst, daß solche Ermordungen wissenschaftlich ablaufen. Sie werden auf sehr wissenschaftliche Weise durchgeführt. Wir haben Gewehre vom Typ AK-47. Damit hätte er umgebracht werden können, während er sein Büro verließ. Dann hätte es eine ballistische Untersuchung gegeben, deren Ergebnisse niemand hätte anzweifeln können. Sie hätte erbracht, daß es sich um russische Geschosse handelte, Makarows und Tokarews – die haben wir nämlich.«

So, wollte er sagen, hätten »wir« es gemacht. Mit »wir« meinte er offensichtlich immer noch die südafrikanische Sicherheitspolizei, bei der er es nie zum Offizier gebracht hatte.

»In Südafrika gibt es eine Grenze für Schwarze, ja, es gibt eine Grenze«, bemerkte er während eines späteren Gesprächs in seinem Büro in Zwelitsha, das dem Augenschein nach immer noch eine baufällige schwarze Township am Rande des weißen King William's Town war, nun aber den provisorischen Sitz einer angeblich souveränen Regierung darstellte. Charles Sebe war jetzt Generalleutnant und Weltreisender. Das Büro war mit Souvenirs aus Israel und Taiwan geschmückt, ein buntes Durcheinander von Flaggen, Urkunden,

Plaketten und Ehrungen. Außerdem gab es einen Reißwolf und einen Safe, der einen Teil seines Privatarsenals enthielt. Angeblich befehligte der General alle üppig sprießenden Sicherheitsdienste der Ciskei, ihre Gefängnisse und Polizeikräfte, die im Aufbau befindliche Armee und den Nachrichtendienst, aber Verhör und Einschüchterung von Personen, die einer feindlichen Haltung dem Homeland-Regime oder Südafrika gegenüber verdächtigt wurden, blieben weiterhin ein wesentlicher Bestandteil seiner Arbeit. Dies verlieh dem andernfalls eher pathetischen Sinnspruch, der eingerahmt über seinem Schreibtisch hing, eine potentiell finstere Note. »Das schönste Geschenk, das wir einander machen können, ist die Wahrheit«, lautete er.

Während ich mich fragte, wie ich den Spruch wohl gedeutet hätte, wenn ich nicht freiwillig in dieses Büro gekommen wäre, kam der General auf einen ihm offensichtlich nachgehenden Punkt zu sprechen, der seine Loyalität seinen ehemaligen Arbeitgebern gegenüber einem leisen Verdacht aussetzte. »Warum arbeitet kein Schwarzer in Pretoria als Offizier der Sicherheitspolizei?« fragte er. »Und weshalb setzt man sich im südlichen Afrika nicht mit Schwarzen an einen Tisch, wenn es um Entscheidungen in wichtigen Sicherheitsfragen geht?« Mit anderen Worten, wenn er nun wirklich der Oberbefehlshaber in einem souveränen Staat war, als der er galt, weshalb konnte er dann nicht direkt mit seinem Pendant in Pretoria verhandeln? Warum mußte er sich immer noch an die Befehlsstruktur halten und den Untergebenen des weißen Generals in East London oder Port Elizabeth Bericht erstatten? Ich blieb ihm die Antwort schuldig. »Es ist ein naives Spiel«, schloß er.

Dies war das einzige Mal, daß ich ihn so etwas wie Verärgerung über seine früheren Chefs äußern hörte. Bei anderer Gelegenheit behauptete er, daß er in seinen fünfundzwanzig Jahren in der südafrikanischen Polizei nie rassische Kränkungen erlebt, nie untergeordnete Arbeiten, etwa das Auftragen des Tees für weiße Offiziere, habe verrichten müssen. Auch sei er nie hinsichtlich der Tugenden des Systems indoktriniert worden. »Ich hatte Glück, denn die Weißen akzeptierten mich als das, was ich bin«, sagte er. »Ich hatte nie Konflikte mit ihnen, weil ich mich meiner Arbeit verschrieben habe.«

Er war der, den sie sich wünschten, stets erpicht darauf, es ihnen recht zu machen, und schon bald stellte er seinen Wert unter Beweis, indem er sich unter falschem Namen dem Afrikanischen Nationalkongreß (ANC) in Kapstadt anschloß. Im Jahre 1962, zwei Jahre nach dem Verbot der Organisation, nahm er in Port Elizabeth an der Verhaftung eines ihrer wichtigsten Führer, des schwarzen Kommunisten Govan Mbeki teil; zur gleichen Zeit war er, wie er prahlte, bei den massenhaften Aushebungen verdächtiger Mitglieder der Poqo-Bewegung aktiv, die sich von Kapstadt aus in die Ciskei und Transkei ausbreitete. Charles Sebe erinnerte sich, Sympathie für den ANC gehabt zu haben, »denn ich bin ein Schwarzer, und diese Leute setzten sich für die Besserstellung der Schwarzen ein«. Doch wichtiger waren das Abenteuer der Spitzeltätigkeit und die Anerkennung, die persönliche Besserstellung, die seine Hingabe ihm einbrachte. Wenn er irgendwelche Gewissensbisse oder ein Gefühl der Ungereimtheit verspürte, dann wurden sie rasch von der Überzeugung überlagert, daß der Kampf gegen den schwarzen Nationalismus auch ein Kampf gegen den »Kommunismus« sei. Aber das Problem der Beförderungsgrenze für schwarze Polizisten blieb bestehen. Zuletzt hatte man ihm mehr als das übliche Sergeantengehalt bezahlt (»Ich trug meine Beförderungen in der Tasche«), aber er sehnte sich nach der Anerkennung und den Chancen, die nur mit einem höheren Rang verbunden waren. »Als der Tag unserer Unabhängigkeit kam, schwor ich: ›Ich werde der Welt zeigen, daß ich ein künftiger Offizier bin, mit dem man rechnen muß.‹«

Einer der letzten Aufträge, die er als südafrikanischer Polizist ausführte, bestand darin, schwarze Nationalisten zu beschatten, die Biko nach King William's Town gezogen hatte. Steve Biko war der bedeutendste schwarze Nationalist, der seit der Unterdrückung der großen schwarzen Bewegungen aufgetaucht war; man hatte ihm im Jahre 1973 durch ministerielle Verfügung verboten, seinen Heimatort zu verlassen. Bikos Freunde erinnern sich, daß sie nur in den Rückspiegel zu blicken brauchten, um Sergeant Sebe mit seiner dunklen Brille zu sehen, der in einem nicht gekennzeichneten Wagen dicht hinter ihnen fuhr. Wenn der General von jenen Tagen sprach, kam stets sein Talent für dramatisches Erzählen zum Tragen: »Biko ließ sich von niemandem etwas vormachen. Wissen Sie, was er immer zu mir sagte? Biko sagte: ›Charles, hör zu, ein Bursche wie du gefällt mir, denn du machst ehrliche Arbeit. Du schließt keine Kompromisse. Und ich mache ehrliche Politik. Ich schließe keine Kompromisse. Wenn wir siegen, würde ich mich nicht scheuen, dich als Leiter der Sicherheitsdienste vorzuschlagen.‹«

Die Erinnerung ließ ihn in schallendes Gelächter ausbrechen, den Kopf schütteln und in seinem Sessel zusammenklappen. »Wirklich! Das hat er mir gesagt«, fuhr er dann fort. »Damals war es ein großer Witz.«

Bikos Freunde entsinnen sich, daß Charles Sebe oft die Zielscheibe solcher Witze war. Sie alle waren jünger – Biko selbst um zwölf Jahre – und hatten eine bessere Ausbildung genossen als er, und sie hielten ihn, diesen eifrigen schwarzen Polizisten, für ein Original. Sie lachten nicht nur mit ihm, sondern auch über ihn, was er natürlich stets wußte. Unter der Schutzschicht seiner neuen Autorität und seines neuen Ranges nagte ihre Verachtung wohl immer noch an ihm, doch wie Mbeki, der ANC-Führer, an dessen Verhaftung er mitgewirkt hatte, war auch Biko für den General ein Bindeglied zu seiner eigenen Vergangenheit. Ich fragte ihn nach seinen Gefühlen bei Bikos Tod im Jahre 1977. »Ich hatte sehr viel damit zu tun, Material über ihn zu sammeln, aber er war ein Mensch, *ein Mensch.«* Der General wiederholte sich oft des Nachdrucks halber. »Er hatte nie eine Pistole, um auf mich zu schießen, und ich war auf der anderen Seite. Wenn er eine Pistole gehabt und ich zuerst geschossen hätte, dann wäre ich *sehr* froh gewesen. Aber meine Antwort ist: Er war ein Mensch. Ich mag keine Skandale, mein Freund, ich mag keine *Skan-da-le.«*

»Sie werden von Biko verfolgt«, meinte einer der engsten Freunde des Toten über die Sebes. »Er war kein Fremder«, sagte mir Präsident Lennox, und seine Augen verschleierten sich. »Er war ein Sohn der Scholle. Die Umstände seines Todes erbitterten die gesamte Nation sehr.« Nun erfand er mir zuliebe neue historische Abläufe. Mit der »gesamten Nation« meinte er nicht Bikos Azania, sondern seine eigene Ciskei, für die er, wenn er nur könnte, Biko als Helden reklamieren würde. Lennox Sebe war nun offiziell »Präsident auf

Lebenszeit«, getragen von einer Gesetzgebenden Versammlung, deren gewählte Vertreter ständig an Zahl von Stammeshäuptlingen übertroffen werden, die als politische Protektionsmaschinerie mobilisiert worden waren. Er hatte sich kurz zuvor ein zehnsitziges Präsidentenflugzeug und eine Daimler-Limousine zugelegt, und er schickte sich an, seine neue Präsidentenvilla in Bisho zu beziehen. Seine Bronzebüste war auf einem Sockel vor dem neuen Gebäude der Gesetzgebenden Versammlung aufgestellt worden, und an dem Sockel hatte man eine bronzene Gedenktafel befestigt, die in einer hundertzwanzig Wörter umfassenden Lobeshymne seinen »einzigartigen Aufopferungsgeist und Patriotismus« pries. Aber dieser einstige Schulinspektor und Dorfprediger, der sich bereit erklärt hatte, das politische Spiel nach den Regeln des weißen Mannes zu spielen, war Depressionsanfällen unterworfen, die manchmal Wochen dauerten und in deren Verlauf in dem Homeland keine Entscheidungen über Staatsangelegenheiten getroffen werden konnten. Was ihn verfolgte, war nicht nur Biko – der stolze, emanzipierte Schwarze, der zerbrochen werden mußte, weil er sich nicht beugen wollte –, sondern auch der zermürbende Verdacht, daß er selbst in Wirklichkeit ein Hochstapler war.

Auf Bikos Beerdigung war innerhalb von sechs Monaten, ebenfalls als Massenritus in nationalistischer Sache, die von Robert Sobukwe gefolgt, dem Gründer des Panafrikanischen Kongresses, dessen Einfluß immer noch am östlichen Kap zu spüren war. Im folgenden Jahr hatte Lennox Sebe in dem Bestreben, seine Führung zu legitimieren, eigene Trauerfeierlichkeiten inszeniert. Er hatte einen nationalen Schrein eingeweiht, in dem er die sterblichen Überreste des rebellischen Häuptlings Maqoma neu bestatten ließ – eine verkrüppelte Zauberin hatte ihre Echtheit bestätigt. Dieser Häuptling war im neunzehnten Jahrhundert von den britischen Kolonialbehörden auf Robben Island in der Tafelbucht vor Kapstadt eingesperrt worden, im gleichen Gefängnis, in dem nun schwarze Rebellen vom Ostkap, etwa Nelson Mandela und Govan Mbeki inhaftiert waren. Wenn schwarze Nationalisten den Mantel Bikos und Sobukwes tragen konnten, schien sich Lennox Sebe zu sagen, dann konnte er den Mantel

Maqomas tragen. Zum Beweis warf er sich bei dieser Gelegenheit ein Leopardenfell über seinen dreiteiligen Anzug.

Es war die Art von Stammesobskurantismus, die die weißen Behörden nur zu gern fördern: Die Zauberin durfte das normalerweise nicht zugängliche Robben Island betreten; die Gebeine wurden in einem Gelbholzsarg von einer südafrikanischen Marinefregatte nach East London transportiert, wo man sie mit allen militärischen Ehren empfing; unter Beteiligung einer Militärkapelle und einer Ehrenwache erfolgte sodann ihre Wiederbestattung, von der der südafrikanische Rundfunk mit all der Feierlichkeit berichtete, die einem großen Staatsbegräbnis gebührt. Die Bürger der Ciskei, so wird man sich bei den Behörden gesagt haben, sollen sich ihre Helden ruhig in der Widerstandsbewegung des neunzehnten Jahrhunderts suchen – ähnliches taten ja auch die Buren selbst, als sie sich das Voortrekker-Monument als ihren Schrein erbauten –, und sie sollen Sebe, nicht Biko als Maqomas Erben betrachten. Jede Nation, so glauben die Buren, müsse ihren eigenen Mythos finden. Dies könne die Götterdämmerung der Xhosa sein.

Durch das Gedenken an Maqoma gedachte das Homeland in der Tat zum Teil auch eines Aktes der nationalen Selbstaufopferung, der größten Tragödie der Xhosa-Geschichte, die sich im Jahre 1857 ereignete. Damals war der alte Häuptling, der laut zeitgenössischen Erzählungen ein großer Krieger und später ein großer Trunkenbold gewesen war, dem Rat einer Zauberin gefolgt, die versprochen hatte, daß die in Ehren gehaltenen Häuptlinge der Vergangenheit messianisch zurückkehren und die Weißen ins Meer treiben würden, wenn die Xhosa sich zuvor dadurch läuterten, daß sie ihr Vieh schlachteten und ihre Felder brachliegen ließen. Mehr als 150 000 Rinder waren daraufhin geschlachtet worden. Die Schätzungen der Opfer, die die nachfolgende Hungersnot forderte, belaufen sich auf zwanzig- bis vierzigtausend – zu einer Zeit, in der die Gesamtbevölkerung des Gebietes nicht mehr als hunderttausend Menschen umfaßte.

Die katastrophale Viehschlachtung könnte als blinder und verzweifelter Widerstandsakt gegen die weiße Herrschaft gedeutet werden. Das gleiche ließe sich über die Entscheidung eines Homeland-Führers wie Lennox Sebe sagen, die Unabhängigkeit für seinen kleinen Staat anzustreben. Aber natürlich gibt es viele Unterschiede. Die Häuptlinge, die die Viehschlachtung befürworteten, waren Gläubige; ihre Opfer bewiesen ihre Selbstlosigkeit. Die Häuptlinge, die die Unabhängigkeit der Ciskei unterstützten, wurden mit teuren Limousinen und Villen belohnt; die Frage des Glaubens stellte sich überhaupt nicht. »Machtlosigkeit bringt eine Rasse von Bettlern hervor, die den Feind anlächeln und ihn in der Heiligkeit ihrer Toiletten verfluchen; die tagsüber bereitwillig *›Baas‹* rufen und den weißen Mann in ihren Bussen während der Heimfahrt ein Schwein nennen.« Diese Worte schrieb Steve Biko, bevor man ihn einige Monate vor seinem einunddreißigsten Geburtstag für immer zum Schweigen brachte. Sie dürfen heute in Südafrika nicht legal gedruckt werden, aber Lennox Sebe darf aus der Heiligkeit seiner Position als vermeintlicher Führer eines vermeintlich unabhängigen Staates alles über die Übel der Apartheid sagen, was ihm einfällt. Er nennt sie »das unterdrückerische Joch der politischen Leibeigenschaft«, aber im Gegensatz zu Biko erhebt er keinen Anspruch auf gleiche Rechte in einem ungeteilten Südafrika, obwohl mehr als zwei Drittel seiner nominellen Ciskei-Bürger, die überhaupt irgendeine Arbeit finden, den größten Teil ihrer wachen Stunden jenseits der unsichtbaren Grenze verbringen.

Unterdessen wird dieser Eingeborenenstaat von Südafrika, das achtzig Prozent seines Haushalts garantiert, am Leben erhalten, und Südafrika bildet seine Armee und seine Polizei zum Kampf gegen gemeinsame Feinde aus, die, wie Präsident Sebe über Biko sagte, Söhne der Scholle sind.

Charles Sebe spielte die Rolle des Spionagechefs mit sichtlichem Vergnügen. »Sie können mich über andere Dinge belehren, und ich werde Ihnen nicht widersprechen«, erklärte er selbstzufrieden. »Aber Sicherheit, Nachrichtendienste, Militär – das ist mein Geschäft. Die Strategie liegt mir im Blut. Sie gefällt mir.«

Um Veränderungen und Entwicklungen in der Ciskei zu beobachten, brauchte man nur einen Blick in General Sebes Domäne zu werfen. Ein neues Gefängnis war eröffnet worden, ein zweites näherte sich der Fertigstellung. Und dann gab es noch die vier »Basen«, wie der General sie nannte. »Sie werden es selbst sehen», versprach er. »Sie werden es sehen.« Mit einem schwarzen Polizeihauptmann in Zivil als Begleiter fuhr ich hinunter an die Küste des Indischen Ozeans, um eine Geheimbasis namens Sandile zu besuchen. Auf sie war der General besonders stolz: »Dort bilden wir Fallschirmjäger aus. Ja!« Sobald wir eintrafen, eilte ein weißer Hauptmann mit brauner Uniformmütze und rotem Schnurrbart auf unseren Wagen zu. »Sind Sie der Herr von der *New York Times?«* fragte er. »Ich muß Sie bitten, den Stützpunkt sofort zu verlassen.« Ich erwiderte, daß ich vom Oberbefehlshaber hergeschickt worden sei, und erkundigte mich, wer befugt sei, dessen Anordnungen zu widerrufen.

»Zu dieser Auskunft bin ich nicht berechtigt«, sagte der Hauptmann mit einem Akzent, der weit genug von den gewohnten südafrikanischen Klängen entfernt war, um mich daran zu erinnern, daß die Ciskei, wie die anderen unabhängigen Homelands, inzwischen Söldner beschäftigte, meist Veteranen aus den Elitetruppen der alten rhodesischen Armee. Außerhalb der Umzäunung des Stützpunktes übte eine Kompanie schwarzer Rekruten unter Aufsicht eines französischen oder belgischen Offiziers Angriffstaktik. Noch am gleichen Tag begegnete ich auch dem südafrikanischen Armeeoberst, der mich aus Sandile ferngehalten hatte. Gemeinsam beobachteten wir den Drill der Präsidentengarde auf einem Paradeplatz und einen weißen südafrikanischen Kapellmeister, der der neuen Militärkapelle der Ciskei eine Reihe preußischer Märsche abverlangte. Anscheinend meinte Pretoria es regelrecht ernst, was den Aufbau des Homeland-Militärs betraf. Charles Sebe hatte mit drei Männern begonnen, als er 1979 den Sicherheitsdienst der Ciskei ins Leben rief; vier Jahre später hatte er mehr als dreitausend Soldaten und Polizisten unter seinem Kommando und ein Budget, das sich alljährlich verdoppelte und inzwischen 27 Millionen Dollar betrug. Ich fragte mich unwillkürlich, wie viele junge Ostkap-Schwarze der Untergrund während des gleichen Zeitraums rekrutiert und ausgebildet haben mochte.

Von außen gesehen mochte der Untergrundkrieg am Ostkap vielleicht nicht allzu spannend wirken, aber Charles Sebe führte ein hochdramatisches Leben auf der, wie er meinte, Schneide des Konfliktes. Als er einmal spät abends mit seinen Offizieren in Mdantsane patrouillierte, war er in einen Schußwechsel mit »Terroristen« verwikkelt worden, und nun stellte er sich als Gezeichneten hin. »O ja, die Kommunisten können jubeln, wenn ich sterbe«, sagte er. »Aber ich mache mir nichts vor. Ich bin mir darüber im klaren, *ich bin mir da-rüber ge-nau im kla-ren,* und ich gehe keine Risiken ein. Tag und Nacht, selbst im Schlaf, weiß ich, wohin ich fassen muß, wenn etwas passieren sollte.« Er ließ sich abrupt von seinem Drehstuhl fallen und tauchte lächelnd mit einem imaginären Revolver in der Hand wieder auf. »Es liegt mir im Blut. Ich bin ein Profi, und ich lebe wie ein Profi.«

Er war ein glücklicher Mensch, vielleicht der einzige wirklich glückliche Mensch in der ganzen Ciskei, denn seine Phantasien erfüllten sich. Er hatte in Jerusalem und Taipeh Vorträge über den »Terrorismus« im südlichen Afrika gehalten. Nun war sein Status von einer Zitadelle der Gelehrsamkeit bestätigt worden, die geographisch viel näher, nach südafrikanischen Maßstäben aber Lichtjahre, wenn nicht Äonen entfernt war. Charles Sebe, ein früherer schwarzer Schutzmann, der den Abschluß der höheren Schule durch einen Fernkurs erlangt hatte, war eingeladen worden, vor burischen Studenten der Universität des Oranje-Freistaates eine Vorlesung zum Thema »Der kommunistische Guerillaansturm« zu halten. Das bedeutete mehr für Xhanti Charles Sebe, als die Einladung nach Cambridge oder Oxford je für Jan Christiaan Smuts bedeutet haben konnte. Bevor er zum burischen Truppenführer wurde, war Smuts ein Musterschüler in Cambridge. Bevor er Schutzmann wurde, war Charles Sebe in einer Missionsschule der Stadt Alice gescheitert, die ihre besten Absolventen an die benachbarte Universität Fort Hare schickte. Viele der großen Namen des afrikanischen Nationalismus – Nelson Mandela, Oliver Tambo, Robert Sobukwe, Robert Mugabe – hatten in Fort Hare studiert, bevor die Universität der staatlichen Kontrolle unterstellt, von liberalen Ideen und Einflüssen gesäubert und nach dem Prinzip der Bantu-Erziehung auf das reduziert wurde, was die Schwarzen verächtlich ein »Busch-College« nennen. Nun lag Fort Hare in der Ciskei, und jedes Anzeichen von Unruhe unter seinen Studenten führte zur Intervention von General Sebes Männern. In irgendeinem Winkel seines Hinterkopfes setzte der General, wie mir schien, den Kampf gegen den »Kommunismus« mit dem Kampf gegen Fort Hare gleich. Von Biko und seinen Freunden verlacht zu werden mußte, so stellte ich mir vor, seinen Haß auf jene Schwarzen verschärft haben, die meinten, durch ihre Universitätsausbildung jedermann ebenbürtig zu sein. Die Einladung an die Universität des Oranje-Freistaates bedeutete, daß er selbst endlich ihnen ebenbürtig war.

»Ich würde mich freuen, wenn Sie dabei wären«, sagte er, »denn ich gehe in diesem Vortrag auf eine Reihe von wichtigen Punkten ein.«

Als sich der General nach einem Segensspruch und einer Einführung auf afrikaans zu seiner Vorlesung erhob, trug er immer noch seine Mütze mit jener imposanten Anzahl von Ziertressen, die seinem Rang gebührten. Feierlich und steif salutierte er seinen studentischen Zuhörern. Die weißen, rotbäckigen Gesichter, die zu ihm aufblickten, hätten auch in einer Kirche nicht andächtiger sein können. Da nur wenige dieser jungen Buren in ihrem Leben jemals Gelegenheit gehabt haben dürften, der Rede eines Schwarzen zuzuhören, war Charles Sebes Anwesenheit in ihrer Mitte fast genauso überraschend für sie wie für ihn. Als sie dann aber die ersten Worte vernahmen, wurde alles nur noch überraschender, zuweilen geradezu verblüffend. Einige, die nicht an gesprochenes Englisch gewöhnt waren, glaubten vielleicht, daß sie der Sprache wegen Mühe hätten, dem Redner zu folgen. Aber die übertriebene Artikulation des Generals machte jedes Wort verständlich; es war der Zusammenhang zwischen den Wörtern und den aus ihnen gebildeten Sätzen, der sich als verwirrend erwies. »Das Thema ist recht kompliziert«, sagte der General mit seiner heiseren, kehligen Stimme. »Manchen von Ihnen könnte die große Bedrohung, von der ich sprechen werde, heute nacht Alpträume verursachen.«

Von ihren frühesten Tagen an waren diese burischen Studenten mit manichäischen Visionen eines bevorstehenden Kampfes überfüttert worden, aber die Versicherung eines schwarzen Mannes, daß er gekommen sei, um sie »psychologisch zu erwecken«, dürfte die Reihenfolge der Prioritäten und Kategorien durcheinandergebracht haben, mit denen sie aufgewachsen waren. Wenn es denn etwas zu erwecken gab, so hatten sie bislang geglaubt, dann höchstens die Schwarzen durch weiße Missionare. Welchen Anlaß könnte ein Schwarzer haben, sich mit weißen Seelen zu befassen? Einige der Studenten schienen voller Unbehagen zu begreifen, daß vor ihnen ein Schwarzer stand, der sie an ideologischem Eifer übertraf; aus ihrer Sicht war er fast zu gut, um wahr zu sein. Für sie am schwersten zu verstehen oder zu akzeptieren aber war seine mühelose Autoritätsanmaßung, während er sprunghaft von der Sowjetspionage auf dem Gebiet der Hochtechnologie zur Chinesischen Revolution, von der Bedrohung durch die Vereinten Nationen zum Aufstieg der Bolschewiken überging. »Ich lese über Kommunismus, ich lese immer noch *the-o-re-tisch* über Kommunismus«, prahlte er, »aber ich beschäftige mich auch *prak-tisch* mit dem Kommunismus.«

Und der Kommunismus war natürlich überall. Lenin selbst habe ein Programm zur Isolierung und Eroberung Amerikas entworfen, sagte General Sebe, und untermauerte seine Argumentation mit gefälschten Zitaten aus obskuren Schriften amerikanischer Rechtsradikaler. Der innere Feind habe sich auch in Südafrika eingenistet: in seinen Kirchen, seinen Studentenorganisationen und vor allem in seinen schwarzen politischen Bewegungen. Schwarze Theologie und weißer Liberalismus seien gleichermaßen infiziert. »Ich weiß nicht, wie es Ihnen ergeht«, erklärte er, von seinem Manuskript aufblickend, »aber für mich ist ein Liberaler ein Kommunist.« Unauffällig schaute ich mich im Saal um, um zu sehen, ob irgend jemand bei dieser Bemerkung eine erstaunte Miene aufgesetzt habe, aber soweit ich erkennen konnte, hörte man General Sebe immer respektvoller zu. Er machte kleine Fehler – als er sagte, daß drei Millionen Kubaner in Angola seien, irrte er sich um den Faktor hundert –, aber dies waren keine Ausrutscher, die seine Zuhörer zur Kenntnis genommen hätten. Was die nähere Umgebung anbelangte, überlegte ich mir, ob außer mir jemand im Saal wußte, daß der Afrikanische Nationalkongreß, den der General gerade wegen seiner »scheußlichen Aktivitäten« im Auftrag des Kreml attackierte, genau hier, in Bloemfontein, entstanden war. Nämlich im Jahre 1912, als der Zar noch in St. Petersburg und

Lenin noch in Zürich war; er begann damals mit dem unglaublich gemäßigten Ziel, der weißen Regierung der zwei Jahre alten Südafrikanischen Union einen »direkten und unabhängigen Kanal« anzubieten, »mittels dessen sie sich von Zeit zu Zeit darüber informieren kann, was den Eingeborenen besonders am Herzen liegt«. Damals wollte der Afrikanische Nationalkongreß nur die Beschwerden der Schwarzen bekanntmachen, nicht an der Macht teilhaben.

Beschwerden? Der General räumte ein, daß es »früher einmal« soziale Ungerechtigkeiten in Südafrika gegeben habe, aber er fuhr fort: »Der Kampf in Südafrika ist kein Kampf zwischen Schwarz und Weiß. Es handelt sich um eine kommunistisch orientierte Ideologie, die der Afrikanische Nationalkongreß verkündet, damit die Kommunisten in Südafrika die Macht übernehmen können, wie es ihrem Plan entspricht. Sie alle haben von Mandela gehört.« Dann zählte er die Namen der inhaftierten und exilierten Führer der verbotenen Bewegung auf. »Sie haben alle von Moses Kotane, Alfred Nzo, Oliver Tambo gehört, aber was ist nun aus ihnen geworden, trotz ihrer Intelligenz, trotz ihrer Universitätsausbildung? Daran ist der *Kom-mu-nis-mus* schuld!« Tatsächlich ist es eine, wie der General gesagt haben würde, »komplexe Frage«, inwieweit der Afrikanische Nationalkongreß von Kommunisten unterwandert ist. Aber nach Meinung des Generals konnte es so etwas wie einen nichtkommunistischen schwarzen Nationalisten überhaupt nicht geben. Und was – so lautete seine unausgesprochene Frage – war dagegen aus Charles Sebe geworden, dem früheren Schutzmann, der unter soviel schlechteren Voraussetzungen begonnen hatte?

Sollte die Antwort lauten, daß das System ihn mit mehr Macht belohnt hatte, als es je einem Schwarzen hatte zuteil werden lassen, dann war der General hier, um diese Macht der Verteidigung des Systems zu weihen. Nicht nur Südafrika könne eine Vorwärtsstrategie verfolgen und über internationale Grenzen hinaus gegen »Terroristen« vorgehen. Wenn sich die Infiltration der Ciskei von Lesotho aus fortsetze, dann, so versprach er, werde seine »Elitegarnison« bis zur Quelle vorstoßen. Und er gelobte: »Die Republik Ciskei wird Seite an Seite mit der Republik Südafrika kämpfen.«

Nur zwei oder drei Personen im Saal fielen nicht in den enthusiastischen Applaus ein, der dieser Schlußbemerkung folgte. Charles Sebe hatte den Beifall verdient, denn er hatte sich diesen jungen Buren als Beweis dafür dargeboten, daß ihr System der Trennung und Ausschließung auch schwarze Anhänger besaß. Nun beantwortete er Fragen aus dem Publikum, und das Gefühl, wohlwollend aufgenommen worden zu sein, ermutigte ihn zu immer kühneren rhetorischen und geistigen Aufschwüngen. Ob er wirklich behaupten wolle, fragte ein skeptischer Zuhörer, daß es in Südafrika keinen sozialen Konflikt zwischen Schwarzen und Weißen gebe, daß alle Forderungen der Schwarzen von Kommunisten gesteuert seien? »Das behaupte ich«, erwiderte er mit fester Stimme und zeichnete ein gruseliges Bild von Infiltranten, die durch die Nacht schlichen, um ihn und seine Zuhörer im Bett zu ermorden. Wieder klatschten die Studenten, bis ihnen die Hände schmerzten.

Ob die Ciskei wirklich in der Lage sei, ihre Truppen zum »Grenzdienst« gegen die Kommunisten in Namibia auszusenden, wollte der nächste Fragesteller wissen. »Dazu wird es kommen«, versprach der General unter noch stärkerem Applaus. Und am Ende entfesselte er weitere Beifallsstürme durch seine Antwort an einen jungen Mann, der sich erkundigte, wie Charles Sebe eine »getrennte Entwicklung« unterstützen und gleichzeitig die Apartheid verurteilen könne. Worin da der Unterschied bestehe?

»Nun muß ich Sie belehren«, begann der General beinahe väterlich. »Es handelt sich hier um Unkenntnis. Sie sind weiß, ich bin schwarz. Ich habe meine eigenen Traditionen, ich habe meine eigenen Normen. Ich lebe, wie ich lebe.« Schwarze wollten besitzen, was Weiße besitzen, und sie wollten in Städten wohnen. »Aber sie wollen keine *Misch-e-hen.* Was kommt aus einer *Misch-e-he* heraus? Ein *Misch-ling.«* Er sprach das Wort verächtlich aus. »Kein Weißer, kein Schwarzer, sondern ein frustriertes Kind, das nirgendwo hingehört.«

Später im Empfangssaal, wo Wein und Käse serviert wurden, fesselte General Sebe eine Traube neugieriger Studenten mit der Schilderung seines Schußwechsels mit den »Terroristen«. Die Orden auf seiner Brust schepperten, während er den Vorgang gestikulierend und wankend neu inszenierte. Dann warnte er seine jungen Zuhörer, vor »indirekten kommunistischen Angriffen« in Literatur und Theater auf der Hut zu sein; er habe sich selbst zum Experten für die Entdeckung subversiver Themen in Theaterstücken ausgebildet und zensiere nun persönlich jedes Drama, das in der Ciskei aufgeführt werden solle. Ich trat an einen jungen Mann mit schütterem blonden Haar und einem kleinen Schnurrbart heran und fragte ihn, was er von dem Besucher halte. Die Antwort war ethnologischer Art. »Die Sotho-Leute sind ganz anders«, erwiderte er. »Wir haben Sotho-Leute auf unserer Farm.«

Wenn ich richtig verstand, wollte er sagen, daß die Ciskei zwar in der Lage sein mochte, einen Sebe hervorzubringen, daß das aber noch lange kein Grund war, dort, wo er lebte, die soziale Ordnung zu ändern. Ich fragte mich, was er wohl gedacht hätte, wenn er je einem Schwarzen wie Steve Biko zugehört hätte.

Und dann verschwand Xhanti Charles Sebe eines Tages. Wie ein gewöhnliches Mitglied einer schwarzen Gewerkschaft war er auf Befehl seines Bruders in eines seiner eigenen Gefängnisse geworfen worden. Ein weiterer Bruder, der Verkehrsminister, wurde ebenfalls inhaftiert. »Sebe werden die Brüder knapp«, witzelte *City Press,* eine Johannesburger Zeitung für Schwarze, in einer Schlagzeile. Berichten aus Pretoria, die offizielle Quellen durchsickern ließen, war zu entnehmen, daß Präsident Sebe nach rechtzeitiger Warnung durch den südafrikanischen Nachrichtendienst einen Staatsstreich niedergeschlagen habe. Alles war möglich, denn hier ging es im wesentlichen um eine Posse, aber diese Berichte schienen mir doppelt unglaubwürdig. Ich konnte kein Motiv entdecken, weshalb der General einen Staatsstreich geplant oder weshalb Südafrika ihn entlarvt haben könnte. Er hatte alle Macht, die in der Ciskei zu erlangen war, in seinen Händen konzentriert – ohne seine Zustimmung wurden keine Ernennungen ausgesprochen, keine Entscheidungen gefällt –, und er spielte die Rolle, die ihm am besten gefiel. Und wenn die südafrikanische Regierung zwischen den beiden Sebes hätte wählen müssen, hätte sie sich kaum für den wirren und unbeholfenen älteren Bruder entschieden, nachdem sie in dem General ein fast vollkommenes Kontrollinstrument gefunden hatte.

Also beantragte und erhielt ich eine Audienz bei Seiner Exzellenz dem Präsidenten auf Lebenszeit, der sich sträubte, auf die Hintergründe der Familienfehde einzugehen, aber mir bereitwillig seine eigene dramatische Neuinszenierung der Umstände anbot, unter denen er alle überlistet und ausmanövriert hatte: nicht nur seinen Bruder, den starken Mann mit dem persönlichen Sicherheitsapparat, nicht nur seinen eigenen Vizepräsidenten und andere illoyale Amtsträger, darunter einen weißen ehemaligen südafrikanischen Spionageagenten, der nun den Rang eines Generalmajors der Streitkräfte der Ciskei bekleidete, sondern auch den Außenminister und hohe Polizeibeamte Südafrikas, die versucht hatten, sich für Charles Sebe zu verwenden.

Wie ich von südafrikanischen Beamten erfahren hatte, die die Hintergründe zu klären suchten, hatte die Fehde ihren Ursprung in einer Rivalität zwischen den jeweils ältesten Söhnen von Lennox und Charles, die vermutlich eine Frau betraf. Der General hatte seinen Neffen zum Major gemacht, doch der träge junge Mann zog es vor, wie ein Prinz behandelt zu werden. Nach der Entsendung zu einem Elite-Ausbildungslehrgang bei Johannesburg weigerte er sich, eine Uniform zu tragen oder Befehlen zu gehorchen. Unterdessen erwarb Charles' eigener Sohn die Schwingen der Fallschirmjäger (im Gegensatz zu seinem Vater, der den Lehrgang nicht bestanden hatte, aber die Schwingen trotzdem trug). Die Söhne gingen zu ihren Müttern, die Mütter gingen zu ihren Gatten, und bald wurde ein wohlgehütetes Familiengeheimnis ans Tageslicht gezerrt. Es betraf die Frage, ob der Präsident tatsächlich der Sohn des verstorbenen einstigen Gerichtsdolmetschers Sebe sei, den seine Mutter geheiratet hatte. Die beiden anderen Söhne glaubten, daß nur sie legitim seien. Da der Stammbaum, den Lennox Sebe zurückverfolgt hatte, um seine eigenen zweifelhaften Ansprüche auf die Häuptlingschaft zu untermauern, den Ehemann seiner Mutter einschloß, hätte jemand auf den Gedanken kommen können, daß Charles, der zweitälteste Sohn, der wahre Häuptling sei. Durch die familiären Spannungen noch paranoider geworden, beschloß nun der Präsident, seinem Bruder alle Befehlsbefugnisse zu entziehen, bis auf den Nachrichtendienst als Feigenblatt, um seine Schande zu verhüllen.

An dieser Stelle nahm der Präsident die Erzählung auf, die für ihn genauso fesselnd und unterhaltsam war wie für mich. Sein Kinn ruhte auf der Brust, so daß seine Wangen wie ein Pudding zusammengepreßt waren. Seine Wortwahl erinnerte häufig an seine Tage auf der Kanzel. »Ich konnte deutlich sehen, wie er das Licht verließ und den Pfad der ewigen Finsternis beschritt«, rezitierte er düster, während er Charles' Widerwillen beschrieb, die »Entscheidung der Nation« zu akzeptieren, womit er seine eigene Entscheidung meinte, den General zurechtzustutzen. Erst kurz zuvor hatte der Präsident seinen Bruder in der Gesetzgebenden Versammlung wegen dessen »totaler Aufopferung und Hingabe« gelobt, nun aber behauptete er, durch die Enthüllung von Charles' Machtanmaßung und administrativen Versäumnissen »heftig schockiert« worden zu sein. Als er den Häuptlingen und Stammesältesten, die seine Parteiversammlung bildeten, die »Entscheidung der Nation« enthüllte, wurden die Ängste und Ressentiments, die sich angesammelt hatten, während der General seinen Miniaturpolizeistaat errichtete, endlich ausgesprochen. »Sie wagten mir Dinge mitzuteilen, die mich schmerzten«, sagte der Präsident mit pathetischer Geste.

Diese Ereignisse hatten sich abgespielt, während Lennox Sebe sich auf einen Flug nach Israel vorbereitete, der nur in seinen eigenen Augen ein Staatsbesuch war. Einige kurz vorher aus Rußland eingewanderte Israelis hatten gemerkt, daß sie in der Ciskei einträgliche Geschäfte machen konnten, wenn sie die Illusionen des Präsidenten nährten, daß er auch jenseits von Pretoria ausländische Beziehungen habe. Zuerst hatten sie ihn überredet, sich ein Düsenflugzeug zu kaufen, das dann nicht auf dem Grasstreifen landen konnte, der der Ciskei als Flugplatz diente, und nun versprachen sie ihm, ihn den Mitgliedern der israelischen Regierung vorzustellen. Aber bevor er sich aufmachte, hatte er vorsorglich einen Mitarbeiter seines Bruders bewogen, ihn telefonisch über dessen Aktivitäten auf dem laufenden zu halten. Der Knoten schürzte sich rasch: Der Mitarbeiter fand heraus, daß Charles Sebe einen Bericht an General Johan Coetzee, den südafrikanischen Polizeichef, über das unkalkulierbare Verhalten seines Bruders abfaßte. Charles' weißer Berater, ein ehemaliger südafrikanischer Spion, der unter anderem in Nicaragua während der Somoza-Jahre tätig war, hatte den Präsidenten nach Israel begleitet. Von dort aus rief er ohne Wissen des Präsidenten »einen sehr hohen Vertreter der südafrikanischen Regierung« an, weil er hoffte, daß das Zerwürfnis zwischen den Brüdern gekittet werden könne, bevor es an die Öffentlichkeit gelangte und Charles Sebes Nützlichkeit zerstörte. Lennox Sebe bekam Wind von dem Anruf, entschloß sich, nach Hause zu fliegen, und sandte den weißen Berater nach Österreich, damit er aus dem Weg war. Der südafrikanische Außenminister erschien am Flughafen, um ein Wort für General Sebe einzulegen, doch der Präsident wies ihn zurück. Bei seiner Rückkehr nach Zwelitsha erfuhr er, daß die Residenz seines eigenen Außenministers in der Nacht zuvor mit Maschinengewehren beschossen worden war, doch er durchschaute die List: Man wollte vortäuschen, daß »Terroristen« in der Gegend wüteten und der General deshalb zur Sicherung des belagerten Staatswesens seine früheren Befehlsgewalten zurückerhalten müsse.

»Ich war in Israel, aber ich erkühne mich zu der Behauptung«, deklamierte der Präsident noch einmal für mich, was er vor dem Kabinett erklärt hatte, »daß das ganze Manöver aus dem Ministerium für Staaatssicherheit stammt. Ich sage es dem General ins Gesicht: ›Vergiß den Terrorismus!‹« Dann befahl er, seinen Bruder zu entwaffnen, und begann, einen Mitarbeiter des Generals nach dem anderen verhaften zu lassen, bis schließlich auch der weiße Berater nach seiner Rückkehr aus Wien in Beineisen gelegt wurde. Charles Sebe beteuerte seine Unschuld und behauptete, wie er es auch mir gegenüber so oft behauptet hatte, ein Profi zu sein. »Gut, gut«, sagte der Präsident und kicherte leise und triumphierend in sich hinein, während er die klägliche Eitelkeit dieser Prahlerei betrachtete. »Ihm wurde nicht klar, daß das Spiel aus war. Dem Weisen genügt ein Wort, der Narr aber verheddert sich nur noch mehr in *seinen eigenen Schlingen*.« Der Präsident, der ebenfalls kursiv sprach, wollte damit sagen, daß auch der General habe eingesperrt werden müssen.

Dann drückte er sein Erstaunen über die erst nach der Verhaftung gemachte Entdeckung aus, daß der General staatliche Mittel für seinen privaten Luxus verschwendet habe. Mit dem Geld, das sein Bruder für die Ausstattung seiner Farm ausgegeben habe, hätte man ein ländliches Entwicklungsprojekt für hundert Menschen finanzieren können, rief er klagend aus. »Wie kann man einem solchen Mann vertrauen, wenn er über das Krebsgeschwür des Kommunismus spricht – und im selben Atemzug den Boden für den Kommunismus bereitet?« fragte er und lud mich ein, mich selbst zu überzeugen. Um die Besichtigung nicht zu verderben, die sofort auf seinen Befehl hin arrangiert wurde, verzichtete ich darauf, mich nach der Quelle der Mittel zu erkundigen, die für seine eigene Farm oder für die Anschaffung seines neuen Daimlers aufgewandt worden waren.

Zwelitsha, die zeitweilige Hauptstadt, in der sich dieser gesprächsweise vollzogene Brudermord ereignete, liegt auf einer Anhöhe über einem kleinen Talkessel. Bisho, die neue Hauptstadt der unabhängigen Ciskei, liegt auf der anderen Seite des Kessels auf einer weiteren Anhöhe. King William's Town, die übriggebliebene Enklave des weißen Südafrika, liegt unten in der Mulde. Für das bloße Auge – ein unzuverlässiges Organ, wenn es das weiße Südafrika so zu betrachten gilt, wie es betrachtet werden möchte – handelt es sich nicht um drei Orte, sondern um einen einzigen. Aber nun war durch feierliche Verträge geregelt worden, daß Präsident Sebe oder seine Stammeshöflinge zwei internationale Grenzen überschreiten mußten, wenn sie sich von Zwelitsha nach Bisho zu begeben wünschten. Diese Anomalie würde nach Fertigstellung einer fünf Kilometer langen Schnellstraße – Kosten: acht Millionen Dollar – nahezu beseitigt sein, denn diese würde, mit Ausnahme eines winzigen Streifens, einer zu überquerenden südafrikanischen Schnellstraße, ausschließlich durch das Territorium der Ciskei verlaufen. Dieses verbleibende Grenzproblem sollte genialerweise mit Hilfe einer Überführung bewältigt werden, so daß die Bürger der Ciskei im Bruchteil einer Sekunde durch südafrikanischen Luftraum gleiten konnten, ohne südafrikanischen Boden zu berühren.

Die meisten Menschen dieser Gegend wissen die meiste Zeit über nicht, wo sie sind und was sie sind, aber wenn man aus Zwelitsha hinausfährt und nach links abbiegt, gelangt man nach Südafrika; biegt man nach rechts ab, ist man in der Ciskei. Der Beamte aus dem Arbeitsministerium, den Präsident Sebe beauftragt hatte, mich zu begleiten und mir die Korruption der Familie Sebe zu enthüllen, bat mich, nach rechts und dann nach links abzubiegen. So kamen wir zu einem Lagerhaus der Regierung, in dem die Möbel und Utensilien aus General Sebes Villa aufgestapelt waren, darunter die drei Dinge, die den Präsidenten am meisten empört hatten: eine Bar, ein lackiertes Bett, das in einem Schlafzimmer mit Spiegelwänden gefunden worden war, und ein importierter Kühlschrank mit Gefrierfach. Der Präsident hatte mir erzählt, daß seine Untergebenen beabsichtigt hätten, den Kühlschrank in seiner Residenz zu installieren, die der Ciskei als Geschenk Südafrikas vermacht worden war. »Ich habe ihnen gesagt: ›Niemals!‹« hatte er im Tonfall eines rechtschaffenen Mannes erklärt, der die Gefahr moralischer Verseuchung deutlich erkannte. »Ich behalte meinen alten Kühlschrank.«

»Was wird aus diesem Kühlschrank?« fragte ich meinen Begleiter nun.

»Wahrscheinlich kommt er in das Haus des Präsidenten.«

»Haben Sie mit dem Präsidenten darüber gesprochen?«

»Ja. Er sagte nur: ›Mal sehen.‹«

Die gesammelten Habseligkeiten des degradierten Generalleutnants und früheren Schutzmannes Charles Sebe boten einen eher deprimierenden als prunkhaften Anblick. Das Schauspiel der schokkierenden Beute eines Genüßlings, das der Präsident versprochen hatte, bot sich, zumindest mir, nicht dar. Es gab wenig Bemerkenswertes – das Bett war schließlich bloß ein Bett, die Bar bloß eine Bar –, nichts, was nicht auch in den mittelständischen Haushalten der weißen Bürokraten, die für Lennox Sebe arbeiteten, hätte gefunden werden können. Unzweifelhaft war es unrechtmäßig mit öffentlichen Mitteln erworben worden, während einige schwarze Kinder in den Umsiedlungslagern der Ciskei hungerten, doch die Durchschnittlichkeit der Gegenstände warf ein klägliches Licht auf den gesamten Vorgang der

Nationengründung in den Homelands. »Ich habe meine eigenen Maßstäbe, ich lebe wie ich lebe«, hatte Charles Sebe in Bloemfontein ausgerufen. Die in dem Lagerhaus aufgestapelten Möbel und Gegenstände besagten das Gegenteil.

Der nächste Halt unserer Besichtigungsfahrt war, nachdem wir die beiden Grenzen überquert hatten, das fast fertiggestellte neue Ministerialquartier in Bisho. In einem Gebiet, dessen Pro-Kopf-Einkommen kaum vierhundert Dollar im Jahr betrug, hatte Südafrika mehrere Millionen Dollar ausgegeben, um für die Stammeshäuptlinge an der Spitze des Protektionsapparates der Ciskei achtzehn offizielle Residenzen, darunter die Villa des Präsidenten, zu bauen und auszustatten. Jede hatte eigene Dienstbotenräume und, abgesehen von der Residenz des weißen Gerichtshofvorsitzenden, einen eigenen gefliesten Schlachtraum für die rituelle Tötung von Rindern und Ziegen, die die Stammesangehörigen ihren Führern darbieten würden. Charles Sebe, der in der Residenz direkt neben der Präsidentenvilla hatte wohnen sollen, wurde nun von seinem Bruder angeklagt, teureres Mobiliar als das für alle anderen Villen vorgesehene bestellt zu haben.

Unser letzter Haltepunkt war die Farm des Generals; sie lag an der Straße zu der Umsiedlungsstätte Frankfort, zu deren Übernahme in die Ciskei er und sein Bruder sich verpflichtet hatten, als sie über die Unabhängigkeit des Territoriums verhandelten. Man hatte sich anscheinend eines Bulldozers bedient, um die Torpfosten niederzuwalzen, und obwohl noch Nachmittag war, beleuchteten die Sicherheitsscheinwerfer, die der General hatte installieren lassen, schon das alte Farmhaus. General Sebe hatte eine Kaserne für seine Sicherheitsposten errichten und die Küche umbauen lassen. Außer den Spiegeln im Schlafzimmer gab es nicht mehr viel zu sehen. Ich versuchte taktvoll, der Frage nachzugehen, wem eigentlich die Grundstücke gehörten, die die Brüder Sebe sich angeeignet hatten. Ursprünglich hatten sie dem Staat gehört, nun aber schienen sie Eigentum der Familie zu sein. Ob es sich im Grunde so verhalte, wollte ich wissen, daß man Eigentümer sei, solange man ein Amt bekleide.

»So ungefähr«, murmelte der Mann vom Arbeitsministerium. Er wollte das Thema möglichst schnell beenden.

»Wer wohl nächstes Jahr hier wohnen wird?« fragte ich. »Vielleicht Charles Sebe?«

»Vielleicht«, meinte der Beamte unverbindlich. »Hier passieren überraschende Dinge.«

Die verantwortlichen Weißen ergingen sich nun in Selbstvorwürfen, Charles Sebe dadurch verletzlich gemacht zu haben, daß sie ihm zuviel Macht in die Hände gelegt hätten. Das habe natürlich Eifersucht erregen müssen. Natürlich würden *sie* sich untereinander befehden. Das täten *sie* immer. Es liege in *ihrer* Kultur. Das aber würden Außenstehende nie begreifen. Es sei ein Fehler, die Geschichte beschleunigen zu wollen; es sei ein Fehler, in Afrika zuviel zu erwarten. Auch hier hatte Jan Christiaan Smuts noch heute vorherrschenden Haltungen auf prägnante Weise Ausdruck verliehen, als er seinem Publikum in Oxford 1929 erklärte: »Das Eingeborenensystem mag nicht so leistungsfähig und unbestechlich sein wie direkte weiße Herrschaft, aber ein gewisses Maß an Ineffizienz oder sogar Ungerechtigkeit, was weiße Maßstäbe betrifft, ist verzeihlich.« Er meinte, es sei verzeihlich, wenn nur Schwarze darunter zu leiden hätten; schließlich befürwortete er die Apartheid, bevor man das Wort erfunden hatte. In einer zeitgenössischen Lesart dieses Diktums würde man geringfügige Exzesse der Sebes tolerieren können, letztlich auch den Sturz des Generals, obwohl einer seiner engsten weißen Kollegen bereitwillig versicherte: »Charles Sebe war ein guter Freund Südafrikas.« Kein guter Südafrikaner wohlgemerkt, da er schwarz war, aber trotzdem ein guter Freund.

Nachdem die Weißen ihr Homeland-System auf die rückschrittlichsten und finstersten Tendenzen des afrikanischen Stammeslebens gestützt hatten, konnten sie ihren gewohnten Trost aus den Resultaten beziehen: Zumindest wußten sie, daß sie unentbehrlich waren. Nach dem Sturz von Charles Sebe konnten sie den Sicherheitsdienst in der Ciskei übernehmen, wie sie es in anderen schwarzen Staaten taten, doch was besagte das für die Dauerhaftigkeit des Systems? Wenn die einzigen schwarzen Führer, die die Weißen als authentisch anzuerkennen vermochten, zwangsläufig untüchtig und bestechlich waren, wie konnten sie dann der Herausforderung der nichtauthentischen Führerschaft widerstehen, die anders zu sein versprach? Würden sie je zuverlässigen schwarzen Ersatz finden können? »Früher dachte ich, dies sei der einzige Weg«, sagte ein Weißer, der eng mit den Sebes zusammengearbeitet hatte. »Nun glaube ich, daß wir dabei sind, ein Monster zu schaffen.«

Ich hätte viel darum gegeben, zu erfahren, welche Schlüsse Charles Sebe zog, während er in seiner Zelle Liegestütze und Kniebeugen machte, um sich fit zu halten. Hatte er erwartet, daß die Weißen sich erfolgreich für ihn verwenden würden? Veranlaßte ihr Versagen ihn, seine Loyalitäten zu überdenken? Oder ließ ihn die Tatsache, daß er von Schwarzen in einem schwarzen Staat inhaftiert worden war, wehmütig an die Tage denken, als er direkt für die Weißen gearbeitet hatte? Die Vermutung lag nahe, daß seine Erfahrung ihn neuen Respekt für Biko, Gqweta und die vielen tausend anderen Schwarzen lehren würde, die er für ihren Widerstand gegen die weiße Herrschaft hatte ins Gefängnis gehen sehen, aber irgendwie konnte ich mir eine Bekehrung in der Zelle nicht vorstellen. Wenn Charles Sebe das, was er gewesen war, weiterhin schätzte, mußte er die Souveränität der Ciskei wenigstens halbwegs ernst nehmen, und das würde ihn in den gleichen merkwürdigen Zwiespalt bringen wie die südafrikanischen Regierungsvertreter, die nicht gegen Lennox Sebe vorgehen konnten, ohne ihre eigene These, daß er das Oberhaupt einer unabhängigen Nation sei, zu untergraben. Kein anderer mochte an die These glauben, aber sie mußten sich mit ihr und mit Lennox abfinden, während Charles sich mit seiner Zelle abfinden mußte.

Im gleichen Monat, in dem der General gestürzt wurde, begegnete ich in einer verwahrlosten Siedlung in der Transkei einem gutaussehenden jungen Mann namens Bayanda Majole, der, so jedenfalls stellte ich mir vor, eine auffallende Ähnlichkeit mit dem jungen Charles Sebe gehabt haben müsse, der sich als Polizist hatte anwerben lassen, als viele seiner Altersgenossen sich der nationalistischen Sache verschrieben. Bayanda Majole – er war achtzehn Jahre alt – wollte sich der Polizei anschließen, nicht der Homeland-Polizei der Transkei, sondern der südafrikanischen. Um Gründe gefragt, blieb er eine Antwort nicht schuldig: »Ich bin ein strenger Mensch, und ich glaube an die Durchsetzung von Vorschriften. Außerdem möchte ich in der Lage sein, mich selbst zu verteidigen.«

In der Transkei aufgewachsen, hatte er, was nicht abwegig war, alle Illusionen über die Idee der schwarzen Herrschaft verloren. Wenn es in der Gegend, in der er lebte, zu Kämpfen zwischen rivalisierenden Gruppen kam, hatten sich die Polizisten der Transkei stets herausgehalten. Die einzige schwarze Regierung, die er kenne, sei korrupt und räuberisch, sagte er mit der gleichen Entschiedenheit und Wut, wie sie junge Männer seines Alters auszeichnet, die sich zu revolutionären Prinzipien bekennen; deshalb sei er nicht an Freiheit und Unabhängigkeit interessiert. Er sei überzeugt, daß es zum Vorteil der Schwarzen wäre, wenn Weiße ganz Südafrika regierten.

»Der schwarze Mann muß das unglücklichste Geschöpf der Welt sein«, erklärte Bayanda Majole.

»Wieso?« fragte ich.

»Er denkt nicht nach. Er benutzt sein Gehirn nicht.«

»Gilt das auch für Sie?«

»In gewissem Maße.«

Der Hang, an dem wir standen, bot ein verblüffendes visuelles Beispiel der Entbehrung, die das südafrikanische System zu legitimieren sucht; er lag am nördlichen Rande des Homelands, nur durch den trägen Fluß Umthavuna von dem, was als Südafrika galt, getrennt. Auf der weißen Seite des Flusses konnte man ein Gehöft und ein paar Farmgebäude, viele Bäume, ausgedehnte Weiden und terrassenförmige Kohlfelder erkennen, die von aus dem Fluß gepumptem Wasser berieselt wurden. Auf der schwarzen Seite waren mehrere hundert Häuser zu sehen – meist rund und strohgedeckt, in wenigen Fällen rechteckig mit Wellblechdächern –, kaum Bäume, kaum Gras, unkontrollierte Erosion, keine Wasserpumpen und nicht ein einziger Wasserhahn. Bayanda Majole hatte diesen Kontrast an jedem Tag seines Lebens vor Augen gehabt, und er hatte ihn wütend auf sein eigenes Volk gemacht, nicht auf die wenigen Menschen am anderen Ufer des Umthavuna.

Ich hatte Bayanda durch seinen Bruder Mandla kennengelernt, dem ich in einem Heim für Wanderarbeiter in der Nähe des Flughafens von Durban begegnet war. Beide galten nun, wo die Transkei unabhängig war, als Ausländer. Für Bayanda wäre es so gut wie unmöglich gewesen, seinem Bruder als Wanderarbeiter nach Durban zu folgen, aber das war in seinen Augen kein herber Verlust. Er war nicht auf halbe Sachen aus, er war nicht bereit, das beste aus einer miserablen Situation zu machen. Wie er es sah, hatte man sich entweder auf die Seite der Weißen oder auf die der Schwarzen zu schlagen, und das Leben in der unabhängigen Transkei stellte ihn vor eine Entscheidung. Er war stolz, er war in seinem Stolz verletzt worden, aber er war, so schien es, immun gegen Parolen über »schwarzen Stolz«. Und deshalb würde er sich, falls die südafrikanischen Streitkräfte ihn nicht nähmen, zur südafrikanischen Polizei melden.

Es stand mir nicht zu, mit diesem jungen Mann zu disputieren, und ich war auch nicht dazu aufgelegt. Bayanda Majole hatte geholfen, mir Generalleutnant Xhanti Charles Sebe verständlich zu machen. Er schien ein logischer Mensch und ein logisches Ergebnis des Homeland-Systems zu sein, mithin ein Beispiel dessen, was man als Erfolg des Systems bezeichnen könnte. Um genau dieses Ergebnis ging es in den Homelands, um den Beweis, daß schwarzer Zorn, richtig kanalisiert, gegen schwarzen Zorn gewendet werden konnte.

Dosierte Wirkung

Schwarzer Zorn ist nicht nur ein Problem für die Behörden, die ihn in Staubecken – Homelands, Wohnheime, Gefängnisse – umlenken, und er ist nicht nur einer Alchimie unterworfen, die die aschenen Rückstände der Selbstverachtung übrigläßt. Er ist auch ein Problem für jeden, der sich fragt, weshalb es nicht mehr davon gibt, weshalb er nicht überkocht, weshalb – letztlich – das System überlebt. Der durchschnittliche Weiße konditioniert sich, nicht daran zu denken, so wie der Kalifornier versucht, nicht an Erdbeben zu denken, aber unvermeidlich kommt der Augenblick, wo ihn eine Ahnung befällt, die ihn zwingt, das Phänomen der schwarzen Geduld zu betrachten. In dem kurzen Moment, bevor er seine geistigen Jalousien wieder herunterzieht, ist er der Frage ausgesetzt, warum Schwarze in so großer Zahl etwas ertragen, was ihm unerträglich wäre. Es gibt eine Reihe von Stereotypen, die in solchen Momenten wie Beruhigungsmittel geschluckt werden können; am häufigsten ist dasjenige von den Schwarzen als arglosen Naturkindern, die damit zufrieden seien, ihr Leben ohne die Bequemlichkeiten und die Sicherheit zu verbringen, die die Weißen besitzen oder anstreben. Aber selbst Weiße, die Stereotypen ablehnen, darunter solche, die immer noch die Hoffnung hegen, daß die »Befreiung« das Zeitalter einer gerechten Gesellschaft einläuten werde, fragen sich immer wieder erstaunt, was die Schwarzen dazu veranlaßt, so lange zu warten, bevor sie ihrem Zorn freien Lauf lassen. Oft flüchten sie sich dann in pseudomarxistische Spekulationen über die Bedingungen, unter denen »vorrevolutionäre« Gesellschaften entstehen und ihre charakteristischen Schatten vorauswerfen, oder in verworrene kulturelle und soziologische Theorien. Eine, die mir zu Ohren kam, hatte mit messianischen Kulten zu tun, die den afrikanischen Geisterglauben mit der Verheißung des Christentums vermischten, und lief darauf hinaus, daß der Messianismus als kultureller Reflex dazu beitrage, den schwarzen Zorn zu sublimieren oder einzudämmen.

Solche Spekulationen verursachten mir Unbehagen, hauptsächlich deshalb, weil sie mich von meiner Aufgabe ablenkten, die Realität Südafrikas zu betrachten, wie sie ist. Das Theoretisieren über die Zukunft war, wie ich glaubte, häufig eine Methode, der Gegenwart auszuweichen oder sie zu entschuldigen. Wie auch immer, ich war nicht als Seher konzessioniert. Spekulationen darüber, weshalb die Revolution sich noch nicht ereignet hatte, waren nur einen Atemzug von der Spekulation darüber entfernt, wann sie sich ereignen würde. Ich haßte es, wenn amerikanische Bankfachleute oder Kongreßemissäre eintrafen, um nach Voraussagen zu angeln; gewöhnlich wollten die Bankleute wissen, ob Südafrika für die nächsten fünf Jahre »sicher« sein werde. Doch in der seltsam wirren südafrikanischen Gegenwart, mit all ihren Widersprüchen und dem beklemmenden Gefühl, einer unvermeidlichen Konfrontation entgegenzutreiben, war es manchmal nötig zu fragen, welche Mischung aus schwarzer Komplizität, Resignation oder Hoffnung das System weiterfunktionieren ließ. Eines Nachmittags erprobte ich also die Messianismustheorie an Buti Tlhagale, den ich in seiner Kirche in Soweto besuchte. Pater Buti, ein junger, in Rom ausgebildeter katholischer Priester mit früheren Verbindungen zur Schwarzen Bewußtseinsbewegung und einem feinen, forschenden Verstand, besah sich ein Argument gewöhnlich von allen Seiten, bevor er es widerlegte. Dieses fegte er einfach beiseite.

»So ist es nicht«, widersprach er. »Die Studenten, die Sie hier sehen, warten auf keinen Messias. Dafür werden sie zu schnell ausgeschaltet. Ein Studentenführer hält sich allenfalls drei bis sechs Monate. Die Polizei ist sehr schnell hinter ihnen her. Sie gehen ins Gefängnis oder ins Exil. Oder sie verschleißen sich – kommen nach Hause und sitzen nur noch herum. Allein in dieser Gemeinde gibt es vierzig Familien, deren Kinder über die Grenze gegangen sind. Die Sicherheitspolizei taucht dauernd bei ihnen auf. Man würde erwarten, daß sie zornig und aufgebracht sind, aber man hört nie ein Wort von ihnen. Nicht, weil sie auf den Messias warteten. Es liegt am Druck. Sie haben einfach zuviel mitgemacht.« Es gebe, so fuhr Pater Buti fort, unter den Schwarzen

Mut und Groll, aber sie würden noch nicht die Furcht wettmachen, die der Sicherheitsapparat auszulösen vermöge. Die Hindernisse seien Angst und Erschöpfung, nicht der Glaube an Gott. Der sanfte junge Priester war sich der Folgerungen seiner Argumentation vollauf bewußt, sowohl für sich selbst als Verkünder des Evangeliums wie für sein Volk.

»Wir müssen noch ein bißchen stärker hassen«, erklärte er.

Seine Ausführungen wären mir vielleicht abstrakt – als einer unter vielen südafrikanischen Standpunkten – vorgekommen, wenn ich sie gehört hätte, als ich mich noch im Lande zurechtfinden mußte. Aber ich hatte bereits einen der von ihm geschilderten Unterdrückungszyklen erlebt. Junge Schwarze, denen ich nach meiner Rückkehr nach Südafrika begegnete, waren von der Sicherheitspolizei aus ihrer Wohnung geschleppt, monatelanger Einzelhaft unterworfen, geschlagen, gefoltert, verhört und dann unter verschiedenen Formen gesetzlicher Einschränkung und außergesetzlicher Einschüchterung entlassen worden. Danach hatte ich ihre Berichte über das, was hinter ihnen lag, gehört. Der Kontrast zwischen den optimistischen, temperamentvollen jungen Männern, denen ich zunächst begegnet war, und den angespannten, verbitterten Veteranen, zu denen sie nach dieser Einführung geworden waren, bot einen Maßstab für die sich weitende Kluft zwischen Schwarz und Weiß. Diese Verwandlungen waren in nicht mehr als ein bis anderthalb Jahren geschehen. Für mich waren es geschäftige, sogar anregende Monate gewesen, aber als ich wieder mit ihnen zusammentraf, hatte ich das Gefühl, daß die Zeit für mich stillgestanden sei. Ich war als berufsmäßiger Tourist, als Koster an einer fremden Tafel, im südlichen Afrika herumgereist, während man sie gedemütigt, ihren Willen gebrochen und sie manchmal an die Grenze des Erträglichen oder sogar ein wenig weiter gestoßen hatte. Ich hatte Eindrücke eines Konflikts gesammelt, der nur gelegentlich an die Oberfläche dringt; sie waren an der Front gewesen.

»Aber eines Tages werdet ihr frei sein«, versprach ein Plakat in den Büros der Südafrikanischen Vereinigten Arbeiterunion (South African Allied Workers Union – SAAWU) bei meinem ersten Besuch in

East London. Die Gewerkschaftszentrale war an jenem Samstagmorgen überfüllt von schwarzen Arbeitern – jungen Männern und Frauen, die fast alle in der Township Mdantsane wohnten, was bedeutete, daß sie bald zu Bürgern der Ciskei erklärt werden würden. Sie arbeiteten in East London in Fabriken, deren Leiter von der Sicherheitspolizei gewarnt wurden, daß die neue Gewerkschaft ein Trojanisches Pferd für den Untergrund sei. Durch ihren Beitritt forderten sie das Schicksal heraus. Viele von ihnen würden bald ihren Arbeitsplatz verlieren und in East London auf schwarzen Listen stehen. Thozamile Gqweta, der Vorsitzende der Gewerkschaft, saß damals seit zwei Monaten in einem der neuen Homeland-Gefängnisse von General Sebe, und niemand konnte voraussagen, wann er entlassen werden würde. Alle Zeichen deuteten auf Konfrontation und Konflikt hin, doch rund hundert junge Arbeiter standen bis in die Flure hinein Schlange und warteten geduldig, um ihren Beitrag zu entrichten und ihre Mitgliedsausweise zu empfangen; innerhalb von sechs Monaten hatte eine kleine Gruppe schwarzer Aktivisten ohne jede Gewerkschaftserfahrung fünfzehntausend Arbeiter zum Beitritt bewogen. Die Atmosphäre war wie in einer Erweckungsversammlung: Die Hoffnung konnte jedes Hindernis überwinden, die Erlösung war gesichert, wenn auch nicht unbedingt in nächster Zukunft. Die Führung – jedenfalls der Teil von ihr, der nicht zusammen mit Gqweta verhaftet worden war – schien diese berauschende Stimmung zu teilen. In dieser Situation wurde ich mit Frank Tongo bekannt.

Ich war an jenem Morgen herzlich im Gewerkschaftsbüro begrüßt worden, aber dann kühlte der Empfang sich abrupt ab. Bewirkt hatte den Umschwung der Generalsekretär der Gewerkschaft, ein gestandener Arbeiterführer aus Durban namens Sam Kikane, der von einer, wie es schien, instabilen Mischung aus physischer Energie, Selbstgefälligkeit und Rhetorik erfüllt war. Er musterte mich mit demonstrativem Argwohn und verfügte schließlich, daß ich keine Einzelinterviews führen, sondern nur mit dem gesamten Regionalkomitee sprechen dürfe. Eine lange Wartezeit verging, bevor das Komitee zusammenkam. Als es soweit war, hatte ich den Eindruck, daß man es nur als Publikum für Sam zusammengetrommelt hatte, denn er sprach als einziger und schnippte stakkatoartig mit den Fingern, wann immer er glaubte, ein wichtiges Argument vorgebracht zu haben. Zuerst forderte er mich auf zu beweisen, daß ich kein CIA-Agent sei. Ich erwiderte, daß meine Zeitung mich entlassen würde, wenn ich etwas anderes wäre als das, für was ich mich ausgab. Dies traf zwar zu, aber es wurde in East London nicht als Beweis anerkannt. Dann hatte ich einen plötzlichen Einfall und zog meinen neuen Presseausweis für Simbabwe hervor. Sam war immer noch nicht überzeugt, aber die Komiteemitglieder entschieden, daß ich, wenn ich gut genug für Robert Mugabe war, auch für sie gut genug sei. Man entschied, daß Frank Tongo, der Bezirkssekretär, für die Gewerkschaft Protokoll führen werde. Danach dauerte es etwa anderthalb Minuten, bis die Unterhaltung natürliche Spontaneität annahm.

Frank Tongo hatte einen geschorenen Schädel, einen Spitzbart und eine intelligente, ein wenig sarkastische Art. Seit acht Jahren arbeitete er als Büroangestellter bei der Hoover Company, einem amerikanischen Haushaltsgeräte-Hersteller. Er trug bei der Arbeit eine Krawatte und war erst als Gewerkschaftsführer in Erscheinung getreten, als die SAAWU die Szene betrat. Die örtlichen Manager der Firma, ausschließlich weiße Südafrikaner, wollten die Gewerkschaft zerschlagen, davon war Frank Tongo überzeugt, aber der Chef stand unter dem Druck der amerikanischen Zentrale, die sich verpflichtet hatte, eine Reihe von Prinzipien einzuhalten, die ein Baptistenpfarrer aus Philadelphia, Reverend Leon Sullivan, für im Rahmen des Apartheidsystems tätige amerikanische Multis entwickelt hatte. Eines dieser Prinzipien verlangte Tarifverhandlungen mit frei gewählten Gewerkschaftsvertretern, und Frank Tongo war zuversichtlich, daß der Enthusiasmus und die Zielstrebigkeit der Arbeiter ausreichen würden, um diesen Keil voranzutreiben.

Eric Mntonga, der Bezirksvorsitzende, der bei der Arbeit ebenfalls eine Krawatte trug, legte eine schon an Euphorie grenzende Zuversicht an den Tag. Er war als Laborassistent bei der Wilson-Rowntree-Süßwarenfabrik beschäftigt, hatte dort gerade die erste Arbeitsunterbrechung geleitet und beim anschließenden Kräftemessen ein Scharmützel gegen das Management gewonnen. Er erklärte: »Wir haben uns nach einer Gewerkschaft gesehnt, haben sie gesucht, und nun ist sie da. Man bat uns förmlich, an die Arbeit zurückzukehren, und schon jetzt ändern die Dinge sich. Der Direktor sagt, daß ich nicht zum Personalchef zu gehen brauche, wenn wir mit irgend etwas unzufrieden sind. Ich kann direkt mit ihm reden.«

Bevor ich das SAAWU-Büro an jenem Nachmittag verließ, versicherte man mir, daß die Macht der neuen schwarzen Gewerkschaften den Paßgesetzen, dem Wanderarbeitssystem und dem Group Areas Act letztlich ein Ende setzen werde. Ich flog weiter nach Port Elizabeth, wo ich die Führer einer neuen schwarzen Gewerkschaft der Automobilindustrie traf. Sie waren ebenfalls Büroangestellte, die bei der Arbeit Schlips und Kragen trugen, und man konnte sie in New Brighton, der Township von Port Elizabeth, an ihren neuen Fordautos erkennen. Auch sie waren bereit, offen zu erklären, daß die Freiheit, die sie anstrebten, sich nicht auf ihre Fabriken oder Townships beschränke. Deshalb, das sahen sie klar, war ein Zusammenprall mit den Behörden unvermeidlich. Sie waren nicht naiv, was das wahrscheinliche Ergebnis eines solchen Zusammenstoßes betraf, aber sie gingen nicht von Berechnungen aus, sondern es war Ehrensache für sie, sich auf die Kraft der Hoffnungen zu verlassen, die sie bei ihren Anhängern weckten.

Bei späteren Reisen nach East London und Port Elizabeth sah ich, wie diese Hoffnungen systematisch zurechtgestutzt wurden, wie sich die Realität der weißen Macht in Südafrika unaufhaltsam bemerkbar machte. Kaum ein halbes Jahr nach meinem ersten Besuch in East London erfuhr ich, daß zweitausend Mitglieder der neuen Gewerkschaft ihre Arbeitsplätze verloren hatten. Unter ihnen waren Eric Mntonga und vierhundertsiebzig andere, die von der Süßwarenfabrik entlassen worden waren. Mntonga hatte gerade einundachtzig Tage in einem von General Sebes Gefängnissen verbracht. Die Süßwarenfirma – ihre Eigentümer sind Briten – behauptete, daß die Gewerkschaft eine Auseinandersetzung provoziert habe. Ihre Argumentation hatte einiges für sich, bis ein Memorandum der Sicherheitspolizei über die Zerschlagung von Gewerkschaften in die Hände einiger Sympathisanten der SAAWU geriet; aus ihm wurde ersichtlich, daß die Firma sich Punkt für Punkt an die Instruktionen gehalten hatte. Bei diesem Besuch begegnete ich endlich auch Gqweta, einem früheren Verkäufer, der die schlanke Gestalt eines Leistungssportlers hatte. In dem Jahr, in dem er als Gewerkschaftsvorsitzender amtierte, war er wiederholt verhaftet worden, ohne daß je Anklage gegen ihn erhoben wurde. Ein paar Stunden nachdem wir uns in den Büroräumen unterhalten hatten, aus denen die SAAWU auf polizeilichen Druck hinausgesetzt werden sollte, wurde er wieder festgenommen, diesmal nicht von Sebes Männern, sondern von den Südafrikanern.

Als ich im gleichen Monat nach Port Elizabeth zurückkehrte, entdeckte ich, daß einer der Gewerkschaftsführer, die ich dort getroffen hatte, in Untersuchungshaft saß und daß die anderen keine Krawatten mehr trugen. Die Ford Motor Company hatte den – unter normalen Arbeitsverhältnissen plausiblen – Standpunkt vertreten, daß eine Fabrikarbeitergewerkschaft nicht von den Schreibtischen ihrer Büros aus geleitet werden könne; vor die Wahl gestellt, die Gewerkschaft zu verlassen oder in die Fertigung zurückzukehren, hatten sich die Führer fürs Fließband entschieden. Die Schmiere an ihren Overalls war nicht das einzige Zeichen der Veränderungen, die sie durchgemacht hatten. Die gehäuften Belastungen jener Monate hatten verschiedene Ursachen – die Wachsamkeit der Polizei, Konfrontationen in der Fabrikhalle mit weißen Vorgesetzten, Auseinandersetzungen über die einzuschlagende Taktik innerhalb der neuen schwarzen Gewerkschaftsbewegung, förmliche Verhandlungen mit den erfahrenen Unterhändlern der Firma, militante Hoffnungen, die immer noch innerhalb der schwarzen Gemeinschaft aufkeimten –, und es war normalerweise unmöglich, auf einen dieser Zwänge zu reagieren, ohne die anderen zu verstärken. All das zeichnete sich in ihren Gesichtern und Stimmen ab, die manchmal spöttisch und bitter wirkten. Sie waren nicht weniger engagiert, aber sie schienen weniger hoffnungsvoll, so, als spielten sie nur noch ihre Rollen zu Ende, ungeachtet der Konsequenzen.

Am letzten Abend, den ich in Port Elizabeth verbrachte, mußten sie einen Streik bei Ford und General Motors abbrechen, den sie begonnen hatten, um Druck auf eine dritte Firma, Firestone, auszuüben, die ein paar streikende Schwarze entlassen hatte. Die Taktik des Sympathiestreiks führte nicht zu einer neuen Ordnung; sie blutete nur die Gemeinde und die Gewerkschaft aus, die davon geträumt hatte, in Port Elizabeth das zu werden, was Solidarność damals gerade in Danzig war. Ich ging zu einer Massenversammlung, bei der man sich den Tatsachen stellte. Es dämmerte schon, als zweitausendfünfhundert schwarze Arbeiter wohlgeordnet in einem Saal der Township standen, um die Notwendigkeit eines taktischen Rückzugs zu erörtern. Das fahle Licht und die trübe Stimmung schufen eine bewegende Helldunkel-Studie in Schwarz- und Brauntönen. Es gab fast keinen Dissens. Die Versammelten spürten die Gerechtigkeit ihrer Sache und ihre eigene Stärke, doch sie wußten, daß dies bei weitem nicht genug war.

Monate mußten vergehen, bevor es mir möglich war, in Erfahrung zu bringen, was wirklich mit den schwarzen Gewerkschaftsführern geschehen war, die zu jenem Zeitpunkt zu verschwinden begannen. Ich hörte Frank Tongos Geschichte als erste. Die Sicherheitspolizei hatte mir am Tag vor meinem erneuten Treffen mit ihm zu erkennen gegeben, daß sie mich beschattete. Deshalb fuhren wir durch verlassene Straßen an der Küste entlang und hielten dann, als wir uns unbeobachtet fühlten, auf einem Parkplatz an einem für Weiße reservierten Strand. Ich hatte bei meinen früheren Besuchen zwei Frank Tongos kennengelernt: den selbstbewußten Arbeiterführer im Gewerkschaftsbüro und einmal, als mich der Firmendirektor aus dem Geschäftsgebäude der Hoover Company hinausgeleitete, den furchtsamen schwarzen Angestellten. Jetzt trug Frank Tongo keine der beiden Masken. Er hatte etwas Schreckliches hinter sich, und er wollte es auf keinen Fall noch einmal durchmachen. Die Polizei hatte gedroht, ihn umzubringen, falls er das, was ihm im Gefängnis zugestoßen war, ausplaudere. Er glaubte nicht wirklich, daß sie es ernst meinten, aber seit seiner Entlassung litt er an Schlaflosigkeit, und die Drohung beschäftigte ihn jede Nacht.

Die weißen Beamten, die ihn in Cambridge, wie das Hauptquartier der Sicherheitspolizei in East London genannt wird, bearbeiteten, schienen sich an die normalen Bürostunden zu halten. Gegen sieben

Uhr morgens wurde Frank Tongo aus seiner Zelle in einem gewöhnlichen Gefängnis geholt und nach Cambridge gebracht. Um 16.30 Uhr wurde er hergerichtet und zurückgeschickt. In den dazwischenliegenden Stunden war er bis auf die Unterhosen ausgezogen, trug Handschellen und Beineisen und wurde von Zeit zu Zeit, mit an die Fersen gefesselten Handgelenken, zu einem menschlichen Kringel verdreht. Dies ermöglichte seinen Verhörern, ihn an einer Kette von einem Brett baumeln zu lassen, das sie über zwei Schreibtische gelegt hatten, so daß sein Körper knapp über dem Fußboden hing. Dann wurde er an der Kette herumgewirbelt und mit Stöcken geschlagen – eine Prozedur, die täglich eingehalten wurde, ohne ihn zu dem Geständnis zu bringen, daß die Führung seiner Gewerkschaft Instruktionen des Afrikanischen Nationalkongresses befolge. Man erklärte ihm wiederholt, daß man ihn töten werde, und drängte ihn, sich dadurch »selbst zu retten«, daß er Geschichten bestätigte, die die Verhörer aus Gqweta und anderen herausgequetscht zu haben behaupteten. »Sie beschuldigten mich, Mitglied des ANC zu sein«, sagte Frank Tongo. Als er geleugnet habe, sei ihm eine weiche Gummihaube über den Kopf gestülpt worden, die sich wie ein Ballon dehnte, wenn er ausatmete, aber an seinem Gesicht festklebte, wenn er einatmete, so daß er das Gefühl hatte zu ersticken.

Die Erniedrigung und Hilflosigkeit waren schlimmer als alles, was er sich je hätte vorstellen können. Trotzdem hätte es noch schlimmer kommen können – er wurde weder rund um die Uhr verhört noch Elektroschocks ausgesetzt. Am fünften Tag, einem Samstag, brach er zusammen und konnte eine Zeitlang nicht ins Bewußtsein zurückgeholt werden. Er blutete nicht nur aus Nase und Mund, sondern konnte auch nicht mehr urinieren. Es ist für die Verhörer nicht leicht zu ermessen, wie viele Mißhandlungen ein menschlicher Organismus erträgt. Sie hatten sich bei Biko geirrt und wurden seitdem von den Politikern heftig bedrängt, nicht noch mehr Fehler zu machen. Gleichzeitig drängten dieselben Politiker sie genauso heftig, Informationen zu beschaffen, die nur mit unzulässigen Mitteln zu erlangen waren. Da sie nur wenig Spielraum hatten, fürchteten sie vielleicht, bei Frank Tongo zu weit gegangen zu sein. Wie auch immer, irgend jemand stümperte und brachte ihn zu einem Arzt, der genügend Mut und Berufsethos besaß, um die Ursache der Verletzungen zu diagnostizieren und auf der Einweisung seines Patienten in ein Krankenhaus zu bestehen. So geschah es, daß Frank Tongo zu einem der wenigen politischen Gefangenen wurde, die man zu einem Zeitpunkt aus der Haft entließ, als die Blutergüsse, die die polizeilichen Mißhandlungen bewirkt hatten, noch am Körper und im Gesicht zu sehen waren.

Drei Monate nach seiner Freilassung verlor Frank Tongo seinen Arbeitsplatz bei der Hoover Company, die immer noch behauptete, sich an die Sullivan-Prinzipien zu halten. Der Direktor, ein Südafrikaner namens Ted Ashdown, dessen offene und direkte Art ich bei einem früheren Besuch für glaubwürdig gehalten hatte, gab mir gegenüber zu, daß er eine Produktionsverringerung und einen allgemeinen Personalabbau im Werk benutzt habe, um die Gewerkschaft durch Entlassung einiger ihrer Organisatoren zu schwächen. Aber im Falle von Frank Tongo sei die Entlassung gerechtfertigt gewesen; er bot sogar an, mir zum Beweis die Akte zu zeigen. Ich fragte, ob er die Blutergüsse in Franks Gesicht bemerkt haben, als dieser zur Arbeit zurückgekehrt sei. »Ich habe sie bemerkt, aber ich erinnere mich nicht, daß sie allzu schlimm waren«, erwiderte Ashdown. »Wenn sie wirklich schlimm gewesen wären, dann hätten wir ihn bestimmt aufgefordert, noch etwas länger zu Hause zu bleiben – der Sekretärinnen wegen.«

Frank Tongo sagte, daß er seinen Job seit sieben Jahren verrichte und daß man ihm versprochen habe, ihn zu befördern, wenn er sein Gewerkschaftsamt aufgäbe. Besonders aufschlußreich aber war seine Erinnerung an das, was nach seiner Rückkehr an die Arbeit geschehen war. Weder Ted Ashdown noch irgendeiner der anderen weißen Manager habe sich nach seinen Erfahrungen in der Haft oder nach den Spuren der Mißhandlungen in seinem Gesicht erkundigt. »Keiner fragte: ›Wie sind Sie zu diesen Blutergüssen gekommen? Wie fühlen Sie sich? Bei welchem Arzt waren Sie?‹« sagte er in einem Tonfall, der mehr Schmerz und Erstaunen ausdrückte als derjenige, mit dem er von den Brutalitäten der Sicherheitspolizei erzählt hatte. In irgendeinem Winkel seines Kopfes hatte dieser angebliche Revolutionär immer noch geglaubt, daß es zwischen ihm selbst und der Hoover Company ein Verhältnis gegenseitiger Loyalität gab oder geben sollte.

»Hören Sie zu, Mr. Lelyveld«, sagte Ted Ashdown vertraulich und verlagerte das Gespräch von den unerfreulichen Besonderheiten des Falls seines früheren Angestellten auf die allgemeine Situation in Südafrika. »Sie sind lange genug in diesem Land, um zu verstehen, wie die Dinge liegen.« Wir sprachen jetzt von Mann zu Mann, von Weiß zu Weiß. Dann folgte eine zwanzig Jahre alte Horrorgeschichte über einen schwarzen Arbeiter, der einem Freund Wechselgeld für ein Päckchen Zigaretten geborgt und das Geld am Lohntag habe zurückbekommen sollen. Der Lohntag kam, der Schuldner stellte sich dumm und leugnete den Sachverhalt, woraufhin der Gläubiger eine Eisenstange ergriff und sie ihm über den Schädel zog, was bleibenden Schaden anrichtete. Die Geschichte sollte als Parabel dienen. Daß Frank Tongo nach fünf Tagen im Gewahrsam der Sicherheitspolizei nicht mehr urinieren, daß man ihn fast nackt von einer Kette hatte baumeln lassen, daß man ihn mit Stöcken geprügelt und ihm mit einer Gummihaube das Gefühl des Erstickens gegeben hatte, das alles lag wohl daran, daß Schwarze so gewalttätig waren.

Als ich ein paar Tage später nach Durban kam, bemerkte ich eine kleine Notiz in der Nachmittagszeitung, die besagte, daß Sam Kikane nach achtmonatiger Haft gerade entlassen worden war. Mir fiel meine erste Begegnung mit dem Führer der neuen schwarzen Gewerkschaft in East London anderthalb Jahre zuvor ein. Was mochte die Haft dem Wirbelwind Sam Kikane angetan haben?

Er umarmte mich wie einen alten Freund, als ich ihn in einem winzigen Gewerkschaftsbüro in dem indischen Bezirk am Rande des weißen Geschäftszentrums aufsuchte, und begann sogleich mit einer eingehenden Schilderung seiner Erlebnisse im Gefängnis. Nach Wochen der Mißhandlung waren zwei Tage gefolgt, an denen man ihm Elektroschocks verabreichte, um ihm das Geständnis abzupressen, daß er Verbindungen zum Untergrund unterhalte. Als er die Beherrschung über seine Därme verlor, drohte man ihm, daß man ihn zwingen werde, seine eigenen Exkremente zu essen. Später raubte ein

Schlag gegen die Schläfe ihm für zwei Wochen das Gehör. Dann begann er, Stimmen zu hören, die ihm, davon war er überzeugt, durch einen elektrischen Apparat eingegeben worden waren. »Sie sprachen zu mir wie aus einem Radio. Die Stimmen riefen mich an!« Dann wurde er zu einem Arzt gebracht, der ihm eine Injektion gab, und die Stimmen verstummten. Der Arzt war Psychiater. Das stellte sich Monate später heraus, als er sich beim Südafrikanischen Ärzterat darüber beschwerte, daß die Sicherheitspolizei willkürlich einen Patienten seiner Obhut entzogen habe, ohne sich über die möglichen medizinischen Konsequenzen zu informieren. Der Patient, als Sam Kikane identifiziert, sollte an einer »reaktiven Psychose« gelitten haben. Sam selbst wies die Möglichkeit von sich, daß er halluziniert habe. Auch ich glaubte nicht, daß die Elektroschocks Halluzinationen gewesen waren.

In einer dritten Stadt erneuerte ich meine Bekanntschaft mit einem weiteren schwarzen Gewerkschafter, der gerade aus der Haft entlassen worden war. Geschichten über Verhör und Folter erlangen bald, jedenfalls für den Zuhörer, eine betäubende Monotonie. Aber dies war die erste von mehreren Geschichten mutiger und engagierter Männer, die zugeben mußten, daß sie unter dem Druck zusammengebrochen waren. Sie erhielt dadurch eine besonders schreckliche Dimension, daß alle Geständnisse, die der Mann machte, um seine Vernehmer zufriedenzustellen, falsch waren. Zuerst hatte man ihn in den Büros der Sicherheitspolizei im Sanlam-Gebäude in Port Elizabeth verhört; dieses Gebäude ist als der Vernehmungsort berüchtigt, in dem Biko seine tödlichen Verletzungen zugefügt wurden. Die Männer, die den Gewerkschafter verhörten, betonten nicht nur, daß er sich in demselben Raum befinde, in dem Biko verhört worden war, sondern sie drohten auch, ihn der gleichen Behandlung zu unterziehen. Einer der Beamten behauptete, an der Vernehmung Bikos beteiligt gewesen zu sein. Wenn das stimmte, arbeitete er immer noch nach derselben Methode auf demselben Gebiet. Man zwang den Gewerkschaftsführer, zwei Tage und zwei Nächte lang, nur mit seiner Unterhose bekleidet, auf zwei Ziegelsteinen zu stehen; während dieser Zeit ließ man ihn nicht die Toilette aufsuchen. Von Zeit zu Zeit drosch man von hinten auf sein rechtes Ohr ein, immer wieder auf das rechte Ohr; man fuchtelte mit Pistolen vor seinem Gesicht herum und informierte ihn in allen Einzelheiten über die verschiedenen Möglichkeiten, ihn auf eine Weise zu töten, die bei einer gerichtlichen Untersuchung den Vorsitzenden überzeugen würde, daß er Selbstmord begangen habe oder bei einem Fluchtversuch erschossen worden sei. Dann folgten Elektroschocks und ein Besuch des sogenannten Häftlingsinspektors, der angeblich Beschwerden über Mißhandlungen sammelt, diese aber sogleich an die Beamten weitergibt, in deren Gewahrsam der Gefangene bleibt.

Eines Nachts wurde er schließlich aus seiner Zelle geholt und, mit einem Segeltuchsack über dem Kopf, zu einer entlegenen Farm gebracht, wo man in der furchterregenden Leere der afrikanischen Nacht pausenlos schreien kann, ohne die geringste Hoffnung zu haben, ein mitleidiges Ohr zu erreichen. Dort fesselte man den Gewerkschaftsführer mit den Händen an einen Mast und zwang ihn, sich mit nackten Füßen auf etwas zu stellen, das sich wie ein feuchter Lappen anfühlte. Ein Draht wurde an einem Zeh befestigt, und die Schocks begannen von neuem. »Es kam mir vor, als würde ich seziert oder zerstückelt«, erzählte er. »Alles in meinem Inneren löste sich auf.«

Nun fragten die Vernehmer ihn nicht mehr nach Einzelheiten seiner Gewerkschaftsaktivitäten oder nach dem Hintergrund von Menschen, die er kannte. Sie selbst gaben ihm die Antworten, die sie von ihm erwarteten, und paukten sie ihm ein. Bald hörte er sich selbst gestehen, daß er nach Lesotho gefahren sei, um sich von Vertretern des Untergrunds Instruktionen über Gewerkschaftstaktiken geben zu lassen, und daß er sich, um die subversiven Pläne der Untergrundbewegung zu fördern, insgeheim mit Bischof Desmond Tutu getroffen habe; dessen Prestige wollte die Sicherheitspolizei damals unbedingt ruinieren, um zu verhindern, daß dieser »freche« Anglikaner mit dem Friedensnobelpreis ausgezeichnet wurde, für den er bereits nominiert war. »Und ich bin nie in Lesotho gewesen, niemals«, betonte der Mann. »Vor meiner Verhaftung war ich Bischof Tutu nie begegnet. Ich hatte ihn nur in den Zeitungen und im Fernsehen zu Gesicht bekommen. Aber mir blieb nichts anderes übrig, als es zu gestehen. Sie haben es schriftlich. Später besuchte ich den Bischof und entschuldigte mich bei ihm. Er lachte nur und sagte: ›Sie sind nicht der erste.‹«

Die gerichtliche Untersuchung im Falle Biko ergab, daß keine kriminelle Handlung zu seinem Tode geführt habe. Auch Thozamile Gqweta berichtete, daß ihm weiße Sicherheitspolizisten vier Jahre später grinsend mit diesem Urteil vor dem Gesicht herumgefuchtelt hätten, um ihn zu überzeugen, daß er ihnen völlig ausgeliefert sei. »Sie drohten, daß ich genauso enden würde wie Steve, wenn ich nicht die Wahrheit sagte.«

Das Gefühl, daß Gqweta Bikos natürlicher Nachfolger sei, war am Ostkap weit verbreitet. Die Polizei schien es zu teilen, obwohl sie gewußt haben mußte, daß die beiden Männer einander nie begegnet waren, und obwohl sie wahrscheinlich auch begriff, daß die von ihnen geführten Bewegungen einfach von demselben breiten Strom des schwarzen Widerstandes getragen wurden, sonst aber keine Verbindung miteinander hatten. In einem Raum, in dem man den jungen Gewerkschaftsvorsitzenden während einer besonders brutalen Haftperiode verhörte, hing ein Plakat von Biko an der Wand; es zeigte ihn, wie er seine Ketten zerbrach, und sollte als spöttische Mahnung dienen. »Wir werden dich jeden Tag, solange du hier bist, verprügeln«, erfuhr Gqweta zu Beginn einer dreimonatigen Haftzeit im Jahre 1981. Im Laufe von drei Jahren war er achtmal von Südafrika und der Ciskei verhaftet worden, ohne daß man ihn je vor Gericht stellte, aber nur in Südafrika hatte man ihn mißhandelt oder auch nur verhört.

Bei jeder Vernehmung befahl man ihm, seine Kleidung auszuziehen. Wenn die Antworten seine Verhörer nicht befriedigten, kommandierten sie: »An die Wand!« Dies bedeutete, daß er sich auf eine Kiste stellen mußte, damit man seine Hände an die Gitter eines Fensters fesseln konnte; sein Gesicht war zur Wand gekehrt. Dann wurde die Kiste weggezogen, so daß er an den Gitterstäben baumelte. In dieser Position wurde er wie ein Pendel hin- und hergeschwenkt – nicht nur einmal, sondern drei Monate lang »fast jeden Tag«.

Die nächste Haftzeit war zweimal so lang und schwerer zu ertragen, obwohl man ihn nicht mehr mißhandelte. In Einzelhaft kam Thozamile Gqweta einem Zusammenbruch nahe; er litt an heftigen Migräneanfällen, die sich noch Monate nach seiner Entlassung immer wieder einstellten. Als er das Gefängnis verließ, bereitete ihm das Geräusch einer normalen menschlichen Stimme unerträgliche Schmerzen. Im Gegensatz zu Sam Kikane hatte Gqweta keine Stimmen gehört, aber andere spekulierten, daß man ihn in seiner Zelle absichtlich Hochfrequenzschallwellen ausgesetzt haben könnte, die vom menschlichen Ohr nicht zu erfassen sind.

Solche Vermutungen sind möglicherweise ein Beispiel für den Verfolgungswahn, wenn dies das richtige Wort ist, den das südafrikanische Sicherheitssystem bei denen auslöst, die es als Feinde isolieren will. Aber die Schutzbehauptung, daß Südafrika von »Terroristen« bedroht werde – die nur rein zufällig schwarze Südafrikaner sind, nachdem sie sich als »Stellvertreter« der Sowjetunion zu erkennen gegeben haben –, ermöglicht es den meisten Weißen, über jede Art der Terrorismusbekämpfung, einschließlich Folter, Mord und Bombardierung, hinwegzusehen. Das alles läßt sich gleichzeitig leugnen und verteidigen; der Fremde wird entschuldigend darauf hingewiesen, daß der Preis der Freiheit eben hoch sei. In den Vernehmungszimmern stehen die Konfliktgegner einander ohne Illusionen, manchmal sogar mit widerwilligem Respekt gegenüber. Je näher der Vernehmungsbeamte der Folter kommt, desto näher kommt er auch der Bloßstellung seiner selbst und des Systems, das ihn beschäftigt. In dem Maße, in dem der Gefangene dem Druck nachgibt, wird auch er in seiner menschlichen Schwäche bloßgestellt. So entsteht eine intime und aufrichtige Beziehung. »Wir kämpfen für unsere Sache, genau wie du für deine kämpfst«, versicherte man Thozamile Gqweta zwischen zwei Mißhandlungen. Dies war offensichtlich sowohl ein Kompliment als auch eine Drohung, ein Zeichen dafür, welche Entschlossenheit die Vernehmer sich selbst zumaßen. War es womöglich gar eine Bitte um Absolution?

Ich habe hier absichtlich nur Beispiele von Personen erwähnt, denen ich sowohl vor als auch nach ihren Erfahrungen mit Verhör und Folter begegnet bin. Ich behaupte nicht, Gedanken lesen zu können, aber dies verschaffte mir eine gewisse Grundlage dafür, ihnen zu glauben, daß sie die geschilderten Erlebnisse durchgemacht haben könnten. Keiner von ihnen wandte sich an mich, keinem von ihnen, außer Sam Kikane, fiel es leicht, auf die erniedrigenden Details einzugehen. Allen war völlig bewußt, daß sie immer noch willkürlich verhaftet werden konnten. Nicht körperliche Narben, sondern der Ausdruck ihrer Augen, der Tonfall ihrer Stimme und andere nicht greifbare Einzelheiten ihres Verhaltens ließen letztlich keinen Zweifel an ihrer Glaubwürdigkeit. Anderen begegnete ich erstmals nach ihrer Entlassung, mit wieder anderen sprach ich nie persönlich, sondern hörte nur ihre Aussagen vor Gericht, und in weiteren Fällen gestattete man mir, die eidesstattlichen Erklärungen und Berichte früherer Gefangener zu lesen. Ich schätze, daß ich mehr als fünfzig detaillierte Schilderungen dessen zu Gesicht bekam, was man zu Recht als Folterung durch die südafrikanische Polizei bezeichnen kann; alle Berichte fielen in den Zeitraum meiner Arbeit im Lande, und sie genügten, um mich zu überzeugen, daß es sich nicht um isolierte Vorfälle handelte, sondern daß diese Form der Gewalt offenkundig geduldet wurde und institutionalisiert war.

Die offizielle Erklärung würde lauten, daß alle oder die meisten dieser Individuen meine Leichtgläubigkeit oder meine Vorurteile gegenüber dem südafrikanischen Sicherheitsapparat ausgenutzt hätten. Wie das Rassensystem versteht es auch das Sicherheitssystem sehr gut, sich äußeren Glanz zu verleihen; dies geschieht natürlich um der Weißen willen, die die nackte Wahrheit über das, was ihre Sicherheit erfordert, nicht wissen wollen, und nicht um der Schwarzen willen, die sich dem System nicht entziehen können. Eine flott daherkommende Zeitschrift, die von der südafrikanischen Polizei veröffentlicht wird, ging auf das Problem der Vernehmungen (»Ein schmutziges Geschäft«, wird mannhaft eingeräumt, »auf welcher Seite des Tisches man auch sitzt...«) in einer Weise ein, die unvoreingenommen und kultiviert wirken sollte:

> Der Vernehmungsbeamte muß die Tatsachen so rasch und vollständig wie möglich ermitteln, und zwar *ohne* den Einsatz von Gewalt. Er muß jederzeit damit rechnen, Beweise in die Hände zu bekommen, die benutzt werden können, um das Leben von Unschuldigen zu retten. Der Häftling dagegen muß mit allen Mitteln vermeiden, die Fragen zu beantworten. Und er weiß, wie sich dies am besten bewerkstelligen läßt: durch Beschwerden über Zahn-, Kopf- und Ohrenschmerzen bis hin zu Selbstverstümmelungen, die untersucht werden müssen. Der Terrorist ist darin ausgebildet, den Vernehmungsbeamten, dem er gegenübersitzt, durch provozierende Reden und beleidigendes Verhalten gegen sich aufzubringen. Es ist sein Ziel, diesen zur Gewaltanwendung zu provozieren. Wenn dies dem Häftling gelingt, hat er gewonnen. Es gibt eine öffentliche Untersuchung, die Medien werden eingeschaltet, es wird an das Mitleid der Öffentlichkeit appelliert – und die Ermittlungen kommen zum Stillstand.

Die Schlußfolgerung lautet, daß die Sicherheitspolizei »eine nicht zu unterschätzende Aufgabe« erfülle, wenn sie die Grenze gegen Terroristen schütze und »gefährliche Dissidenten im Innern aus dem Verkehr zieht«.

Vernünftige Menschen in Südafrika und anderswo werden also zu der Einsicht aufgefordert, daß es sich um eine schmutzige, aber notwendige Arbeit handelt. Sie verstehen dies meistens nur zu gut und machen sich deshalb selten Gedanken über die Manipulation von Tatsachen und Ideen, die sich in dem oben zitierten Artikel widerspiegelt – in der Phantasievorstellung von Legionen schwarzer »Terroristen«, die dazu ausgebildet sind, sich selbst zu verstümmeln, wenn ihre langmütigen, aber auch nur menschlichen weißen Vernehmer ihnen diese Arbeit nicht abnehmen; in dem beiläufigen Austausch der Begriffe »Häftling« und »Terrorist«, als handele es sich um Synonyme; oder in der Verwischung jedes Unterschieds zwischen »Terroristen«, denen vielleicht Informationen zu entlocken sind, die das Leben Unschuldiger retten könnten, und »gefährlichen Dissidenten«, die aus dem Verkehr gezogen werden müssen.

Die Tatsache, daß die Polizei sich gezwungen sieht, die Arena der öffentlichen Meinungspflege zu betreten und auf diese Weise Unterstützung zu suchen, verweist auf den vielleicht seltsamsten und widersprüchlichsten Zug des südafrikanischen Systems: auf das ständige Wechselspiel von willkürlicher Polizeigewalt und traditionellen Rechtsformen. Der Sicherheitspolizei wird völlig freie Hand gewährt, doch dann muß sie sich regelmäßig für ihr Tun in öffentlichen Gerichtsverhandlungen verantworten; dies erfordert gewöhnlich Lügen ungeheuren Ausmaßes, damit die Regierung und ihre Anhänger ein reines Gewissen haben können. Solange sich der politische Häftling zum Zweck der Vernehmung gemäß den Sicherheitsgesetzen im Gewahrsam der Polizei befindet – eine Phase, der keine wirkliche Grenze gesetzt ist –, befindet er sich völlig außerhalb der Reichweite der Gerichte, die nicht einmal dann einschreiten könnten, wenn ein Anwalt Beweise für die Folterung seines Mandanten vorlegen würde. Aber wenn erst einmal Anklage gegen den Häftling erhoben, er entlassen, als Zeuge vor Gericht gebracht oder, was gelegentlich vorkommt, vom Gefängnis ins Leichenschauhaus transportiert worden ist, können seine Vernehmer ausführlich und sogar gnadenlos von einem der wenigen südafrikanischen Anwälte ins Kreuzverhör genommen werden, die den Kampf für Bürgerrechte, meist auf seiten der Verlierer, fortgesetzt haben. Natürlich wird es einem politischen Gefangenen, der in Einzelhaft gesessen hat, nicht leichtfallen, ihm gewogene Zeugen herbeizuschaffen, aber wenn er über genügend Mittel, Mut und Ausdauer verfügt, wird es ihm letzten Endes gelingen, die Behörden zu verklagen und seine Geschichte vor Gericht zu erzählen. Höchstwahrscheinlich wird man seine Aussage als unbewiesen, politisch motiviert oder sogar voreingenommen zurückweisen. (Wie – zu dieser Frage haben sich einige südafrikanische Richter in der Tat verstiegen – kann ein Mann, der sagt, er sei gefoltert worden, behaupten, daß er eine objektive Aussage über die Polizei mache?) Aber seine Geschichte wird bekannt werden.

Dies geschieht sogar so häufig, daß sich die weiße Öffentlichkeit und die weiße Presse gegen Foltergeschichten abgehärtet haben. Die weitergehende Frage, ob das System ohne systematischen Gebrauch der Folter überleben könne, wird nur selten aufgeworfen. Statt dessen verengt man das Problem auf den juristischen Wettstreit im Gerichtssaal – darauf, ob sich Folterungen in einem speziellen Fall auf der Grundlage der Wahrscheinlichkeit nachweisen lassen. Wenn ja, dann erweist sich das System immerhin als die Folter an den Pranger stellend; wenn nicht, dann ist es zu Unrecht angeklagt worden. In beiden Fällen sieht es sich gerechtfertigt. Deshalb machte es keine Schlagzeilen und empörte nur wenige, als die folgenden Aussagefragmente – um nur einen winzigen Einblick in die Literatur über sadistische Praktiken zu bieten, die mittlerweile Hunderte, vielleicht Tausende von Seiten umfaßt – in Südafrika an die Öffentlichkeit gelangten:

> Als ich den Vernehmungsraum erreichte, befahlen mir die drei Vernehmer, mich auszuziehen, und ich gehorchte. Der erste packte meinen Penis mit einer Zange. Während ich dastand, lachten die Beamten mich aus, und Des sagte, daß ich an diesem Tag sterben würde. Des verband mir dann mit Hilfe Venters und des anderen Vernehmers die Augen. Danach legten sie mir Stoffstreifen um die Handgelenke. Nun fesselten sie mich mit Handschellen, die um den Stoff gelegt wurden. Meine Arme wurden über meine Knie gezwungen, und ein Gegenstand, der sich wie eine Metallstange anfühlte, wurde über meine Achseln und unter meine Knie geschoben, so daß ich auf eine hockende Position beschränkt war. Dann legten sie die Metallstange über zwei Bügelbretter, so daß ich in der Luft hing. Währenddessen lachten und spotteten sie weiter und wiederholten, daß ich sterben würde. Dann begannen sie, meinen Knien Elektroschocks zu versetzen . . .

> Er fesselte mir die Hände auf den Rücken. Dann spürte ich ein paar elektrische Drähte, die auf meinen Rücken gelegt und dort mit Klebestreifen befestigt wurden. Als er mir Fragen stellte, begannen sie, mir mit dem elektrischen Draht Stromstöße zuzufügen. Es waren zwei, van Wyk und Trollip. Der eine versetzte mir die Schocks, der andere sagte: *»Praat, praat, praat.«* (»Sprich, sprich,

sprich.«) Sie fuhren damit fort und fragten mich nach gewissen Personen, bis sie irgendwann beschlossen, mir keine Elektroschocks mehr zu geben. Dann packte Trollip meine Geschlechtsteile und fing an sie zu schütteln. Wieder schrie ich vor Schmerz...

Später kam ein Polizist namens »Schalkie« mit einem Gummiband herein und schoß lange damit auf meine Geschlechtsteile. Alle lachten...

Keine dieser Aussagen wurde von den Gerichten als glaubwürdig angesehen. Gelegentlich kommt es allerdings vor, daß man dem ehemaligen Häftling Glauben schenkt. Cedric Mayson, ein früherer Methodistenpfarrer, sagte in Pretoria aus, daß man ihn gezwungen habe, zwei Tage lang zu stehen, wobei er verhöhnt und verprügelt worden sei. Dreizehn Sicherheitspolizisten bestätigten sich gegenseitig in der Aussage, daß nichts dergleichen je geschehen sei. »Wenn die Version des Angeklagten von den Geschehnissen in den ersten vier Tagen seiner Haft zutrifft, dann haben dreizehn Polizisten das Gericht belogen«, erklärte der Staatsanwalt dem Richter. In diesem Fall akzeptierte der Richter Maysons Aussage, aber die dreizehn Beamten kehrten an ihre Arbeit zurück, ohne daß von Disziplinarmaßnahmen die Rede gewesen wäre. Unvermeidliche Peinlichkeiten vor Gericht brauchen die Karriere eines aufopferungsbereiten südafrikanischen Sicherheitspolizisten nicht zu beeinträchtigen. Oberst Pieter Goosen, der für Bikos Vernehmung verantwortliche Offizier, wurde später zum Brigadegeneral befördert und von Port Elizabeth nach Pretoria versetzt. Dort beschrieb ihn das Polizeimagazin *Servamus* als einen der engsten Mitarbeiter des Polizeichefs, General Johan Coetzee, jenes Mannes, der die Schlacht gegen »Terroristen« und »gefährliche Dissidenten« leitet.

»Ich wünschte, dies wäre ein Polizeistaat«, bemerkte General Coetzee mit glattem Humor und gekünsteltem Understatement im Verlauf des ersten der beiden Gespräche, die er mir zugestand, bevor ich für seine Organisation wieder zum Paria wurde. »Dann hätte ich mehr Einfluß.«

Wenn er diesen Einfluß hätte, würde er ihn nutzen, um die Abwehrmaßnahmen der Regierung und vor allem ihrer Sicherheitskräfte gegen den psychologischen Krieg zu stärken, der seiner Meinung nach gegen sie geführt wurde. Mit schneidender Stimme sprach er dann von dem »verstorbenen Mr. Biko«, dessen Tod den Anlaß dafür geliefert habe, daß seine Männer und Südafrika mit Verleumdungen überhäuft wurden. Der General achtete darauf, nicht zu deutlich zu werden, aber er wollte offensichtlich darauf hinaus, daß Bikos Tod ein bedauerlicher Zwischenfall in einem Krieg gewesen sei, in dem sich bedauerliche Zwischenfälle leider nicht vermeiden ließen. Er argumentierte beredt, daß der Kampf gegen den Terrorismus ein Kampf für die Herrschaft des Gesetzes und für die Möglichkeit sei, demokratische Prozesse in Südafrika auf wohlgeordnete Weise in Gang zu setzen; um der Demokratie willen gelte: »Laßt die Experten den Kampf gegen die Terroristen im Verborgenen ausfechten.«

Mit dem Verborgenen meinte er vermutlich die Vernehmungsräume. Eine von einem burischen Juristen, der später mit dem Vorsitz des höchsten Gerichtshofes belohnt wurde, geleitete Rechtskommission befand, daß eine Inhaftierung ohne Gerichtsverfahren, die auf die Suspendierung aller gesetzlichen Rechte hinausläuft, unerläßlich für die Sicherheit des Staates sei. »Die von inhaftierten Personen erhaltenen Mitteilungen sind die wichtigste und *weitgehend die einzige Waffe der Polizei,* um terroristischen und *anderen* subversiven Aktivitäten zuvorzukommen« (Hervorhebung J. L.). Die Frage, wie die Mitteilungen erlangt wurden, stellte die Kommission überhaupt nicht; sie befleckte ihre richterlichen Talare nicht durch das Eingeständnis, daß Drohungen, Demütigung, Schläge und Folter ein wesentlicher Teil des Vorgangs, das wahrscheinliche Schicksal jedes Menschen sind, der sich ernsthaft auf schwarze nationalistische Politik einläßt. Der Zufall wollte es, daß sich zwei Tage, nachdem der Kommissionsbericht dem weißen Parlament übergeben worden war, ein weiterer Todesfall im polizeilichen Gewahrsam ereignete, an den sich ebenfalls eine peinliche Untersuchung anschloß. Der Minister für Recht und Ordnung hielt es nunmehr für notwendig, eine Reihe ausdrücklicher Anweisungen zu veröffentlichen, die er der Polizei zum Schutz politischer

Häftlinge erteilt hatte. In dem Erlaß hieß es: »Ein Gefangener soll jederzeit human, unter hinreichender Beachtung der Regeln des Anstandes behandelt und auf keinen Fall gezüchtigt oder sonstwie mißhandelt oder irgendeiner Form von Folter oder inhumaner oder entwürdigender Behandlung unterworfen werden.«

Zwei Dinge sind über diesen Erlaß zu sagen. Erstens gibt es wenige andere autoritäre Regime, deren Gewissen ausreicht, um eine solche Regel zu formulieren; zweitens sind wenige andere autoritäre Regime so scheinheilig. Die Regierung wies die Polizei lediglich an, zu tun, was sie angeblich schon immer getan hatte, aber kein Gericht wurde bevollmächtigt, die Anweisung durchzusetzen. Die Vernehmungsräume werden weiterhin im Verborgenen liegen. Die unerschrockene Helen Suzman stellte im Parlament die Frage, der sich kein anderer konfrontieren mochte: »Wenn es keine Folter gibt, weshalb können sie dann nicht einfach schweigen?« Ähnliche Fragen wurden in Frankreich während des Algerienkrieges so hartnäckig gestellt, daß sie die gesamte Idee eines *Algérie française* schwächten und letztlich jeder Unterstützung beraubten. Alistair Horne räumt in seiner meisterhaften Studie *A Savage War of Peace,* die auf beiden Seiten des südafrikanischen Konfliktes als Handbuch gelesen wird, die Möglichkeit ein, daß General Jacques Massus ständiger Rückgriff auf die Folter der entscheidende Faktor für den französischen Erfolg bei der Zerschlagung des Untergrunds während der Schlacht um Algier war, zitiert dann aber zustimmend das Urteil eines französischen Regierungsvertreters, der Massu in der Frage der Folter widersprach: »Gut, Massu gewann die Schlacht von Algier; aber das bedeutete den Verlust des Krieges.«

Gibt es hier wirklich eine Analogie zu Südafrika? Bringt jeder Einsatz der Folter, wie Camus glaubte, »fünfzig neue Terroristen« hervor? Wäre dem so, dann wären die »Befreiungskräfte« heute viel zahlreicher, als sie es tatsächlich sind. Zweifellos jedoch bringt die institutionalisierte Folter die heute unter Schwarzen weitverbreitete Annahme hervor, daß nur Gewalt das System ändern könne: ein deutliches Echo des weißen Lehrsatzes, daß Schwarze nur Gewalt verstünden. Aber die Analogie zu Algerien – die in vieler Hinsicht verlockend ist, wenn man die ethnischen Verhältnisse und die gesellschaftliche Struktur bedenkt, die dort unter französischer Herrschaft festgeschrieben wurden – wird vollends unhaltbar, weil es kein Mutterland, keinen in der Kulisse wartenden de Gaulle und keine Möglichkeit für die Weißen gibt, ihre Hände in Unschuld zu waschen, ohne ihre Privilegien und ihre Macht aufzugeben. Helen Suzman hat seit mehr als zwanzig Jahren auf die drohenden Folgen von Einzelhaft und Folter hingewiesen, und seit fast ebenso langer Zeit sind südafrikanische Gerichtshöfe eine Bühne für Aussagen darüber, wie sich Verhöre wirklich abspielen. Und die meisten Weißen würden es vorziehen, wenn ihnen nichts davon zu Ohren käme.

Die Schuldvermutung ist in den südafrikanischen Sicherheitsgesetzen festgeschrieben; bei manchen Terrorismusanklagen obliegt es dem Angeklagten, seine Unschuld zu beweisen. Für diejenigen, die verhaftet, aber nicht angeklagt werden, ist die Möglichkeit der Unschuld nicht vorgesehen. Dies erklärte auf denkwürdige Weise Major Arthur Cronwright, eine berüchtigte Gestalt der Sicherheitspolizei, bei der Untersuchung des Todes von Neil Aggett, eines jungen weißen Arztes, der als Funktionär einer überwiegend schwarzen Gewerkschaft gedient hatte. Der Gefangene war nach zehn Wochen im Gewahrsam der Sicherheitspolizei aufgehängt in seiner Zelle vorgefunden worden; anscheinend handelte es sich um Selbstmord. Von den 168 Stunden der letzten Haftwoche hatte er 110 in den Vernehmungsräumen auf der neunten Etage des John-Vorster-Gebäudes, des Hauptquartiers der Sicherheitspolizei in Johannesburg, verbracht, davon 62 Stunden ohne Unterbrechung, obwohl er bereits eine Aussage gemacht hatte. Dies sei notwendig gewesen, erläuterte Major Cronwright, der Aggetts Vernehmer beaufsichtigt hatte, weil die Behörden Informationen darüber erhalten hätten, daß er einer Zelle des Afrikanischen Nationalkongresses angehöre. Der Anwalt der Familie des Toten fragte im Kreuzverhör, weshalb es keinen Hinweis auf diesen Vorwurf in Aggetts Aussage gegeben habe. Major Cronwright erwiderte, Aggett sei wahrscheinlich darauf angesprochen worden, habe die Information der Polizei aber nicht bestätigt; in diesem Fall hätte man seine Antworten nicht protokolliert, denn »sie waren negativ, und der Polizeichef ist nicht an negativen Antworten interessiert«.

Der Polizeichef ist *nicht interessiert.* Dies wird als Zustand, als Geisteszustand beschrieben und damit zu einer funktionellen Definition von Fanatismus. Voll und ganz beansprucht von ihrem heiligen Rassenkrieg, ganz zu schweigen von den persönlichen Konflikten, die sich aus der von ihr verübten Gewalt ergeben, kann die Sicherheitspolizei die Realität nur dann zur Kenntnis nehmen, wenn sie ihren Phantasien Nahrung bietet.

Unter den weißen Anhängern der Regierung, die sich überhaupt die Frage stellten, wieso ein Mann in Haft dazu kommen sollte, sich umzubringen, wurde Aggetts Selbstmord sofort als Bestätigung der schlimmsten Mutmaßungen der Polizei gesehen, wie immer diese ausgesehen haben mochten. »Er starb für seine Sache«, sagte mir ein paar Tage nach Aggetts Tod F. W. de Klerk, einer der jüngeren Kabinettsmitglieder, ein selbstbewußter Machtteilhaber. Ich bat den Minister, der bestätigte, vor dessen Tod nie von Aggett gehört zu haben, seine unmittelbare Reaktion auf die Nachricht zu beschreiben, daß ein weiterer Häftling in polizeilichem Gewahrsam umgekommen war.

»Zorn«, antwortete er ohne Zögern.

»Weshalb Zorn?«

»Ich wußte, wie man es gegen uns ausnutzen würde.«

Ein Außenseiter kann nicht umhin, sich eines diffusen Zorns als eines Nebenprodukts des südafrikanischen Lebens oder der durch diesen Zorn hervorgerufenen Aggressionsmuster und gelegentlichen Gewaltausbrüche unter Schwarzen wie Weißen bewußt zu werden. Dies fällt sogar einem Amerikaner auf, denn trotz der offenkundigen Analogien zwischen beiden Ländern mit ihrer Geschichte des Rassenkonflikts und der Gewalttätigkeit an den Grenzen nimmt die örtliche Pathologie charakteristische Formen an. Vor diesem Hintergrund mag die Brutalität in den Vernehmungsräumen gemäßigt und sogar zweckmäßig erscheinen, jedenfalls, so nahm ich an, würden die Vernehmungsbeamten selbst es vorziehen, in diesem Sinne einen Beruf zu betrachten, der notwendigerweise für sie noch entwürdigender als für ihre Opfer ist. Angesichts ihrer grundsätzlichen und wahrscheinlich unwiderruflichen Selbstaufopferung haben die Vernehmer allen Grund, sich für nicht gebührend gewürdigt zu halten. Ihre Arbeit ist in den allermeisten Fällen ein Kampf von Weiß gegen Schwarz und als solcher eine Form der Rassengewalt. In der Gesellschaft als Ganzem mag die Drohung von Gewalt zwischen den Rassen den Rahmen oder Kontext für die meisten anderen Gewalttaten bilden, aber sie ist an sich nicht typisch. Die Apartheid garantiert, daß die Opfer der meisten schwarzen Gewalttaten schwarz und die Opfer der meisten weißen Gewalttaten weiß sind. Die Anhänger der Apartheid würden behaupten, daß dies eine ihrer Tugenden sei.

Gelegentlich allerdings stößt ein aufmerksamer Leser südafrikanischer Zeitungen auf archetypische Berichte über die weiße Hausherrin, die von einem schwarzen Diener oder Eindringling vergewaltigt wurde, oder über den weißen Farmer oder Mietshausbewohner, der angeklagt ist, eine schwarze Frau ermordet zu haben, nachdem sie von ihm schwanger wurde. Auch Meldungen über zufälligen oder blindwütigen Schußwaffengebrauch sind gelegentlich zu lesen: Bei Port Elizabeth fügt eine siebenundsiebzigjährige Frau einem neunjährigen schwarzen Jungen eine Bauchwunde zu, als sie ihn in ihrem Obstgarten ertappt; ein vierzehnjähriger schwarzer Caddie wird in dem Städtchen Alexandria in den Kopf geschossen, weil er zu »laut« gewesen ist; zwei Weiße schießen bei Pietersburg wild auf einen mit Schwarzen besetzten Eisenbahnwagen, wobei sie drei Insassen töten und zwei verletzen (»Ich hasse alles, was schwarz ist«, erklärt einer der Angeklagten später dem Richter); fünf weiße Soldaten, die im westlichen Transvaal auf Urlaub sind, feuern blindlings auf zwei schwarze Schuljungen, von denen einer stirbt. Auch fand ich folgenden Artikel über einen weißen Farmer und seinen Sohn, die ihre Schießkunst an einer Gruppe gemischtrassiger Mädchen ausprobierten:

> Paarl. Ein Farmer und sein dreizehnjähriger Sohn werden unter der Anklage des versuchten Mordes vor Gericht erscheinen. Sie sollen drei kleine Mädchen angeschossen haben, die in einem an die Farm angrenzenden Fluß spielten. Ein Polizeisprecher erklärte, daß etwa zwölf Kinder im Hugo's River spielten, als der Farmer eintraf und

zwei Schüsse auf sie abgab. Dann soll er das Gewehr seinem Sohn gereicht haben, der acht Schüsse auf die Gruppe abfeuerte. Eloise Swart (8), Joan Arries (10) und Diane Pegeur (8) trugen Arm- und Beinwunden davon.

Man muß zugeben, daß jede Gesellschaft ihre besonderen Arten der Psychopathologie besitzt. Während ich in Südafrika lebte, gab es dort keine Massenmorde amerikanischen Stils oder unmotivierte politische Attentate. Deshalb will ich es bei diesen Beispielen belassen, ohne mich zu bemühen, aus ihnen einen besonderen Sinn abzulesen. Die Hauptarena bleiben in Südafrika weiterhin die Schnellstraßen, wo die Sterbequote, gemessen an der Zahl der Fahrzeuge oder der zurückgelegten Kilometer, wenigstens viermal so hoch ist wie in den Vereinigten Staaten. Dabei machen Schwarze, denen weniger als fünfzehn Prozent der Fahrzeuge gehören, mehr als sechzig Prozent der Toten aus – eine Statistik, die sich nur teilweise mit der angeblichen Unachtsamkeit der Fußgänger, die die häufigsten Opfer sind, erklären läßt.

Vielleicht spiegelt auch diese Statistik gesellschaftliche Pathologie wider, aber das ändert nichts an der Tatsache, daß selbstzerstörerische Gewalt weitaus typischer ist. Unter Schwarzen resultiert sie aus Diebstahl, trunkenen Wochenendprügeleien und blutigen Stammesfehden (besonders bei den Zulu). In der Township Soweto, wo es doppelt so viele Fälle von Mord und Totschlag pro Jahr gibt wie in ganz Großbritannien, so daß die Chancen, einen gewaltsamen Tod zu finden, auf Pro-Kopf-Basis wenigstens hundertzwanzigmal höher sind als dort, wird in mindestens fünfundachtzig Prozent der Fälle ein Messer als Waffe benutzt. Der größte Bestattungsunternehmer Sowetos, ein Inder, erzählte mir, daß die Mehrheit der von ihm zu Grabe Getragenen ein gewaltsames Ende gefunden habe. Armut, überfüllte Wohnungen und zerbrochene Familien gehören zu den Ursachen, die gewöhnlich genannt werden, um Gewalttaten im Ghetto zu erklären; in Soweto kommt das fast völlige Fehlen vorbeugender Maßnahmen der Polizei hinzu, die sich darauf konzentriert, die weiße Nachbarschaft zu schützen und die schwarze Politik zu überwachen.

Weiße hingegen benutzen in der Regel eine Schußwaffe, und die Opfer sind normalerweise Verwandte oder Freunde. Gemessen an der Zahl der Waffenscheine, die die weiße Bevölkerung besitzt, verfügt fast jeder erwachsene Mann über eine Feuerwaffe; die private Sicherheitsagentur Fidelity Guards teilte mit: »Von jeweils neun Weißen, die mit Schußwaffenverletzungen in das J.-G.-Strydom-Krankenhaus in Johannesburg eingeliefert wurden, war nur einer im Laufe eines bewaffneten Überfalls verwundet worden.« Selbst wenn man annimmt, daß alle Räuber schwarz waren, folgt nach den Regeln der Apartheid daraus, daß der Finger am Abzug in acht von neun dieser Fälle weiß war. Wie Schlagzeilen regelmäßig verkünden, ist es häufig der Finger eines Kindes, das auf eine geladene Waffe stößt, die der Vater bereithält, um sich gegen die entferntere Gefahr dunkelhäutiger Eindringlinge zu schützen. Schußwaffen sind in weißen Vierteln auch dann stets bei der Hand, wenn es eheliche Dispute beizulegen gilt:

FRAU GIBT SIEBEN SCHÜSSE AUF EHEMANN AB
POLIZIST ERSCHIESST »UNTREUE« EHEFRAU
FRAU ERSCHIESST EHEMANN IM BETT

Im letzten Fall wurde keine Strafe verhängt, da der Mann eine schwarze Frau neben sich im Bett liegen hatte. »Unter diesen Umständen hatte sie das Recht, den Schurken zu erschießen«, erklärte Richter Human vom Rand-Gerichtshof. Der südafrikanische Rechtsgrundsatz der verminderten Zurechnungsfähigkeit sorgt gewöhnlich für milde Urteile, wenn der überlebende Ehepartner nachweisen kann, daß der verstorbene Gatte untreu oder sonstwie für emotionalen Streß verantwortlich war. Ein Richter in Nelspruit verhängte eine Geldstrafe von umgerechnet 1200 Dollar über einen Mann, der seiner Frau aus nächster Nähe in den Kopf geschossen hatte. Außerdem suspendierte er vorübergehend das Recht des Mannes, eine Feuerwaffe zu besitzen. »Sie wurden dadurch provoziert, daß Ihre Frau Sie schlug und beschimpfte, aber Sie hatten kein Recht, eine Pistole hervorzuziehen und sie zu erschießen«, erklärte er dem Mann.

Wo derart argumentiert wurde, wenn Weiße ihre nächsten Angehörigen umbrachten, war es kaum verwunderlich, daß weißen Vernehmern vor südafrikanischen Gerichten nichts Schlimmes widerfuhr, wenn einer ihrer Häftlinge starb. Und da die Gesamtzahl politischer Häftlinge, die nachweislich in polizeilichem Gewahrsam starben, sich über zwanzig Jahre hinweg auf durchschnittlich weniger als drei pro Jahr belief – nahezu genauso viele, wie im gleichen Zeitraum bei »terroristischen« Angriffen getötet wurden –, war es in diesem gewalttätigen Land nicht nötig, Vergleiche mit El Salvador oder dem Iran anzustellen, um zu beweisen, daß die Sicherheitspolizei Beschränkungen unterliegt. Sie brüstet sich sogar damit, daß die Todesziffer unter gewöhnlichen Kriminellen höher sei als unter politischen Gefangenen.

Die Sicherheitspolizei mag zur Tötung von Häftlingen nicht ausdrücklich befugt sein, aber Beamte, die zu Bösartigkeit neigen, haben sowohl außerhalb wie innerhalb der Vernehmungszellen weiten Spielraum. Es gibt eine ebenso lange wie schmähliche Geschichte der Gemeinheiten, die an Feinden des Regimes sogar dann noch verübt wurden, als sie schon erfolgreich neutralisiert waren: So teilte man John Harris, dem Weißen, der im Jahre 1964 wegen eines Bombenattentats auf den Bahnhof von Johannesburg zum Tode durch den Strang verurteilt worden war, boshaft mit, daß seinem Antrag auf Vollstreckungsaufschub stattgegeben worden sei, obgleich der Präsident der Republik ihn soeben verworfen hatte; die Frau eines mir bekannten politischen Häftlings wurde, während er im Gefängnis saß, regelmäßig von Wandalen terrorisiert, die mitten in der Nacht die Windschutzscheibe des Autos oder die Fenster des Campingwagens der Familie zertrümmerten; Helen Joseph, eine Weiße, die nach sechzehn Jahren Bannung und Hausarrest zu einer Art Schutzheiligen der schwarzen Sache geworden war, war über fünfundsiebzig Jahre alt, alleinstehend und gebrechlich, als Schüsse auf ihr Haus abgegeben wurden; außerdem war sie weiterhin Zielscheibe für handgreifliche Scherze und Drohanrufe.

Desgleichen ist es offenbar nicht genug, daß Winnie Mandela, die Frau des inhaftierten schwarzen Führers, in die schwarze »Örtlichkeit« einer kleinen burischen Farmgemeinde im Oranje-Freistaat verbannt wurde, wo sie nachts und an den Wochenenden in einer Unterkunft ohne Strom- oder Wasseranschluß unter Hausarrest steht; man muß sie zudem noch einer Schikanierungskampagne aussetzen, die regelmäßig dazu führt, daß sie wegen geringfügiger Verletzungen der Bannbefehle angeklagt wird, unter denen sie seit mehr als zwei Jahrzehnten lebt. Winnie Mandela, eine stolze, respektgebietende Frau, erwartet und gewährt keinen Pardon. Und sie sagt über den Buren, was dieser gewöhnlich über den Schwarzen sagt: »Er kennt nur eine einzige Sprache.«

Weiße beklagen sich mit einiger Berechtigung über die »Doppelmoral« der Welt, die die südafrikanische Variante der Unterdrückung schärfer verurteile als diejenige weit mörderischerer Regime, doch dann vollführen dieselben Weißen eine Pirouette und bieten nun ihrerseits eine atemberaubende Vorstellung von Doppelmoral, die jeder Kenner als unübertrefflich ansehen würde. Als die ersten Berichte über Folterungen aus dem von Schwarzen regierten Simbabwe auftauchten, wo die Regierung Robert Mugabes mit Gesetzen und Kontrollmethoden experimentierte, die sie von dem von Weißen regierten Rhodesien geerbt hatte, waren nur wenige südafrikanische Weiße bereit, den trivialen Schluß zu ziehen, daß Gewalt Gewalt hervorbringt. Für sie waren die Folterungen in Simbabwe ein Skandal. Zugleich dienten sie mit Hilfe einer verstiegenen, doch unerbittlichen Logik dazu, Südafrika zu rechtfertigen.

Wenn man Simbabwe während dieser Zeit besuchte, sah man, bezogen auf Südafrika, manches Spiegelbild. In Harare fragte ich Emmerson Munangagwa, das Kabinettsmitglied, das als Ministerpräsident Mugabes einflußreichster Sicherheitsberater betrachtet wurde, nach den Berichten, daß weiße Offiziere und zahlreiche Schwarze gefoltert worden seien. Er wich einer kategorischen Antwort aus, versuchte aber, mir seinen eigenen Abscheu vor jeder Art von Folter deutlich zu machen, der aus seinen Erfahrungen als »Freiheitskämpfer« herrühre. Als er sein Ministerium übernahm, habe er als erstes einen Raum in einer Polizeiwache besucht, in dem er von weißen Beamten gefoltert worden war; sie hatten ihn kopfüber mit Beineisen an Schlachterhaken gehängt, die über eine an der Decke angebrachte

Schiene liefen. Dies ermöglichte den Vernehmungsbeamten, seinen Körper von einem Ende des Raumes zum anderen hin- und hergleiten zu lassen, wie den Puck eines abgewandelten Eishockeyspiels. Das makabre Spiel wurde fortgesetzt, bis er das Bewußtsein verlor. Am Tage nach den Unabhängigkeitsfeierlichkeiten waren die Schlachterhaken immer noch an der Decke, und seine früheren Vernehmer gehörten nun verblüffenderweise zu seinem Personal, ebenso wie ein anderer Beamter, der zugab, ihm früher einmal eine Briefbombe geschickt zu haben. Sie erklärten ihm, daß sie nur ihre Arbeit getan hätten; daraufhin versprach er ihnen, daß sie im unabhängigen Simbabwe mit einer »weißen Weste« neu beginnen könnten. Der Minister erzählte mir, daß einige sich später als südafrikanische Agenten erwiesen hätten, doch andere seien immer noch loyale Beamte. Am Anfang sei ihm nichts anderes übriggeblieben, als ihnen zu trauen. Simbabwe habe schließlich nicht seinen eigenen Sicherheitsdienst auflösen können.

Auf die Möglichkeit angesprochen, daß es heute schwarze Folterknechte gebe, konnte Munangagwa nur erklären, daß er das zutiefst bedauere. »Leuten wie dem Ministerpräsidenten und mir, die in der Vergangenheit gelitten haben, gefällt es nicht, wenn Menschen illegal festgesetzt werden. Wir haben immer gesagt, daß wir diese Dinge in Simbabwe nicht dulden würden, wenn wir je an die Macht kämen.« Nichtsdestoweniger waren in Simbabwe innerhalb weniger Monate mindestens dreimal so viele Personen ohne offizielle Anklage in Haft wie in Südafrika.

Den gleichen vernünftigen Tonfall, die gleichen ausweichenden Hinweise auf die Erfordernisse der Sicherheit und auf gemeinsame menschliche Werte hatte ich von Johan Coetzee, Munangagwas Pendant in Pretoria, gehört. Ich war mehreren Personen begegnet, die Coetzee als junger Offizier verhaftet und persönlich vernommen hatte. Keiner von ihnen war mit Gewalt bedroht worden. Ein ehemaliges Mitglied der Südafrikanischen Kommunistischen Partei teilte mir mit, Coetzee habe immer wieder darauf hingewiesen, daß die Polizei nicht für die Gesetze verantwortlich sei. Er habe gesagt, »daß er der Regierung genauso loyal dienen würde, wenn unsere Seite siegte«.

Vernehmungsbeamte sagen solche Dinge vermutlich, um eine Atmosphäre des Vertrauens zu schaffen; andererseits werden solche Behauptungen manchmal wahr, wenn man Emmerson Munangagwa glauben konnte. Tatsächlich fiel es mir überhaupt nicht schwer, mir eine Situation vorzustellen, in der General Coetzee einen Ministerpräsidenten Mandela beriet.

Vom Büro des Chefs der südafrikanischen Sicherheitspolizei im Zentrum von Pretoria aus konnte man über eine Dachterrasse hinweg auf das oberste Stockwerk der amerikanischen Botschaft blicken, die sich in einem angrenzenden Bürogebäude befand. Die Jalousien an den Botschaftsfenstern waren hinuntergezogen. Mir wurde klar, daß es sich um einen Teil der Botschaft handelte, in den ich nie eingeladen worden war, vielleicht um die Fernmeldezentrale oder die Büros der CIA. Ich hätte gern gewußt, was für Abhörgeräte auf diese Zimmer gerichtet waren. »Sie haben Ihre CIA zerstört«, sagte General Coetzee, der vielleicht meine Gedanken las. Er war nie in Amerika gewesen und beabsichtigte einen solchen Besuch auch nicht, denn er war davon überzeugt, daß er dort nichts lernen könne. Er hatte von amerikanischen Polizeibeamten, die Südafrika besuchten, gehört, wie sehr das FBI durch das Bundessystem gelähmt werde. Als Folge davon kehre Amerika wieder zu den Gesetzen des Dschungels zurück.

Mein letzter Wortwechsel mit dem General fand statt, nachdem ich bereits ein Jahr lang keine Antwort mehr auf meine Interviewwünsche erhalten hatte. Mittlerweile war General Coetzee – infolge der Politik des »konstruktiven Engagements« gegenüber den weißen Herrschern Südafrikas, die die Reagan-Administration betrieb – nun doch in Washington gewesen, wo er die Gelegenheit genutzt hatte, seine Kenntnisse kommunistischer Taktik und Ideologie zur Schau zu stellen. Meine Chance, mit ihm zu sprechen, ergab sich während eines öffentlichen Hearings, als er gerade die Verlesung einer hundertzwanzigseitigen Erklärung beendet hatte, in der die Stellung des Südafrikanischen Kirchenrates und Bischof Desmond Tutus in dem Netz subversiver Verschwörungen, die Südafrika bedrohten, bestimmt wurde. Ich sagte General Coetzee, daß ich leider nicht in der Lage gewesen sei, seinen auf afrikaans gegebenen Antworten auf Fragen, die der Rechtsanwalt des Bischofs gestellt hatte, bis in alle Einzelheiten zu folgen. »Ja«, entgegnete er mit vernichtendem Blick, »andernfalls hätten Sie einen Ihrer ›Wasch-weißer-mit-Omo-Kommentare‹ schreiben können.«

Er drehte sich auf dem Absatz um und ging davon, bevor ich begriff, was er meinte, und zu einer Erwiderung in der Lage war. Nachträglich wurde mir klar, daß er sich auf die Passage eines Artikels bezog, den ich geschrieben hatte, nachdem General Coetzees Männer von jeder strafrechtlichen Verantwortung für den Selbstmord des jungen Arztes und Gewerkschafters Aggett freigesprochen worden waren. Der Absatz am Ende einer Bewertung, die sich an meine Schilderung des Urteils anschloß, war von einem Reklamespruch inspiriert worden, den ich am letzten Tag des Verfahrens unweit meines Parkplatzes auf einer Plakatwand gelesen hatte. Als mein Blick darauf fiel, hatte ich gerade die Urteilsbegründung gehört, zu deren Verlesung der Richter sechseinhalb Stunden benötigt hatte. Das Verfahren selbst hatte sich über acht Monate hingezogen, in deren Verlauf eine lange Reihe ehemaliger Häftlinge ihre Erlebnisse in den Vernehmungsräumen geschildert hatten. Es war ein klassisches Beispiel dafür gewesen, wie die Polizeiwillkür innerhalb des südafrikanischen Systems bloßgestellt werden kann, als sei sie rechtlicher Kontrolle unterworfen. Und das Ergebnis war ebenfalls klassisch gewesen. Irgendwie hatte der Richter es fertiggebracht, praktisch alle Aussagen der ehemaligen Häftlinge über ihre Beobachtungen des Verstorbenen in dessen letzten Lebenswochen oder über ihre eigenen Erlebnisse im Gewahrsam der Sicherheitspolizei zurückzuweisen. Dagegen wurden praktisch alle Aussagen der Sicherheitspolizei akzeptiert, weil jeweils mehrere Beamte sie bestätigten.

Der Werbespruch an der Mauer – für ein Bleichmittel namens Jik – schien alles auszudrücken, was ich in jenem Moment über das seltsame Verfahren hätte sagen können, bei dem man die Vernehmungsbeamten öffentlicher Bloßstellung und Verhöhnung ausgesetzt und sie dann mit einem richterlichen Siegel guter Haushaltsführung wieder in die Vernehmungszellen zurückgeschickt hatte. Er lautete: »Mit dosierter Wirkung für die weißeste Wäsche der Welt.« Mit nicht allzu subtilem

Sarkasmus hatte ich geschrieben, daß die Hersteller des Bleichmittels eine Vorladung wegen Mißachtung des Gerichtes riskierten. Nun, nachdem General Coetzee mich stehengelassen hatte, wollte ich ihm klarmachen, daß er den ersten Teil des Spruches als ausgewogenes Urteil über seine Kommandoführung, wenn nicht gar als Lob hätte auffassen können. Außerdem hätte ich ihm gern erklärt, daß Omo ein Waschmittel ist. Aber der General war schon außer Sicht, bevor ich ihm nachrufen konnte: »Es war Jik.«

Ein Teil von uns

Es ist eine überraschende historische Kuriosität, daß die erste weiße Frau, die in Transvaal, dem späteren wirtschaftlichen und politischen Herzstück des Landes, starb und begraben wurde, keine Burin, sondern eine Amerikanerin war. Jane Wilson war die Frau eines Geistlichen aus der ersten winzigen Abordnung von Missionaren, die die Amerikanische Aufsichtsbehörde für Auslandsmissionen nach Südafrika entsandte. Ihr Tod im Jahre 1836 im ersten amerikanischen Missionsstützpunkt des Landes, ein Jahr bevor die ersten Trekker ihre erste Siedlung am jenseitigen Ufer des Vaal gründeten. Die Amerikaner, die sich seit anderthalb Jahren in Südafrika aufhielten, waren nach Sendelingspos gekommen, um das heidnische Herz Mzilikazis, des abtrünnigen Zulu-Häuptlings und Begründers der Ndebele-Nation, zu zähmen und seine Seele zu retten. Dieser südafrikanische Dschingis Khan zeigte sich erstaunlich huldvoll und gastfreundlich, aber bevor die amerikanischen Missionare seine Sprache gut genug beherrschten, um das Evangelium zu verkünden, wurden sie einer nach dem anderen von einem Fieber – vielleicht Typhus oder Malaria – hingerafft. Das Resultat war, daß sie nach einem Jahr unter den Ndebele nicht mehr als das Grab Jane Wilsons vorweisen konnten, als es eine traurige Wahl zu treffen galt, die als Vorbote, wenn nicht gar als Modell der politischen Wahlmöglichkeiten angesehen werden kann, denen amerikanische Regierungen heute konfrontiert sind, wenn sie versuchen, sich in der südafrikanischen Frage festzulegen. Grob gesagt, ging es um die Wahl zwischen Schwarz und Weiß.

Die Ndebele und die Buren waren gleichzeitig in dasselbe Gebiet vorgerückt, und nach ein paar Zusammenstößen hatten die Trekker beschlossen, Mzilikazi eine Lektion zu erteilen. Sie überfielen die Missionsstation, trampelten die Ernte nieder und erschossen die Ndebele, die geglaubt hatten, dort Zuflucht zu finden. Die Amerikaner befürchteten, daß sich Mzilikazi nach seiner Demütigung durch die Buren ihnen gegenüber weit weniger entgegenkommend zeigen, ja sie vielleicht sogar gefangennehmen und töten würde, und sie rangen verzweifelt mit der Frage, ob sie gemeinsam mit den burischen Angreifern fliehen sollten. Sie bedienten sich keiner rassischen Motive, als sie später eine Erklärung dafür abfassen mußten, daß sie ihre Station aufgegeben hatten, aber es ist offenkundig, daß sie sich fürchteten, als einzige Weiße in der Gegend zurückzubleiben, nachdem die Trekker wieder zu ihrem Stützpunkt am anderen Ufer des Vaal zurückgekehrt waren. Daniel Lindley aus Ten Mile Creek, Pennsylvania, faßte in seinem Bericht an die heimatlichen Förderer in Philadelphia die Überlegungen zusammen, die die Missionare bewogen hatten, den Ndebele-Häuptling und »die gottlosen Menschen, für die wir das tiefste Mitleid empfanden«, zu verlassen:

> Uns gefiel der Gedanke nicht, ihn so plötzlich und dazu noch in Gesellschaft von Männern zu verlassen, die das Blut so vieler seiner Leute vergossen hatten, denn wir fürchteten, eine unüberwindliche Schranke für andere Missionare zu errichten, die sich ihm vielleicht später nähern würden, um sein Volk zu unterweisen. Andererseits hielten wir die Möglichkeit, auf diese Weise Unheil anzurichten, für sehr gering, denn die Zeit seines Sturzes war nach unserer festen Überzeugung gekommen.

Später stellte sich eindeutig heraus, daß die Missionare, nicht der heidnische König, auf rassische Weise reagiert hatten. Mzilikazi war zutiefst gekränkt durch den Abzug der Weißen, die kein einziges der bei ihrer Ankunft gegebenen Versprechen, sein Volk große Wahrheiten und nützliche Fertigkeiten zu lehren, gehalten hatten. Er vermied seinen angeblich vorherbestimmten Sturz, indem er seine Nation im heutigen Simbabwe neu begründete, und lebte noch weitere drei Jahrzehnte, in denen er Missionaren gegenüber gesunden Argwohn an den Tag legte.

Auch Daniel Lindley lebte noch lange. In einer bemerkenswerten Karriere, die erst 1873 in Südafrika endete, blieb er dem amerikanischen Stil treu, indem er seine Ziele auf beiden Seiten der rassischen Kluft verfolgte, ohne sich Rechenschaft darüber abzulegen, daß die örtlichen Umstände ihn in einen bezeichnenden Widerspruch verwikkeln könnten. Schließlich hinterließ er eine schwache, doch erkennbare Spur bei den beiden wesentlichen heute im Konflikt liegenden Kräften: Die Buren, die ihn förmlich zu ihrem *predikant* (Pastor) gemacht hatten, benannten ein Städtchen im Oranje-Freistaat sowie das Dörfchen Lindleyspoort in Transvaal nach ihm, und ein Zulu-Pastor der Kirche, die er gegründet hatte, wurde zum ersten Präsidenten des Afrikanischen Nationalkongresses.

Die amerikanische Begleitmusik zu der turbulenten Geschichte Südafrikas wird erst nahezu ein Jahrhundert nach Daniel Lindleys Beisetzung auf dem Sleepy Hollow Cemetery in Tarrytown, New York, deutlich vernehmbar, als die Vereinigten Staaten zu einer nuklearen Supermacht geworden sind, die ihre Interessen durch jede drastische politische Änderung, wo auch immer in der Welt, bedroht sieht. Aber es lohnt, sich ihr zuzuwenden, denn sie weist auf die Neigung zu ernsthaftem, doch inkonsequentem Dilettantismus hin, der nun alle vier oder acht Jahre unter dem Rubrum »Politik« die Weihe erhält. In jüngerer Vergangenheit wurden wir Zeuge, wie sich die Vereinigten Staaten unter Gerald Ford auf eine Politik gemeinsamer Geheimoperationen mit dem weißen Regime in Pretoria einließen, dann unter Jimmy Carter umstandslos ihren Wunsch verkündeten, die rasche Beendigung dieses Regimes zu erleben, und schließlich, nachdem dieser kurze Impuls spurlos verschwunden war, unter Ronald Reagan »konstruktives Engagement« versprachen. Es handelt sich immer um These und Antithese, nie um Synthese, und diese Haltung wurde modellhaft von dem frommen Presbyterianer Daniel Lindley vorgezeichnet, der nach seiner Flucht vor Mzilikazi über den Subkontinent galoppierte, um an der Küste des Indischen Ozeans, in der Gegend des heutigen Durban, wieder Fuß zu fassen.

Nach einem Abstecher nach Port Elizabeth, wo er die Temperance Society gründete, kehrte Lindley nach Natal zurück, wo sich die Situation durch die Niederlage der Zulu am Blood River und die Ankunft der Hauptmasse der Trekker grundlegend geändert hatte. Er war jetzt seit vier Jahren in Südafrika, ohne einen einzigen Schwarzen bekehrt zu haben; nun aber hatte er eine Einsicht, die im weltlichen Sinne prophetisch war und die ihn zum ersten Praktiker des »konstruktiven Engagements« machte. Denn er unterbreitete seiner heimatlichen Aufsichtsbehörde einen waghalsigen Vorschlag: Man möge ihm gestatten, seine missionarischen Bemühungen auf die Trekker zu konzentrieren, die im Gegensatz zu den heidnischen Zulu angeblich schon Christen seien. »Wenn ihnen keine religiöse Unterweisung zuteil wird, werden sie alles in diesem Lande umstürzen«, warnte er, und diese Worte klingen fast anderthalb Jahrhunderte später wie eine authentische Weissagung. Die Bekehrung der Zulu sei immer noch sein Ziel, aber »die billigste, schnellste, leichteste Methode, die hiesigen Heiden zu bekehren, besteht darin, zuerst die Weißen zu bekehren«.Trotz gehöriger Skepsis gestattete man Daniel Lindley, seine Mission zu den Buren in Pietermaritzburg zu bringen, und im Jahre 1840 lud der *Volksraad* der kurzlebigen Trekker-Republik in Natal den Mann aus Pennsylvania förmlich ein, als Predikant der Gemeinde zu dienen, die sich ohne eigenen ordinierten Geistlichen auf ihren Exodus begeben hatte. So kam es, daß er zu allen Burenführern jener Zeit predigte, unter ihnen auch Andries Pretorius, dem Befehlshaber und Helden vom Blood River.

Lindleys geistlicher Einfluß hielt den *Volksraad* nicht davon ab, das erste Umsiedlungsprogramm zu formulieren, indem er im Jahre 1843 beschloß, alle Schwarzen von seinem Territorium zu entfernen, »außer solchen Kaffern, die sich als Arbeiter unter dem Volk verdingen«. Aber unterdessen hatte Großbritannien seine Absicht verkündet, das Territorium zu annektieren und ihm unter seiner Kolonialherrschaft ein Rechtssystem zu geben, das nicht »auf Grund bloßer Unterschiede der Farbe, Herkunft, Sprache oder des Glaubens« Rechte gewähren oder vorenthalten sollte. Genau wie am Kap ein Jahrzehnt zuvor konnten einige Buren sich damit nicht abfinden; sie begannen den »Zweiten Treck« ins Landesinnere, ohne sich zuvor zu überzeugen, wie wenig die britische Praxis den britischen Prinzipien entsprach. Lindley blieb zurück, wandte sich wieder den Zulu zu und gründete 1849 in dem Ort Inanda eine Kirche mit neun schwarzen Konvertiten.

Einer der neun war ein junger Zulu mit Häuptlingsblut in den Adern namens James Dube, der einundzwanzig Jahre später zum Pfarrer der Kirche von Inanda geweiht wurde. Lindleys Einstellung gegenüber den Zulu scheint sich unter dem Einfluß seines Protegés gemildert zu haben. Einst hatte er geglaubt, daß »in ihnen nichts ist als reiner, ungetrübter, unverfälschter Egoismus«, aber er bewunderte James Dube seiner »imposanten Erscheinung« wegen, der »sein Geist und seine religiöse Überzeugung« ebenbürtig seien. James Dubes Sohn John studierte am amerikanischen Oberlin College, gründete später in Inanda eine Lehranstalt, das Ohlange Institute, und wurde im Jahre 1912, als der Afrikanische Nationalkongreß in Bloemfontein unter der Bezeichnung »Südafrikanischer Eingeborenen-Nationalkongreß« ins Leben gerufen wurde, zu seinem Generalpräsidenten gewählt.

Nach südafrikanischen Begriffen erscheint es als alberne oder abwegige Vorstellung, daß derselbe Geistliche sowohl Andries Pretorius als auch John Dube gesegnet haben könnte: den Burenbefehlshaber am Blood River, nach dem die Hauptstadt der Burenrepublik benannt ist, und den Zulu-Aristokraten, der das schwarze Streben nach Gleichheit in einem modernen Staat verkörperte. Die Verbindung ist zu schwach, als daß sie auch nur zur Kenntnis genommen würde. Ein solcher Geistlicher hätte niemals ein Südafrikaner, wahrscheinlich hätte er nur ein Amerikaner sein können.

Als John Dube vom Oberlin College zurückkehrte, trafen gerade die ersten schwarzen amerikanischen Missionare in Südafrika ein – zu einem Zeitpunkt, als schwarze Christen dort begannen, die Notwendigkeit weißer Bevormundung und weißer Kontrolle über ihre Kirchen in Frage zu stellen. Die African Methodist Episcopal (AME) Church, die größte der unabhängigen schwarzen Konfessionen in Amerika, hatte schon in den zwanziger Jahren des 19. Jahrhunderts Missionare nach Nigeria entsandt. Im Jahre 1898 – ein Jahr vor Ausbruch des Burenkrieges – ordinierte Henry McNeal Turner, ein schwarzer amerikanischer Bischof aus Atlanta, während einer fünfwöchigen Reise durch Südafrika fünfundsechzig Geistliche im Namen der AME Church. Während seiner Reise traf er mit Präsident Krüger zusammen, der ihm erklärt haben soll: »Sie sind der erste Schwarze, dessen Hand ich je geschüttelt habe.« Manche Historiker glauben, daß die Parole »Afrika den Afrikanern« während dieser Zeit von schwarzen amerikanischen Geistlichen in Südafrika eingeführt wurde. Zu Beginn des neuen Jahrhunderts schienen Weiße in Natal vorauszuahnen, was auf sie zukommen würde und wer dafür verantwortlich zu machen sei. »Ein böser Stern stieg am amerikanischen Firmament empor und entsandte seine Satelliten, um in Natal Aufwiegelung zu predigen«, hieß es im Jahre 1906 in einem Brief an die Zeitung *Natal Mercury,* nachdem die Zulu gegen eine neue Steuer rebelliert hatten, die für jede Hütte erhoben werden sollte.

Im Rahmen der Weltgeschichte ist der Zulu-Aufstand heute vor allem deshalb denkwürdig, weil er entscheidende Wirkung auf einen indischen Rechtsanwalt ausübte, der Thoreaus Schriften über »zivilen Ungehorsam« gelesen hatte. Mohandas K. Gandhi rief seine Gemeinde in Durban zu Beginn der gegen die Zulu gerichteten Unterdrückungskampagne zu Spenden für einen »Sonderfonds für die Soldaten« auf, »die an die Front gegangen sind, um gegen die Kaffern zu kämpfen«. Der Feldzug gegen die Zulu biete den Indern »eine glänzende Gelegenheit, zu zeigen, daß sie sich der Bürgerpflichten bewußt sind«, und zwar auf eine Weise, die »einen sehr günstigen Eindruck auf die Ansichten prominenter Weißer« machen würde. Zu diesem Zweck legte Gandhi selbst eine Uniform an und führte als Hauptfeldwebel eine Einheit indischer Krankenträger nach Zululand. »Wir werden nicht von Furcht überwältigt, wenn Hunderttausende von Menschen in unserem Lande an Hunger oder Seuchen sterben«, schrieb er auf seine sarkastische, einschüchternde Art, als er nach indischen Freiwilligen rief. »Weshalb sollten wir uns also vor dem Tod fürchten, der uns vielleicht auf dem Schlachtfeld ereilen wird?« Das Korps wurde nach knapp drei Wochen aufgelöst, aber die Thematik von symbolischem Kampf und Opferbereitschaft wies schon auf die kommenden Ereignisse hin. Nur zwei Monate später brachte der künftige Mahatma bei einer Rede in einem Johannesburger Theater zum erstenmal seine Idee des Satjagraha (»Festhalten an der Wahrheit«) zum Ausdruck und rief seine erste Kampagne des gewaltlosen Widerstandes aus.

Im Gefolge des Zulu-Aufstandes wurde das koloniale Natal so hysterisch angesichts der vermeintlichen Bedrohung, die von unabhängigen, direkt oder indirekt auf die exotische Botschaft amerikanischer Schwarzer reagierenden schwarzen Kirchen ausging, daß es »jedem eingeborenen Pfarrer oder Angehörigen einer nicht unter europäischer Kontrolle stehenden religiösen Bewegung« gesetzlich verbot, vor Versammlungen jeglicher Art zu sprechen. »Den Eingeborenen muß unmißverständlich klargemacht werden, daß die Anwesenheit und die Vorherrschaft der weißen Rasse um jeden Preis gewahrt werden«, forderte eine offizielle Kommission mit einer Aufrichtigkeit und Deutlichkeit, die, verglichen mit der Verschleierung und Doppelzüngigkeit heutiger Erklärungen, fast bewundernswert erscheinen.

Im Burenkrieg selbst sympathisierten Amerikaner mit beiden Seiten und kämpften für die eine wie für die andere. Manche der nordamerikanischen *uitlanders* (Ausländer), die von dem Goldrausch am Ende des neunzehnten Jahrhunderts an den Witwatersrand gelockt worden waren, jenen Bergrücken bei Johannesburg, der die reichsten Goldadern der Welt barg, ließen sich nun von dem burischen Ausländerregiment anwerben. Die britische Seite wurde stillschweigend von den Regierungen William McKinley und Theodore Roosevelt unterstützt, die dem britischen Konsul in New Orleans gestatteten, Maultiertreiber für die Streitkräfte Ihrer Majestät zu rekrutieren. Doch viele Amerikaner sahen die Buren als ein entschlossenes, freiheitsliebendes Volk, das für seine Unabhängigkeit focht. In dieser antikolonialen Perspektive waren die Schwarzen Südafrikas seltsamerweise nahezu unsichtbar. Richard Harding Davis, der schneidige amerikanische Korrespondent, scheint sie während der ganzen Zeit, die er zuerst bei den britischen Streitkräften und dann bei den Buren verbrachte, kaum bemerkt zu haben, und wenn, dann nur als einen Teil der Kulisse. Die Buren kämpften, wie er schrieb, »für eine Sache, die so alt ist wie die Tage des Pharao und der Kinder Israel, gegen einen Feind, der zehnmal mächtiger ist als Washingtons Gegner während des Unabhängigkeitskrieges«.

Als ich Mitte der sechziger Jahre zum erstenmal nach Afrika reiste, waren Widersprüchlichkeit und Ambivalenz immer noch die Hauptzüge der amerikanischen Verwicklung in Südafrika. Diese Erkenntnis dämmerte mir nur langsam. Die Annahme, daß mein Land in einer wirklichen Komplizenschaft mit dem Apartheidstaat stehen könne, schien mir (einem herkömmlichen Liberalen aus New York, der seine neue Aufgabe in der kurzen, stürmischen Periode zwischen der Verabschiedung der wichtigsten Bürgerrechtsgesetze und dem umfassenden Engagement amerikanischer Streitkräfte in Vietnam übernahm) völlig abwegig. Nicht abwegig schien mir die Spekulation, daß der amerikanische Einfluß eines Tages für die Entrechteten der Region ausschlaggebend sein könne. Das schwächliche Rhodesien hatte seine Herausforderung einer Labour-Regierung in Großbritannien noch nicht überwunden; der erste von mehreren Staatsstreichen in Nigeria und seine Nachwirkungen in Biafra standen noch aus; Tansania wurde weithin als afrikanischer Modellstaat hochgehalten; israelische Truppen hatten das Westufer des Jordan noch nicht besetzt; »Terrorismus« war ein Phänomen des neunzehnten Jahrhunderts; der Begriff »Dritte Welt« wurde in selbstzufriedenen westlichen Gemütern noch nicht mit materiellem Zusammenbruch und moralischem Chaos assoziiert, und noch niemand hatte die Vereinten Nationen als »absurdes Theater« abgetan. Mit anderen Worten, die liberale Vorstellung, daß die Amerikaner auf der Seite der Armen der Welt stünden, war noch recht lebendig. Ich zog keine politischen Schlüsse aus der Tatsache, daß ich mit südafrikanischen Söldnern an Bord einer US-Air-Force-Maschine des Typs C-130 in den damaligen Kongo flog. Dort ging es, so wie ich mir den Sachverhalt zurechtlegte, nicht um links gegen rechts, Ost gegen West oder Schwarz gegen Weiß, sondern um die Wahl zwischen zwei Übeln, etwa um Tod gegen Siechtum.

Es war G. McMurtrie Godley, der amerikanische Botschafter im damaligen Leopoldville, der mir mit einer trockenen Bemerkung ein Grundelement der Situation offenbarte, das als Ausgangspunkt jeder Analyse hätte dienen können. Als ich sagte, daß sich eine Krise im südlichen Afrika anzubahnen scheine, wobei sich die Probleme der rhodesischen Unabhängigkeit und der illegalen Besetzung des heute als Namibia bekannten Territoriums durch Südafrika womöglich gleichzeitig zuspitzen würden, blies er eine Wolke von Zigarrenrauch an die Decke und verwarf jeden Gedanken daran, daß der amerikanische Einfluß gegen die weißen Regime geltend gemacht werden würde: »Der Tag ist noch nicht gekommen, an dem in Afrika weiße Männer gegen weiße Männer zugunsten schwarzer Männer kämpfen werden.«

Dies kam dem nahe, was Daniel Lindley im Jahre 1836 im westlichen Transvaal über sich selbst herausgefunden hatte, als er seine Missionsstation zusammen mit den Weißen, die sie angegriffen hatten, verließ, anstatt zurückzubleiben und den Opfern zu helfen. Natürlich war es kein Gesichtspunkt, der in amerikanischen Reden vor der UNO-Generalversammlung über die Verwerflichkeit der Apartheid oder die Unantastbarkeit internationalen Rechts aufgetaucht wäre. Aber er dürfte den Strategen in Salisbury oder Pretoria nicht entgangen sein. Sie werden gewußt haben, daß amerikanische Kriegsschiffe, auch wenn sie sich in den Golf von Tonkin, das östliche Mittelmeer oder den Persischen Golf vorwagen mochten, niemals südafrikanische Häfen blockieren würden, um eine UNO-Resolution durchzusetzen.

Mehr als zehn Jahre später lief ich eines Dezemberabends in New York auf die Park Avenue zu, um mit dem Kongreßabgeordneten Andrew Young Schritt zu halten, der die Gewohnheit hatte, seinen Mangel an sportlicher Betätigung dadurch auszugleichen, daß er mitten in der Stadt loszutrotten begann. Sein Landsmann aus Georgia war gerade zum Präsidenten gewählt worden, und ich begleitete Young in jener Woche, um einen Artikel über den schwarzen Abgeordneten zu schreiben, der eine Chance hatte, mehr Einfluß im Weißen Haus auszuüben als je ein Schwarzer vor ihm. Die öffentliche Bekanntgabe sollte erst am nächsten Tag stattfinden, aber Young hatte gerade den Posten des Botschafters bei den Vereinten Nationen angenommen. Soeben war er zum erstenmal mit Cyrus Vance zusammengetroffen, den der designierte Präsident zum Außenminister bestimmt hatte. Sie hatten hauptsächlich über Südafrika gesprochen, und Vance hatte sich, wie mir Young nun erzählte, für den Einsatz von Sanktionen ausgesprochen. Ob er wirklich glaube, daß die neue Administration in

Südafrika den Beginn eines friedlichen Übergangs zur schwarzen Mehrheitsherrschaft einleiten könne, wollte ich wissen. Ja, er sei davon überzeugt. Wenn ich mich richtig erinnere, pfiff ich durch die Zähne. Dann sagte ich, daß er wohl mit acht Jahren rechne, also eine zweite Amtszeit des neuen Präsidenten voraussetze. Nein, er meine, daß es in vier Jahren zu schaffen sei.

»Das ist eine kurze Zeit.«

»Sie ist gar nicht so kurz«, sagte Andrew Young.

Young sollte letztlich einiges Lob für die Unabhängigkeit Simbabwes ernten, aber als sein Vierjahreswechsel überfällig wurde, war er, wie man weiß, wieder nach Atlanta zurückgekehrt. Nachdem die weißen Südafrikaner dahingehend indoktriniert worden waren, daß sie die Zielscheibe eines »Totalangriffs« beider Supermächte seien, mußten sie sich plötzlich wieder einer weniger feindseligen Welt anpassen. Der staatliche Rundfunk begrüßte die Wahl eines neuen amerikanischen Präsidenten als eine Niederlage von »Pseudoliberalismus, Freizügigkeit, Staatsinterventionismus, Appeasement und Antipatriotismus«. Der Kommentar verkündete, daß es nun wieder Hoffnung für »die westliche christliche Kultur« gebe. Diese hatte, so mußte man folgern, mit Missionaren wie Andrew Young oder Kirchen, die von der Apartheid besessen waren, nicht das geringste zu tun.

Letztlich hatte sie mit einem amerikanischen Politikwissenschaftler aus Georgetown zu tun, der den Glauben seiner Zunft an die »Modernisierungsfähigkeiten« militärischer Eliten besaß. Chester Crocker, der neue Unterstaatssekretär für Afrika, beschrieb die Führer der südafrikanischen Streitkräfte als eine »Lobby modernisierender Patrioten«. Er war einer der bestinformierten Akteure, die je von Washington mit dieser Region betraut worden waren. Er hatte Andrew Young kritisiert, weil dieser unrealistische Erwartungen geweckt und versucht habe, Südafrika eine amerikanische Tagesordnung aufzuerlegen. Doch er selbst war bereit zu dulden, daß die südafrikanische Militärmacht der Region eine amerikanische Tagesordnung auferlegte. Durch die Unterstützung von Rebellionen und durch heimliche Sabotageakte jenseits der Grenzen gelang es Pretoria, die schwarzen Nachbarstaaten dazu zu zwingen, seine Hegemonie anzuerkennen, ihre wirtschaftliche Abhängigkeit einzuräumen und gegen südafrikanische schwarze Exilanten vorzugehen. Washington äußerte zwar gelegentlich moralische Empörung über die Methoden, die geheimen Ausbildungslager, die versteckten Bewegungen von Waffen und Truppen, die Bombardements und Ermordungen, aber es spendete den Ergebnissen herzlichen Beifall, denn es hielt die Zähmung des schwarzen Nationalismus innerhalb und außerhalb Südafrikas für der regionalen Stabilität dienlich und der Sowjetunion abträglich. Die näselnde Stimme, die die Kommentare von Radio Südafrika zu verlesen pflegt, gab eine »Monroe-Doktrin« für die Region bekannt, die sich auf die »gemeinsame Verpflichtung« Pretorias und der Reagan-Administration stütze. Chester Crocker hätte es nie so ungeschminkt ausgedrückt, aber er war es, der den Begriff »konstruktives Engagement« prägte.

»Es ist nicht unsere Aufgabe, zwischen Schwarz und Weiß zu wählen«, erklärte er. Die amerikanische Aufgabe bestehe darin, die westlichen Interessen zu verteidigen, die er – in dieser Reihenfolge – als »wirtschaftlich, strategisch, moralisch und politisch« bezeichnete. Es war bezeichnend, daß das politische Interesse, verbunden mit der Frage, wer in Südafrika herrsche, an letzter, nicht an erster Stelle stand, wo Andrew Young es implizit aufgeführt hatte. Diese Umstellung der Prioritäten war, genau betrachtet, den wahren Verhältnissen angemessener, doch der Wandel selbst war wiederum in erster Linie verbaler Art. Crocker hatte die Prämisse eines Geheimdienstberichtes aus den Nixon-Jahren wiederaufleben lassen: »Die Weißen sind hier und werden hier bleiben; konstruktive Änderungen sind nur mit ihnen zu erzielen. Es gibt keine Hoffnung für die Schwarzen, die politischen Rechte, die sie anstreben, mit Gewalt durchzusetzen. Gewalt führt nur zu Chaos und zu verbesserten Möglichkeiten für die Kommunisten.« Obwohl die Regime von Mozambique, Angola und Rhodesien, die alle in diese Einschätzung einbezogen waren, inzwischen gestürzt waren, schien sie als Kennzeichnung der Situation in Südafrika plausibler denn je. Und Crocker fand einen Weg, dies offen zu sagen, indem er mit zwei Axiomen balancierte: Die Vereinigten Staaten würden die »Destabilisierung« Südafrikas nicht zulassen, und sie würden sich nicht mit der Apartheid arrangieren.

Sie würden sich nicht mit der Apartheid arrangieren, aber sie würden sich, was konstruktive Änderungen anging, auf die Weißen verlassen, die an der Macht waren und das Apartheid-System immer noch eifrig verfeinerten. Die offenkundigen Widersprüche dieser Haltung konnten nur aufgehoben werden, wenn man den Versprechungen von Wandel und Reform, die Besuchern wie Chester Crocker in den Büros weißer Generale, Minister und Industriebosse pauschal angeboten werden, Glauben schenkte oder sie mit vorsätzlicher Blindheit akzeptierte. Dazu durfte man auf keinen Fall zur Kenntnis nehmen, was sich in Gebieten wie KwaNdebele oder der Ciskei abspielte. Nicht zwischen Schwarz und Weiß zu wählen bedeutete in der Praxis, sich auf die weiße Politik einzulassen und die amerikanischen Interessen mit dem Schicksal der regierenden Partei gleichzusetzen. Es bedeutete, die schwarzen Nationalisten abzuschreiben, es sei denn, sie mauserten sich zu Renegaten, die bereit waren, eine untergeordnete Partnerschaft im Apartheidstaat zu akzeptieren, wenn dessen nächste Renovierung anstand. Winnie Mandela drückte dies treffend aus, als ich sie zuletzt am Ort ihres Zwangsexils besuchte, wohin man sie ursprünglich geschafft hatte, damit sie nicht mit Andrew Young bei seinem ersten Besuch im Jahre 1977 zusammentreffen konnte. »›Konstruktives Engagement‹« heiße, so sagte sie, daß man die Schwarzen auffordere, ihren Kampf abzubrechen, weil »die Bonzen schon alles richten werden«.

Andere Schwarze gelangten zu dem gleichen Schluß. Zum erstenmal seit fast zwanzig Jahren kam es nun vor, daß man bei amerikanischen diplomatischen Empfängen außer Bediensteten keine Schwarzen antraf. Sie wurden, wie ich hörte, stets eingeladen, blieben aber häufig fern. Wichtige amerikanische Regierungsvertreter besuchten zuweilen das Land, ohne auch nur einen symbolischen Versuch zu machen, etwas über die Meinung der Schwarzen zu erfahren. Der Chef der CIA traf während eines Blitzbesuches, den man hatte geheimhalten wollen, neben seinen offiziellen Gesprächspartnern, deren Namen nicht bekanntgegeben wurden, nur mit einer Auswahl von Johannesburger Geschäftsleuten zusammen, den – nach Auffassung sowohl von Andrew Young als auch von Chester Crocker – »Schrittmachern des Wandels«.

Ich fragte Gavin Relly, den Präsidenten der Anglo American Corporation, einer höchst einflußreichen amerikanisch-südafrikanischen Beteiligungsgesellschaft, ob der südafrikanische Konflikt nicht irgendwann ein Ende nehmen müsse. Er antwortete: »Als ich viel jünger war, dachte ich ziemlich naiv: Weshalb machen wir diesen Blödsinn eigentlich immer noch weiter? Weshalb führen wir nicht ›One man, one vote‹ ein, und damit Schluß? Heute denke ich ganz anders. Ich glaube nicht an endgültige Lösungen. Man kann auch in einem Zustand des permanenten Übergangs leben.«

Dies war weder eine doktrinäre noch eine inhumane Aussage, aber sie setzte auf Jahrzehnte hin eine weiße Herrschaft voraus und wurde damit den schwarzen Erwartungen nicht gerecht. Die Apartheid würde überleben, aber es würde sich um eine Apartheid mit menschlichem Antlitz handeln, das sich heute, wenn nötig, als braun oder gar schwarz erweisen mochte, was es jenen, die sich konstruktiv in Südafrika engagieren wollten, ermöglichte, dies mit etwas weniger Verlegenheit zu tun. Repression wäre immer noch notwendig, aber man würde versuchen, sie diskret zu handhaben. Der Westen würde die guten Absichten der Weißen unbesehen zu akzeptieren haben und sie sogar übertreiben, wobei er das zentrale Problem der Macht so weit wie möglich ignorieren würde, um ein strategisches Vakuum zu verhindern und sich seinen Nachschub an Gold, Platin, Mangan, Vanadium und Chrom zu sichern – all das allein aufgrund des neuesten Standpunktes, den man in Washington vertrat. Er würde es so lange tun, bis das politische Pendel wieder zur anderen Seite ausschlug, um sodann mit geringem oder gar keinem Erfolg wieder Töne rechtschaffener Entrüstung von sich zu geben. Das konstruktive Engagement würde, so könnte es dann heißen, dem konstruktiven Disengagement die Bühne bereitet haben.

Manche Amerikaner spielen sich als Schiedsrichter des südafrikanischen Konflikts auf; andere ergreifen Partei. Frühere Amtsträger pendeln zur Südspitze Afrikas und bezahlen ihre Reise mit sanften Jeremiaden und Vorträgen über westliche Werte, während disparate, selbsterwählte Gruppen mit unterschiedlichen oder gegensätzlichen Interessen die beiläufige, zerstreute, doch historisch gewachsene Identifikation aufrechterhalten, die Amerika mit allen bedeutenden Widersachern des Konflikts verbindet. Währenddessen neigen die Südafrikaner in dem Bestreben, ihr System zu restaurieren und zu bewahren, dazu, den Amerikanern einen Spiegel hinzuhalten, so daß diese, wie ambivalent auch immer, von einer seltsamen Familienähnlichkeit überrascht werden. Es wäre übertrieben, von der Amerikanisierung der Apartheid zu sprechen, aber ein wenig Imitation ermöglicht es den Abgesandten des amerikanischen Risikokapitals und der Geschäftswelt, sich in der Umgebung, die die Apartheid gestaltet, immer behaglicher und optimistischer zu fühlen. Wenn es gelingt, das, was in San Diego oder Houston für normal gehalten wird, in Durban oder Johannesburg als nicht anormal erscheinen zu lassen, dann darf man annehmen, daß das Problem, in welchem Zeitraum auch immer, seiner Lösung entgegensieht. Die Entdeckung, daß ein Schwarzer in einem Restaurant am Nachbartisch sitzt oder eine qualifizierte Arbeit für einen anständigen Lohn ausführt – daß also Südafrika als Ganzes nicht notwendigerweise ständig eine Strafkolonie für alle Schwarzen ist –, stellt sich amerikanischen Hirnen wie eine hoffnungsvolle Botschaft dar.

Amerikaner haben sich nie lange in Südafrika aufgehalten, und es war überraschend leicht, die Vorstellung zu ignorieren, daß die Schwarzen vielleicht mehr wollten als häppchenweise Änderungen, die allenfalls darauf hinausliefen, für einen eng begrenzten Kreis von ihnen eng begrenzte Möglichkeiten zu eröffnen. In schiefer Analogie zur Entwicklung in ihrem eigenen Land fragten sich die amerikanischen Besucher, weshalb die Apartheid nicht einfach verschwinden könne. Die Antwort ist für südafrikanische Weiße offensichtlich: Die gesetzliche Gleichstellung für Schwarze wird rasch und unvermeidlich zum Verlust der weißen Macht führen. Weiße wie Schwarze begreifen, daß die Schwarzen das Land genauso beherrschen müssen, wie die Weißen es heute tun, bevor sie das Gebäude der Apartheid vollständig niederreißen können. Amerikaner, die von amerikanischen Analogien ausgehen, neigen dazu, den Konflikt mißzuverstehen, von Menschenrechten und von Lebensstandard zu reden, während sie das zentrale Problem der Macht verwischen. (»Es ist nicht unsere Aufgabe, zwischen Schwarz und Weiß zu wählen.«) Dies führt leicht zu der Annahme, daß Weiße, die von »Reform« und »Wandel« sprechen, ein Ende der weißen Vorherrschaft beabsichtigen, während sie oft nur nach Wegen suchen, diese Vorherrschaft erträglicher zu gestalten, damit sie überdauern kann.

Die aufgeklärten südafrikanischen Industriellen von heute, die sich für eine evolutionäre Entwicklung einsetzen, gleichen den weißen »Paternalisten« Zentralafrikas, die Doris Lessing vor dreißig Jahren, also vor dem heillosen rhodesischen Krieg, verspottete. Diese Männer würden alles auf der Welt für die Afrikaner tun, schrieb sie, »abgesehen davon, den Afrikanern ... das gleiche Stimmrecht wie dem weißen Mann zu geben«. Die Wirkung von Doris Lessings Sarkasmus ist unter den Spielarten der Demokratie etwas abgestumpft, die sich in unabhängigen schwarzen Staaten herausgebildet haben, darunter in Simbabwe, Sambia und Malawi, den Bestandteilen der alten Zentralafrikanischen Föderation, über die sie sich lustig machte. Die nachkolonialen Staaten leisten den weißen Regimen, die sie abgelöst haben, einen unbewußten Tribut, denn auch sie glauben an die Herrschaft und die Schutzwürdigkeit einer Elite, mit dem einzigen Unterschied, daß sie diese nun gelegentlich als »Avantgarde« bezeichnen. Wie immer die Elite sich nennen mag, sie hat, in Übereinstimmung mit den früheren weißen Regimen, die Tendenz, Oppositionsbewegungen und rivalisierende ethnische Gruppen zu unterdrücken. Natürlich ist von enormer Bedeutung, daß die Wahlkreise der neuen Regime sich nicht auf eine rassische Minderheit beschränken und daß Rechte nicht mehr nach rassischen Kategorien definiert werden. Aber der funktionelle Unterschied zwischen dem Entzug des Wahlrechts und einer gleichberechtigten Stimme in einem Einparteienstaat ist, wenn man es genau betrachtet, eher subtil.

Natürlich wollen die amerikanischen multinationalen Gesellschaften, die sich zu den Sullivan-Prinzipien bekennen, nicht bei der

Aussage überrascht werden, daß »sofortige Gleichheit« nicht notwendig sei. Das würde man zu Hause als ungehobelt betrachten. Aber das, was sie sagen, läuft manchmal auf das gleiche hinaus. Mobil etwa bedient sich der gleichen Art unternehmerischer Fürsorglichkeit, die es in seiner Werbung in Amerika einführte, und weist in einer doppelseitigen Farbanzeige in südafrikanischen Zeitschriften darauf hin, wie wichtig es sei, die »schwarze Ausbildung« zu verbessern. Nicht die Ausbildung der Schwarzen, sondern die schwarze Ausbildung. Das Apartheid-Muster wird zumindest impliziert. Die Konzernwerbung krittelt jedenfalls nicht daran herum. Statt dessen konzentriert sie sich auf das, was sie für wesentlicher hält:

> Wenn das System der freien Wirtschaft sich durchsetzen und wachsen soll, benötigen wir qualifizierte Menschen; Weiße allein können die zusätzlichen 220000 Stellen für Führungskräfte, Facharbeiter oder angelernte Arbeiter nicht besetzen, die bis zum Ende des Jahrhunderts alljährlich geschaffen werden müssen.
> Es genügt nicht, einfach eine größere Zahl von Menschen zu erziehen und auszubilden – die Qualität der schwarzen Ausbildung und ihr Endprodukt müssen verbessert werden . . . Südafrikas und Ihre eigene Zukunft hängen davon ab.

Das unterlegte Photo zeigt einen Schwarzen und einen Mischling, die in einer Ghetto-Szenerie trostlos an einer Mauer lehnen. Über ihren Schultern ist ein Graffito gekritzelt, der dem Geiste eines Werbefachmanns entsprungen ist: »Schwarze Ausbildung braucht keine Einbahnstraße zu sein.« Gegen den Gedanken ist nichts einzuwenden, aber er identifiziert Mobil mit der einen Hälfte des Regierungsarguments. Die andere Hälfte ist nichts als Drohung, denn sie behauptet, daß Zwist und radikaler schwarzer Despotismus um sich greifen würden, wenn die Weißen gezwungen wären, den Griff um die Macht zu lockern, was weder dem »System der freien Wirtschaft« noch der »schwarzen Ausbildung« dienlich wäre. Laßt die Dinge wie gewohnt weiterlaufen, rät man der Außenwelt, dann wird es bald Hunderttausende, vielleicht Millionen von gebildeten Schwarzen geben, und vielleicht läßt sich die Apartheid dann noch weiter mildern. Wahrscheinlich hat Mobil eine andere Geschichtsphilosophie. Wahrscheinlich würde es nicht der Ansicht zustimmen, daß dies eine unvermeidliche Entweder-Oder-Entscheidung ist. Die politische Frage, wer die »schwarze Ausbildung« kontrolliert, wird in der Anzeige nicht gestellt. Was Mobil im Grunde zu Schwarzen wie Weißen sagt, ist dies: »Die Apartheid braucht keine Einbahnstraße zu sein.«

»Historisch betrachtet«, schrieb Chester Crocker einmal, »ist Südafrika seinem Wesen nach ein Teil von uns.« Er sprach davon, wie die Amerikaner den Sachverhalt sehen, und ließ die Frage beiseite, wie die Mehrheit der Südafrikaner ihn wohl sehen würde, würde jemand sie danach fragen. Crockers Bemerkung mag arrogant klingen, aber sie enthält die scharfe Beobachtung eines scharf beobachtenden Mannes. Er wollte darauf hinaus, daß Amerikaner und Südafrikaner Prinzipien und Interessen hätten, die es in Einklang zu bringen gelte. Deshalb müßten die Amerikaner sich gleichzeitig für Stabilität und Wandel einsetzen, wenn das möglich, und vielleicht sogar, wenn es unmöglich sei. Aber dann muß auch Inanda, wie jeder andere Ort in Südafrika, »seinem Wesen nach ein Teil von uns« sein. Inanda ist das schwarze Gebiet bei Durban, wo Daniel Lindley begann, schwarze Seelen zu retten, und wo Oberlin-Absolvent und ANC-Gründer John Dube den größten Teil seines langen Lebens verbrachte. Inanda wuchs um Lindleys Missionsstützpunkt herum. Als dieser sich anschickte, in seine Heimat zurückzukehren, nachdem er vierundzwanzig seiner siebenunddreißig Jahre in Südafrika in Inanda verbracht hatte, führten die Zulu des Ortes eine Sammlung durch, deren Ertrag für seine späteren Beerdigungskosten in Amerika treuhänderisch verwaltet werden sollte. Zwanzig Pfund, die damals einem Gegenwert von etwa hundert Dollar entsprachen, wurden gesammelt. »Wir werden das Geld über die Meere schicken, damit er nicht von anderen beerdigt werden muß«, hieß es.

John Dube erwarb Land in Inanda, nur etwa einen Kilometer von dem Ort entfernt, an dem Mohandas Gandhi, inspiriert durch Tolstoi, eine ländliche Kommune mit Namen Phoenix gründete, wo Weiße und Inder in rassischer Harmonie leben sollten. Gandhi gründete 1904 in Phoenix die Zeitung *Indian Opinion;* im selben Jahr rief Dube die Zulu-Zeitung *Ilanga* ins Leben. Als ich Phoenix im Jahre 1965 zum erstenmal besuchte, war die Siedlung immer noch zwischen Zuckerrohrfeldern und kleinen Gehöften von Zulu wie Indern eingebettet, die seit den Tagen Dubes und Gandhis friedlich zusammenlebten. Bei meiner Rückkehr siebzehn Jahre später waren die meisten ehedem freien Flächen von schwarzen und indischen Flüchtlingen aus Durban besiedelt, deren Wohnviertel die Apartheid eingeebnet hatte. Gandhis Siedlung hatte als Gedenkstätte überlebt, aber Rassenharmonie war nur noch das Thema eines kleinen Museums, das hier zur Erinnerung an den künftigen Mahatma errichtet worden war. Mittlerweile hatte sich ein neues Phoenix aus der Asche von Gandhis Traum erhoben: eine gesonderte indische Township – die Antithese dessen, was er zu erbauen gehofft hatte, zynisch oder verständnislos auf den von ihm gewählten Namen getauft. Phoenix, die indische Township, erstreckte sich nun über einen, Inanda, das schwarze Wohngebiet, über die anderen Hügel. Gandhis winziges Phoenix lag in der Mitte, zusammengepreßt vom Schraubstock der Apartheid – ein Markstein auf dem Wege zu einem Südafrika, das nie Wirklichkeit wurde.

Wo Schwarze immer noch auf Land lebten, das Indern gehörte, waren die Behörden eifrig dabei, sie zu vertreiben. Die Rassengrenzen wurden verstärkt, nicht gelockert. Zu diesem Zweck hatte man Inanda in ein juristisches Niemandsland zwischen Südafrika und dem Zulu-Homeland verwandelt. Es war eigentlich nicht mehr Teil des einen, aber auch noch nicht Teil des anderen, so daß sich keiner von beiden dafür zuständig fühlte, ein ordnungsgemäßes Wasserversorgungssystem zu bauen, als die Bevölkerung des Gebietes in den siebziger Jahren durch schwarze Flüchtlinge aus den weißen Gebieten um hundertdreiundfünfzig Prozent zunahm. So kam es, nur zwanzig Kilometer von Durban, einer wichtigen Industriestadt, entfernt, zu Typhus- und Choleraepidemien. All dies ereignete sich, während Chester Crocker über die Perspektive eines »zweckgerichteten Wandels« schrieb.

Und er war natürlich zweckgerichtet. Aber dann kam, um meine Parabel zu verwirren, die Art Wandel, die Crocker meinte, nach Inanda: Zuerst in Khaki, da die Armee eine Trinkwasser-Notversorgung für das heimgesuchte Gebiet organisierte; dann in Nadelstreifen, als Geschäftskreise über die Urban Foundation, ihre privat finanzierte Abteilung für gute Taten, nicht nur ein anständiges Wasserversorgungssystem, sondern auch eine vernünftige Wohnungsbauplanung für diese Gegend mit ihrer rapide zunehmenden Bevölkerung forderten – nicht die übliche, staatlich verwaltete Township, sondern ein Demonstrationsprojekt für das System der freien Wirtschaft, in dem die Angestellten der industriellen Geldgeber der Urban Foundation ihr eigenes Heim besitzen könnten. Das Ergebnis war ein beispielhaftes »Selbsthilfeprogramm«, bei dem man Familien Bauplätze, komplett mit Wasser- und Straßenanschluß sowie diversen kommunalen Einrichtungen, zur Verfügung stellte und ihnen außerdem die Kredite, Baumaterialien und technischen Ratschläge bot, die sie zur Errichtung der Häuser benötigten. Als ich Inanda besuchte, waren seit zwei Jahren monatlich rund siebzig Häuser gebaut worden, und der Ort besaß inzwischen einige private schwarze Bauunternehmer.

Natürlich handelte es sich um ein Vorzeigemodell. Ich brauchte nicht weit zu fahren, um die Überreste einer Obdachlosenkolonie zu finden, wo ganze Familien sich in hölzernen, aus Versandkisten mit der Aufschrift »Toyota« oder »Renault« gezimmerten Verschlägen zusammengedrängt hatten. Ich wußte auch, daß der juristische Status der Anwohner immer noch von vielen Unklarheiten umschattet und bisher keiner von ihnen Eigentümer des Bodens war, auf dem sein Haus stand. Dennoch war es ein an den Wurzeln anpackendes Projekt, das man überall in der Welt freudig begrüßen würde – der Beweis für die Fähigkeit eines reichen Landes, der Probleme menschlichen Elends Herr zu werden, die es weitgehend selbst geschaffen und durch Gesetze zementiert hatte. Und es ließ mich an einen Kontrast denken, der voller Schärfe und Zwiespältigkeit war. Mehrere Wochen zuvor hatte ich die Barrios besucht, die überfüllten Barackengebiete, die Maputo, die weiter nördlich am Indischen Ozean gelegene Hauptstadt Mosambiks, umgeben. Wenngleich weniger weit von Durban entfernt als Johannesburg, liegen doch Welten zwischen den beiden Küstenstädten. Dort hatte eine radikale politische Bewegung die Massen seit fast einem Jahrzehnt mobilisiert, doch am Nachmittag meines Besuches bedeutete dies lediglich, daß diese Massen für ihre Wasserration Schlange stehen mußten; Gleichheit bedeutete in diesem Kontext Mangel und gleiche Bedürftigkeit. Währenddessen konnte in Südafrika ein System, das Flüchtlinge, gelegentliche Epidemien und krasse Ungleichheiten produzierte, das Bemühungen um Massenaktion und wirtschaftliche Initiative routinemäßig für kriminell erklärte, wie beiläufig, gleichsam als experimentelle Abschweifung von seinen üblichen Geschäften, damit beginnen, einige seiner Bürger so unterzubringen und zu ernähren, wie es die politische Führung in Maputo von Anfang an ernsthaft, aber vergeblich angestrebt hatte.

Wenn ein Vorhaben wie das Inanda-Projekt von der Frelimo, der revolutionären Partei Mosambiks, und nicht von einer durch ein Oligopol geförderten Stiftung entwickelt worden wäre, hätte es zweifellos großen Eindruck auf mich gemacht. Es schien nur vernünftig, auch in Südafrika beeindruckt zu sein, auch wenn das Gerüst der Rassengesetzgebung nicht im geringsten erschüttert worden war. Im Gegenteil, während die neuen Häuser emporwuchsen, waren die Behörden eifrig bemüht, Zehntausende von »Illegalen« aus Inanda zu vertreiben. Auch sollen sie darauf gedrängt haben, solchen Schwarzen in dem Entwicklungsgebiet keine Darlehen für den Hauskauf zu gewähren, die den Prozeß ihrer eigenen Entfremdung als Südafrikaner noch nicht begonnen, das heißt sich noch nicht als Bürger des Homelands hatten registrieren lassen. Im Namen der »Selbsthilfe« brachte die Apartheid also eine weitere Unterkaste in Inanda hervor.

Genau das Gegenteil war weniger als fünfhundert Kilometer entfernt in Maputo zur Zeit der »Befreiung« von Portugal geschehen, als man alle Wohnungen in dem Neubauviertel *cidade di cimento* (»Zementstadt«), die nicht von ihren Besitzern bewohnt wurden, verstaatlicht und den schwarzen Massen zugänglich gemacht hatte. Viele träumen immer noch davon, eine solche Befreiung auch in Durban zu erleben, doch in Maputo löste sie eine katastrophale Flucht der portugiesischen Unternehmer- und Managerschicht aus, was, nach einem zusätzlichen Stoß durch von Südafrika unterstützte Rebellen, zu den Verhältnissen des wirtschaftlichen Zusammenbruchs führte, auf die ich einen Blick geworfen hatte. Und nun vertrieb das sozialistische Mosambik arbeitslose Schwarze schneller aus dem Zentrum von Maputo, als die weißen Behörden in Durban sie aus Inanda entfernten. Damit nicht genug: Dieselben Sozialisten, die sich manchmal immer noch als Marxisten-Leninisten beschrieben, hofften darauf, daß das weiße Südafrika, der verhaßte Apartheidstaat, sie mit Investitionen und Know-how retten würde. Es war nicht mehr auszuschließen, daß schwarze Offizielle aus Mosambik eines Tages Inanda besuchen würden, um sich aus dem dortigen Wohnungsbauprojekt Anregungen für die Barrios von Maputo zu holen. Derlei Verkehrungen verursachten mir ein leichtes Schwindelgefühl. Einen kurzen historischen Moment lang, der drohte, sich zu einer Ära auszuweiten, schien das weiße Südafrika in der Lage, seinen eigenen Schwarzen und seinen schwarzen Nachbarn zu erklären: »Entweder ihr beschreitet unseren Weg, oder ihr braucht gar nicht erst anzufangen. Auf euch allein gestellt, werdet ihr ohnehin nichts zustande bringen. Dafür werden wir schon sorgen.«

Von einem Hügel oberhalb Inandas aus blickte ich auf den verrückten Flickenteppich, den die Apartheid über dem Land ausgebreitet hatte: auf die indische Township, die Obdachlosenkolonien, das neue Inanda-Projekt und die obligatorische schwarze Township KwaMashu auf der anderen Seite einer Senke. »Ich kann mir keinen Reim darauf machen«, sagte ich zu meinem Freund Chris More aus Soweto. »Ich versuche es gar nicht erst«, antwortete er lachend.

Inanda war mutmaßlich »ein Teil von uns«, weil einige seiner Bewohner hundertvierunddreißig Jahre nach dem Eintreffen von Daniel Lindley endlich von dem System der freien Marktwirtschaft begünstigt worden waren, das man in Südafrika praktiziert, und daher von der westlichen Wirtschaftsordnung insgesamt. Aber seine Bewohner würden keine Grundbesitzurkunden für ihren Boden erwerben können, jedenfalls nicht, bis Inanda förmlich mit dem umliegenden Homeland verschmolzen war. Danach würde es »ein Teil von uns«, aber nicht von Durban sein, wo seine Bewohner arbeiteten und zumeist auch gelebt hatten. Und eines Tages, wenn man die Zulu-Führer endlich beschwatzt haben würde, die bis jetzt entschieden abgelehnte Unabhängigkeit zu akzeptieren, würde es kein Teil von Südafrika mehr sein. Das war es, was Chris vor Augen hatte.

Würde sich andererseits eine »Befreiung«, die Durban das zufügte, was sie Maputo zugefügt hatte, in den Augen von Chris oder der Bewohner von Inanda überhaupt lohnen? Nach meiner Meinung, auf die es nicht ankam, würde sie sich trotzdem lohnen, aber die Probleme verwischten sich. Wenn sich die Demokratie durch irgendein Wunder plötzlich in einer wirtschaftlich und sozial so verqueren und gespaltenen Gesellschaft wie der Südafrikas durchsetzen sollte, wie könnten ihre Führer dann der Forderung nach radikalem Wandel im Namen der Gleichheit widerstehen? Und wie könnte man verhindern, daß ein solcher Wandel angesichts der nahezu monopolhaften Verfügung über leitende und unternehmerische Fertigkeiten durch eine Rassenkaste zum wirtschaftlichen Zusammenbruch führt? Wie könnte sich eine besonnene schwarze Regierung in Anbetracht solcher Aussichten auf das Risiko der politischen Demokratie einlassen? Würde nicht auch sie versucht sein, in einem Zustand des »permanenten Übergangs« zu verharren, um sich eine multirassische, hauptsächlich weiße Oligarchie zu erhalten, die die Bergwerke, Farmen und Fabriken in Betrieb halten würde? Ich war stets der Meinung gewesen, daß mein Land auf der Seite der politischen und sozialen Demokratie in Südafrika stehen sollte. Hier in Inanda, mit den Gedanken in Maputo, stellte ich mir nun die Frage, ob eine solche Seite überhaupt existieren könne oder, da ich wußte, daß sie existierte und in den Gefühlen vieler schwarzer und einiger weißer Südafrikaner unauslöschlich war, ob sie je dem Land, das die Apartheid geformt hatte, ihren Stempel würde aufdrükken können.

Der übliche Respekt

Die Farbe des Schildes blätterte schon ab, aber es verkündete immer noch grell: »Alle Lügner, Atheisten, Skeptiker und Narren bitte draußen bleiben!« Ich war ziemlich sicher, kein Lügner zu sein, und wollte nicht über die anderen Kategorien nachdenken, deshalb trat ich näher, um das Kleingedruckte zu lesen: »Ein sieben Jahre dauernder Fluch soll alle heimsuchen, die an dieser Stätte irgend etwas zerstören. Sie werden bei allem, was sie tun, Unglück haben, wie Tiere gehetzt werden und schließlich qualvoll an einsamem Orte sterben! Hütet euch!«

Ich beschloß, alles zu riskieren, und betrat das umfriedete Gelände eines Schreins, der teils durch den Kult der Hindu-Rachegöttin Kali, teils durch Disney World inspiriert zu sein schien. Angeblich war es ein afrikanischer Kral, doch die Dächer der getünchten Rundhütten waren über und über mit religiösen Symbolen bedeckt, die nicht unbedingt etwas mit Afrika zu tun hatten, darunter die islamische Mondsichel und das hinduistische Hakenkreuz. Übergroße, grob geformte Skulpturen aus Zement, von Gips überzogen, standen auf den freien Flächen zwischen den Hütten und sahen so aus, als seien sie als bildliche Darstellung der Schizophrenie gedacht. Dieses mit eher bedrückend als strahlend wirkenden Leuchtfarben gestrichene Pantheon enthielt einen Dinosaurier, einen Tiger, eine grüne Erdmutter von der Statur eines Ochsen, einen Marsbewohner oder sonstigen extraterrestrischen Besucher mit extrem hoher, organgefarbener Stirn und eine mechanische, roboterhafte Gestalt.

Ein unvorbereiteter Betrachter, der außer der Warnung am Eingang ohne jede Erklärung auf diese Totems stieße, würde wohl zu dem Schluß neigen, daß es sich hier um Produkte einer hypersensiblen, besessenen und möglicherweise gestörten Phantasie handele. Damit wäre er allerdings weit von den Reflexionen entfernt, die die weißen

Offiziellen des West Rand Administration Board, des Trägers der Ausstellung, auszulösen hofften, als sie die Anlage finanzierten und dafür sorgten, daß sie als wichtigste kulturelle Attraktion in die Besichtigungsfahrt ihrer Busse durch die Township Soweto aufgenommen wurde. Die Behörde, ein Ableger der weißen Bürokratie, die die größte schwarze Siedlung des Landes verwaltet, reagierte weder auf Volkes Stimme, noch wurde sie von falschen ästhetischen Werten motiviert, als sie die Errichtung dieses beispiellosen Schreins in einem Park gestattete, den der Bergbaumagnat Sir Ernest Oppenheimer den Schwarzen von Johannesburg mehrere Jahrzehnte zuvor zum Geschenk gemacht hatte. Vielmehr wollte sie eine Darstellung dessen ermöglichen, was sie für die authentischen Merkmale der afrikanischen Kultur hielt.

Nach dem Resultat zu schließen, bestanden diese Merkmale in deren Absonderlichkeit, der Anbetung des Grotesken und der Ferne von jeder religiösen Tradition, die der weiße Tourist mit der seltsamen Erscheinung namens Soweto in Verbindung bringen mochte. Der Schrein sollte dem Besucher verkünden: *Diese Menschen sind wirklich anders, und zwar in vielfältigerer Weise, als du dir vorstellen kannst. Sie wollen wirklich getrennt leben, nicht mit Weißen in Städten – überhaupt nicht in Städten.* Und im übrigen: *Wenn du dies nicht verstehst, dann erzähle uns nicht, wie wir dieses Land regieren sollen.* Mit anderen Worten, Weißen, die nicht an seinen Ritualen, wie immer sie aussehen mochten, teilnahmen, wurde der Schrein als politisches Argument und, mehr noch, als Rechtfertigung präsentiert.

Aber wenn er dies für die Weißen bedeutete, unter deren Schirmherrschaft er stand, was bedeutete er dann für die Schwarzen? Die Frage verwies auf das denkwürdigste Merkmal der Stätte, noch denkwürdiger als die drohenden Zeichen der leuchtfarbenen Ikonen – auf die Tatsache, daß der Schrein für Schwarze nicht ohne weiteres zugänglich war. Er war als Heraufbeschwörung der afrikanischen Kultur für weiße Touristen, nicht für Afrikaner geschaffen worden und war, wie ich erfuhr, bis vor kurzem nur für Besucher geöffnet, die mit dem Bus der Besichtigungsrundfahrt eintrafen. Man stelle sich ein Mekka vor, das Moslems keinen Eintritt gewährt! Die Anomalie wurde schließlich bemerkt, und nun gab es ein Schild mit der Aufschrift: »Stadt Soweto. Museum, Dorf und Teegarten. Eintritt 5 Rand.« Dieser Eintrittspreis jedoch, der bedeutete, daß die typische Soweto-Familie eine halbe Monatsmiete berappen müßte, um hier fünfzehn Minuten zu verbringen, sollte die örtliche Neugier offenbar eher beschränken als wecken. Also mußte die Frage, was der Schrein den Schwarzen bedeute, umformuliert und präzisiert werden. Was bedeutete er jenem Schwarzen, der ihn entworfen hatte? Wen wollte der Urheber ansprechen?

Credo Vusamazulu Mutwa, ein traditioneller Gesundbeter oder Medizinmann mit feinem Sinn für Polemik in englischer Sprache, die gelegentlich unleugbare Brillanz besaß, hatte dadurch, daß er die undurchschaubaren Bantu für die Weißen interpretierte, eine bemerkenswerte Karriere gemacht. Am besten war er dann, wenn er mit ätzender Schärfe über die Anmaßungen und die Selbstgefälligkeit der Kolonialkultur und über die anhaltende Unkenntnis des weißen Mannes schrieb, was Afrika und seine Bräuche betraf. Aber sein Geschäft war eher Mystifizierung als Entmystifizierung, und nachdem er seinen Ruf als authentische Stimme eines verachteten Afrika erlangt hatte, paßte er seine Erzählungen mit all der Ausgekochtheit eines Verkäufers, der seinen Markt kennt, den Stereotypen des weißen Publikums an. Ich will damit nicht sagen, daß Credo Mutwa gelegentlich weißen Vorurteilen Vorschub geleistet hätte, sondern daß dies zu seinem wesentlichen Geschäft geworden war, so daß schließlich das Afrika, das er porträtierte, ein fast vollkommenes Spiegelbild des Afrika war, das die Weißen zu sehen wünschten.

In seinen Schriften, etwa *Indaba, My Children* und *Africa Is My Witness,* unterhält Mutwa seine Leser mit Stammeslegenden und geschickten, aus schwarzer Sicht erzählten Neuinterpretationen geschichtlicher Ereignisse wie der sogenannten Kaffernkriege, die alle angeblich von schwarzen Heiligen überliefert wurden. Er lehrt auch, daß Schwarze überall auf der Welt große Fatalisten seien, daß sie ihre Seele in den Städten verlören, keinerlei Eignung für Mechanik hätten, durch kulturelle Vorherbestimmung zu Bestechlichkeit neigten, von Rachedurst beherrscht würden, aber nicht wagten, dem weißen Mann ins Auge zu blicken. (»Dem Bantu scheinen hellgrüne oder blaue Augen übernatürlich, fähig, sogar die Seele zu durchbohren«, erklärt Mutwa. »Wenn es einem Bantu gelingt, einem weißen Mann gerade in die Augen zu blicken, lassen sich zwei Schlüsse ziehen: Entweder er hat jeden Kontakt mit seinen Stammesbräuchen verloren, oder er hat alle Furcht und Achtung vor dem weißen Mann eingebüßt und verachtet ihn.«) Mutwa teilt uns mit, daß das Christentum für den Bantu »eine der schlimmsten Plagen« gewesen sei, denn durch die Verpestung seiner Stammestraditionen habe es eine Rasse entwurzelter Schwarzer hervorgebracht (»leere, düstere, gottlose Zombies, reif für die Bekehrung zu jedem aufrührerischen Glauben«). Die politischen Folgerungen aus diesen Thesen werden unverblümt dargeboten. »Apartheid ist ein Naturgesetz«, schreibt Mutwa. »Apartheid ist das, was wir wollen und brauchen.« Damit meint er, wie er erläutert, ein System, das ihn in seinem Kral in Frieden läßt, das ihn sowohl vor schwarzem Despotismus als auch vor weißer Bigotterie und vor der Barbarei und den Greueln des Rassenkrieges schützt, den seine sibyllinischen Äußerungen ständig ankündigen.

Manche Bestandteile dieses Gebräus könnten einen gewissen Nährwert haben. Natürlich wollen Afrikaner die kulturellen Wunden heilen, die man ihnen geschlagen hat, und verlorene Werte wiederbeleben; natürlich gibt es leere, düstere Zombies – weiße wie schwarze –, die zu gräßlichen Gewalttaten verführt werden können; und natürlich gibt es in der weißen Welt – das heißt in der modernen, industriellen, urbanisierten Welt mit ihrer Imprägnierung aus Rassengesetzen – keine politische Schnellkur für alles, was Schwarze in Südafrika gelitten haben. Aus solchen Themen ließe sich eine profunde Abhandlung über Politik und Kultur für die heutige Generation von Schwarzen herleiten. Aber dieser Zulu-Schamane beabsichtigt etwas anderes. Er sagt den Schwarzen nicht, was sie zu hören nötig haben, sondern den Weißen, was sie hören möchten: daß jeder Schwarze, der von demokratischen Werten, Christentum, der modernen Welt und dem rechtmäßigen Platz seines Volkes darin spricht, definitionsgemäß nichts als ein nachgemachter Weißer sei, ein Betrüger oder eine verlorene Seele, von seinem Volk entfremdet, wurzellos und dem Untergang geweiht.

Man erkennt ihn, wenn er einem in die Augen schaut. Es sind also nicht die Nelson Mandelas oder Steve Bikos oder Desmond Tutus, die schwarze Hoffnungen verkörpern; es sind nicht die Tausende von Exilanten in London oder in der DDR oder in Daressalam, nicht die literarischen Gestalten oder die wenigen Professoren mit einem ausländischen Universitätsabschluß. Es sind die *Songomas,* die traditionellen Seher und Medizinmänner. Das wahre Afrika ist tief, dunkel und – ja – wild, auf ewig unergründlich. Man lausche den Trommeln. Oder, noch besser, man mache die Besichtigungsfahrt durch Soweto – Credo Mutwa wird alles erklären.

Als ich mich anschickte, ein Treffen mit ihm zu vereinbaren, entdeckte ich, daß er tatsächlich genau zu diesem Zweck vom Staat besoldet wurde. Nachdem ich eine Telefonnummer gewählt hatte, unter der er zu erreichen sein sollte, meldete sich am anderen Ende die Abteilung für öffentliche Parks und Erholungsstätten von Soweto. Ein weißer Beamter teilte mir schroff mit, daß Mr. Mutwa mindestens einen Monat lang nicht für mich zu sprechen sein werde. »Er ist bei uns angestellt und leitet eine Einrichtung«, sagte der Beamte und meinte den Schrein, den ich besucht hatte. »Er hat sehr wenig Zeit.« Zwei Stunden später versuchte ich es in der Hoffnung, daß der weiße Beamte beim Essen sein würde, noch einmal. Diesmal wurde ich direkt mit Credo Mutwa verbunden, der nur unter der Bedingung mit mir sprechen wollte, daß ich schwor, Südafrika durch meine Artikel keinen Schaden zuzufügen. »Ich will niemandem einen Schaden zufügen«, antwortete ich unschuldig. »Ich versuche nur, die Wahrheit zu schreiben.«

Er war zum verabredeten Zeitpunkt nicht im Schrein, aber ein junger Mann, der mich offenbar erwartet hatte, erbot sich, mich zu ihm zu geleiten. Er lotste mich wieder zurück durch Soweto und, zu meiner Überraschung, durch das Tor eines Geländes der Parkverwaltung. Credo Mutwa wohnte wirklich hier, vom übrigen Soweto durch einen hohen Sicherheitszaun getrennt. Der behördeneigene Zauberer war seit den Unruhen von 1976 hier ansässig. Im Grunde befand er sich im Gewahrsam seiner weißen Arbeitgeber, die ihn in einem winzigen Ziegelschuppen untergebracht hatten; der Schuppen hatte große

Ähnlichkeit mit den Dienstbotenquartieren, die in den Hinterhöfen noch des armseligsten weißen Viertels zu finden sind. Man hatte ihm diese Zuflucht gewährt, nachdem sein früheres Heim von Brandbomben zerstört worden war. Junge Schwarze hatten Rache für seine Aussage vor einer offiziellen Kommission in Pretoria genommen, die den Auftrag hatte, die Ursachen der Unruhen von Soweto aufzudecken.

Die weißen Behörden hatten sich des Medizinmanns als Sachverständigen nicht nur für die Ursachen der Gewalttätigkeit, sondern auch für das, was Schwarze wirklich dächten und wünschten, bedient. Seine Aussage war in der afrikaans- und englischsprachigen Presse ausführlich wiedergegeben worden. Er hatte erklärt, daß die meisten Schwarzen nicht fähig seien, Macht auszuüben. Sie seien auch nicht fähig, die Art Bomben, die man in Soweto verwendet hatte, herzustellen; deshalb sei offensichtlich, daß weiße Aufwiegler die Proteste inszeniert hätten. Die Regierung reagiere nicht entschlossen genug; sie solle die Armee einsetzen, denn Schwarze hätten Respekt vor Stärke. »Unsere Ahnen blicken voller Scham auf uns«, hatte der Seher in Pretoria gesagt. Ein paar Wochen nach dem Angriff auf sein Haus war auch sein Schrein niedergebrannt worden. Es dauerte mehr als ein Jahr, bevor die Busse wieder dort haltmachten, damit weiße Touristen über die Geheimnisse Afrikas staunen und nachdenken konnten.

Ich hatte alles dies für alte Geschichten gehalten, aber der Vorwurf, ein Verräter zu sein, warf immer noch einen schweren Schatten auf Credo Mutwas Leben; er betrachtete sich als einen Gezeichneten. Zugleich verging er, nach sieben Jahren im Hinterhof der Parkverwaltung von Soweto, aber auch nicht vor Dankbarkeit für die vielen Beamten, die sich bemüht hatten, ihn zu zähmen. Credo Mutwa hatte ein tiefverwurzeltes Gefühl der Zwiespältigkeit seinen weißen Gönnern gegenüber, das wohl deshalb besonders schwer für ihn zu verarbeiten war, weil er sich nicht in der Lage glaubte, ohne sie zu überleben. »Ich möchte nichts anderes als die Möglichkeit, wieder in einem Zulu-Kral zu leben«, hatte er einmal geschrieben. Doch er saß immer noch in Soweto fest, wo er sich hinter einen Sicherheitszaun der Regierung geflüchtet hatte und seine private – manchmal auch nicht ganz so private – Rechnung über die Chancen führte, die ihm durch Weiße, denen er Vertrauen geschenkt hatte, entgangen waren.

Es war eine traurige Geschichte – eine, die er wirklich in allen Einzelheiten hätte niederschreiben sollen. Er hatte jahrelang in einem Raritätenladen auf der Eloff Street in Johannesburg gearbeitet, wo er die tiefe Bedeutung von allen möglichen Gegenständen, zumeist Nippsachen und Krimskrams, bezeugte; er half seinem Arbeitgeber, diese Gegenstände zu sammeln, oder fertigte sie zuweilen einfach selbst an. Später, als die erste Ausgabe seines ersten Buches erschien, zierte das Titelbild ein Foto Mutwas mit dem Ladenbesitzer, der als sein »Förderer« beschrieben wurde, und mit einem weißen Professor, den man als seinen Lektor ausgab. Noch später beschwerte er sich darüber, daß das Manuskript ohne sein Einverständnis geändert worden sei und er den ihm zustehenden Anteil der Tantiemen niemals erhalten habe. Aus diesen Gründen schreibe er hinfort keine Bücher mehr.

Der Mann, der da in einem düsteren, überladenen kleinen Zimmer vor mir saß, wurde zum Teil von den Gläsern seiner Brille und einem übergroßen weißen Kittel verborgen, der seine Korpulenz wie ein Sack umhüllte. Aber seine Stimme war ein wunderbares Instrument, honigsüß und von gewaltiger Resonanz, mit einer Tonskala, die Humor, Entrüstung und Verletzung einschloß. Seine Ausführungen waren ein Ein-Mann-Oratorium, das unterhalten und belehren sollte. Credo Mutwa ließ mich rasch fühlen, daß er meinen Typ, daß er alle unsere Typen kenne. Sein anfänglicher Argwohn wurde durch die Antwort zerstreut, die ich auf seine Frage nach meiner religiösen Herkunft gab. »Ich kann offener mit Ihnen sprechen, Mr. Lillydale, weil Sie ein Israelit sind. Wir Afrikaner nennen euch das heilige Volk.«

Nun streckte er die Hand nach einem Regal über meinem Kopf aus und nahm mehrere steinerne Artefakte herunter. Eines, mit einer Fassung aus blankgeputztem Kupfer versehen und aus einem jadegrünen Stein gemeißelt, war unzweifelhaft ein geschwollener Penis. Ein anderes war eine Tafel aus Seifenstein. In alle waren Symbole eingraviert; manche wirkten wie Hieroglyphen, andere hätten Miniaturwiedergaben von Piktogrammen sein können, die Buschmänner einst an

Höhlenwände zeichneten. Die Symbole auf dem Seifenstein, mit unbeholfener Kantigkeit in die Oberfläche eingeschnitten, waren grobe Nachahmungen hebräischer Schriftzeichen. Wenn ich gebeten worden wäre, das Alter dieser Gegenstände zu erraten, hätte ich auf zwei Wochen bis zwei Jahre getippt; Mutwa informierte mich, daß es nach Jahrtausenden zu schätzen sei. Dann übersetzte er eine der Inschriften langsam und mit auf Wirkung bedachter Mühsamkeit: »Du ... sollst ... deinen ... Nächsten ... lieben ... wie ... dich ... selbst.« Dabei fuhr er mit dem Zeigefinger über die Symbole, als handele es sich um Blindenschrift. »Dies war – wie so vieles andere – unseren Vorfahren bekannt«, sagte er feierlich.

Diese Fälschungen waren natürlich nicht in dieselbe Kategorie einzustufen wie die Hitler-Tagebücher, aber Mutwas Vorstellung war faszinierend. Ich erfuhr, daß einer der verlorenen Stämme Israels sich in Venda niedergelassen habe, einem winzigen, jetzt »unabhängigen« schwarzen Homeland. Dann machte Mutwa einen Sprung in die Gegenwart und klärte mich auf, wer die »wahren Führer« Afrikas seien, nämlich nicht die »schäbigen, dummköpfigen Politiker«. Die wahren Führer seien kaum bekannt; es seien die Priester Afrikas, »die Menschen, die Medizinmänner genannt werden«. Alle Kriege Afrikas seien religiöser Art, und nur die Medizinmänner könnten hier die Führung übernehmen. Aber zur Zeit hielten sie sich zurück, warteten, wie ich folgern sollte, an Orten wie dem Gelände der Parkverwaltung von Soweto auf ihre Zeit. Mutwa sprach es nicht aus, aber er ließ keinen Zweifel daran, daß ich einem dieser Erwählten gegenübersaß.

Wir hatten uns seit mehr als zwei Stunden unterhalten, als ich plötzlich einen gebieterischen Ruf hörte. Eine Gestalt erschien in der sonnenüberfluteten Türöffnung; es war ein bleicher, ziemlich junger Bure, der kurze Shorts und schlaff herabhängende Kniestrümpfe trug. Er wollte wissen, weshalb eine Arbeit, der Mutwa sich im Büro hatte widmen sollen, immer noch unerledigt war. Credo Mutwa, wenigstens zwanzig Jahre älter als der Weiße, war nun auf den Beinen, rang die Hände und sprach mit einer Stimme, die ich vorher nicht vernommen hatte. Sie war einschmeichelnd, weinerlich – die Stimme eines vom Schluchzen erschöpften Kindes. Aber Mutwa war nicht so durcheinander, daß er versäumt hätte, den Weißen in der dritten Person anzusprechen. Hatte der *Baas* am Morgen nicht die Zeitungen gelesen? Hatte der *Baas* nicht die Schlagzeilen über die Kämpfe an der Universität von Zululand gesehen? Hatte der *Baas* nicht gehört, daß unsere Kinder einander mit Speeren töteten? Erinnerte er sich nicht, daß Mutwas eigener Sohn dort studierte? Darauf veränderte sich die Stimme des Weißen nicht minder drastisch. Wo er zuvor gebieterisch gewesen war, zeigte er nun Anteilnahme und gurrte wie eine Mutter, die ihrem Kind die Tränen abwischt. »O, Credo, o, Credo«, murmelte er tröstend. Er habe von den Kämpfen gehört, aber nicht an Credos Sohn gedacht. Oh, er hoffe, daß alles in Ordnung gehen werde. Es werde in Ordnung gehen. Er wisse es.

»Baie dankie, Baas«, sagte Mutwa mit erstickter Stimme.

»Baie dankie, Credo«, säuselte der Bure.

Nachdem diese ergreifende Szene beendet und der Mann verschwunden war, fragte ich Mutwa, ob der Weiße wirklich darauf bestehe, von ihm als sein »Herr« angeredet zu werden. Dies erscheine mir etwas seltsam, da Mutwa offensichtlich älter, kultivierter und weiter gereist und dazu ein berühmter Autor sei. »Wir verstehen in diesem Land nicht miteinander zu sprechen«, erwiderte er melancholisch. Unsere Unterhaltung stockte. Es dauerte einige Augenblicke, bis er seine prophetische Stimme wiedergewonnen hatte. Als ich eine Bewegung machte, die meinen Fortgang hätte nahelegen können, hielt er jäh inne, als hätte ich ihm den Strom abgedreht. »Ich habe mich nicht verkauft. Ich bin kein Verräter«, sagte er mit einer Stimme, die weder Pathos noch Stolz vortäuschte, als wir in der Tür standen. Vielleicht war sogar ein Anflug von Humor, die verbale Entsprechung eines Augenzwinkerns, herauszuhören, als er hinzufügte: »Ich bin nur ein alter Mann, der weiß, wie man mit Buren zu reden hat.«

Ministerpräsident Pieter Willem Botha versicherte mir in seinem Büro im Hendrik-Verwoerd-Haus in Kapstadt: »Die Zeit wird kommen, in der die Mischlinge und die Schwarzen zugeben werden, daß die Nationale Partei der Katalysator ihrer Selbstverwirklichung im südlichen Afrika gewesen ist.« Daß die Mischlinge und die Schwarzen, denen die Mitgliedschaft in der Nationalen Partei natürlich verwehrt ist, sich aus *eigener Kraft* verwirklichen könnten, war nach seiner Philosophie unvorstellbar. Oder, genauer gesagt, es war ein Alptraum. Die Buren mochten in dem Land, das sie als ihr eigenes betrachten, eine Minderheit von weniger als einem Zehntel bilden, aber es war ihr Vorrecht, das Ziel, den Weg und den Zeitplan für alle anderen festzulegen. Und wenn sie irgendwann einmal ein wie auch immer geartetes Ziel erreichen mochten, dann würden alle anderen gelernt haben, sich dankbar zu zeigen.

Dieser Ministerpräsident* galt bei seinem Amtsantritt als rücksichtsloser Apparatschik und aufbrausender Grobian, als ein Mann, der mit Beruhigungsmitteln vollgestopft werden mußte, wenn er mit einem Vertreter einer anderen politischen Kultur ein gesittetes Gespräch führen sollte. In der Praxis hatte er sich jedoch als der erste burische Nationalistenführer erwiesen, der überhaupt die Fähigkeit besaß, andere Standpunkte zu berücksichtigen, als gewiefter Politmanager, der den Mut hatte, von seinem eigenen Volk Opfer zu verlangen, und der die Buren aufforderte, »euer Herz mit eurem Verstand zu zähmen«.

Doch was er über die schwarze Realität in seinem eigenen Land wußte, hatte er aus Geheimdienstberichten und durch sorgfältig geplante offizielle Reisen in Hubschraubern und Staatslimousinen oder durch gelegentliche, vielleicht alle zwei oder drei Jahre einmal stattfindende Begegnungen mit einem schwarzen Geistlichen oder einem Homeland-Führer erfahren, die bereit waren, mit ihrer Meinung nicht gänzlich hinter dem Berg zu halten. P. W. Botha war bereit, sich mit schwarzen Nationalistenführern aus Mosambik, Simbabwe und sogar Namibia zu treffen; es fiel ihm schwer, nicht mit seiner freundschaftlichen Beziehung zu dem angolanischen Rebellen Jonas Savimbi zu prahlen. Er war bereit, an jeden Ort Afrikas zu reisen, nur um den kläglichen Boykott der Organisation für Afrikanische Einheit einmal mehr zu durchbrechen. Aber er war nicht bereit, die Existenz

* 1984 wurde er Staatspräsident – unter einer neuen Verfassung, die ihn mit autoritären Vollmachten ausstattete.

schwarzer Nationalistenführer in Südafrika anzuerkennen, es sei denn als gewöhnliche Kriminelle.

Daher war es nur natürlich, daß P. W. Botha mich, als wir über Grundwerte sprachen, sechs Jahrzehnte zurück zu der Farm im Freistaat führte, auf der er aufgezogen worden war. »Ich wuchs auf einer Farm auf, auf der ich mit Schwarzen sehr vertraut wurde. Ich spielte mit ihnen, ich arbeitete mit ihnen. Mein Vater brachte mir bei, ihnen gegenüber streng, aber gerecht zu sein.« Das Kind lernt, anderen Kindern gegenüber streng zu sein; dann wächst es zu einem Erwachsenen heran und verläßt die Farm, aber in seiner Vorstellung bleiben die anderen immer Kinder. Dieser Ausflug zurück in die Kindheit ist in Gesprächen über Schwarze eine fast automatische Reaktion burischer Regierungsvertreter, von denen offenbar nur wenige die Möglichkeit hatten, in ihren Erwachsenenjahren etwas Erwähnenswertes über dieses Thema hinzuzulernen.

Ich hatte gehört, daß P. W. Botha in Privatgesprächen zuweilen seine Bereitschaft, zu einem politischen Arrangement mit den Mischlingen zu kommen, auf ein Erlebnis zurückführe, das seine Mutter während des Burenkrieges, lange vor seiner eigenen Geburt, gehabt hatte. Ja, bestätigte er mit ernster Stimme, es habe einen solchen Vorfall gegeben. Als junge, verheiratete Frau von sechsundzwanzig Jahren habe sie mit drei kleinen Kindern und einer erst dreizehnjährigen Schwester auf der Farm gelebt, als sie eines Nachts von einem bewaffneten Eindringling, der den feindlichen Streitkräften angehörte, geweckt worden sei; er habe Geld verlangt und ihr Leben bedroht. »Es gelang ihnen, zu entkommen und sich zu einer Familie von in der Nähe wohnenden Mischlingen zu flüchten, die als Gärtner auf der Farm lebten«, fuhr Botha in seiner Erzählung fort. »Nachdem sie das Farmhaus verlassen hatten, wurde es in Brand gesteckt. Am nächsten Morgen kamen feindliche Soldaten zu der Farm und trieben alle Rinder und Schafe fort, aber die Mischlinge halfen meiner Mutter und den Kindern, sich in einer nahegelegenen Höhle zu verstecken. Dort beschützten der Gärtner und seine Frau meine Mutter und die Kinder mehr als drei Monate lang und versorgten sie mit Nahrungsmitteln. Dann wurde meine Mutter durch einen reinen Zufall von feindlichen Soldaten entdeckt und in ein Konzentrationslager gebracht.«

An dieser Stelle machte der Ministerpräsident eine Pause, hob das Kinn und warf mir einen langen, leicht herausfordernden Blick zu. Auf der Rednertribüne oder im Parlament war dies ein sicheres Zeichen dafür, daß er einen wichtigen Punkt anschneiden würde. »Als ich nach dem Krieg auf die Farm zurückkehrte, war diese Mischlingsfamilie immer noch dort und kümmerte sich um die Gärten.« Seiner Ansicht nach war dies eine Lektion in Vertrauen, Loyalität und gegenseitiger Abhängigkeit, nicht eine Lektion in Unterordnung. Unterordnung wurde vorausgesetzt.

Es muß Tausende, ja Millionen junger Mischlinge und Schwarzer geben, deren politische Wertvorstellungen durch die Erfahrungen ihrer Mütter geprägt worden waren – die erlebt hatten, wie durch eine Politik, die seine Regierung nach wie vor verfolgte, ihre Hütten zerstört und ihre Familien getrennt worden waren –, aber dieser offensichtliche Gedanke war P. W. Botha nicht ohne weiteres zugänglich. In dieser Hinsicht achtete er darauf, seine Scheuklappen nicht zu verlieren. Und trotzdem glaubte er, daß er selbst, wenigstens ab und zu, auf moralische Imperative reagiere. Der Farmer hat schließlich nicht nur Privilegien, sondern auch Pflichten, und die Farm im Grenzgebiet bleibt ein Vorbild. Verteidigungsminister Magnus Malan, ein Protegé Bothas, wurde einmal auf einem Parteitag aufgefordert, die neue Praxis der Armee, Schwarze und Weiße in dieselben Kampfeinheiten zu stecken, zu rechtfertigen. Er bestritt leidenschaftlich, eine Politik der »Integration« der Rassen eingeschlagen zu haben. »Es ist keine Integration, wenn ein Farmer mit seinen schwarzen Angestellten oder wenn eine Hausfrau mit ihren Bediensteten zusammenarbeitet. Wieso soll es dann Integration sein, wenn es Schwarze in den Streitkräften gibt?«

»Sie können, auf sich allein gestellt, keine Entscheidungen treffen«, hatte Valerie du Plessis, die Frau eines Farmers in Luckhoff, gesagt, während wir in der Abenddämmerung in ihrem Garten plauderten. »Manche von ihnen sind nicht unintelligent. Sie versuchen zu denken, wirklich. Aber man muß ihnen alles ganz genau erklären.« Oh, die armen, unglücklichen, liebenswerten Schwarzen; wenn die Welt nur verstehen könnte, wie zufrieden sie Seite an Seite mit den Weißen auf den Farmen des Freistaats lebten! Es war mein letzter Monat in Südafrika im Jahre 1983, aber es hätte auch mein erster Monat im Jahre 1965, es hätte auch achtzig Jahre früher sein können. Ich sprach nicht mit besessenen Fanatikern oder Ideologen, sondern mit anständigen, aufrechten Bürgern, Anhängern der Verfassungsinitiativen des Ministerpräsidenten, Verfechtern der »Reform«, die trotzdem zu glauben schienen, daß sie das Neue Jerusalem schon jetzt bewohnten. Gerrit du Plessis, Valeries Ehemann, führte mir liebevoll sein bestes Stück vor, Ou Skilpad (»Alte Schildkröte«), einen betagten Farmarbeiter, den er schon als kleiner Junge gekannt habe und der ihn immer noch *Klein-Baas* nenne, weil er den Generationenwechsel, der sich längst auf der Farm vollzogen hatte, nie hatte zur Kenntnis nehmen wollen. »Ich bin für ihn wie ein Kind«, sagte Gerrit, den ich auf Mitte Vierzig schätzte. »Ich nenne ihn *Outa.«* Dieser Begriff, der »alter Vater« oder »alter Mann« bedeutet, wird im Afrikaans nur für einen Schwarzen oder Mischling verwendet. »Ich kenne ihn mein ganzes Leben lang«, fuhr Gerrit fort, »aber wir gehen außerhalb der Arbeit nicht miteinander um. Er wird dieses Haus nicht betreten, und ich halte mich von seinem fern. Übrigens kenne ich nicht einmal seinen Eingeborenennamen, aber zwischen uns herrscht der übliche Respekt. Wir leben Seite an Seite.«

Der Farmer zeigte auf sein Schlafzimmerfenster. »Wenn dieses Licht aus ist, will ich natürlich Ruhe haben. Ich bin immer noch der Besitzer dieser Farm. Es ist der übliche Respekt.«

In einer seiner Geschichten betet der Schriftsteller Can Themba um »eine kleine Ruhepause, Bruder, nur eine kleine Ruhepause von der gewaltigen Verantwortung, ein netter Kaffer zu sein«. Die paternalistische weiße Vorstellung vom »üblichen Respekt«, von Schwarzen, die für immer weißer Lenkung und Unterstützung bedürfen, liegt wie ein zusammengefallenes Zirkuszelt über dem schwarzen Südafrika. Die meisten Weißen und die meisten Schwarzen haben die Farmen längst verlassen, aber bis heute haben sich kaum neue Anredeformen entwickelt. »Hat Master ein Mädchen?« fragte eine junge schwarze Frau, die wie ein Schauermann in einer Gruppe von Speditionsarbeitern schuftete. Sie waren gekommen, um die letzte Fuhre Möbel aus unserer Wohnung zu schaffen. »Ich bin kein Master«, sagte ich matt und erhob damit zum hundertsten oder tausendsten Male die ontologische Frage, wofür ich mich mit meiner weißen Haut in Südafrika hielt.

»Oooh«, entfuhr es der jungen Frau mit enttäuschter Stimme. Sie wollte keine Kisten mehr schleppen und hatte auf eine Stelle als Hausmädchen spekuliert, nicht auf eine Rechtfertigung. Wenn ich kein »Master« war, konnte ich ihr nicht von Nutzen sein.

Was viele Weiße für natürliche Ehrerbietung oder üblichen Respekt halten, ist gewöhnlich ein Ausdruck wirtschaftlicher Notwendigkeit, eine Anpassung, eine Widerspiegelung ihrer Eigenliebe, ein Weg, ihre Launen zu umgehen. Es ist ein Bestandteil der weißen Folklore, daß Schwarze Respekt zeigen, indem sie Weiße nicht mit ihrem Namen anreden, und es ist ein Bestandteil der schwarzen Folklore, daß Weiße es übelnehmen, beim Namen genannt zu werden. Beide Seiten wissen also, ohne sich der Ursprünge noch bewußt zu sein, daß eine direkte Anrede als Beleidigung empfunden werden kann. In Bergville, einem fernen Winkel von Zululand, versuchte ich, dem Titel *Baas* auszuweichen, als er mir von einem bejahrten Schwarzen entgegengeschleudert wurde, der am Straßenrand arbeitete.

»Was muß ich sagen, wenn ich Sie anreden will?« erkundigte er sich, nachdem mein Begleiter ihm auf Zulu erklärt hatte, daß ich ein Ausländer sei, dem das Wort nicht gefalle.

»Hallo, Joe«, empfahl mein Begleiter.

»Hallo, Joe!« rief der alte Mann und lachte über den Witz, während er meine Hand schüttelte. Auch hier war ich natürlich ein weißer Mann, der seinen Wunsch durchsetzte. Aus dieser mißlichen Lage gab es anscheinend kein Entrinnen.

»Hal-lo, Ma-ster!« pflegte eine schwarze Frau, die als Dienstmädchen in unserem Wohnhaus arbeitete, bei unseren Begegnungen spöttisch zu rufen. Sie beobachtete mich dann jedesmal, um zu sehen, ob ich zusammenzuckte, und kicherte, wenn ich es tat.

»Evelyn«, bat ich sie immer wieder, »ich habe Ihnen doch gesagt, daß ich nicht von hier bin. Ich habe einen Namen.«

»O nein, *Ma-ster«,* erwiderte sie stets. »Dies ist nicht Amerika. Ich kann Sie nicht mit Ihrem Namen anreden.«

Ou Skilpad in Luckhoff wäre wohl überrascht, aber nicht beleidigt gewesen, wenn sein *Klein-Baas* plötzlich darauf bestanden hätte, Gerrit genannt zu werden. Er wäre sogar noch überraschter gewesen, wenn Gerrit ihn nach all den Jahren nach seinem Namen gefragt hätte. Aber eine solche Verkehrung der Tradition würde, für sich genommen, ihre Beziehung nicht grundlegend geändert haben.

Dies sind die gröbsten Beispiele des Kommunikationsproblems unter einem System, das eigentlich auf die Verringerung dieses Problems abzielt. Relativ wenige Weiße verstehen es, Schwarze als gleichberechtigte Partner anzusprechen, ohne den Eindruck von Herablassung zu erwecken. Relativ wenige Schwarze möchten herablassend behandelt werden, wenn sie eine andere Wahl haben. Es ist eher eine Frage des Gesetzes als der Kultur oder der Manieren, denn wenn gesetzliche Gleichheit nichts als eine Hoffnung ist, besteht die Neigung, völlig unverbindlich so zu tun, als gäbe es sie bereits. Selbst wenn Schwarze und Weiße auf derselben Seite des politischen Zaunes stehen, kann das Ungleichgewicht legaler Rechte und Privilegien die Möglichkeit ihrer Freundschaft zunichte machen. Wenige Schwarze aus den Townships drängen sich danach, Sonntag nachmittags im Garten eines Weißen zu sitzen; wenige Weiße fühlen sich in den Townships wohl. Die Realität ist, daß sie verschiedene Welten bewohnen, und selbst wenn sie sich nach Freundschaft sehnen, als Bekräftigung der möglichen gemeinsamen Staatsbürgerschaft, haben sie selten das Gefühl, weder die Weißen noch die Schwarzen, dieser Freundschaft trauen zu können. Die standhaftesten weißen Liberalen hatten zahlreiche Bekanntschaften mit Schwarzen, die sie bei quasi-diplomatischen und philanthropischen Veranstaltungen pflegten, doch mir schien, daß nur wenige von ihnen echte Freundschaften mit Schwarzen unterhielten.

Als Ausländer und Journalist war ich durch meinen Rassenstatus weniger eingeengt und hatte bald mehr schwarze Freunde in Johannesburg, als ich behaupten könnte, in New York zu haben. Aber es war unvermeidlich, daß ich den weitaus größten Teil meines Lebens in der weißen Welt verbrachte. Wenn ich in Südafrika geboren worden wäre, hätte ich mich vielleicht verzweifelt und isoliert gefühlt. Da ich jedoch auf Besuch dort war, konnte ich mich in die Gegebenheiten des Landes schicken. Allerdings war es leichter, die Rassenschranke zu überqueren, als mit einem Bein auf jeder Seite zu stehen, leichter zum Beispiel, mit Schwarzen in ihrer eigenen Umgebung zusammenzutreffen, als gemischte Partys in den »weißen Gebieten« abzuhalten. In gewisser Hinsicht paßten sich die meisten Weißen und die meisten Schwarzen, die ich kannte, allem moralischen Abscheu zum Trotz der Apartheid an. Sie waren einander überdrüssig geworden, nicht als Individuen, sondern als Symbole. Es war anstrengend, sich entweder ständig seiner Privilegien wegen entschuldigen oder den Opferstatus eines anderen anerkennen zu müssen; und natürlich war es noch anstrengender, wenn man das Opfer war und versuchte, sich in der Realität, von der man ausgeschlossen war, auch nur für kurze Zeit zu bewegen. Man war zu sehr auf die Scheinheiligkeit des anderen fixiert: Die Schwarzen gaben zu rasch zu verstehen, daß die Weißen keine Opfer gebracht und nicht gelitten hatten; die Weißen stellten zu rasch die Frage, ob nicht die Schwarzen »ihre Sache verraten« hätten.

Nur eine kleine Ruhepause, Bruder. »Dies ist unsere Freiheit, dies ist unsere Unabhängigkeit«, rufen die Stammgäste der illegalen Schnapsbuden aus, wenn sie einander mit ihren Gläsern zynisch zuprosten. Der Witz der Schnapsbuden hat eine ganz eigene Qualität und besitzt mehr Schneiden als eine Mähmaschine. Er ist zu scharf, zu klug, als daß er Prahlerei oder Selbstmitleid zuließe. Der Satz »Dies ist unsere Freiheit«, als höhnische Segnung über einem aus Brandy oder Zuckerrohralkohol gepanschten Gebräu ausgesprochen, klingt wie ein Urteil über das System und über jene, die nur davon sprechen, es zu stürzen. Zudem beschreibt er die Realität, denn neben den Kirchen sind die Schnapsbuden die einzigen jederzeit verfügbaren Erfüllungsorte für das Bedürfnis nach Geborgenheit und Gehör. Das Versprechen der Zugehörigkeit, das sie bieten, mag kurzlebig sein, aber für viele –

Wanderarbeiter aus den überfüllten Wohnheimen oder Township-Bewohner, die den Anforderungen ihrer Großfamilien in ihren nicht minder überfüllten Behausungen nicht gewachsen sind – ist es das einzige, was das Leben erträglich macht. Wenn irgend jemand Alkohol als Beruhigungsmittel und zur Linderung der Sorgen benötigt, dann ist es der südafrikanische Schwarze. Aber Alkohol ist auch ein nicht zu übersehender Teil seiner politischen Ökonomie, ein Teil seiner Knechtschaft. Dies ist nicht nur ein Thema der historischen Aufzeichnung oder des religiösen und politischen Moralisierens, sondern auch der Schnapsbudenüberlieferung. Ein schwarzer Freund entschlüsselte die Aufschrift auf einer Bierdose für mich, als handele es sich um eine kabbalistische Botschaft. Sie lautete:

O. C. B. LTD.
LION
LAGER
S. A. B.

In seiner Version besagte die erste Zeile: »Our coloured brothers live to drink« (»Unsere Mischlingsbrüder leben, um zu trinken«). Die nächste Zeile lautete: »Let Indians Own Nothing« (»Laßt Inder nichts besitzen«). LAGER war der Kern der Botschaft: »Let Africans Gain Equal Rights« (»Laßt Afrikaner Gleichberechtigung erringen«). Und S. A. B. stand nicht für »South African Breweries«, sondern für »South Africa's Blacks«. In dieser Entschlüsselung enthielt die Büchsenaufschrift nicht nur die Forderung nach Rechten, sondern auch einen wohlüberlegten und ätzenden Tribut an die Wirksamkeit der Teile-und-herrsche-Taktik, die die Machthaber des Landes verfolgten.

Diese Taktik hat seit einem Jahrhundert mit dem Verkauf von Alkohol zu tun. Der Historiker Charles van Onselen verfolgt die Ursprünge des Spirituosenhandels in Transvaal bis auf eine Brennerei namens Volkshoop (»Volkshoffnung«) zurück, die im Jahre 1883 eröffnet wurde und das verbriefte Monopol innerhalb der Grenzen der Burenrepublik besaß. Man braucht kaum zu erwähnen, daß mit »Volk« die Buren gemeint waren, die in dem neuen Unternehmen einen Abnehmer für überschüssiges Getreide und Obst fanden. Innerhalb eines Jahrzehnts war die »Volkshoffnung« überwiegend vom Durst schwarzer »Minenboys« abhängig, die man für die neuen Goldbergwerke angeworben hatte. Bis zu einem gewissen Grade diente die Trunkenheit der Schwarzen den Interessen der Bergwerksbesitzer, die fürchteten, daß sie in ihre Stammesgebiete zurückkehren würden, wenn sie erst einmal etwas Bargeld angesammelt hätten. Je mehr sie für Alkohol ausgaben, so kalkulierte man, desto länger würden sie bleiben, was den Umschlag von Arbeitskräften begrenzte. Doch bereits im Jahre 1895 waren täglich wenigstens fünfzehn, möglicherweise fünfundzwanzig Prozent der schwarzen Arbeitskräfte durch Trunkenheit lahmgelegt. Daraufhin wurden die Minenbesitzer zu der rechtschaffenen Sache der totalen Prohibition – natürlich nur für Schwarze – bekehrt, die Krüger gesetzlich festschreiben ließ, jedoch nie durchsetzte, da er sein Bündnis mit den überwiegend jüdischen Alkoholerzeugern nicht gefährden wollte. Im Jahre 1899, kurz vor dem Burenkrieg, veranstalteten schwarze Kirchenführer Zusammenkünfte von »gebildeten Eingeborenen« in Johannesburg, die den Vollzug des Gesetzes forderten, damit ihr Volk vor den als »Kaffernwhisky« verkauften giftigen Spirituosen gerettet werde.

Einige der Kirchenführer, die damals die Kampagne gegen den Alkohol leiteten, setzten sich später für politische Rechte ein; sie weckten bei politisch bewußten Schwarzen schon früh die Erkenntnis, daß Alkohol eines der Instrumente ihrer Unterdrückung sei. Der Zusammenhang war nicht nur symbolischer Art. Im Jahre 1908 entdeckte die Stadt Durban, daß die Kosten für die polizeiliche Überwachung der Schwarzen und für die Verwaltung der schwarzen »Lokalitäten« von den weißen Steuerzahlern auf die Schwarzen selbst verlagert werden konnten, indem man ein städtisches Monopol für das Brauen und den Verkauf von Bier an Schwarze einrichtete. Dieser Schachzug war wirklich genial: Bier wurde zum Lösungsmittel, das schwarze Löhne in schwarze Verwaltung rückverwandelte. Im Jahre 1929 organisierten politische Aktivisten einer frühen schwarzen Gewerkschaft und der Kommunistischen Partei einen Boykott der Biersäle von Durban. Eine Vereinigung, die sich »Liga gegen die

Erzeugung von Kaffern-Bier« nannte, gab ein Pamphlet heraus, das die Schwarzen aufforderte, »sich von Kaffernbier loszusagen«, weil die Handelsprofite benutzt würden, »um Lager und Kasernen zu errichten, die voll von schlechten Gesetzen und widerwärtigen Kontrollen sind«. Der Protest von 1929 begann gewaltlos – mit einer Blaskapelle, die bei einer Demonstration hinter einem Sternenbanner und einer sowjetischen Flagge marschierte –, doch er endete mit Blutvergießen, als schwarze Arbeiter mit weißen Überwachungskräften zusammenstießen.

Fast ein halbes Jahrhundert später, während der Studentenproteste von Soweto, waren die städtischen Biersäle wiederum eine Zielscheibe für den Zorn der Schwarzen. In den Augen der Studenten war es der Alkohol, der ihre Väter entmutigt und dazu gebracht hatte, sich einer rassischen Erniedrigung anzupassen, der sie hätten widerstehen sollen. Die staatlichen Spirituosenläden wurden angezündet und geplündert, und die viertausend illegalen Schnapsbuden der Township mußten auf Geheiß des Studentenkomitees, das kurzfristig als deren faktische Regierung tätig war, schließen. Nach Ansicht der Studenten gingen ihre Eltern in die Schnapsbuden, »um die Probleme, die sich den Schwarzen stellen, zu vergessen«. Obwohl die Schnapsbuden die auffälligste Form schwarzen Privatunternehmertums in den Townships waren, blieben die Studenten kompromißlos puritanisch. »Nichts Gutes ist je aus ihnen hervorgegangen«, hieß es in ihrer Schmähschrift. »Viele unserer Väter und Brüder sind innerhalb oder außerhalb von ihnen getötet worden. Hunderte unserer Kameraden sind Verbrecher, Bettler oder Waisen geworden, während Schnapsbudenkönige und -königinnen zu Kapitalisten wurden. Wir können nicht länger dulden, daß die Lohntüten unserer Väter in den Schnapsbuden ausgeleert werden.«

Aber das Soweto von 1976 war nicht die Pariser Kommune von 1871, geschweige denn der Petrograder Sowjet von 1917. Manche der schwarzen Studenten, die solche Manifeste verfaßten, verließen das Land, um sich Untergrundbewegungen anzuschließen; manche gingen ins Gefängnis. Von den übrigen kehrten viele zwangsläufig in die Schnapsbuden zurück, die von neuem florierten, als das Feuer der

Rebellion erlosch. »Unsere Führer bekämpften einander, aber für wen?« fragte ein Briefschreiber in der schwarzen Zeitung *Sowetan*. »Die Antwort scheint zu lauten: für eine betrunkene Nation.«

Der Ministerpräsident brüstete sich damit, daß seine Partei den Mischlingen und Schwarzen helfen würde, »sich zu verwirklichen«. Sein Reformplan schloß die Legalisierung von Schnapsbuden ein. Die Schnapsbudenkönige und -königinnen, die einstigen Zielscheiben rebellischer schwarzer Jugendlicher, haben begonnen, sich zu konzessionierten Unternehmern zu mausern. Ihr nationaler Verband hielt, finanziert von der Alkohollobby, sein erstes Bankett im großen Ballsaal des Johannesburger Carlton Hotels ab. Eigentlich hätten alle Teilnehmer nach südafrikanischem Gesetz immer noch als Schieber verhaftet werden können, aber nun erwartete man von ihnen, daß sie als Avantgarde für den schwarzen Vormarsch in den Kapitalismus auftraten. Sie waren in Smokings und Abendkleidern gekommen und sprachen von dem Tag, an dem ihr Verband nicht nur den Verkauf, sondern auch den Vertrieb von Spirituosen in den schwarzen Gebieten kontrollieren würde. In der Massenkonsumgesellschaft, so schienen sie sagen zu wollen, würden die Schwarzen sich letzten Endes durchsetzen, weil sie am meisten konsumierten. Schon jetzt stehen sie, was die geistigen Getränke anbelangt, nahezu auf eigenen, wenngleich schwankenden Füßen, da auf sie sechzig Prozent des Absatzes fallen. Die Aussicht scheint weder die Alkoholerzeuger noch die weißen Behörden zu erschrecken. Dafür gibt es auch keinen Grund, denn die Schnapsbudenbesitzer sind immer noch Kleinunternehmer, die sich abrackern müssen und von den konkurrierenden Alkoholerzeugern unter Druck gehalten werden. Stellenbosch Farmers' Winery, eine Genossenschaft, die die burischen Farmer des Kaps vertritt, bezahlte die Rechnung für das Bankett im Carlton und sorgte dafür, daß ihre eigenen Marken auf den Tischen nicht zu übersehen waren – genau ein Jahrhundert und vier Monate, nachdem Präsident Krüger die Brennerei »Volkshoffnung« eröffnet hatte.

Ein weiterer Briefschreiber flehte ein paar Wochen nach dem Bankett im *Sowetan:* »O Gott, hilf dem afrikanischen Azanier, dem Alkohol zu entsagen, dann wird es Änderungen vom Kopf bis zu den

Füßen geben. Boykottiert den Alkohol, bis ihr die Gleichberechtigung erreicht habt. Dann sauft euch zu Tode.«

Man kann sich die Erlangung der »Freiheit« auf verschiedene Weise vorstellen; man kann sie sogar für unvermeidlich halten. Aber kein schwarzer Südafrikaner, der alt genug ist, um, mit welcher offiziellen Befugnis auch immer, in die Arbeitswelt eingetreten zu sein, kann wirklich darauf hoffen, sie so rechtzeitig zu erleben, daß sie sein Dasein verändert. Wie also kann ein Schwarzer, der normale Unabhängigkeit für sich und seine Familie anstrebt, der sich weder von der Disziplin revolutionärer Politik noch von der Disziplinlosigkeit nächtlicher Schnapsbudenbesuche angezogen fühlt, einen gewissen Abstand zwischen sich und den mahlenden Konflikt bringen, der in so vieler Hinsicht darauf beharrt, seine Existenz zu definieren? Welchen Ausgang aus der erstickenden Zeltplane des weißen Paternalismus und der weißen Kontrolle gibt es? Das System bietet ihm eine kleine Erleichterung in Gestalt einer Absprache: Es wird ihn in Ruhe lassen, wenn er seine Grundvoraussetzung akzeptiert, sich auf die schwarze Welt beschränkt und versucht, sich seinen Lebensunterhalt unter Schwarzen zu verdienen.

Wie die Schnapsbudenbesitzer wird er sich einreden, daß es besser sei, wenn die aus Schwarzen herausgepreßten Profite einem Schwarzen zufließen, daß er im Sinne der Kapitalakkumulation sein Bestes tue, um die Lücke zu schließen. Und unterdessen – wie lange dieses Unterdessen auch dauern mag – kann er seinen Kindern die Möglichkeit bieten, mit ein wenig Würde und Komfort zu leben. Dies ist kein schändlicher, aber unweigerlich ein unbequemer Weg, denn durch seinen Erfolg tritt er als jemand hervor, der bereit ist, das schwarze Elend für seine eigenen Zwecke auszunutzen. Wie der Ghettoarzt, der sich mit den Gebühren der Armen ein Luxusauto kauft, oder wie der erfolgreiche Schnapsbudenbesitzer tut er nur das, was von ihm erwartet wird. Nur wenige neiden ihm die Vorteile, für die er sich abgerakkert hat. Doch wie jene erntet er Isolation.

Eines der attraktivsten Häuser, die ich in Südafrika besuchte, war gleichzeitig eines der unheimlichsten. Es gehörte dem Soweto-Arzt

Johnny Mosendane, der so wohlhabend war, daß er sich einen Mercedes-Kombiwagen und einen neuen Porsche in seine Doppelgarage stellen konnte. Es gab kaum ein Haus in der gesamten riesigen Township, der einwohnerreichsten Siedlung Südafrikas, das so viel wert war wie seine Autos, geschweige denn wie seine Villa. Der erstklassige Architekt hatte Oberlichter, Fenster und einen Innenhof so geschickt angeordnet, daß natürliche Helligkeit die gewölbten Zimmer erfüllte. Man wurde vage an ein Haus an der Ägäis erinnert, aber gleichzeitig ließ sich die Tatsache nicht leugnen, daß die Villa als Festung geplant war. Von der Ghettostraße her erschien sie als fensterloser Ziegelwall mit einer großen Stahltür über der Garage, und sie war so unauffällig wie möglich, fast an den Boden gekauert, zwischen die winzigen, einförmigen Township-Häuser gefügt. Der Arzt hatte sein Traumhaus gebaut, bevor die Planer begonnen hatten, mittelständische Enklaven in dieser Proletariersiedlung abzugrenzen und sie unter Namen wie Prestige Park oder Selection Park zu vermarkten. Dies sollte aufstrebenden Schwarzen fallweise die Illusion verschaffen, am Ort ihrer Wahl und nicht an einer Stätte zu leben, die ihnen nur durch Duldung einer fernen und fremden Gewalt zugewiesen worden war. Doch außerhalb dieser wenigen Enklaven, die wahrscheinlich in ganz Südafrika keine zehn Quadratkilometer einnehmen, ist die Isolation, die einen reichen Schwarzen umgibt, nicht nur psychologischer Art.

Auch Benjamin Silanda hatte sich dem Zelt des weißen Paternalismus und der weißen Kontrolle entzogen. Als Gesundbeter und Erweckungsprediger besaß er ein eigenes Zelt, das ihn 25000 Dollar gekostet hatte. Außerdem gehörte ihm der einzige spezialangefertigte Cadillac Fleetwood Brougham in ganz Südafrika. Das Innere bestand aus weißem Leder, und das automatische Schiebedach blieb geschlossen, damit die elektronische Klimaregulation nicht gestört wurde. Silandas Cadillac hatte einen Computer, der die Sitzpositionen verstellte, die Scheinwerfer abblendete, wenn sich ein anderes Auto näherte, und ständig die letzten Angaben über den Benzinverbrauch des Fahrzeugs auf einem kleinen Schirm aufblitzen ließ. In weniger als einer halben Minute konnten die Ziffern, die in roter Leuchtschrift auf dem Schirm tanzten, von 47 zu 33, zu 29 und zu 21 eilen. Der Eigentümer des Autos, der gern auf dem Beifahrersitz saß, machte sich nie die Mühe herauszufinden, ob es sich um Meilen pro Gallone, Liter pro hundert Kilometer oder sonst etwas handelte; solche Details überließ er seinem Chauffeur, einem hochgewachsenen, wortkargen Mann, der einen langen weißen Kittel und eine Schirmmütze trug – nur eine Schutzbrille hätte noch gefehlt, um den authentischen Aufzug für einen außergewöhnlichen Tourenwagen zu vervollständigen. Cadillacs waren in Johannesburg selten; im östlichen Transvaal, wo Benjamin Silanda in einem schwarzen Homeland namens Gazankulu seine Geschäfte betrieb – ein großes Kaufhaus und die Zentrale seines Erweckungskreuzzuges –, waren sie zuvor gänzlich unbekannt. Es gibt Handelsbankiers; er war ein Handelsevangelist. Als ich ihn fragte, was ihn bewogen habe, fast 100000 Dollar für den Import seines Wagens auszugeben, reagierte er weder prahlerisch noch defensiv. »Mir gefällt der Kühlergrill«, antwortete er lapidar.

Ansonsten war an dem Handelsevangelisten nichts Protziges zu finden. Als ich ihn, wie verabredet, in seiner Bank in dem Städtchen Nelspruit zum ersten Mal traf, wirkte er wenig eindrucksvoll, fast unterwürfig. Er wartete, bekleidet mit einem unförmigen braunen Anzug, am Schalter und umklammerte eine alte Einkaufstasche aus Papier, die von Klebestreifen zusammengehalten wurde. Benjamin Silanda war über das mittlere Lebensalter hinaus; die meisten seiner Zähne fehlten; kleine Flecken grauer Stoppeln an Kinn und Wangen deuteten an, daß er beim Rasieren eine Brille hätte tragen sollen. Die Schalterangestellte – eine Weiße, die ihn auf afrikaans ansprach – schien ihn nicht nur als einen Schwarzen und deshalb als ein Kind in der Verkleidung eines alten Mannes, sondern auch als ein Ärgernis zu betrachten. In ungeduldigem Tonfall, der an offene Unhöflichkeit grenzte, schickte sie ihn zu einer anderen Abteilung. Diese schickte ihn wieder zurück. Der schwarze Mann hämmerte nicht auf den Tresen und wurde nicht laut, aber er war jetzt hartnäckiger, als man es von einem Schwarzen in Nelspruit erwartet. Die Angestellte, deren Gesicht sich gerötet hatte, rief nach dem stellvertretenden Filialleiter, der erst mit Erstaunen, dann mit übertriebener Verbindlichkeit reagierte. Seit einer halben Stunde hatte der schwarze Mann um nichts als ein paar Büroklammern und Gummibänder gebeten, die er zu benutzen pflegte, um sein Bargeld zu stapeln und zu bündeln, bevor er es in eine Einkaufstasche packte und montags in seinem Cadillac Fleetwood Brougham zur Bank brachte. Schließlich bat man ihn ins Büro des Filialleiters, wo er mit Büroklammern und Gummibändern überhäuft wurde. Während er sie zusammenraffte und sich dann aufmachte, um andere Dinge in Nelspruit zu erledigen, bemerkte ich, daß der stellvertretende Filialleiter die Angestellte ermahnte.

Auf dem Weg aus dem »weißen Gebiet« hielten wir an einem Hühner-Imbißstand an. Nelspruit hatte inzwischen ein paar Restaurants, wo ein Schwarzer Platz nehmen und sich bedienen lassen konnte, aber Benjamin Silanda drängte sich nicht auf, ging nirgends hin, wo er im Grunde unerwünscht war. Er hatte das Mittagessen in Nelspruit versäumt, und nun nahm er auf der Heimfahrt, auf dem Beifahrersitz seines Cadillacs, ein Stück Brathuhn und eine Diätcola zu sich.

Schließlich erreichten wir wieder das Stammesschachbrett der Homelands; Lebowa lag zur Rechten des Asphaltbandes, auf dem wir uns bei einsetzender Dämmerung vorwärtsbewegten, KaNgwane, gefolgt von Gazankulu, zur Linken. Wir kreuzten in Silandas spezialangefertigtem Triumphwagen durch diese vermeintlichen Nationalstaaten, die das Auge wie ein einheitlicher ländlicher Slum anmuteten, auf purpurfarbene Berge zu. Benjamin Silanda entspannte sich sichtlich in seinen weißen Lederpolstern. Seine Kirche, die Nazarene Revival Crusade, hatte sich von einer Bewegung gleichen Namens abgespalten, die von weißen Missionaren aus Kansas City gegründet worden war. Anlaß der Spaltung war seine Ausübung von Heilkräften gewesen. »Das Heilen kam von Jesus; sein Urheber war Jesus.« Er selbst sei nur das Instrument gewesen. Seit dem Schisma hatte er die Heilungen fortgesetzt, und seine Kirche war rasch gewachsen. Sie hatte nun fünfzehn Pastoren und ihr eigenes Bibelinstitut, um weitere auszubilden, eine heilige Stätte mit Sitzplätzen für zweitausend Gläubige und das neue, blauweiß gestreifte Zelt, das weitere dreitausend aufnehmen konnte; daneben besaß sie vier Lastwagen, drei Busse und zwei Lieferwagen. Die dreißig Angestellten des Kaufhauses gehörten ausnahmslos der Kirche an, und man begann die Arbeit jeden Morgen mit einem halbstündigen Gebet. Die Kirche hielt sich an die Praxis der Immersionstaufe, wenn sie Konvertiten aufnahm. »Vom Sprenkeln halten wir nichts«, sagte ihr Führer und lachte zum erstenmal, seit ich mich in seinen Tagesablauf hineingedrängt hatte.

Ich fragte ihn, ob die Nazarene Revival Crusade eine besondere Botschaft für das schwarze Volk Südafrikas habe. »Es gibt keine Probleme für diejenigen, die Reue zeigen und gute Christen sind«, erwiderte der Handelsevangelist. »Christ zu sein ist alles, was zählt. Der Heilige Geist kümmert sich um sie. Probleme haben diejenigen, die nicht beten.«

Das Licht wurde immer schwächer, und man begann gerade mit den Abendgebeten, als der Cadillac in Acornhoek, am Rande des Krüger-Nationalparks, einbog; er parkte neben Bussen, deren vergrößerte Seitenaufschriften verkündeten: »Jesus kommt«, und: »Jesus heilt«. Jetzt standen wir vor einem seltsamen Gebäude, wie ich es noch nie gesehen hatte; sein Profil erinnerte an die Silhouette eines tief in den Wellen liegenden Vergnügungsdampfers. Die weiträumige Wallfahrtsstätte besaß nur ein Stockwerk, ohne jede Andeutung eines Gewölbes; von zahlreichen Säulen unterbrochen, war es im Grunde ein langer, niedriger Saal, der aus vielen kleinen, wandlosen Räumen bestand. Eine Wendeltreppe an der Außenseite führte zu einem kleineren zweistöckigen Aufbau, der wie ein Brückenhaus mittschiffs thronte. Mein Gastgeber erklärte mir, daß hier Pilger untergebracht seien, darunter die Verwandten der Kranken und Lahmen, die sich zur Heilung einfinden. Ganz oben befand sich ein noch kleinerer Raum, eine Art Ruderhaus, das vorübergehend unerreichbar war, da man es bisher weder durch eine Treppe noch auch nur durch eine Leiter mit den unteren Teilen des Gebäudes verbunden hatte. Ich erkundigte mich, ob die Bauarbeiter einem Plan gefolgt seien. »Es gab keinen Plan«, sagte Benjamin Silanda stolz. »Wir haben einfach gebaut.«

Er hatte am Morgen im Kaufhaus gepredigt, bevor er nach Nelspruit gefahren war, und er würde dort am nächsten Tag wieder predigen, doch er war zu müde, um auch noch an diesem Abend in der Kirche eine Predigt zu halten. Im Inneren der Stätte, wo ein junger Geistlicher im schwarzen Talar Harmonium spielte und kraftvoll den Ton einer viele Verse umfassenden Hymne angab, wies ein hoher Anteil der Gläubigen auffällige Mißbildungen auf, zum Beispiel Rückgratverkrümmungen oder unförmige Gliedmaßen. Benjamin Silanda sagte, daß fast alle bei seiner nächsten Predigt genesen würden. Die Probleme derjenigen, die geistesgestört seien, nähmen längere Zeit in Anspruch, manchmal sogar fünf Tage. Seine Behauptungen waren nicht phantastischer als jene der amerikanischen oder in Amerika ausgebildeten Gesundbeter, die unter südafrikanischen Weißen eine große Anhängerschaft haben.

»Die Welt wird jetzt sehr bald untergehen«, bestätigte der Handelsevangelist frohgemut, sobald ich das Gespräch auf die Frage des Zeitenendes gelenkt hatte. »Die meisten Menschen, die heute leben, werden vorher sterben, aber die Jüngeren werden es erleben.«

Pilger

Die Tatsache, daß Südafrika ein großes Land mit einem einladenden Klima ist, begrenzt die Fähigkeit des staatlichen Geheimdienstes, Gespräche zu belauschen. Wer hinreichend paranoid oder vorsichtig ist – der Unterschied ist selten eindeutig –, um zu fürchten, daß Abhörwanzen in seinem Telefon oder sonstwo in seiner Wohnung versteckt sein könnten, braucht nur in den goldenen Sonnenschein hinauszutreten, um sich freier äußern zu können. Das gleiche gilt, wenn man Spitzeln entgehen will, vorausgesetzt, der Gesprächspartner ist über jeden Verdacht erhaben. Ernsthafte politische Unterhaltungen finden also nicht in Kellern oder Dachstuben statt, sondern in Gärten, als sei die Revolution ein vernachlässigter Zweig des Gartenbaus und habe mit Pflanzen zu tun, die nur langsam keimen.

An einem milden, doch trüben Winternachmittag wies eine politische Gestalt mit radikalen Ansichten in einem Kapstadter Garten darauf hin, daß die Pflanzen manchmal gar nicht zur Blüte kämen. Die Welt bilde sich vielleicht ein, daß eine Revolution in Südafrika seit langem überfällig und unvermeidlich sei, doch das wäre eine gefährliche Selbsttäuschung für jeden, der den Zusammenbruch der weißen Macht ernsthaft herbeiführen wollte. Die Feinde des Staates müßten begreifen, daß er über eine Strategie verfüge, um der Revolution vorzubeugen oder sie zu verhindern und somit das existierende Rassensystem mit nur geringfügigen Änderungen zu bewahren. Diese Strategie bestehe darin, der Unterdrückungshierarchie allmählich ihre rassischen Merkmale zu nehmen, so daß eine nicht unerhebliche Zahl von Nichtweißen von ihr begünstigt werde. Mit anderen Worten, sie bestehe darin, Kollaboration achtbar zu machen. In diesem Stadium seien es die Habgier und der ererbte Rassismus der Weißen, nicht die kompromißlose Forderung eines empörten Volkes nach voller Gleichberechtigung, die das Scheitern dieser Strategie wahrscheinlich werden ließen. »Aber Revolutionen schlagen manchmal fehl«, bemerkte dieser ernsthafte Gartenbauspezialist.

Er sprach nicht nur vom Kampf um die Macht, sondern auch von den Ereignissen danach. Es gebe keine exklusive Antwort auf die Frage, was »Befreiung« in Südafrika bedeute. Handelte es sich um einen Prozeß, ein politisches Ziel oder einen ideologischen Traum? Würde sie bewirken, daß man das Land afrikanisierte oder seine Mehrheit verwestlichte? Würde die Freiheit von rassischer Unterdrückung für das Volk wirkliche Freiheit oder nur eine andere Form der Bevormundung mit sich bringen? War »Befreiung« etwas, das sich nach der Revolution einstellte, oder konnte es umgekehrt sein? Stand zu erwarten – wie Gandhi, Mao und Frantz Fanon in jeweils unterschiedlicher Situation und Weise gepredigt hatten –, daß die Revolution erst dann losbrechen werde, wenn eine kritische Masse der Unterdrückten sich selbst von ihrem Gefühl der Ohnmacht und Minderwertigkeit befreit habe?

Da ich weder Theoretiker noch Südafrikaner bin, hatte ich wenig Anteil an der Diskussion und wußte ihre Nuancen kaum zu schätzen. Aber während ich zuhörte, wurde ich gelegentlich daran erinnert, daß Gandhi gehofft hatte, die Freiheit Indiens als die moralische Anstrengung von Millionen individueller Inder zustande zu bringen, als Resultat einer sozialen Revolution, in der der Zusammenbruch der Fremdherrschaft kaum mehr als ein Nebenprodukt des Kampfes um Selbstvertrauen und wirtschaftliche Gleichheit sein würde. Die ausländische Herrschaft brach zusammen, aber Hader und Ungleichheit unter den Indern verschlimmerten sich. »Dies ist eine traurige Sache«, sagte der Mahatma später, als er auf das durch ihn unabhängig gewordene Indien schaute. Ich glaubte, dies sei eine mögliche Lehre für Südafrika, und nicht unbedingt eine entmutigende. Wenn der Zusammenbruch der Apartheid von der moralischen Anstrengung von Millionen, von der gleichzeitigen Massenbekehrung der Unterdrücker und der Unterdrückten abzuhängen hatte, dann würde er sich wahrscheinlich nie ereignen. Ich mißtraute politischem Mystizismus und dem religiösen Instinkt in der Politik, aber während ich durch das Land reiste, hatte ich eine Reihe von Begegnungen mit religiös inspirierten

Schwarzen, Mischlingen und Weißen, die nicht auf die Befreiung warten mochten, um befreit zu werden. Sie besaßen einen Instinkt, den man als romantisch oder utopisch unterschätzen könnte, aber ich lernte, sie als höchste Blüte, wenn nicht als Hoffnung Südafrikas, als sein moralisches, wenn nicht politisches Zentrum zu betrachten. Diese befreiten Südafrikaner gehörten der kleinsten Minderheit des Landes an, denn es waren jene, die sich selbst als Südafrikaner definierten, bevor sie eine Farbe, einen Stamm oder eine ethnische Gruppe erwähnten. Ich will damit nicht sagen, daß sie die einzigen anständigen Menschen im Lande oder daß sie mit einiger Wahrscheinlichkeit diejenigen seien, die seine Konflikte letztlich lösen würden. Aber diese freien Südafrikaner nicht zu erwähnen hieße, die positiven moralischen Energien zu ignorieren, die die Gegenwart bestärken und teilweise versöhnen, indem sie ahnen lassen, wie Südafrika sein könnte: nicht ein unvermeidliches Südafrika, das durch unbemerkte Kräfte der historischen Notwendigkeit hervorgebracht würde, aber auch nicht nur ein Luftschloß, denn es existiert bereits in winzigen Ansätzen – in diesen Leben und in den Leben, die diese Menschen und ihresgleichen berühren.

Joe Seremane wurde vom staatlichen Sicherheitsapparat ins innere Exil geschickt und dort willkürlich von einem schwarzen Südafrikaner ohne Rechte in einen Bophuthatswaner mit Rechten verwandelt, die auf dem Papier existieren wie Guthaben auf einem Sperrkonto. Als Schwarzer, der gewagt hatte, einen politischen Standpunkt zu beziehen, sollte er die Lektion lernen, daß sein Schicksal von unsichtbaren und anonymen Beamten kontrolliert wurde. Aber Joe Seremane hatte einen Sinn für Humor und für das Absurde. Das südafrikanische System, wie er es erlebte, war ein Schabernack, den man seiner Persönlichkeit spielte. Und seine Persönlichkeit war einfach zu groß und umfassend, als daß sie in einer staubigen Township namens Montshiwa – an diesem völlig obskuren Ort im westlichen Transvaal hatte man ihn abgesetzt – hätte unterdrückt werden können.

Ein aufmerksamer Leser der Leserbriefspalten in den englischsprachigen Zeitungen von Johannesburg oder in der näher am Ort des

Geschehens befindlichen *Mafeking (Mafikeng* nach einer orthographischen Reform) *Mail* hätte vielleicht vor ein paar Jahren bemerkt, daß Montshiwa plötzlich zur seltsamen Bühne für einen ganzen Chor unerschrockener, manchmal spöttischer schwarzer Stimmen geworden war. Da waren Pax Patria und Domus Vero, Justice Lover und Black Savage, Kubu Segathlhe und Jack Senwamadi (was soviel wie »Einer, der Blut trinkt« heißt), ganz zu schweigen von einem weltgewandten und beredten Jazzkritiker namens Monty Simon und, näher an der Quelle dieses Getöses freier und unerbetener Meinungen, einem gewissen Wetsho-O-tsile Seremane, der einen seiner vielen Briefe mit der schelmischen Erklärung beendete, daß »die Feder von Menschen wie Domus Vero, Justice Lover, Kubu Segathlhe, Pax Patria, Jack Senwamadi und Black Savage mir schon alle Arbeit abgenommen hat«. Näher kam Joe Seremane dem Eingeständnis, daß er sämtliche Genannten verkörperte, nicht. Wetsho-O-tsile bedeutet »Unser Kumpel ist angekommen«. Es war eines von Joes Mitteln, kundzutun, daß er nicht warten konnte und wollte.

Die Redakteure der Leserbriefspalten brauchten lange, bis sie ihm auf die Schliche kamen. An einem ruhmreichen Morgen gelang es zweien von Joes brieflichen Identitäten, in der *Rand Daily Mail* zu Wort zu kommen. Wenn Joe sich unter seinen verschiedenen Decknamen an die Weißen wandte, konnte er ebenso sarkastisch wie zartfühlend sein. Manchmal war er sich nicht zu schade, sich des schwarzen Mannes Bürde aufzuladen, und versuchte, seine Leser aus ihrem Sumpf rassischen Aberglaubens und rassischer Ängste zu erheben. In seinen besten Momenten konnte er gleichzeitig sarkastisch, zartfühlend und erhebend sein. In einem an Gerrie Coetzee, die weiße Hoffnung des südafrikanischen Schwergewichtsboxens, gerichteten Brief erklärte Justice Lover, weshalb er einem schwarzen amerikanischen Gegner seines südafrikanischen Landsmannes die Daumen drücke. »Gerrie, Du und ich und alle anderen sitzen in einer üblen historischen Falle!« begann sein offener Brief, womit er – auf eine Weise, die der Boxer schwerlich verstehen würde – deutlich machte, daß seine Feindschaft nichts Persönliches habe. Dann lenkte er Gerrie Coetzees Aufmerksamkeit auf eine Kontroverse, die sich an der

Entscheidung entzündet hatte, die Rassentrennung in dem Stadion von Pretoria, wo der Kampf stattfinden sollte, vorübergehend aufzuheben. Wem hatten die gegen diese Entscheidung plädierenden örtlichen Behörden aus dem Wege gehen wollen? »Meinem schwarzen Körper«, antwortete Justice Lover, »unter völliger Mißachtung meiner schönen, toleranten und geduldigen Seele.« Wie könne er einen weißen südafrikanischen Boxer anfeuern, während er selbst nicht als Südafrikaner akzeptiert werde? Er schloß: »Nein, Gerrie, ich werde Dir an dem Tag zujubeln, an dem wir beide Azanier in einem einheitlichen nichtrassischen und nicht diskriminierenden Staat sein werden.«

»Meine schöne, tolerante und geduldige Seele.« Diese Worte enthielten vielleicht einen Hauch von Selbstironie, aber sie hätten das härteste weiße Herz erweichen sollen. Auch Pax Patria konnte den Balsam schwarzen Mitleids mit den Weißen spenden, wenn er seinen »weißen Brüdern« versicherte, daß Schwarze nicht zum Haß erzogen würden, nicht einmal jene, die »in den Polizeizellen und Gefängnissen schreckliche Qualen erlitten haben, die wir nie wieder schildern möchten, denn es tut weh«. Der oberflächliche Leser hätte dies für ein rhetorisches Mittel halten können, aber die Aussage war autobiographischer Art. »Soll uns Eurer wirklich unbegründeten Ängste wegen das verweigert werden, was uns rechtmäßig gehört?« fragte Pax Patria. Justice Lover schrieb zwei Wochen später in seiner nächsten veröffentlichten Epistel: »Ich werde weiterhin versuchen, Euch zu vergeben, aber wie lange noch?«

Als ich Joe Seremane zum erstenmal begegnete, waren er und seine gesamte Crew praktisch aus den Johannesburger Leserbriefspalten verbannt, aber ihre – oder seine – Brieforgie war damit noch lange nicht zu Ende. Nun wandte er sich hauptsächlich an Schwarze, besonders an Schwarze, die anfingen, sich als Bophuthatswaner zu betrachten. Nachdem sogar die *Mafikeng Mail* zu erkennen gab, daß sie genug von Domus Vero gehört haben könnte, sprang Kubu Segathlhe in die Bresche und gab sein eigenes, maschinengetipptes Mitteilungsblatt zur Verbreitung in den Townships heraus. Der Mann ließ sich nicht zum Schweigen bringen. Diese neuesten Ergüsse trugen den Titel »Der Standpunkt des Landmannes«.

Welch ein Landmann! Joe war nicht im Busch, sondern in einer Township bei Johannesburg aufgewachsen. Von früher Jugend an nahm er an dem Geschehen seiner Zeit lebhaft Anteil und bezahlte den Preis dafür. Er war durch das südliche Afrika gereist; sein ruheloser und wißbegieriger Geist hatte die ganze Welt bereist. Doch seitdem man ihn in einem Homeland seinem Schicksal überlassen hatte, trieb ihn die Erkenntnis um, daß die Homeland-Schwarzen – immerhin der größte, am schnellsten wachsende Teil des schwarzen Südafrika – von jenen Schwarzen, die sich im »Kampf« zu befinden glaubten, genauso gründlich abgeschrieben wurden wie von den Weißen. Wenn man die Machenschaften und Schiebereien der zusammengewürfelten Homeland-Regime angriff, wenn man versuchte, innerhalb der willkürlichen und unsichtbaren Grenzen der Stammesstaaten schwarze nationalistische Gefühle am Leben zu erhalten, riskiere man, diesen eine gewisse Anerkennung zuteil werden zu lassen. Jedenfalls schienen orthodoxe schwarze Nationalisten dieser Meinung zu sein. Wenn ihr Kampf vor einem möglicherweise unheilvollen Kompromiß bewahrt werden solle, dürfe man weder die Existenz Bophuthatswanas noch der Bophuthatswaner einräumen. Daraus folgte, daß es kein Bündnis mit jemandem geben konnte, der in dem Homeland Oppositionspolitik machte.

Aber Joe war der Meinung, daß irgend jemand den Geist der Diskussion und des Suchens in diesen stagnierenden Satrapien aufrechterhalten müsse, jemand wie Domus Vero oder Kubu Segathlhe, zwei seiner Identitäten, die besonderes Geschick dafür entwickelten, mit einem listigen Sinn für Possen, aber auch für Botschaften, den Tölpel zu spielen. Letzterer schrieb in einem unerbetenen Kommentar zum intellektuellen Klima an der neuen Universität der Homeland-Hauptstadt in Mmabatho: »Trotz unseres breiten Lächelns und unserer scheinbar konformistischen Haltung werden wir sorgfältig darauf achten, ob die uns gegebenen Zusicherungen nicht wieder dieselben leeren Versprechungen sind, die man uns während unseres ganzen erbärmlichen und elenden Lebens gemacht hat ... Bitte, unterdrückt meine verzehrende Leidenschaft, meinen Hunger nach Wissen und Weisheit nicht. Beengt mich nicht durch akademisches Protokoll und

Gewand. Der Geist des Landmannes ist ein Kind der üppigen, freien Dschungel und Steppen Afrikas, wo selbst dem Wind Fragen gestellt werden, wenn er im Schilfrohr singt.«

All das lief auf die Weigerung hinaus, sich mit dem weißen Paternalismus und der weißen Bestimmung schwarzer Ziele zufriedenzugeben, und all das strömte stetig aus einem kleinen Büro hervor, das dieser selbstbefreite Schwarze sich im Hinterhof seines Township-Hauses in einem Homeland eingerichtet hatte. Als ich ihn zum erstenmal dort besuchte, zeigte er mir das Album, in dem er seine Botschaften sammelte. »Mächtiger als das Schwert«, hatte er auf den Einband geschrieben. Ich kannte Joe damals nur als Außendienstmitarbeiter des Südafrikanischen Kirchenrates; er hatte in erster Linie Kontakt mit verschiedenen Gemeinden ländlicher Schwarzer zu halten, die zwangsweise in das Homeland umgesiedelt worden waren. Aber er sprengte auch diese Rolle, diese Aufgabe. Die Briefe, die er schnell hinwarf, deuteten seine Energie, seinen Witz und den Reichtum seiner Rede nur an; sein ganzer Körper schien am Gespräch teilzunehmen, seine langen Finger untermalten ausdrucksvoll den Rhythmus der Worte, und in seinem langen Gesicht spiegelte sich jede Nuance seines Humors wider.

Das Entscheidende an Joes Briefen war, wie ich bei meinem nächsten Besuch entdeckte, daß sie kurz nach seiner Entlassung aus einer Haft, in deren Verlauf er gefoltert worden war, begonnen hatten. Der wehrhafte Staat hatte sich mit seinem ganzen Gewicht auf ihn fallen lassen, und Joe war wieder aufgestanden, hatte sich den Staub abgeklopft und begonnen, seine Stimme zu erheben. Justice Lover, Pax Patria und Domus Vero hatten zum erstenmal 1976 in einem Vernehmungszimmer in Pietermaritzburg den Drang verspürt, zu Weißen zu predigen. Dort unterzog man ihn einer Folter, die man »Hubschrauber« nannte; dabei fesselt man die Handgelenke des nackten Häftlings an seine Fußknöchel und läßt ihn dann von einer Eisenstange herabbaumeln. »Ich kann meine physische Reaktion nicht einmal dem Menschen schildern, der mir in meinem Leben am nächsten steht, nicht einmal meiner Frau«, sagte Joe. Aber seine emotionale Reaktion, ein Abscheu, der sich als eine Art Mitleid mit seinen Vernehmern ausdrückte, war zu stark, als daß er sie für sich behalten konnte. Schließlich machte er den Fehler, einem hohen Offizier der Sicherheitspolizei zu erklären, daß er versucht habe, den Haß und die Bitterkeit seiner Vernehmer zu verstehen, und daß er nur hoffe, so etwas nie selbst erleben zu müssen. »Du hast genug gepredigt, Joe«, wies der Offizier ihn schroff zurück.

Joe, der damals fast vierzig Jahre alt war, hatte nicht so lange gewartet, um zu entdecken, daß er ebenso gut war wie die Weißen und daß deren Kategorien und Definitionen für ihn nicht gültig waren. Sein Vater war ein strenger, selbstbeherrschter Shona aus dem damaligen Rhodesien gewesen, der im Büro eines Goldbergwerks unweit des Städtchens Randfontein gearbeitet hatte; seine Mutter war eine Tswana von Herkunft, aber sie hatte ihren Kindern immer einen Klaps gegeben, wenn diese einen Spielkameraden als einen Ndebele oder Xhosa bezeichneten. »Sie gehören zu unserem Volk«, hatte sie stets gesagt. Deshalb hatte Joe sich nie als Shona oder Tswana, sondern stets als Afrikaner betrachtet. Die scharfe Schneide der Apartheid begann gerade, das Land zu durchtrennen, und er gehörte zur letzten Generation städtischer schwarzer Kinder, die noch gelegentlich weiße Spielkameraden hatten. »Die Schutthalden des Bergwerks waren das Niemandsland, in dem wir spielten. Vielleicht maßen wir uns dort an unseren Herren und merkten, daß wir kein Recht hatten, uns unterlegen zu fühlen.« Unglaublicherweise hatte er sogar Gelegenheit zu einem kurzen Flirt mit der Tochter eines australischen Bergbauingenieurs gehabt.

Zur selben Zeit machte er seine erste politische Kampferfahrung im Verlauf der sogenannten Auflehnungskampagne in den frühen fünfziger Jahren, als die Kongreßbewegung Gandhis Taktik des zivilen Ungehorsams übernahm und ihre Anhänger in »nur für Weiße« bestimmte Einrichtungen schickte. Der Kongreß folgte einem Zeitplan, der ihn lange vor der Bürgerrechtsbewegung der Vereinigten Staaten aktiv werden ließ, aber er hatte es mit einer nationalen Regierung zu tun, die bereit war, ihn mit aller erforderlichen Brutalität zu zerschlagen. Joe Seremane und seine heranwachsenden Freunde in Randfontein waren nie für den zivilen Ungehorsam rekrutiert oder ausgebildet worden, aber sie begriffen sofort, worum es ging, machten sich zum Postamt auf und riefen auf der weißen Seite der Barriere »Dies ist unser Land!« und andere Parolen, bis ein Polizeiwagen eintraf. Sie wurden zur Wache gebracht, mit Stöcken verprügelt und schließlich mit dem Rat, sich wie artige kleine *kaffertjies* zu benehmen, nach Hause geschickt. Die Polizei war weniger nachsichtig, als sie ihn ein Jahrzehnt später wegen Agitation für den verbotenen Panafrikanischen Kongreß verhaftete. Im Jahre 1963 schickte man ihn zusammen mit den tapfersten Schwarzen seiner Generation ins Gefängnis nach Robben Island in der Tafelbucht vor Kapstadt, wo er sechs Jahre lang im Steinbruch arbeitete und Latrinen säuberte.

Es war eine weitere Gelegenheit, sich mit Weißen zu messen, und Joe erinnerte sich mit einer gewissen Heiterkeit daran. »Manchmal, spät nachts, wenn meine Gedanken leichtsinnig und verrückt werden, ertappe ich mich bei dem Wunsch, daß meine Söhne die Gelegenheit haben, es auch zu erleben. Ich meine es nicht ernst, aber wenn ich die Leute meines Alters betrachte, dann sehe ich, daß siebzig oder achtzig Prozent von ihnen von dem System ausgelaugt, überwältigt, besiegt sind. Diejenigen, die überleben, die Wiedergeborenen, die Menschen, die sich regeneriert und neue Kraft gewonnen haben, sind Häftlinge der Insel gewesen.«

Joe hatte nie die Absicht, als Christ zu enden. In seiner Jugend hatte die Art und Weise, wie die Weißen des Landes ihren Glauben praktizierten, ihn bewogen, über die Bekehrung zum Islam nachzudenken. Auf Robben Island war er nur deshalb zum Gottesdienst gegangen, weil Robert Sobukwe, der Führer des Panafrikanischen Kongresses, in einem Verlies in der Nähe der Kapelle festgehalten wurde und es manchmal möglich war, einen Blick auf ihn zu erhaschen oder ihm sogar, als Geste der Unterstützung, eine geballte Faust zu zeigen. Auch heute staunt er noch über die christliche Geduld und Versöhnlichkeit seines Volkes. »Wenn dies wirklich solche Tugenden sind, weshalb nehmen *sie* sie nicht an uns wahr?« Aber es ist nicht die alte Geschichte von der mangelnden Wahrnehmung der Weißen, die ihn anstachelt, sondern es ist die Parodie, die die kleinkarierten schwarzen Despotismen in den Homelands aus seinem im Gefängnis gehegten panafrikanischen Traum machen; es ist das Schauspiel anderer Schwarzer, die diese Scheindemokratie in einem angeblich multirassischen, doch zufällig zu mehr als 99 Prozent schwarzen Staat als eine Art Erfüllung akzeptieren; und es ist das Schauspiel des Alkoholismus in den Townships. In seinen Briefen zieht Domus Vero über »die bösen, unsere Nation ermordenden Schnapsbuden« her, über Schmutz und Verwahrlosung, über den Mangel an öffentlicher Hygiene und sozialer Voraussicht. Er entdeckt »moralische Dekadenz« im schwarzen Staatsdienst und »soziale Entwürdigung« in den Menschen. »Wo immer Menschen zusammenkommen, verspürt man unbehagliches Schweigen zu Themen, auf die es ankommt, und den seichten Anschein der Zustimmung«, schreibt er. »Ist es Verrat, nachzudenken?«

Seine Jeremiaden bleiben unbeachtet. Er gilt als Streithahn des Dorfes. Manche seiner früheren Mitkämpfer mögen sogar der Meinung sein, daß er sich durch sein Bleiben in Bophuthatswana dem Kampf entzogen habe. Aber es ist sein eigener Befreiungskampf, und wenigstens hat er sich selbst befreit. An meinem letzten Nachmittag bei ihm fuhren wir durch Mmabatho, die Schaufenster-Hauptstadt am Lucas Mangope Highway, benannt nach dem Präsidenten des Homeland. Schwarze Gärtner arbeiteten in den Gärten hoher Beamter, wie sie es in Bloemfontein oder Pretoria tun – mit dem Unterschied, daß hier viele dieser Beamten schwarz waren. Joe Seremane erinnerte sich voll Stolz an eine Jazzband, in der er auf Robben Island gespielt hatte.

»Woher hatten Sie die Instrumente?« fragte ich verwundert.

»Wir hatten keine Instrumente«, entgegnete er. »Wir spielten mit unseren Stimmen. Jeder spielte zwei oder drei Instrumente. Es gab da Jungs mit phantastischem musikalischem Gedächtnis. Wir hatten die besten.«

Wie er gesagt hatte: Die Erinnerung an Robben Island regeneriert und gibt neue Kraft. Nichts deutete darauf hin, daß er sich nun in Mmabatho ausgeschlossen fühlte. Es entsprach nicht seiner Vorstellung von Freiheit, daß jetzt ein Schwarzer den Garten eines Schwarzen pflegte. Und er konnte fast rasend bei dem Gedanken werden, daß eine solche Vorstellung um sich griff. »Am schlimmsten ist, daß die

Menschen nicht wissen, daß sie funktioniert«, sagte Joe Seremane. Daß die Apartheid funktioniert, meinte er. »Sie müssen sich aufrappeln und dagegen ankämpfen.«

Es gibt nicht besonders viele Geschichten von burischer Abtrünnigkeit, aber doch genug, um ein Muster herauszuarbeiten. Es wäre reines Wunschdenken, sie als Omen zu präsentieren, aber es ist unmöglich, sie als anormal und belanglos zu verwerfen. Wenn in sechzig oder achtzig Jahren immer noch Buren existieren sollten, die ihre eigene Historie zu Papier bringen wollen, dann ist es nicht unwahrscheinlich, daß sie die Helden unserer Epoche unter denen finden werden, die dem Traum einer fortdauernden Rassenordnung den Rücken gekehrt haben, und daß sie dann dem kurzen Leben von Frikkie Conradie werden Bedeutung abgewinnen können.

Frikkie, der auf einer Farm im westlichen Transvaal aufgewachsen war, hatte in seiner Jugend nie gehört, daß jemand das von Gott verordnete Recht und die Notwendigkeit der weißen Herrschaft über die Schwarzen in Frage stellte. Er konnte sich erinnern, daß die Kinder vor Angst schrien, wenn sein Vater mit dem Stiefel in den Magen oder die Rippen oder gegen den Kopf eines am Boden liegenden Arbeiters trat oder schwarze Rechtsverletzer in seinem *bakkie* über die Grassteppe jagte, als seien sie wilde Tiere. Und er erinnerte sich an den Rassenkatechismus, mit dessen Hilfe den weißen Kindern erklärt wurde, weshalb eine so belastende Herrschaft Teil der natürlichen Ordnung sei: Die Buren hätten die Pflicht, die Schwarzen auf das Niveau menschlicher Wesen zu heben, doch da sie Tieren immer noch ähnlicher seien, müsse zunächst ihr Wille gebrochen werden. Die Kinder lernten die Lektion, schrien aber weiterhin bei jedem Zwischenfall, weil sie Angst hatten, einen Menschen sterben zu sehen.

Frikkie lernte, daß er in einem schwierigen Land lebte. Man benötigte Disziplin, die von Generation zu Generation unter der gewöhnlich unausgesprochenen Annahme weitergegeben wird, daß Disziplin und Moral identisch seien; Mangel an Disziplin – eine Mißachtung von Stand und Rang, ein zu hartnäckig oder zu offen geäußerter Zweifel – sei Unmoral, die in Südafrika nur zum Einsturz der gesellschaftlichen Ordnung führen könne. Dies war eher ein Ethos als ein Glaube, und in Frikkie Conradies Fall existierte er mühelos neben dem abstrakten, intellektualisierten Unterricht in Ethik und Theologie, den er auf seinem Weg zur Pastorenschaft erhielt – bis er an einem einzigen Abend rissig wurde und sich auflöste. Es war sein erster Abend in Holland, wo er ein weiterführendes Theologiestudium absolvierte, und es bedurfte nur eines auf afrikaans geführten Gesprächs mit einem südafrikanischen Landsmann, der aus dem gleichen Grunde dort war.

Dieser Landsmann war nicht weiß. Er hieß Allan Boesak, wurde später zum Führer einer Dissidentenbewegung in den nichtweißen Zweigen der Niederländisch-Reformierten Kirche und, im weltlichen Bereich, zur beredtesten Stimme des Protestes, die sich wohl je aus der Mischlingsgemeinde erhoben hatte. An jenem Abend ihrer ersten Begegnung debattierte Allan Boesak jedoch nicht mit Frikkie Conradie. Er fragte ihn nur, was er von der Apartheid halte, und nachdem er eine vorsichtige, konventionelle Antwort dahingehend erhalten hatte, daß sie nicht notwendig unvereinbar mit der christlichen Lehre sei, erzählte er von den Erlebnissen seiner Familie bei einer Reihe von Zwangsräumungen, die aufgrund des Group Areas Acts in der Kapprovinz stattgefunden hatten. »Ich begegnete Allan, und damit fing alles an«, erklärte mir Frikkie. »Wenn Schwarze unseren Schutzschild durchdringen, beginnen wir zu verstehen, was wirklich vor sich geht.«

Frikkie wußte nicht genau, wo er gelernt hatte, so zuzuhören, wie er es an jenem Abend tat, aber nachdem er einmal angefangen hatte, hörte er nicht mehr auf. Nach Südafrika zurückgekehrt, verweigerte er die Ordination, für die er im weißen Zweig seiner Kirche ausgebildet worden war, und empfing sie statt dessen im schwarzen Zweig. Er war der erste weiße Geistliche, der diesen Schritt tat. Dann diente er einer schwarzen Gemeinde in einer verwahrlosten Township namens Alexandra und erhielt das Gehalt eines schwarzen Pfarrers, ohne den Zuschuß, der weißen Missionaren normalerweise gezahlt wird. Er betrachtete sich nicht als einen Missionar, der die Erleuchtung brachte, sondern als jemanden, der sie von den Angehörigen seiner

Gemeinde empfing. »Du kommst als Rassist und Paternalist zu ihnen, und sie machen dich zu einem menschlichen Wesen«, sagte er.

Er war ein hagerer Mann, blaß und bärtig, ohne das steife Dekorum, mit dem burische Pfarrer sich zu umgeben lernen, und er sprach, als er diese Bemerkung machte, besorgt, doch leidenschaftlich über Familie. Ein Lächeln umspielte seine Mundwinkel und ließ ihn nie ganz im Stich, wenn er redete. Sein ganzes Leben war durch seine verblüffende Entdeckung verwandelt worden, und nun sprach er wie ein Dichter, der plötzlich seine Stimme gefunden hat, mit ruhigem Selbstvertrauen, mit einer Mischung von Eindringlichkeit und Humor. Er wisse immer noch nicht viel über das Christentum, sagte Frikkie, aber er verstehe, was Jesus gemeint habe, als er fragte, wer seine wahre Mutter, sein wahrer Bruder sei. Dies habe er selbst erlebt, denn er habe unter Schwarzen mehr Väter und Brüder und Schwestern im wahren Sinne dieser Worte als unter seinen Blutsverwandten. Sein Abfall habe seiner Mutter und seinem Vater großes Leid verursacht und seinen Bruder und seine Schwester bewogen, ihn zu meiden. Er könne nur Mitleid für sie empfinden. Die Buren machten sich soviel Sorgen um ihre kostbare Identität, daß sie das Leben nie wirklich erführen. »Wir verbannen Menschen«, sagte er mit leiser Stimme, »und gleichzeitig verbannen wir das Leben aus unserer Existenz.« Als er die Solidarität spürte, die er unter Schwarzen fand, habe er nur eine einzige Furcht gehabt: von ihnen isoliert zu werden, wieder allein zu sein.

Seine Worte warteten eine Woche lang in meinem Notizbuch. Ich begriff nicht völlig, was sie bedeuteten oder wie ich sie verwenden konnte. Und natürlich konnte ich nicht wissen, daß es die letzte Woche von Frikkie Conradies Leben sein würde. Im Alter von fünfunddreißig Jahren wurde Frikkie auf der Fahrt ins westliche Transvaal, wo er die Farm seines Vaters besuchen wollte, durch überhöhte Geschwindigkeit aus einer Kurve getragen, und starb, kaum zwölf Stunden bevor seine Frau ihr erstes Kind zur Welt brachte. Gleichzeitig zur Witwe und Mutter geworden, wurde sie von der Familie sofort heftig bedrängt, um Frikkies alternder Eltern willen das Begräbnis in der Kirche abzuhalten, die er verlassen hatte. Ein gemeinsamer Freund erkundigte sich bei mir, ob mein Interview mit Frikkie irgend etwas enthalte, was ihr in dieser Notlage als Anhaltspunkt dienen könne. Ich holte mein Notizbuch hervor und tippte meine Aufzeichnungen ab, darunter die Sätze: »Ich habe unter Schwarzen mehr Väter und Brüder und Schwestern im wahren Sinne dieser Worte als unter meinen Blutsverwandten. Ich kann nur Mitleid für sie empfinden, denn sie führen kein bewußtes Leben.«

Der Trauergottesdienst fand in der Kirche in Alexandra statt, gefolgt von der Beisetzung auf dem schwarzen Friedhof, wo Frikkie wieder eine Schranke überwand, die kein anderer Weißer überwunden hatte. Seine alte Familie war in der kleinen schwarzen Kirche ebenso anwesend wie seine neue, von der Hunderte nur noch auf dem Kirchhof Platz fanden. Die Grabreden wurden zu Gebeten für Freiheit und Versöhnung. Ich fragte mich, was diese Worte wohl für Frikkies weiße Verwandte bedeuteten, und hatte Mühe, den Blick von ihnen abzuwenden; sie mußten ihre Trauer mit Bischof Tutu und anderen teilen, die in ihren afrikaanssprachigen Zeitungen als Agenten oder leichtgläubige Marionetten der sowjetischen Unterwanderung bezichtigt wurden. Dann stand ein Bruder auf, um im Namen der Familie zu sprechen. Frikkie hatte ihn »meinen Broederbond-Bruder« genannt. Er war ein massiger Mann mittleren Alters, und er sagte mit vorsichtiger Höflichkeit auf afrikaans, daß er hoffe, die Menschen von Alexandra würden sich stets an die Botschaft erinnern, die sein Bruder ihnen gebracht habe. Frikkie Conradie hätte sich natürlich sofort gegen diese herablassende Bemerkung gewandt; er hätte erwidert, daß sie den Sinn seines Lebens völlig falsch wiedergebe.

Allan Boesak, der den Beginn der Geschichte miterlebt hatte, kam dem entscheidenden Punkt viel näher. Er sagte über seinen Freund: »Frikkie Conradie lebte und starb als freier Mann.«

Für einen selbstbefreiten Schwarzen lautet die Frage nicht, wie er Partei ergreifen oder die Isolierung überwinden soll. Sie lautet vielmehr, wie er sich in einer Weise engagieren kann, die mehr als eine Geste, mehr als ein Opfer ist. Es ist leicht genug, wie eine Sternschnuppe aufzublitzen und zu verglühen und den Status eines Märtyrers zu erringen. Die Behörden sind nur allzu bereit, jedem jungen

Schwarzen, der sich der Prüfung unterziehen will, eine rasche, niederträchtige Lektion über Macht zu erteilen. Es ist härter, das Exil zu wählen, aber was zunächst als heroisches, bedingungsloses Engagement erscheint, kann rasch zu einem unbedachten Kompromiß zerrinnen, zu einem unersprießlichen Rückblick auf ein Leben in staubigen Flüchtlingslagern und fremden Städten. Am schwierigsten ist es zweifellos, im Lande zu bleiben und Wirkung auszuüben, indem man nicht nur den Glauben aufrechterhält, sondern auch die Sache der Gleichheit vorantreibt.

Malusi Mpumlwana, ein politischer Gefolgsmann und Erbe von Steve Biko, begann kurz vor dem Tode seines Freundes, sich mit der Frage des Engagements – ob es dazu mehr bedürfe als Mut und Schläue – auseinanderzusetzen. Malusi saß damals in demselben Gefängnis in Pietermaritzburg, in dem Joe Seremane verhört und gefoltert worden war. In seinem Fall wurde die als »Hubschrauber« bekannte Behandlung als »Pferd« bezeichnet. Manchmal, wenn sein verkrümmter Körper an der Eisenstange baumelte, machten seine Vernehmer eine Teepause und ließen ihn mit seinem Schmerz allein. Manchmal prügelten sie seine nackten Fußsohlen, die unter jedem Hieb brannten, lösten dann seine Fesseln und zwangen ihn, stundenlang auf seinen geschundenen Füßen zu stehen. »Es machte ihnen Spaß«, erzählte er. Das schwerste Verhör dauerte ungefähr drei Wochen; über lange Zeiträume hinweg durfte er weder schlafen noch die Toilette benutzen. »Ihre Methoden waren brutal, aber ich erwartete Schlimmeres. Also sagte ich mir von Tag zu Tag: ›Dies ist noch nicht das Schlimmste.‹ Und dann war es eine Überraschung, als alles aufhörte.«

Malusi hatte jeden Anlaß, die Drohungen, daß er eines Morgens auf dem Grund des Umgeni entdeckt werden könne, ernst zu nehmen. Biko lebte noch, doch Mapetla Mohapi, ein enger Freund der beiden, war in der Haft umgekommen, angeblich durch Selbstmord. Doch was geschehen war oder geschehen würde war nicht der Hauptgrund dafür, daß ich seine Schilderung des Verhörs abschreckender fand als andere entsprechende Berichte. Es hatte mit Malusi selbst zu tun. Ich habe nur wenige Menschen gekannt, deren Haltung in so vollkommener

Weise Charakter und Intelligenz widerspiegelte. Malusi Mpumlwana sprach leise, mit natürlicher Zurückhaltung, doch er lachte gern und aus ganzem Herzen. Er war bescheiden bis zur Selbstverleugnung, doch er vermittelte Selbstbewußtsein und Autorität. Ein System, das zu einem Selbstbekenntnis imstande war, wie es in dem Versuch, einen jungen Mann wie diesen zu erniedrigen und zu brechen, zum Ausdruck kam, zeigte meiner Ansicht nach, daß es sich im Grunde mit seiner eigenen moralischen Widerwärtigkeit abgefunden hatte.

Ich hatte Malusi Mpumlwana bereits drei Jahre lang gekannt, bevor ich die Einzelheiten seiner Hafterfahrung hörte. Es waren zwei ganz verschiedene Weisen, ihn zu kennen, weshalb mich seine Geschichte – keineswegs die schlimmste, die mir zu Ohren gekommen war – am stärksten berührte. Es gibt Vertreter der sogenannten Bewegung, die behaupten mögen, daß Malusi im Gefängnis Pietermaritzburg seine politische Orientierung verloren habe. Nicht etwa, daß er weniger engagiert oder verläßlich oder energisch war, als er wieder auftauchte, aber er schien von einer mystischen – und deshalb politisch verdächtigen – Einsicht erfüllt zu sein, die es ihn drängte mitzuteilen. Er verspürte nun das dringende Bedürfnis, nicht nur taktische Fragen, sondern grundlegende theologische Probleme von Gut und Böse zu diskutieren und der Frage nachzugehen, was es bedeute, in der Situation Südafrikas Gottes Willen zu leben. Die Vernehmungen hatten ihn äußerlich nicht verändert, aber sie hatten ihn zu Reflexionen veranlaßt, denen andere nur mit Mühe folgen konnten. Eines späten Abends, nach einem langen Gespräch, faßte er sie für mich zusammen: »Ich sagte mir: ›Was geht hier eigentlich vor? Woran glaubt Gott? Wir sind aufrichtige Menschen, und wir setzen uns für etwas ein, was wir wirklich für eine gerechte Sache halten. Es *sollte* getan werden! Jemand muß es tun! Wir kämpfen für etwas, das sehr wichtig ist. Und ich glaube, daß kein sich selbst achtender, liebevoller Gott dagegen sein oder diesen Unsinn, der hier geschieht, zulassen kann.‹«

Biko und seine Freunde hatten in der Bewegung, die sie Black Consciousness (Schwarzes Bewußtsein) nannten, erkannt, daß jedes Individuum die Fähigkeit hat, sich selbst zu befreien. »Dies ließ uns frei sein«, sagte Malusi, »und zwar so sehr, daß wir uns in einer Stadt wie Bloemfontein, in der wir uns früher vor Minderwertigkeitsgefühlen gekrümmt hätten, nun aufrecht bewegen konnten und plötzlich das Gefühl hatten, das ganze weiße Kommando herausfordern zu können. Plötzlich sah die Welt anders aus. Bikos Überzeugung war, daß politische Emanzipation ohne psychologische Emanzipation sinnlos sei, denn was für ein Land wäre dies selbst nach einem Regierungswechsel, wenn die Menschen sich minderwertig fühlten? Seine Ansicht war: ›Schwarzer Mann, du trägst wahrscheinlich selbst am meisten zu deiner eigenen Unterdrückung bei. Der weiße Mann braucht die Lokomotive nur in Gang zu setzen und die Automatik zu betätigen, alles übrige erledigst du selbst. Also solltest du dir wirklich klarmachen, daß du aus dem Zug springen mußt.‹«

Malusi war gesprungen, sobald er als junger Student in Natal mit Biko Bekanntschaft geschlossen hatte, und er hatte seine Entscheidung nie bereut. Aber die theologischen Fragen, die ihn in der Haft beschäftigten, veranlaßten diesen selbstbefreiten Aktivisten schließlich zu einer neuen Art von Sorge um jene, die zurückblieben. »Die eigene Freiheit läßt sich daran messen, in welchem Grade man die Unfreiheit anderer zu erkennen und zu bekämpfen vermag. Während man dies aber tut, wird man selbst wieder unfrei.« Malusi lachte über das Paradoxon, das die Black-Consciousness-Bewegung nicht vorhergesehen hatte. »Ich fühle mich schrecklich unfrei, wenn ich Menschen begegne, die sehr unfrei sind. Ich meine zum Beispiel simple Armut. Da ich weiß, daß meine Gastgeber sich die gute Mahlzeit, die sie mir anbieten, nicht leisten können, fühle ich mich unfrei, sie zu essen.«

Nur zwei kurze Wochen lagen zwischen seiner Haftentlassung im Juli 1977 und Steve Bikos letzter Verhaftung. Sie hatten nur Zeit für ein einziges langes, nachdenkliches Gespräch. Malusi versuchte deutlich zu machen, für wie wichtig er es halte, die »Rolle Gottes in dieser Situation« zu betrachten. Biko, selbst gläubig, wurde von dem theologischen Problem des Bösen beunruhigt. Er meinte, daß Afrika Gott kenne, daß aber Gott das Leid Afrikas aus irgendeinem Grund mißachte. Das Gespräch kam zu keinem Schluß, und dann machte Biko sich zu der Reise auf, von der er nicht mehr zurückkehren sollte.

Es wäre schwierig, die Ironie zu übertreiben: Zwei enge Freunde – der eine ist gerade gefoltert worden, der andere wird im Namen der angeblich christlichen Zivilisation in Südafrika zu Tode gequält werden – sprechen in der kurzen Zeit, die ihnen noch bleibt, über die »Rolle Gottes in dieser Situation«. Die Nachricht von Bikos Tod erreichte Malusi, kaum 48 Stunden nachdem er vom Tode seines eigenen Vaters erfahren hatte. Er hatte keine Zeit, um die beiden wichtigsten Männer in seinem Leben zu trauern, denn er mußte Vorbereitungen für die beiden aufeinanderfolgenden Begräbnisse treffen. Das zweite – Bikos – sollte ein politisches Fanal werden, sollte gleichzeitig Ausdruck der Empörung und der Erneuerung sein. An jenem Nachmittag kamen in King William's Town 20 000 Trauernde zusammen, unter ihnen mehrere hundert Weiße. Während der Sarg auf dem schwarzen Friedhof neben den Eisenbahngeleisen ins Grab hinabgesenkt wurde, schienen ihr Protest und ihre Anklage im ganzen Land widerzuhallen. Die Behörden reagierten reflexartig, indem sie durch Massenverhaftungen und Bannung von Vereinigungen und Personen in die Offensive gingen. Malusi Mpumlwana kehrte ins Gefängnis zurück, was ihm die Möglichkeit verschaffte, seiner Emotionen Herr zu werden, deren stärkste die Empörung über die Ungerechtigkeit der neuesten Unterdrückungswelle war: Bikos Mörder blieben in Freiheit, während seine Freunde und Anhänger ins Gefängnis gesteckt wurden.

Schließlich wurde Malusi unter einem Bannbefehl entlassen, der ihn zur politischen Unperson machte, und er fand die Bewegung, an deren Aufbau er mitgewirkt hatte, praktisch ausgelöscht. Viele ihrer Anhänger waren ins Ausland geflüchtet, um einem vermeintlichen Ruf zum Kampf für die Befreiung ihres Landes zu folgen. Malusi wollte versuchen, sich Gottes Willen anzupassen, und beschloß, zu diesem Zweck im Lande zu bleiben.

Seine Entscheidung, im schwarzen Zweig der Anglikanischen Kirche, der auch sein Vater und Großvater als Geistliche gedient hatten, Pfarrer zu werden, hatte er nicht rasch oder leichtfertig getroffen. Er hatte sich noch nicht zu ihr durchgerungen, als ich ihm drei Jahre nach Bikos Tod, zur Zeit des Scheinreferendums der Ciskei über ihre Scheinunabhängigkeit, begegnete. Malusi hatte inzwischen durch seine Beziehung zu dem Märtyrer Biko den Status eines Apostels gewonnen, aber er ernährte Frau und Kinder dadurch, daß er als Möbelverkäufer arbeitete. Diese Beschäftigung war in seinen Augen moralisch nur im Vergleich mit den Posten, die einige seiner Altersgenossen in der Homeland-Regierung übernommen hatten. »An ihnen gemessen, bin ich ein freier Mann«, sagte er.

Wir fuhren zu einer Klinik, die aus Selbsthilfeprogrammen, die Bikos Bewegung zur Förderung der schwarzen Selbstachtung initiiert hatte, hervorgegangen war. Sie gehörte nun dem Homeland. Dann besuchten wir in der Nähe des Städtchens Alice eine Gerberei, die ebenfalls ein Teil dieser Programme gewesen war. Von ihr war nichts als das Betonfundament übriggeblieben; die Behörden hatten das Gebäude abgerissen – und damit den Arbeitern ihren Lebensunterhalt genommen –, um Bikos Vermächtnis zu zerstören. Sie hatten ganze Arbeit geleistet. Malusi gab nicht vor, daß die Vision der Black-Consciousness-Bewegung noch in den Herzen der künftigen Ciskei-Bürger lebendig sei. Auf dem Friedhof, zu dem er mich führte, hatte Bikos Grab den größten Stein, aber es wirkte nicht besser gepflegt als irgendein anderes. Es war nicht zu einer Pilgerstätte geworden.

Malusi erkannte die Realität, aber er äußerte sich an jenem Abend nicht so, als sei die Bewegung gescheitert oder als habe sie ihre Richtung verloren; für ihn war Black Consciousness ein weiteres Kapitel in der langen Saga des schwarzen Widerstandes. Er war damals gerade dreißig Jahre alt, immer noch gebannt und unter Beobachtung. Obwohl er mehr durchgemacht hatte als die meisten Menschen während eines ganzen Lebens, mußte er nun einen neuen Anfang machen. Nicht die ihm auferlegten Beschränkungen, sondern die Fragen, die er sich im Gefängnis zu stellen begonnen hatte, gaben ihm an diesem Wendepunkt Erholung. Ich hätte vielleicht mein Interesse verloren, wenn er sie wortreich erläutert und mir sein Gefühl, einem göttlichen Zweck in Südafrika dienen zu müssen, beschrieben hätte. Statt dessen überraschten mich sein ruhiges Selbstvertrauen und die Unbeschwertheit, die wie ein Teil desselben Impulses mit seiner Ernsthaftigkeit einherzugehen schien.

Bei einem anderen meiner Besuche, nach der Homeland-Unabhängigkeit, brachte er gar ein Lachen zustande, als er mir einen förmlichen Brief zeigte, den er gerade vom Innenministerium in Pretoria erhalten hatte; darin teilte man ihm mit, daß er in Zukunft ein Visum benötigen werde, um die Republik Südafrika zu besuchen. »Sollten Sie ohne Visum an einem südafrikanischen Grenzübergang eintreffen«, hieß es in dem Schreiben, »wird Ihnen die Einreise verwehrt werden.«

Zu diesem Zeitpunkt hatte er in der Nähe von Pietermaritzburg, wo er einst in Haft gesessen hatte, sein Theologiestudium begonnen; der Brief bedeutete also, daß er ein Visum benötigte, um sein Studium fortzusetzen. Wörtlich genommen, bedeutete er auch, daß Malusi nicht einmal die Township Zwelitsha verlassen konnte, in die er während der Ferien zurückgekehrt war; er konnte nicht zur Bank gehen oder Benzin für sein Auto kaufen, da Bank und Tankstelle jenseits der unmarkierten Grenze im offiziellen Südafrika lagen. Er betrachtete sich selbst natürlich immer noch als Südafrikaner, der in Südafrika lebte, aber er war nun, amtlich gesehen, ein Exilant in seiner eigenen Heimat. Je mehr wir uns der Folgerungen aus der mißlichen Lage bewußt wurden, die weiße Bürokraten in Anerkennung seines Dienstes an der schwarzen Sache und seines Führungspotentials geschaffen hatten, desto schallender wurde unser Gelächter. Technisch gesehen benötige er ein Visum, um ein Visum zu beantragen, denn die südafrikanische Botschaft in der Ciskei lag noch im weißen King William's Town. Wenn er sein Studium fortsetzen wollte, konnte er ins ausländische Exil gehen, was bedeutete, daß er ein südafrikanisches Visum beantragen mußte, um einen Flug- oder Seehafen für die Ausreise zu erreichen, oder er konnte ein Visum beantragen, um zu Hause zu bleiben. »Ich bin kein Ausländer, ich kann überhaupt kein Ausländer sein, aber sie zwingen mich anzuerkennen, daß ich einer bin«, sagte er. »Sie sind erfolgreicher, als sie es sich je hätten träumen lassen.«

Letztlich erhielt dieser schwarze Südafrikaner, der in Südafrika lebte, sein Visum für Südafrika, und erst jetzt, fünf Jahre nach Steve Bikos Tod, faßte er den Entschluß, Pfarrer zu werden. Er sei dazu, so erklärte er mir, nicht von einem Impuls bewogen worden, den politischen Aktivismus aufzugeben, sondern von dem Glauben, daß ein starkes politisches Engagement – womit er ein ideologisches zu meinen schien – nicht so mächtig sei wie ein starkes religiöses Engagement.

»Meinst du wirklich, daß die Kirchen dieses Regime stürzen können?« fragte ich ungläubig.

»Nein, nicht die Kirche als Institution, aber die christliche Gesinnung, die meine Hauptstütze ist.« Wenn ich ihn richtig verstand, sprach er von einer Gesinnung, die nicht nur aus dem Willen erwächst, die persönliche Demütigung der Apartheid zu überwinden, sondern auch aus einem tieferen Empfinden dafür, wie sie das Leben der verarmten schwarzen Massen verzerrt und ihr Leid vergrößert. »Es ist sehr wichtig zu begreifen, wie die Menschen leben, damit dieses Wissen zu deiner Hauptantriebskraft wird. Ich identifiziere mich in jeder Hinsicht mit der Absicht, sich aus dem Kreislauf der Unterdrückung selbst zu befreien, aber dies bedeutet für mich nicht, mit einer besonderen politischen Ideologie verheiratet sein zu müssen. Entscheidend ist der brennende Wunsch, die Situation auf jede erdenkliche Weise zu ändern.«

In derselben Woche, in der Steve Biko sein letztes Gespräch mit seinem Freund Malusi Mpumlwana hatte, der damals gerade seine Pilgerreise zur Pfarrerwürde antrat, führte Biko auch eine lange Unterhaltung mit einem weißen Pastor, dessen geistliche und politische Pilgerreise vielleicht die bemerkenswerteste war, die je ein Südafrikaner angetreten hat. Der junge Schwarze, der sich dem politischen Kampf verschrieben hatte, sprach mit Biko über »die Rolle Gottes«. Reverend Christiaan Frederick Beyers Naudé, der damals sein siebtes Lebensjahrzehnt erreicht hatte und wenige Monate später durch einen Bannbefehl zum Schweigen gebracht werden sollte, sprach über Politik, nicht über Theologie. Am Ende einer mühevollen Suche war er zu der Überzeugung gelangt, daß ein weißer Südafrikaner, zumal ein Bure, Gottes Willen dadurch zu erfüllen habe, daß er schwarze politische Initiativen unterstützte.

Die Bahn, die Beyers Naudé durchlaufen hatte, um an diesem Punkt anzukommen, an dem er in den Augen der meisten Buren ohne

Zweifel zum Verräter und Ketzer geworden war, hatte ihn von einem Ende des südafrikanischen politischen Firmaments zum anderen gebracht. Wenn man ihn mit irgendeiner ihrem Gewissen verpflichteten Gestalt vergleichen sollte, dann mit dem sowjetischen Physiker und Dissidenten Andrej Sacharow. Naudés Abfall war, wie der Sacharows, besonders bitter und unverzeihlich, da er im Herzen der Machtelite stattfand. Einst war er der höchstgeschätzte burische Geistliche seiner Generation gewesen; jede Stellung, die seine Kirche oder sein Volk anzubieten hatten, lag in seiner Reichweite. Nun war er, wie die höchsten Sicherheitsbeamten behaupteten, ein Agent des Untergrundes. Dieser Vorwurf war nie bewiesen worden, konnte aber, wie die Bezichtigung, daß Sacharow ungesetzliche Kontakte zu den Amerikanern unterhalte, auch nicht als völlig aus der Luft gegriffen zurückgewiesen werden. Die Verunglimpfung enthielt einen Kern von Plausibilität, denn Beyers Naudé hatte sich fraglos eine Sache zu eigen gemacht, die von den meisten Buren als revolutionär angesehen wurde. Nicht zufrieden damit, nur eine Stimme des Gewissens zu sein, hatte er die unsichtbare Linie überschritten, die Liberale in den Augen der meisten Weißen von Radikalen trennt: Er hatte die Partei der Schwarzen ergriffen. Es hatte wenig Zweck zu argumentieren, daß er immer noch präziser als Calvinist denn als Marxist zu charakterisieren sei, daß er sein Anliegen mit biblischen Geboten und theologischen Gerechtigkeitsbegriffen begründe. Dort, woher er kam, mußte ein Weißer, der von der Notwendigkeit schwarzer Macht überzeugt war, zumindest ein Kommunist sein, wenn nicht etwas noch Verderbteres.

Aber der Mann selbst war noch bemerkenswerter als seine Lebensgeschichte. Nicht nur die Entfernung, die er zurückgelegt hatte, sondern auch seine jederzeitige Bereitschaft, die Reise fortzusetzen, in jeder neuen Situation ein neues Gebot zu finden, zeichneten ihn aus. Ursprünglich hatte er an Konfrontation oder Rebellion keinen Geschmack gefunden. Wenn er in Fragen, die als grundlegend betrachtet wurden, von seinem Volk abwich, fand er Wege, sie in seinen Predigten zu umgehen. Er konnte, wie die meisten Prediger, Grundsätze zurechtschneidern, aber er konnte keine Tatsachen leugnen. In schon fortgeschrittenem Alter lehrte er sich selbst, sie zu akzeptieren. Sogar nachdem man ihn unter einen Bannbefehl gestellt und seine Bewegungsfreiheit auf einen einzigen Bezirk beschränkt hatte, gelang es ihm, tiefer ins Innere Südafrikas hineinzureisen als praktisch jeder andere Weiße. Und er reiste mit Eifer und Begeisterung. Von den Buren geächtet, suchte er sich eine größere Gemeinde, und doch hörte er nie auf – nicht einmal, nachdem er seine Kirche verlassen hatte, um die Andacht zusammen mit Schwarzen verrichten zu können –, ein burischer Pfarrer zu sein, was seine nie versagende Höflichkeit, seinen seelsorgerischen Stil und sogar die Pflege seines Äußeren betraf. Die Safarianzüge, die er im Sommer trug, wirkten immer frisch gebügelt; sein Haar war stets säuberlich gekämmt und sah nie aus, als müsse es geschnitten werden. Seine Tage waren mit Terminen gefüllt, aber nie waren ihm Eile oder Geistesabwesenheit anzumerken. Manche machten sich Sorgen, daß er politisch naiv oder leichtfertig sei, doch niemand konnte seinen Mut in Frage stellen.

Wann immer ich ein oder zwei Stunden in seiner Gesellschaft verbrachte, waren es nicht nur seine persönliche Geschichte und seine Rechtschaffenheit, die Eindruck auf mich machten, sondern vor allem auch seine Direktheit und sein Vermögen, sich ganz auf eine Person oder ein Thema zu konzentrieren. Da er in der Politik tätig war, einem gefährlichen Zweig der Moraltheologie, besonders für jemanden, der unter strenger Überwachung steht, konnte er sich nicht leisten, völlig arglos zu sein. Doch er hatte jede patriarchalische Verschlossenheit überwunden, wirkte gelöst und abgeklärt, selbst wenn sich seine Leidenschaftlichkeit Bahn brach. »Man findet in diesem Land immer irgend etwas, über das man lachen kann«, sagte er mir einmal. »Und man kann pausenlos weinen.«

Beyers Naudé nennt seinen Vater, einen strengen und distanzierten Mann von patriarchalischer Erscheinung, nicht als Vorbild für das Leben, das er geführt hat. Aber es fällt schwer, zwischen den Reisen von Vater und Sohn nicht eine grobe Symmetrie festzustellen, obwohl sie sich in politisch entgegengesetzte Richtungen bewegten. Der ältere Naudé war nie jemand, der sich auf faule Kompromisse einließ. Jozua François Naudé gehörte zu nur sechs von sechzig Delegierten, die sich auf der Friedenskonferenz am Ende des Burenkrieges weigerten, einen Vertrag zu unterzeichnen, der den Verlierern die Chance bot, einen Frieden unter dem Union Jack und der fernen Oberhoheit der Britischen Krone zu erhalten. Selbst angesichts der sicheren Niederlage hätte er lieber weitergekämpft. Dann wurde er Pfarrer, hatte sich aber dreizehn Jahre später, 1915, immer noch nicht mit dem Verlust der burischen Souveränität abgefunden, als das vierte seiner acht Kinder – sein zweiter Sohn – geboren und nach einem anderen kompromißlosen Buren benannt wurde. General C.F. Beyers, ein Held des Burenkrieges, war im Jahr zuvor bei einer kurzen Rebellion ums Leben gekommen; sie war dadurch ausgelöst worden, daß einige seiner alten Kameraden, die nun in Pretoria an der Macht waren, beschlossen hatten, Südafrika an der Seite Großbritanniens in den Weltkrieg zu führen.

Zur selben Zeit gehörte Jozua Naudé zu einem halben Dutzend Gründern einer Geheimgesellschaft, die einen Eid darauf ablegte, die Sache der burischen Souveränität und Vorherrschaft in allen Bereichen des südafrikanischen Lebens zu fördern. Dies war der Broederbond, der in den folgenden drei Jahrzehnten allmählich Einfluß und Macht anhäufte – ein Vorgang, den Außenstehende, darunter viele Buren, als finstere Verschwörung ansahen. Als Beyers Naudé ein halbes Jahrhundert nach der Gründung des Broederbond mit diesem brach, um eine Organisation namens Christian Institute ins Leben zu rufen, war seine ursprüngliche Idee, daß eine elitäre Gruppe idealistischer burischer Geistlicher die Ansichten ihres Volkes durch gegenseitige private Konsultationen über die anstehenden Probleme allmählich würde ändern können. Der Broederbond beeilte sich, das Institut zu verurteilen, und es wurde schließlich verboten. Aber so unterschiedlich seine Ziele und Methoden am Ende waren, der Instinkt des Sohnes bei der Suche nach einem Weg, der sein Volk auf den Pfad der Tugend zurückführen könne, dürfte dem seines Vaters zu Beginn ähnlicher gewesen sein, als dieser oder orthodoxe Buren es sich vorgestellt hätten.

Das Rassenproblem kam Naudé junior zum erstenmal in Gestalt einer kleinen, scheinbar unwesentlichen Frage zu Bewußtsein, hervorgerufen durch die scheinbar anormale Gegenwart einer Gruppe bejahrter Mischlinge, die jeden Sonntag in den hinteren Reihen der Kirche seines Vaters Platz nahmen. Naudé senior, der gelegentlich vor einer getrennten Mischlingsgemeinde predigte, erklärte dem Sohn, daß die alten Mischlinge Mitglieder der weißen Kirche gewesen seien, bevor man die traditionellen Trennungsmuster für unzureichend befunden habe, bevor es im Interesse der Wahrung der Identität der Buren als eines weißen Volkes für nötig gehalten worden sei, ein absolutes Verbot nichtweißer Gottesdienste in weißen Kirchen auszusprechen. Die älteren Mischlinge, die sich geweigert hatten, ihre Mitgliedschaft aufzugeben, durften immer noch, allerdings in getrennten Reihen, an den Gottesdiensten teilnehmen, aber ihr Tod würde die letzten Spuren rassischer Laxheit beseitigen und den Ausschluß ihres Volkes besiegeln. Dann würde man die Tatsache, daß es einmal anders gewesen war, bequemerweise vergessen, und das Muster absoluter Trennung würde zur traditionellen Lebensweise erhoben werden können. Der Sohn wurde gelehrt, daß die Buren ihre Pflicht den Mischlingen und Schwarzen gegenüber erfüllten, indem sie Missionare zu ihnen entsandten. Das schien die Rassenfrage, soweit sie Beyers Naudé damals betraf, beigelegt zu haben.

Als er fünfundzwanzig Jahre alt war und seiner ersten Gemeinde diente, traten einige der Kirchenältesten an ihn heran und luden ihn ein, sich dem Broederbond anzuschließen. Fünfundzwanzig war das Mindestalter für die Mitgliedschaft; der Sohn eines der Gründer hatte den richtigen Weg eingeschlagen, um zu einem der Erwählten zu werden. Die monatlichen, nur von Männern besuchten Treffen seines »Zirkels« wurden zur Hauptquelle intellektueller Anregung und Kameradschaft seines Lebens außerhalb der Kirche. Dann, mit dreißig, wurde er zu einer Gemeinde bei Pretoria versetzt, was bedeutete, daß er vom Kap, wo die Mischlinge zahlenmäßig vorherrschten, nach Transvaal umziehen mußte, wo sich nicht übersehen ließ, daß es eine riesige schwarze Gemeinschaft gab, die körperlich in dem weißen Kernland vorhanden war. Zum erstenmal gestand er sich ein, daß ein Problem existierte. Da war etwas, worüber man nachdenken mußte – irgendwann einmal.

Das Jahr 1948 rückt heran, Beyers Naudé gibt seine Stimme für die Nationale Partei ab und verspürt, als sie mit ihrem Apartheid-Programm knapp gewinnt, ein tiefes Gefühl der Erfüllung, getrübt nur von dem Bedauern, daß sein Vater, der ein paar Monate vor der Wahl starb, diese Verwirklichung seiner Träume nicht mehr erlebt hat. Im ersten Jahr der neuen Regierung wird er zum Pfarrer der Gemeinde in Pretoria, der die meisten Kabinettsmitglieder angehören, und gleichzeitig zum Geistlichen der Universität Pretoria, wo er, da selbst die am gründlichsten indoktrinierten Studenten gelegentlich Fragen stellen, zum erstenmal das Bedürfnis verspürt, für gewisse politische Probleme Antworten parat zu haben. Diese erhält er auf Broederbond-Treffen, die ihn nun, in der Hauptstadt, in Kontakt mit wichtigen Regierungsvertretern bringen. Wenn es irgendeine Ungerechtigkeit im Lande gibt, dann muß es sich, davon ist er überzeugt, um ein Resultat des sündhaften menschlichen Charakters handeln, und damit um eine Angelegenheit, der man im Rahmen der Apartheid würde beikommen können.

Die Kraft und offensichtliche Aufrichtigkeit seiner Predigten lassen seine Reputation wachsen, und er bewegt sich, mit dem einem so jungen Mann gebührenden Respekt und Anstand, in Gesellschaftskreisen, in denen die mächtigsten Gestalten aus Kirche und Staat verkehren. Er ist fast vierzig, bevor dieses Bild sich wesentlich zu ändern beginnt. Dann wird er infolge einer halbjährigen Reise durch Europa und Nordamerika als Abgesandter der Niederländisch-Reformierten Kirche auf die Tatsache aufmerksam, daß seine Kenntnis des Geschehens im eigenen Land von Lücken durchsetzt ist. In Holland und England, Kanada und den Vereinigten Staaten fragen ihn Kirchenmänner nach der Widerstandskampagne, die von der Kongreßbewegung geführt wird. Er hat nur vage davon gehört. Namen von schwarzen Führern, zum Beispiel Albert Luthuli und Z. K. Matthews, werden in seiner Gegenwart erwähnt, und er vermeidet – soweit dies möglich ist, ohne lügen zu müssen – das Eingeständnis, daß er nie von ihnen gehört hat.

Die Reise belehrt ihn über seine eigene Isolation; sie veranlaßt ihn, sich privat mit den ethnischen, theologischen und historischen Rechtfertigungen zu befassen, die seine Kirche für das südafrikanische System vorgebracht hat. »Es war eine äußerst intellektuelle und akademische Übung«, sagte er mir. »Es hatte nichts mit irgendwelchen persönlichen Erfahrungen zu tun.« Doch das Ergebnis ist niederschmetternd. Er muß sich eingestehen, daß keine der Rechtfertigungen guten Gewissens aufrechterhalten werden kann. Nun dehnt er seine Lektüre aus und gestattet sich, die verbotene Frucht von Apartheiduntersuchungen englischsprachiger Schriftsteller zu kosten, die Fragen der Ungleichheit und Enteignung behandeln. Nun, Anfang Vierzig, ist er bei seinen geistlichen und gesellschaftlichen Begegnungen mit einem Alp des Zweifels belastet. Der Zweifel bleibt für seine Gemeindemitglieder unsichtbar, denn er beschränkt seine Predigten auf pietistische und evangelische Themen. Er bleibt sogar für seine Frau und seine Kinder unsichtbar, denn Beyers Naudé schirmt sie bewußt vor ihm und vor den Problemen ab, die sich sofort in der Nachbarschaft und in der Schule für sie ergeben würden, wenn sie gleichermaßen infiziert wären. Sehr behutsam formuliert er einige der ihn bedrückenden Fragen anderen Mitgliedern des Broederbond gegenüber, die die Ernsthaftigkeit seiner Gedanken anerkennen, ihn aber warnen, sie am falschen Ort und zur falschen Zeit zu äußern. Die Warnung scheint überflüssig, denn die Vorstellung, seine Zweifel offen zu formulieren, ist ihm noch nicht als reale Möglichkeit bewußt geworden.

»Ich hatte Angst«, sagte er. »Ich war dem noch nicht gewachsen.« Dann, innerhalb eines Zeitraums von fünf Jahren, macht er seine ersten Erfahrungen als Ausgestoßener, und die Realität holt ihn rasch ein; er ist nun achtundvierzig Jahre alt. Während Beyers Naudé versucht, seinen weltlichen mit seinem religiösen Glauben zu vereinbaren, wird die Apartheid infolge der Machtübernahme seines früheren Lehrers Verwoerd immer strenger und ideologisch aggressiver. Die meisten Buren lernen, in dicht geschlossenem Glied zu marschieren, und die Konsequenzen für jene, die, was Rassenfragen betrifft, stolpern oder aus der Formation ausscheren, werden deutlicher und heftiger. Beyers Naudés moralische Integrität und seine hohe Stellung in der Kirche – er ist inzwischen Vorsitzender seiner Synode –

veranlassen drei weiße Pastoren, ihm ihre privaten Befürchtungen vorzutragen. Sie sind infolge der Leiden, die die Quasi-Theokratie des Burentums verursacht, bei ihren missionarischen Bemühungen in schwarzen Gemeinden auf wachsenden Widerstand gestoßen.

An dieser Stelle unterläuft ihm der erste Ausrutscher auf dem glitschigen Boden christlicher Aktion. Wenn Beyers Naudé seinen Kollegen erwidert hätte, daß er von ihren Berichten beunruhigt sei, wenn er mit ihnen gebetet oder sogar angeboten hätte, einen Untersuchungsausschuß unter einem geachteten Theologieprofessor einzusetzen, hätte er ihre Erwartungen wahrscheinlich erfüllt und den Sicherheitsabstand gewahrt, den sein Gewissen erforderte. Doch er entgegnet, er könne sich nicht vorstellen, daß die Verhältnisse wirklich so schlecht seien, und entscheidet sich, das zu tun, was ein gewiefterer, mehr auf den eigenen Schutz bedachter Mann um jeden Preis vermeiden würde: hinauszufahren und sich selbst zu überzeugen. Als Mann mittleren Alters betritt er zum erstenmal in seinem Leben schwarze Townships und Wohnheime für Wanderarbeiter. Zum erstenmal erlaubt er sich, mit Schwarzen darüber zu sprechen, was es bedeutet, im weißen Südafrika schwarz zu sein. Seine Gesprächspartner sind keine freimütigen, politisch aktiven Menschen, sondern die ehrerbietigen, rührend gemäßigten Gemeindeältesten der Niederländisch-Reformierten Missionskirchen. Doch nachdem er die Umstände ihres Lebens kennengelernt hat, kann er die Bürde des Zweifels kaum noch tragen.

Nun beginnt die Annäherung seiner persönlichen Geschichte an die Geschichte seiner Zeit, denn er wird zu einem der Vertreter seiner Synode bei einer ökumenischen Konferenz zum Thema Apartheid gewählt, die die wichtigsten Konfessionen in Südafrika unter der Schirmherrschaft des Weltkirchenrates zusammenbringt. Nicht zuletzt dank seiner Bemühungen gelingt es der Delegation der Niederländisch-Reformierten Kirche, in Rassenfragen eine gemeinsame Grundlage mit den englischsprachigen Kirchen zu finden, was allerdings mit einem Abrücken von der Apartheid und der Anerkennung verbunden ist, daß Angehörige aller Rassengruppen das gleiche Recht haben, die »Verpflichtungen, Vorteile und Privilegien« der Staatsbürgerschaft zu teilen. Die entscheidenden Resolutionen werden zuerst von Verwoerd und dann von den Synoden seiner Kirche abgelehnt. Aber als der Zeitpunkt kommt, an dem er öffentlich Abbitte tun soll – wie die anderen Delegierten seiner Synode es getan haben –, weigert Beyers Naudé sich.

Er hat gezeigt, daß er unzuverlässig, daß er ein möglicher Dissident ist, aber er wird noch nicht geächtet. Im Gegenteil, er bleibt für weitere zweieinhalb Jahre der ranghöchste Geistliche der angesehensten niederländisch-reformierten Gemeinde in Johannesburg und ein Mitglied des Broederbond. Natürlich verliert er sein synodales Amt, aber von außen betrachtet geht sein Leben weiter, als sei nichts geschehen. In seinen Predigten vermeidet er die ihn bewegenden Fragen immer noch. Direkte Äußerungen über soziale Gerechtigkeit würden, wie er glaubt, Panik auslösen, die sich sofort in Widerstand verwandeln würde. Seine Ausbildung hat ihn zu einem instinktiv elitären Denker gemacht; um sein Volk zu bewegen, meint er, müsse er erst die Kirche bewegen, und um die Kirche zu bewegen, müsse er erst ihre Führer bewegen. Er beginnt mit der Veröffentlichung einer Zeitschrift namens *Pro Veritate,* die sich mit der Rolle der Kirche in der Gesellschaft und den von ihr gemiedenen Problemen beschäftigt. Schließlich verläßt er die Kanzel, um sein Christian Institute zu gründen: als ökumenische Bewegung, die in erster Linie die weißen Kirchen beeinflussen soll. Seine eigene Kirche verdammt das Institut, bevor es überhaupt in Erscheinung getreten ist, und ächtet es später förmlich als ketzerische Organisation.

In dieser Zeit, als seine Reise gerade erst begonnen hatte, begegnete ich Beyers Naudé zum erstenmal. Es war im Jahre 1965, und er hatte sich dem Liberalismus angenähert. Er glaubte jedoch immer noch, daß die Initiative zum Wandel von aufgeklärten Weißen ausgehen müsse und daß das Burenvolk die »Stimme des Gewissens« nicht länger werde ignorieren können. Wenn sich die Kirche bewegte, würden die Menschen ihr folgen. Die implizite Folgerung war: Da er selbst es geschafft hatte, seine Position zu verändern, nachdem ihm klargeworden war, daß sein Verständnis der Rassensituation Mängel aufwies, würde gleiches auch anderen Weißen in wachsender Zahl gelingen; die

Kirchen könnten das Instrument zur Behebung dessen sein, was im Grunde nur ein Mißverständnis war. Ich erinnere mich, daß seine Worte damals brüchig und verhalten klangen, daß er nicht bereit war, über einen bestimmten Punkt hinauszugehen, als habe er von Anfang an gewußt, wie schwach seine Prämisse war. Er behauptete, daß rund hundertzwanzig Pfarrer der Niederländisch-Reformierten Kirche stillschweigende Sympathie für seine Position empfänden. Bald sollte er nicht mehr ihre Sympathie, sondern nur noch ihr Schweigen erleben.

Aber er war nun nicht mehr zu bremsen und bemühte sich um Kontakt zu schwarzen und gemischtrassigen Geistlichen. Das machte ihn mit einem Grundprinzip der südafrikanischen Gesellschaftsdynamik bekannt: Je mehr eine Bewegung, die Veränderungen anstrebt, sich um die ernsthafte Mitarbeit von Schwarzen bemüht, desto weniger halten die Weißen von ihr. In wenigen Jahren durcheilte er nun das politische Spektrum: vom kritischen Nationalisten und widerwilligen Dissidenten zum aktiven weißen Förderer schwarzer Initiativen. Kaum eine schwarze Gruppe wäre zu klein oder zu exotisch gewesen, als daß er in ihr nicht den Keim von Verheißung und Wachstum gefunden hätte.

Als Biko und andere schwarze Studenten das Banner der Black-Consciousness-Bewegung entrollten und weißen Liberalen den Rükken zuzukehren schienen, war das Christian Institute die einzige von Weißen geführte Vereinigung, die sich nicht beleidigt zeigte. Im Gegenteil, es beeilte sich, organisatorische Unterstützung anzubieten und diese neue schwarze Führung möglichen finanziellen Förderern in westlichen Kirchen vorzustellen. Wie ein Forscher auf unbekannten Meeren drängte Beyers Naudé mit einer einzigartigen Mischung aus Ernst und Unbekümmertheit voran; das Institut widmete sich nacheinander so hochexplosiven Fragen wie zivilem Ungehorsam, Wehrdienstverweigerung, Boykotten und Wirtschaftssanktionen. Seine weiße Mitgliedschaft schrumpfte zwangsläufig zusammen, liberale weiße Geschäftsleute stellten keine Schecks mehr aus, und die Behörden verstärkten ihren Druck: Sie beschlagnahmten Naudés Paß und erklärten das Christian Institute zu einer »infizierten« – das heißt subversiven – Organisation, was bedeutete, daß es nicht mehr als

Kanal für ausländische Mittel dienen konnte, die südafrikanischen Widerstandsbewegungen zugute kommen sollten.

Dies war immer noch nicht das Ende seiner Reise. Im Jahre 1976 unterstützte das Christian Institute die Ziele der »Befreiungsbewegungen«, solange diese nicht mit dem Evangelium in Konflikt gerieten. Einen Monat später verbrachte Naudé eine Nacht im Gefängnis, weil er sich weigerte, vor einem offiziellen Ausschuß auszusagen, der den Behörden Maßnahmen gegen das Christian Institute empfohlen hatte, da es schwarze Vorherrschaft und Sozialismus fördere. Beyers Naudé hatte mittlerweile vor einem Kreis von Zuhörern an der Universität Kapstadt erklärt, daß Weiße die schwarze Kritik am kapitalistischen System ernst nehmen und sich fragen sollten, ob wirtschaftliche Gerechtigkeit nicht unter einer eigenständigen Form des »afrikanischen Sozialismus« begünstigt werden könne. Das, was Kirchenmänner als seine prophetische Pfarrtätigkeit beschrieben, hatte ihn nun zu einem unerschrocken radikalen Standpunkt geführt. Im folgenden Jahr, nach Steve Bikos Tod, wurden das Christian Institute als Einrichtung und Naudé als Individuum gebannt; dies bedeutete, daß es ihm verboten war, innerhalb des Landes zu reisen, schwarze Gebiete zu betreten, an Versammlungen teilzunehmen oder in irgendeinem Publikationsorgan zu veröffentlichen.

Und auch das war noch nicht das Ende. Trotz dieser Beschränkungen, die erst 1984 aufgehoben wurden, unterhielt Beyers Naudé weiterhin zahlreichere Kontakte zu schwarzen Kirchenmännern und Aktivisten als wohl jeder andere Weiße des Landes. Seine politische Wirksamkeit war schwer einzuschätzen. Für die Schwarzen aber blieb er, wie Desmond Tutu schrieb, »das glänzendste Zeichen der Hoffnung im heutigen Südafrika«.

Es war leichter zu begreifen, weshalb Schwarze Beyers Naudé ehrten, als zu durchschauen, weshalb die Sicherheitspolizei ihn immer noch hartnäckig als eine Gefahr betrachtete. War ihr Bedürfnis, ihn zu ächten, einfach durch die alte Bitterkeit darüber zu erklären, daß er den Broederbond verraten hatte? Schließlich war es höchst unwahrscheinlich, daß Tausende von schwarzen Jugendlichen einem fast siebzigjährigen burischen Pfarrer auf die Barrikaden folgen würden.

Das Rätsel löste sich für mich teilweise, als ich gegen Ende meines Aufenthaltes in Südafrika schließlich einer Predigt von Beyers Naudé zuhören konnte. Ich hatte mich viele Male mit ihm in seinem Garten unterhalten, doch ich hatte nie die öffentliche Stimme vernommen, die zum Schweigen gebracht worden war. Dann erfuhr ich eines Nachmittags, daß er bei einer Mahnwache sprechen sollte, die aus Anlaß der Umsiedlungen in die Homelands abgehalten wurde. Sein Name erschien nicht auf dem gedruckten Programm, aber man teilte mir mit, daß er eine heimliche Predigt halten werde, um, wie er es gelegentlich tat, seinen Bannbefehl auf die Probe zu stellen, indem er die Behörden herausforderte, ihn dafür zu belangen, daß er während eines Gottesdienstes über einen biblischen Text gepredigt hatte.

Ich eilte zu der weiß getünchten Kirche, in der die Mahnwache stattfinden sollte. Weniger als fünfzig Personen, unter ihnen vielleicht dreißig Weiße, waren anwesend. Es gab einen Pressestand, doch er leerte sich, bevor Beyers Naudé sich zum Sprechen erhob; da er nach wie vor nicht öffentlich auftreten durfte, war dies, streng genommen, ein Unereignis. Es war früher Abend in Johannesburg, und die Reporter hatten Ablieferungstermine einzuhalten. Die Organisatorinnen – eine Vereinigung weißer Frauen, die sich bemüht, in den Schlingen der Apartheid gefangenen Schwarzen zu helfen – hatten alle anderen Reden auf Band aufgenommen, doch nun, während Naudé den kurzen Weg von seinem Platz in der ersten Reihe zum Pult mit wenigen Schritten zurücklegte – den Rücken leicht gebeugt, als gehe er bergan –, wurde das Tonbandgerät abgeschaltet.

Sein Text war 1. Könige 21, die Geschichte von Ahab, dem König zu Samaria, der den Weinberg des Jesreelithen Naboth begehrte. Naudé stand unter einem einfachen Holzkreuz und erzählte die Geschichte mit der Nüchternheit und Unmittelbarkeit eines Nachrichtensprechers: wie Ahab dem Jesreelithen für seinen Weinberg Silber oder einen besseren, woanders gelegenen Weinberg bot; wie Naboth erwiderte, daß er seiner Väter Erbe nicht aufgeben könne; wie Ahab dann in seinen Palast zurückkehrte und schmollte, bis seine Frau Isebel versprach, einen Weg zu finden, um Naboth das Land abzunehmen; und wie Isebel dann auf gesetzwidrige Weise die königlichen Siegel benutzte und den Ältesten von Jesreel Briefe mit dem Befehl schickte, Naboth fälschlich der Lästerung anzuklagen.

Naudé bemühte keine Parallelen, aber in seiner Darstellung wurde Naboths Weinberg zu einem so realen landwirtschaftlichen Betrieb wie jeder Kleinbesitz in Transvaal, und Naboth erschien als würdiger Bauer, dessen Liebe zu seinem Land stark genug war, der Verlockung des Silbers zu widerstehen. Der Pfarrer unterstrich Isebels Machtmißbrauch, ihre Verwendung der königlichen Siegel und ihre Anstiftung zum Meineid. Wie hatte die Königin zwei Zeugen dazu bewogen, falsch gegen Naboth auszusagen? »Ich weiß es nicht. Es muß sich hierum gehandelt haben«, sagte Naudé und rieb Daumen und Zeigefinger aneinander. Zu der frevelhaften Steinigung Naboths und der späteren Beschlagnahme seines Weinbergs gab er keinen Kommentar ab, sondern ließ die Geschichte für sich selbst sprechen.

Seine Stimme wurde leiser, als es Zeit wurde, über die Bedeutung des Gleichnisses nachzudenken. Die Begriffe »Südafrika« und »Umsiedlung« waren noch nicht gefallen, und es war auch nicht nötig, sie auszusprechen. Es gebe viel Vergleichbares im eigenen Lande, sagte Naudé, aber es gebe auch Unterschiede. Dort sei es nur darum gegangen, daß Ahab und Isebel von der Habgier nach einem bestimmten Weinberg überwältigt wurden; hier dagegen habe man es mit staatlicher Politik zu tun. Mit den gleichen kargen Worten, mit denen er die Steinigung Naboths wiedergegeben hatte, beschrieb er nun die Qual und die Tränen all jener, die ihr Land verloren. In seiner Schilderung wurde ihr Leid zu einer greifbaren Tatsache, nicht zu einer fernen, subjektiven Erfahrung. Als Bure, fuhr er fort, sei er sich schmerzlich bewußt, daß sein Volk die entscheidende Verantwortung dafür trage.

»Warum läßt Gott dies zu?« fragte er und formulierte dann direkter: »Warum, Gott, läßt du es zu?« Naudé wartete nicht auf eine Antwort und behauptete nicht, eine zu besitzen. »Ich weiß es nicht«, sagte er fast im Plauderton, »aber ich weiß, daß das Höchste Wesen, das wir Gott nennen, früher oder später Gerechtigkeit gebieten wird. Nähert sich dieser Tag des Gottesgerichts in unserem Lande? Ich weiß es nicht, aber wir müssen um Befreiung beten und nach ihr streben, und bis es soweit ist, unsere Verantwortung und unsere Pflicht erfüllen.« Er endete damit, daß er für die Wanderarbeiter und ihre Familien betete, für jene, die die politischen Maßnahmen festlegen, um deren Leben zu kontrollieren, für jene, die diese Maßnahmen ausführen, für jene, die nicht verstehen, und für jene, die verstehen, aber deren Leben von Furcht regiert wird.

Es war eine nahezu vollkommene Predigt, das, so schien mir, was Christen eine Verkündigung nennen. Nichts in der Predigt hätte als Aufhetzung verstanden werden können, kaum etwas wäre als politisch zu bezeichnen gewesen. Es war von Anfang bis Ende allein um biblische Themen gegangen; das Gefühl der Dringlichkeit hatten Beyers Naudés Darstellung und Beispiel bewirkt. »Wir müssen unsere Verantwortung und unsere Pflicht erfüllen«, hatte dieser Christ gesagt. Ich war weder Christ noch Südafrikaner, aber ich dachte, daß diese Predigt, wenn ich Südafrikaner gewesen wäre, mein Leben hätte ändern können. Es war gleichsam ein moralischer Rorschach-Test, bei dem er es jedem einzelnen seiner Zuhörer überließ, den Wörtern »Verantwortung« und »Pflicht« Inhalt zu verleihen. Ihre Antworten würden von ihnen selbst, nicht von ihm geliefert werden. Ich konnte mir nicht vorstellen, was dieses winzige Publikum dachte, das hauptsächlich aus weißen Frauen mittleren Alters bestand. Aber für einen kurzen Augenblick kam mir in den Sinn, daß jüngere und dunklere Südafrikaner eine Antwort finden könnten, die weder explizit noch implizit von Beyers Naudé erwähnt worden war. Mir kam in den Sinn, daß sie an Gewehre denken könnten.

K-R-I-E-G?

Es ist möglich, eine Stunde festzulegen, in der die Bastille in Südafrika hätte gestürmt werden können, ohne daß es dazu kam. Diese Möglichkeit tauchte auf, erstrahlte einen Augenblick lang und erlosch wieder am 30. März 1960, einem Tag, der die eindrucksvollste Behauptung eines disziplinierten schwarzen politischen Willens mit sich brachte, die das weiße Regime in diesem Jahrhundert erlebt hat. An jenem Morgen marschierte eine Prozession von wenigstens 15 000 und möglicherweise 30 000 Schwarzen – zumeist männliche Wanderarbeiter – Reihe um Reihe eine Straße hinunter, die sich die Ausläufer des Tafelbergs in Kapstadt entlangwindet und die nächstgelegene schwarze Township mit der Senke verbindet, in der Angestellte der Niederländischen Ostindiengesellschaft 308 Jahre zuvor in Afrika Fuß faßten und die nun das Herz der Stadt bildet. Die Route, der die meisten Marschierer folgten, führte zuerst ein wenig den Berg hinauf, so daß sie die glänzende Weite der Kapbucht überblicken konnten, und brachte sie dann hinunter in die Stadt, bis auf eine Entfernung von nur drei Häuserblocks an das Parlamentsgebäude und die Büros der weißen Regierung heran. Schon als die Vorhut diesen Punkt erreicht hatte, kreiste ein Hubschrauber der Luftwaffe über ihr, und in den Seitenstraßen konzentrierten sich Panzerfahrzeuge mit Polizei- und Armee-Einheiten. Weiße Truppen mit aufgepflanzten Bajonetten verteilten sich vor dem Parlament, um das herum Maschinengewehrstellungen errichtet wurden.

Nur neun Tage zuvor – allerdings 1400 Kilometer entfernt – hatte eine Konfrontation zwischen einer Ansammlung unbewaffneter Schwarzer und nervösen weißen Polizisten in einer kaum bekannten schwarzen Township namens Sharpeville mit Gewehrfeuer, dem Tod von 68 Schwarzen und einer Krise geendet, die der weißen Regierung einen langen Augenblick hindurch den schwindelerregenden Eindruck verschaffte, daß sie in ihren Grundlagen erschüttert werde. Niemand konnte die möglichen Rückwirkungen eines weiteren Sharpeville vor den Toren der weißen Herrschaft ermessen. Selbst wenn es nicht zum Fall der Bastille käme, würde es gewiß kein weniger bedeutsamer Augenblick für die Geschichte der Nation sein als die Stürmung des Winterpalais im Jahre 1905 für das vorrevolutionäre Rußland.

Statt dessen erwies sich der Vorgang infolge von etwas, das man als Gutgläubigkeit und grundsätzliche Mäßigung oder als Naivität und Einfältigkeit der Marschierer beschreiben kann, als eine Episode und diente in den anschließenden Jahren und Jahrzehnten allenfalls als Anlaß für radikale und liberale weiße Hochschullehrer, darüber zu debattieren, ob an jenem fernen Morgen ein »revolutionärer Moment« vertan worden sei und, wenn ja, ob weiße Liberale irgendwie für die offensichtliche Unentschlossenheit der schwarzen Massen verantwortlich gemacht werden könnten. In diesen Debatten scheint man vorauszusetzen, daß der Marsch der schwarzen Wanderarbeiter dadurch an Bedeutung verliere, daß die Massen nicht zur Machtübernahme bereit waren oder daß weiße Liberale wenig oder nichts mit dem Ereignis zu tun hatten. Nichtsdestoweniger wird der Marsch gemeinhin als Wendepunkt anerkannt, als der Augenblick, in dem die schwarzen Führer letztlich zu der Einsicht gezwungen wurden, daß eine gewaltlose Taktik im südafrikanischen Rahmen unzureichend sei.

Doch auch der Charakter dieses Wendepunktes ist in Frage zu stellen, denn eine gewaltsame Taktik hat sich als zumindest ebenso unzureichend erwiesen, und die weiße Herrschaft ist zu keinem späteren Zeitpunkt ihrer selbst so unsicher gewesen, wie sie es am Mittag des 30. März 1960 einige Augenblicke lang war. Ich betrat fünf Jahre nach diesem Ereignis zum erstenmal südafrikanischen Boden, aber ich spürte bald, daß das, was an jenem Tag wirklich geschah, was den Schwarzen gelang und mißlang und was sich im Geist der weißen Machthaber abspielte, wesentliche Anhaltspunkte für eine ganze Epoche des Rassenkampfes enthielt. Was mich zuerst nachdenklich werden ließ, war ein Gespräch in Kapstadt mit einer jungen gemischtrassigen Frau; sie beschrieb das Gefühl der Ehrfurcht, das sie überwältigte, als sie von einem Bürgersteig aus zusah, wie die Marschierer in die Stadt vordrangen. Nichts an ihrem Verhalten war einschüchternd gewesen, sie hatten weder Drohungen gebrüllt noch die Fäuste geballt. (»Ein auffallendes Kennzeichen des Marsches war das fast völlige Fehlen von Bösartigkeit«, berichtete die *Cape Times* am nächsten Morgen.) Aber ihren jungen Augen erschienen die schwarzen Marschierer so unaufhaltsam und bedrohlich wie das Schicksal selbst. Wegen der vermeintlichen Gefahr hatte man die Kinder früher aus der Schule entlassen, und sie war nach Hause geeilt. »Ich brauchte nur noch eine Straße zu überqueren«, sagte sie, »aber das war die Straße, durch die die Kaffern marschierten. Ich hatte Angst, sie zu überqueren. Deshalb wartete ich in einem der Geschäfte und betete zu Gott, daß niemand etwas sagen würde, was sie wütend machen könnte. Am nächsten Morgen in der Schule meinten einige der Jungs, sie hätten gehofft, daß die Kaffern ganz Kapstadt niederbrennen würden, nur um es den Weißen zu zeigen.«

Woher stammte das Gefühl der Unvermeidlichkeit, das die Marschierer offenkundig verspürten und verbreiteten? Und wichtiger noch, was war aus diesem Gefühl geworden? Die Antworten sind zum Teil in der Beziehung zwischen dieser gewaltigen Menge und ihrem Führer zu suchen, einem schmächtigen Dreiundzwanzigjährigen, der erst sechs Jahre zuvor die Grundschule verlassen hatte und nun eine scheinbar absolute Autorität über Tausende ausübte, die ihn als Halbwüchsigen hätten abtun können. »Als ich sie aufforderte, sich hinzusetzen, setzten sie sich hin«, sagte Philip Kgosana vor einer weißen Untersuchungskommission aus. »Als ich sie aufforderte, aufzustehen, standen sie auf. Als ich sie aufforderte, ruhig umzukehren, kehrten sie ruhig um.« Jeder zeitgenössische Bericht bestätigt, daß dies zutraf. Für einen Zeitraum, der sich eher in Minuten als in Stunden messen läßt, schien Philip Kgosana das Schicksal seines Landes in der Hand gehabt zu haben wie kein anderer Schwarzer vor ihm oder nach ihm. Wenn er der Menge befohlen hätte, auch noch die letzten Häuserblocks bis zum Parlament zu marschieren, wäre sie zweifellos marschiert, ungeachtet der Konsequenzen. War dies eine Möglichkeit, die er damals oder in all den folgenden Jahren rückblikkend erwogen hat?

Nachdem ich von meinem letzten Gastspiel in Südafrika zurückgekehrt war, brauchte ich mehrere Monate, um Kgosana im Exil ausfindig zu machen. Ein Gewährsmann sagte mir, er sei in Stockholm, ein anderer erwähnte Äthiopien. Darauf hörte ich, er sei in Uganda, dann, er halte sich in Botswana auf. Schließlich sagte mir jemand in Botswana, daß er für UNICEF arbeite. Eine Nachfrage bei UNICEF brachte zutage, daß er seit drei Jahren in Sri Lanka lebte. (Er war nicht der erste Südafrikaner, den es dorthin verschlagen hatte. Während des Burenkrieges richteten die Briten jenseits des Indischen Ozeans in ihrer damaligen Kolonie Ceylon Lager für ihre burischen Kriegsgefangenen ein.) Eines Morgens erreichte mich in London ein Anruf von Philip Kgosana aus Colombo. Da ich nicht nach Asien reisen konnte und er nicht vorhatte, Europa zu besuchen, einigten wir uns, brieflich und telefonisch in Kontakt zu bleiben. Ich schickte ihm eine lange Fragenliste; ein paar Wochen später fand ich in meinem Briefkasten eine Kassettenaufnahme mit seinen Antworten in Form einer Betrachtung über die Ereignisse des 30. März 1960. Mittlerweile mußte er die Hälfte seines Lebens im Exil verbracht haben.

Die Aufnahme war ein schwacher Ersatz für eine persönliche Begegnung, genauso wie eine persönliche Begegnung nach all den Jahren ein schwacher Ersatz für meine Gegenwart am Schauplatz gewesen wäre. Aber während ich dem gedämpften, traurigen Tonfall des Exilanten lauschte, empfand ich eine Erschütterung, wie sie weder vergilbte Zeitungsausschnitte noch sorgfältig recherchierte historische Berichte, noch Gespräche mit Augenzeugen ausgelöst hatten. Zum Beispiel hatte ich mir nie völlig bewußtgemacht, wie ungewöhnlich die Tatsache der Führerrolle des jungen Kgosana war. Er war nicht nur ein sehr junger Mann gewesen, sondern praktisch auch ein Neuling in der Politik, und nicht nur das, er besaß auch noch den falschen ethnischen Hintergrund für seine Rolle, wenn man die üblichen weißen Hypothesen über den Einfluß der Stammesidentität auf die schwarze Politik zumindest als Halbwahrheiten akzeptiert. Von den Schwarzen, die hinter ihm marschierten, waren wahrscheinlich 98 oder 99 Prozent in ihren Paßbüchern (die sie, was ein wesentlicher Bestandteil ihrer Herausforderung der weißen Macht war, an jenem Morgen *nicht* bei sich trugen) als Xhosa ausgewiesen – das heißt als Mitglieder von Stammessippen aus den Regionen, in denen die Xhosa-Dialekte am stärksten verbreitet sind. Philip Kgosana, der mit einem Stipendium nach Kapstadt gekommen war, um dort an der Universität Volkswirtschaft zu studieren, stammte aus dem anderen Ende des Landes, aus einem Dörfchen nördlich von Pretoria. Wenn er nachgezählt hätte, wäre Xhosa – nach Sesotho, Setswana, Englisch und Afrikaans – seine fünfte Sprache gewesen. Aber als er »Setzt euch!« sagte, setzten sie sich.

Als Sohn eines armen Dorfpastors der Church of Christ, die amerikanische Missionare nach Südafrika verpflanzt hatten, war Philip Kgosana schon mehr als siebzehn Jahre alt, als er begann, die höhere Schule von Lady Selborne zu besuchen, einer schwarzen Township von Pretoria, die seitdem als ein Makel des »weißen Gebietes« entfernt worden ist. In Lady Selborne wurde er auf die politischen Strömungen aufmerksam, die andere Schwarze bewegten. Im Jahre 1956, als 20 000 schwarze Frauen zum Amtssitz des Ministerpräsidenten marschierten, um Protestpetitionen gegen die Ausweitung der Paßgesetze auf Frauen abzugeben, war Philip Kgosana noch Zuschauer. Dann sorgte ein Zusammenstoß mit dem System dafür, daß seine politische Energie erwachte. Er beabsichtigte, Pharmazeut zu werden, entdeckte jedoch, daß Schwarzen dieses Studienfach verschlossen war. Statt sich mit der Zurückweisung abzufinden, ging er mit seinem Kummer zu einem schwarzen Patriarchen, der ihn nur an eine weiße philanthropische Organisation verweisen konnte. Dort machten sein selbstbewußtes Auftreten und seine offenkundige Intelligenz solchen Eindruck, daß man Anstalten traf, ihn mit einem Stipendium an die Universität Kapstadt, das Cambridge von Südafrika, zu schicken. Kurz bevor er Pretoria verließ, nahm Kgosana an einer mitternächtlichen Versammlung in einer verdunkelten Kirche in Lady Selborne teil, auf der Robert Sobukwe sprach, der damals, nach seinem Bruch mit dem Afrikanischen Nationalkongreß, gerade im Begriff war, seine noch namenlose panafrikanische Bewegung aus der Taufe zu heben. »Ich glaubte, ihn gut zu verstehen, und bewunderte den Mann sofort«, sagte Philip. Ein Jahr später, als Sobukwe nach

Kapstadt kam, um den Grundstein für eine nationale Kampagne seines neugegründeten Panafrikanischen Kongresses (PAC) zu legen, bot der Student aus Pretoria ihm seine Dienste an.

Sobukwes Kampagne löste in Kapstadt eine raschere, tiefergehende Reaktion bei den dortigen Schwarzen aus als jede agitatorische Maßnahme in Südafrika zuvor. Der Afrikanische Nationalkongreß hatte im Verlauf des vorausgehenden Jahrzehnts mit einer Reihe gewaltloser Taktiken experimentiert. Zuerst hatte er versucht, die Ungerechtigkeiten der Apartheid anzuprangern, damit weiße Wähler zu einem Kurswechsel bewogen würden; dann, als dieses Ziel schließlich als weltfremd erkannt wurde, bemühte er sich mit unterschiedlichem Erfolg, Proteste zu inszenieren, die seine organisatorische Stärke erhöhen sollten. Sobukwe, der noch kaum bekannt war, als er beschloß, seine neugegründete Bewegung in eine nationale Konfrontation mit der weißen Macht zu führen, glaubte, daß in den schwarzen Massen eine Kraft und ein Mut schlummerten, die die ältere Bewegung – mit ihrer traditionellen Mäßigung und ihrer »multirassischen« Orientierung – nicht wagen würde, zu wecken.

Auf die gewaltlosen Experimente des ANC in den fünfziger Jahren hatten die Behörden damit geantwortet, daß sie seine Führer bannten und inhaftierten. Im Jahre 1960 befand sich die Bewegung in der Defensive; sie besaß weder eine Strategie noch die Hoffnung, unmittelbare Ergebnisse zu erzielen. Sobukwe interpretierte die Lehren der fünfziger Jahre dahingehend, daß der ANC nicht genug riskiert habe. Seiner Meinung nach sollten die Afrikaner aufhören, ihre Paßbücher mit sich zu führen, sie sollten sich zu Massenverhaftungen bereitstellen, die Gefängnisse füllen und dem System ihre Arbeitskraft verweigern, bis die Paßgesetze – der für sie am schwersten wiegende Mißstand – abgeschafft waren. Wenn sie ihre Paßbücher nicht mehr bei sich trügen, wäre dies nicht bloß eine Geste, sondern der Anfang vom Ende des Systems. Es wäre, wie er versprach, der erste Schritt zu einem baldigen Triumph des schwarzen Nationalismus.

Sobukwe, ein Intellektueller, blieb seiner Überzeugung treu, daß ein Führer sein Volk nicht zu etwas auffordern solle, was er selbst nicht tun würde; deshalb bot er sich gleich zu Beginn seiner Kampagne als deren Katalysator an, indem er sich auf einer Polizeiwache im heutigen Soweto verhaften ließ, wodurch seine politische Karriere praktisch beendet war. Neun Jahre sollten vergehen, bevor man ihn aus der Haft entließ, und tragischerweise blieb es ihm bis zu seinem Tode im Jahre 1978 verboten, öffentlich zu sprechen. Seine Verhaftung selbst scheint als Katalysator untauglich gewesen zu sein; sie begann und beendete zugleich die Agitation gegen die Paßgesetze in Soweto, wo es der Bewegung nicht gelang, eine Verbindung zu den Wanderarbeitern der Johannesburger Region herzustellen. Aber das, was in Kapstadt geschah, bestätigte weitgehend Sobukwes Glauben, daß es bei den schwarzen Massen eine fundamentale Kampfbereitschaft gebe, die nur darauf wartete, freigelegt zu werden. Dies war binnen einer Woche nach Beginn von Sobukwes Kampagne hinreichend deutlich geworden, als Albert Luthuli, der methodistische Laienprediger und spätere Friedensnobelpreisträger, der dem älteren und vorsichtigeren Kongreß präsidierte, die Konfrontation mit dem Apartheid-Staat verschärfte, indem er öffentlich sein Paßbuch verbrannte und alle Schwarzen aufforderte, das gleiche zu tun.

Kgosana trug Sobukwes Banner in Kapstadt, wo Arbeiter den größten Teil der panafrikanischen Aktivisten stellten. Elf entscheidende Tage lang war er das Bindeglied zwischen dem Intellektuellen, der die Bewegung führte und dann hinter Gittern verschwand, und den Massen, an die der Führer glaubte. Er vermittelte ihnen seine jugendliche Überzeugung, daß dies nicht ein Protest wie jeder andere sei, sondern der Anfang eines neuen Südafrika, in dem die Schwarzen sich endlich vereinigen würden, um einen Wandel zu erzwingen. Am Tag vor dem Beginn der Kampagne sagte er vor einer Massenversammlung in der Township Langa, jeder Afrikaner müsse sich verpflichten, nie wieder einen Paß bei sich zu tragen. Etwa die Hälfte dieser für die Kampagne programmatischen Rede bestand aus Sobukwes letzten Anweisungen. Danach durften die Worte des PAC-Führers nie wieder legal in der Öffentlichkeit verlesen werden, und diese letzte Botschaft bildete die Grundlage dafür, daß man Sobukwe schließlich wegen Aufwiegelung verurteilte. Dabei hatte er nur zu ABSOLUTER GEWALTLOSIGKEIT aufgewiegelt. Diese beiden Worte waren in seinem Manuskript durch Großbuchstaben hervorgehoben. Wenn man der Kampagne gestatte, in Gewalttätigkeit auszuarten, so hieß es dort, entfremde man sich die Massen dadurch, daß man sie als Kanonenfutter benutze. »Ein paar Tage später, wenn wir unsere Toten begraben und ergreifende Grabreden gehalten haben, und wenn unsere Emotionen sich beruhigt haben, wird die Polizei ein paar Menschen zusammentreiben, und der Rest wird wieder zu seinen Paßbüchern zurückkehren.« Statt dessen versprach Sobukwe »einen nie endenden Strom« gewaltloser Kampagnen, bis das Ziel, das er als »Unabhängigkeit« definierte, erreicht sei. »Wir führen keine Leichen in ein neues Afrika«, gelobte er.

Bei seiner Beantwortung meiner Fragen nach den Entscheidungen, die er am Tage des großen Marsches getroffen hatte, wiederholte Philip Kgosana in Colombo einige derselben Formulierungen, die sein jüngeres Ich in Langa verlesen hatte. Er sprach von den Massen, die nicht als Kanonenfutter mißbraucht werden sollten, von ergreifenden Grabreden und davon, keine Leichen führen zu wollen. Ich sah mir noch einmal die Rede von Langa an: Die Erklärung für die erstaunliche Auflösung des Marsches – elf Tage später – lag hier schon vor. Kgosana interpretierte Sobukwes Anweisungen und sagte zweimal ausdrücklich, der Befehl »absoluter Gewaltlosigkeit« bedeute, daß sich der zivile Ungehorsam nur auf die Boykottierung der Paßbücher und das Fernbleiben von der Arbeit erstrecke; er schließe nicht ein, daß man eine rechtmäßige Order der Behörden, sich aufzulösen und nach Hause zu gehen, mißachten dürfe. »Keine Leichen in ein neues Afrika zu führen« bedeute, die Anlässe für Polizeigewalt so gering wie möglich zu halten. Und er folgerte: »Wenn ein Polizeibeamter will, daß wir uns zerstreuen, werden wir uns zerstreuen.« Und selbst wenn die Führer verhaftet werden sollten, gelte: »Der Befehl des Vorsitzenden besagt, daß ihr friedlich auseinandergehen sollt, ohne Lärm zu machen oder Protest zu erheben. Ihr geht nach Hause, bleibt in euren Häusern, streicht die Wände, grabt den Garten um oder spielt vielleicht sogar Dame.« Danach würden Kapstadt und vermutlich die Nation durch einen Generalstreik der schwarzen Arbeiter gelähmt sein, den man erst dann beenden würde, wenn die Führer freigelassen und die Paßgesetze abgeschafft seien.

Sobukwes taktischer Fehler bestand nicht darin, daß er die potentielle Kampfbereitschaft der schwarzen Massen überschätzt hätte. Sein Fehler war, sowohl die Waffe des gewaltlosen Widerstands als auch die Rücksichtslosigkeit des Staates zu unterschätzen. Er war in der Tat kein Gandhianer; er wollte das Regime nicht zwingen, sich selbst und der Welt sein brutales Antlitz zu zeigen, vielleicht weil er wußte, daß er seine Gefolgsleute nicht ausreichend darauf vorbereitet hatte, was das in Südafrika bedeutete. Also hoffte er auf ein Wunder, zog sich selbst von den Aktionen zurück und hinterließ Anweisungen, die die Frage nicht beantworteten, was zu tun sei, wenn die Behörden sich nicht an sein Drehbuch hielten.

Sobald die Kampagne begonnen hatte, waren die Behörden klug genug, in Kapstadt niemanden mehr wegen Verletzung der Paßgesetze zu verhaften. Die »absolute Gewaltlosigkeit« zerbrach gleich am ersten Abend, als die Polizei auf eine Menge feuerte, zwei Menschen tötete und einen Krawall auslöste. Erst am vierten Tag gelang es dem PAC, hundert seiner Freiwilligen verhaften zu lassen, doch statt die Gefängnisse mit ihnen zu füllen, ließ die Polizei sie während der Demonstration des folgenden Tages frei, bei der Kgosana selbst vorübergehend festgenommen wurde.

Am Morgen des 30. März war in Kapstadt offenbar niemand mehr wegen Paßvergehen im Gefängnis, doch der von Sobukwe versprochene Streik hatte mittlerweile den Hafen und die von schwarzen Arbeitskräften abhängigen industriellen Bereiche gelähmt. Im ganzen Land schien der Widerstandswille der Schwarzen weiter zu wachsen. Nun entschlossen sich die Behörden, was unvermeidlich war, zurückzuschlagen. Am 28. März war im weißen Parlament ein Gesetz eingebracht worden, das der Regierung die willkürliche Macht verleihen sollte, beide schwarzen Kongresse zu verbieten. Gleichzeitig entwarf man Pläne, nach schon bestehenden Gesetzen den Notstand auszurufen, was die Polizei in die Lage versetzen würde, präventive Verhaftungen vorzunehmen, ohne daß sie die Genehmigung der Gerichte benötigte oder auch nur verpflichtet war, die Namen der Verhafteten preiszugeben.

Tatsächlich ereignete sich die erste Welle der Massenverhaftungen von PAC-Aktivisten, darunter Schwarze, Weiße und Mischlinge, schon in den frühen Morgenstunden des 30. März, bevor der Demonstrationsaufruf herausgegeben worden war. Kurz vor Tagesanbruch fiel die Polizei über die Kapstadter Townships Langa und Nyanga her, um den Streik der Schwarzen zu brechen, und prügelte die Wanderarbeiter aus ihren Zimmern in Busse, die sie zurück zur Arbeit bringen sollten. Die Massenverhaftungen und Züchtigungen waren erst der unmittelbare Anlaß für den großen Marsch jenes Morgens. Der Befehlshaber der Polizei von Kapstadt sagte später, daß er auf die Knie gefallen sei und gebetet habe, als er sah, was sich anbahnte. Aber nicht dank seiner Gebete, sondern dank des inhaftierten Robert Sobukwe und seines getreuen Schülers Philip Kgosana und dank der tiefen Hoffnungen, die sie geweckt hatten, war »absolute Gewaltlosigkeit« immer noch an der Tagesordnung.

FRIEDEN IST UNSER ZIEL,
SAGT EINGEBORENER

lautete die Schlagzeile zu einem Interview mit Kgosana in der ersten Ausgabe des *Argus,* die von den Druckerpressen ausgespien wurde, während die Marschierer auf die Stadt zusteuerten. Das Interview war einen Tag alt, aber der junge Führer an der Spitze der Kolonne gab dieselbe Parole an die Reihen weiter. Zuerst nahm man an, daß der Marsch zum Polizeipräsidium führen würde, das Ziel von zwei kleineren Märschen in der vorhergehenden Woche, doch Kgosana entschied, daß dies fruchtlos wäre. »Es war meine Entscheidung, daß der Marsch nicht die Richtung einer Polizeiwache, sondern des Parlaments einschlagen sollte, damit wir die Ernsthaftigkeit unseres Anliegens unterstreichen konnten«, sagte er auf der Kassette. »Es hatte keinen Zweck, sich an einem Ort um eine Antwort zu bemühen, von dem keine Antwort kommen konnte.« Aber dann erfuhr er, daß Truppen vor dem Parlament zusammengezogen worden waren, und nun beschloß er ganz allein, doch auf das Polizeipräsidium zuzumarschieren. »Ich hielt es nicht für klug, zu einem von Truppen umringten Parlament vorzudringen, denn dies hätte den Rassisten eine Gelegenheit zum Schießen geboten, was nicht meinen Absichten entsprach. Sobukwe hatte uns oft wissen lassen, daß er uns zuerst bewaffnen müsse, wenn er von uns Gewaltanwendung erwarte.«

Vielleicht hätte er die Marschierer in kleinen Gruppen vorschicken können, um die Polizei herauszufordern und so seiner Absicht, die Gefängnisse zu füllen, gerecht zu werden. Vielleicht auch hätte er einen massenhaften zivilen Ungehorsam als Konfrontationswaffe einsetzen können. Aber solche Möglichkeiten waren innerhalb seiner Bewegung nicht diskutiert worden, und selbst wenn sie ihm an Ort und Stelle eingefallen wären, hätte er eine gewaltige Verantwortung auf sich geladen. Statt dessen besann er sich auf Sobukwes Anweisungen und verhandelte mit demselben burischen Polizeibefehlshaber, der ihn fünf Tage zuvor nach eintägiger Haft wieder freigelassen hatte. Der dreiundzwanzigjährige Schwarze verlangte, den weißen Justizminister zu sprechen, damit er seinen Protest aktenkundig machen lassen und seine Forderungen vortragen könne. Ein Journalist, der sich in Hörweite befand, erinnert sich, daß man Kgosana mitteilte: »Der Minister ist beim Essen.«

Nun hätte er antworten können: »Wir werden warten, bis er uns empfangen kann.« Oder: »Wir werden warten, bis unsere Führer freigelassen sind und die Regierung die Gesetzesvorlage zur Ächtung unserer Partei zurückzieht.« Solche Möglichkeiten erscheinen nach einem Vierteljahrhundert naheliegender, als sie es damals gewesen sein dürften. Philip Kgosana mußte sich die Frage stellen, wie lange er seine Autorität über eine Menge von 15 000 oder 30 000 Menschen aufrechterhalten könne. Zudem mußte er sich darüber Gedanken machen, was seine Gefolgsleute tun und was mit ihnen geschehen würde, wenn die Polizei sie an Ort und Stelle verhaftete. Und er war verpflichtet, Sobukwes Befehl zu berücksichtigen, »daß ihr friedlich auseinandergehen sollt, ohne Lärm zu machen oder Protest zu erheben«. Der burische Polizeioffizier versprach, daß Kgosana mit dem Minister sprechen könne, wenn er seine Leute nach Hause schicke. Er sagte – dem Journalisten zufolge, der Zeuge des Wortwechsels wurde – etwas von einem »Gentlemen's Agreement«. Kgosana ging mit sich zu Rate und verhandelte weitere zwanzig Minuten lang mit dem

Offizier. Kapstadt schien den Atem anzuhalten. Schließlich stimmte er zu.

»Mr. Kgosana bat um Ruhe, und das Murmeln Tausender von Stimmen verstummte«, berichtete die *Cape Times* am nächsten Morgen. Wie er später aussagte: »Als ich sie aufforderte, ruhig umzukehren, kehrten sie ruhig um.« Ein Polizeiwagen setzte sich an die Spitze.

Politisch informierte Südafrikaner, weiße wie schwarze, sollten wissen, was danach geschah, aber viele wissen es nicht. Erst wenn die Geschichte aus schwarzer Perspektive neu geschrieben wird, wird die Verhaftung von Philip Kgosana herausgestellt werden. Sie ereignete sich an jenem Tag um 16.45 Uhr, als er mit vier weiteren Mitgliedern des Panafrikanischen Kongresses zu dem verabredeten Gespräch mit dem Minister zurückkehrte, doch die Notstandsregelungen verboten die Bekanntgabe dieser Tatsache, so daß er für seine Gefolgsleute und die Zeitungsleser einfach vom Erdboden verschwand. Eine Woche darauf weigerte sich der Justizminister im Parlament, die Frage zu beantworten, ob Kgosana verhaftet worden sei. Später, als Vorwürfe des Verrats und der Arglist laut wurden, ließ man wissen, daß Kgosana in seiner Zelle kurz von einem Beamten besucht worden war, der als Vertreter des Ministers auftrat. Calvinistische Gewissen brauchten sich nicht zu beunruhigen; es hatte keinen Verrat gegeben, denn Kgosana hatte ja sein Gespräch bekommen, und schließlich war ihm nie versprochen worden, daß man ihn nicht verhaften werde. Der Polizeioffizier, der das Versprechen gegeben hatte, wurde, wie später verlautbarte, nicht zum Brigadegeneral befördert, weil er sich angemaßt hatte, mit einem Schwarzen zu verhandeln.

Der Notstand wurde am Nachmittag von Kgosanas Verhaftung ausgerufen, und das Gesetz gegen gesetzwidrige Organisationen, mit dessen Hilfe man kurz darauf PAC und ANC verbot, wurde durch die zweite Lesung im Parlament gepeitscht. Die *Cape Times* berichtete am nächsten Tag, daß im Scheinwerferlicht der Autos, die in jener Nacht die schwarzen Townships durchfuhren, »häufig Bajonette aufblitzten«. Innerhalb von zwei Tagen hatten Polizei-, Armee- und sogar Marineeinheiten die Townships Langa und Nyanga abgesperrt. Die Wasser- und Elektrizitätszufuhr wurde abgeschaltet, und man schickte

Truppen in die Siedlungen, um den Streik mit Gewalt zu brechen. Zu diesem Zweck »benötigte die Polizei vier Tage unablässiger Brutalität«, schrieb Tom Lodge, ein führender Chronist jener Zeit. Am achten Tag nach Kgosanas Inhaftierung begannen in Kapstadt erneut Verhaftungen wegen Paßvergehen. Sie wurden seitdem Jahr um Jahr, bis zum heutigen Tage, unbarmherzig fortgesetzt. Und natürlich blieben PAC und ANC seitdem, bis zum heutigen Tage, gesetzwidrige Organisationen.

Die Geschehnisse des 30. März 1960 bedeuteten nicht, daß die Schwarzen den Glauben an den gewaltlosen Widerstand verloren hätten. Vielmehr setzten die Behörden die geballte Macht des Staates ein, um jede Möglichkeit gewaltlosen Widerstandes für eine Generation zu unterdrücken. Weshalb ist der Marsch nicht wiederholt worden? Die einfache Antwort lautet, daß die Sicherheitspolizei die schwarze Politik seither wirksam zu kontrollieren vermocht hat, hauptsächlich durch Repressionen, aber auch durch eine selektive Aufhebung der Beschränkungen, so daß sich das bemerkenswerte Gefühl der Gunst des Augenblicks und der Hoffnung, das am elften Tag von Sobukwes Antipaßkampagne aufgekommen war, nicht wieder einstellte. Man fand heraus, daß Frustration und Zorn leichter einzudämmen sind als Hoffnung. Heute warten die Behörden nicht mehr auf einen Marsch der schwarzen Massen in die weißen Gebiete, bevor sie eine brodelnde Township militärisch absperren, und sie verhandeln nicht mehr mit den Führern, bevor sie sie festsetzen. Schwarze Stimmen dürfen sich erheben, aber nur dann, wenn gewährleistet ist, daß sie nicht die Art des Einvernehmens mit einer Massengefolgschaft herzustellen suchen, die ein dreiundzwanzigjähriger Student in jenem fernen Herbst des schwarzen Grolls herbeizuführen vermochte.

Südafrika war im März 1960 alles andere als eine offene Gesellschaft, doch es war noch kein voll ausgebildeter Polizeistaat; das furchterregende Arsenal willkürlicher Vollmachten, auf das sich die weißen Behörden seitdem stützen konnten, wurde vornehmlich in den fünf Jahren angehäuft, die der Zerschlagung der schwarzen Politik zur Zeit des Notstands folgten. Im März 1960 bedienten sich die weißen

Behörden der beschwerlichen Taktik, die schwarze Führerschaft in komplizierte juristische Manöver und Verhandlungen zu verwickeln; danach wurden die Notstandsvollmachten in die Strafgesetzgebung eingearbeitet und regelmäßig erweitert. Der Notstand wurde im Grunde permanent, was ermöglichte, politisch mißliebige Personen zunächst einzusperren und sich erst später, wenn überhaupt, über eine fingierte Anklageerhebung Gedanken zu machen.

Diese einfache Antwort auf die Frage, weshalb der Marsch vom 30. März 1960 nicht wiederholt worden ist, kann jedoch nicht als alleinige Antwort akzeptiert werden. Es gibt die Tatsache der Repression, und es gibt die Folge dieser Repression, die darin besteht, daß schwarze Nationalisten, die versuchen, im Rahmen des Systems zu handeln, jede Legitimität einbüßen. Seit einer Generation sind Schwarze, die ernste politische Absichten hegen, an die Vorstellung gewöhnt, daß sich ihre wahren Führer im Gefängnis oder außer Landes befinden, wo sie die Kräfte sammeln, die eines Tages die Apartheid zerstören werden. Heute wäre eine einsichtigere burische Führung vielleicht froh, schwarze Nationalisten zu finden, denen sie in ähnlicher Weise ein Abkommen aufzwingen könnte, wie sie es gegenüber den einstigen schwarzen nationalistischen Revolutionären vermocht hat, die in den Nachbarstaaten regieren. Aber ein dauerhaftes Abkommen kann es nur mit den Bewegungen geben, die die Regierung im Jahre 1960 geächtet hat.

Dies gilt insbesondere für den Afrikanischen Nationalkongreß, der eine der ineffektivsten »Befreiungsbewegungen« der Welt sein mag, der aber trotzdem aufgrund seiner mehr als siebzigjährigen Tradition und seiner Fähigkeit, einen – wenn auch planlosen und schwächlichen – »bewaffneten Kampf« zu führen, weiterhin über die schwarze Loyalität verfügt, über jene nicht greifbare Legitimität, die die Chinesen als »Mandat des Himmels« bezeichnen. Zwar hat der ANC sich vielerorts durch seine Bereitschaft kompromittiert, im Austausch gegen Ausbildung und Waffen zu Repressionen in der Sowjetsphäre zu schweigen, doch er bleibt die umfassende, wahre Kirche der schwarzen Politik. Und er ist heute in einem Sinne revolutionär, wie man es ihm im Jahre 1960 zu Unrecht vorwarf.

In jenem Jahr – am Ende eines vierjährigen Prozesses gegen ANC-Führer auf Grund von fingierten Hochverratsanklagen – malte sich Nelson Mandela den Verlauf von Verhandlungen mit der weißen Regierung aus, die seine Organisation aufnehmen würde, wenn die Kampagne des zivilen Ungehorsams den erwünschten Effekt hätte. Im Kreuzverhör träumte der angebliche und später wahrhaftige Revolutionär laut von einem Prozeß des beiderseitigen Entgegenkommens, nachdem sich die Regierung bereit erklärt habe, mit den wirklichen Führern des Volkes zu sprechen:

> Ich würde sagen: »Ja, laßt uns sprechen«, und die Regierung würde sagen: »Wir glauben, daß die Europäer zur Zeit noch nicht bereit sind für eine Art der Regierung, die von Nichteuropäern beherrscht wäre. Wir meinen, daß wir Ihnen sechzig Sitze geben sollten, daß die afrikanische Bevölkerung sechzig Afrikaner wählen sollte, die sie im Parlament repräsentieren. Wir werden die Sache sich fünf Jahre lang entwickeln lassen, und dann werden wir die Ergebnisse prüfen.« Meiner Ansicht nach wäre das ein Sieg. . . .ich würde sagen, daß wir einen solchen Vorschlag akzeptieren sollten, aber natürlich würde ich die Forderung nach Ausweitung des allgemeinen Wahlrechts auf alle Afrikaner nicht aufgeben. So sehe ich es, meine Herren Richter. Dann setzen wir uns am Ende der Fünfjahresperiode wieder zusammen, und die Regierung sagt: »Wir werden Ihnen weitere vierzig Sitze geben.« Ich würde vielleicht antworten: »Das reicht völlig aus, wir sollten es akzeptieren«, und ich würde weiterhin fordern, das Wahlrecht auszuweiten, aber für den vereinbarten Zeitraum würden wir den zivilen Ungehorsam aufheben.

Statt dessen waren es die Behörden, die den zivilen Ungehorsam aufhoben, ebenso wie den Afrikanischen Nationalkongreß. Nelson Mandela ging in den Untergrund, verließ das Land und reiste nach Algerien, um einen Lehrgang in revolutionärer Taktik zu absolvieren. Er war kein Revolutionär gewesen, als man ihn dessen bezichtigt hatte, aber als man ihm außer der Unterwerfung keine andere Wahl ließ, tat er sein Bestes, um der Rolle zu entsprechen, die die Behörden ihm zugemessen hatten. Dies wurde zum üblichen Muster: Offizielle Schwerfälligkeit und Repression rechtfertigte die offizielle Propaganda und stellte dabei eine Dynamik her, deren logische Schlußfolgerung der Feldzug des ungezügelten »Terrorismus« sein würde, den die Behörden seit nunmehr Jahrzehnten prophezeit haben.

Am 5. August 1962, nur sechzehn Tage nach seiner heimlichen Rückkehr nach Südafrika, wurde Nelson Mandela verhaftet und schließlich nach zwei Prozessen wegen Hochverrats zu lebenslanger Haft verurteilt. Heute, da er mehr als die Hälfte seines Erwachsenenlebens, fast ein Vierteljahrhundert, hinter Gittern verbracht hat, ist er zum lebenden Symbol seiner Bewegung und zur Personifizierung der Knechtschaft seines Volkes geworden, das ihn größtenteils nie sehen oder hören konnte. Doch selbst Nelson Mandela, obwohl infolge seines Opfers heiliggesprochen, wäre wahrscheinlich nicht mehr zu den Antworten fähig, die er sich damals, im Jahre 1960, ausmalte, falls die heutige burische Regierung versuchte, den Dialog einzuleiten, den er seinerzeit entwarf. Mandelas damaliger Traum von gegenseitigen Zugeständnissen klingt wie eine Lektion in Staatsbürgerkunde aus einer anderen Ära – nicht nur wegen der Unversöhnlichkeit des Regimes, sondern auch, weil diese Unversöhnlichkeit zum Vorbild für dessen Feinde geworden ist. Eine schrittweise Regelung wäre den Exilanten in Angola, Sambia und Tansania, die ihr Leben dem revolutionären Kampf gewidmet haben, nicht leicht nahezubringen, selbst wenn sie von Mandela abgesegnet wäre und raschere Ergebnisse verspräche als ihre allem Anschein nach selbstmörderischen Angriffe auf die weiße Bastion. Die Repression hat dafür gesorgt, daß ein revolutionärer Standpunkt und eine revolutionäre Regelung für die meisten politisch aktiven Schwarzen die einzig denkbare Lösung bieten. Wenn daher Weiße zu diesem späten Zeitpunkt die Möglichkeit eines Kompromisses andeuten, fällt es vielen Schwarzen schwer, sich vorzustellen, was damit gemeint sei.

Aber, wie dem auch sei, die meisten politisch bewußten Schwarzen sind keine Revolutionäre. Daher haben die Repression und der durch sie hervorgerufene politische Stillstand bewirkt, daß sich in der schwarzen Politik eine drastische Kluft zwischen dem akzeptablen politischen Stil und den verfügbaren Mitteln aufgetan hat. Die Furcht, daß man den Anschein erwecken könne, vom System kooptiert worden zu sein und mit der Apartheid Kompromisse zu schließen, macht die meisten politischen Bemühungen von Schwarzen innerhalb des Landes zunichte. Ein Raketenangriff auf eine entlegene Polizeistation oder die Ermordung eines schwarzen Sicherheitspolizisten kann als gültige und authentische Ausdrucksform des schwarzen Kampfes akzeptiert werden. Wer aber vorschlägt, die leninistische Taktik anzuwenden und die Institutionen des Staates, etwa die schwarzen Kommunalräte oder die Homelands, zu infiltrieren, um sie von innen her zu zerstören, setzt sich sofort dem Vorwurf aus, den Ausverkauf der Sache zu betreiben. Nur in den neuen schwarzen Gewerkschaften besteht eine Chance, wirkliche organisatorische Stärke aufzubauen, und auch dort müssen selbst die militantesten Führer sich ständig der Bezichtigung erwehren, innerhalb des Systems tätig zu sein, was natürlich unerläßlich ist, wenn sie einen Tarifvertrag aushandeln, sich mit der Polizei auseinandersetzen oder juristische Maßnahmen erwägen sollen, um die Rechte ihrer Mitglieder zu sichern. Im Gegensatz dazu haben militante Bewegungen, die geloben, nichts mit dem Apartheid-Staat zu tun haben zu wollen, meist den Status von Debattierklubs angenommen – dazu verurteilt, wie es manchmal scheint, immer neu die taktischen und ideologischen Dispute zu wiederholen, die die beiden Kongresse in den späten fünfziger Jahren trennten.

Der Afrikanische Nationalkongreß, der acht Jahre vor der Chinesischen Kommunistischen Partei – und übrigens auch ein Jahr vor der Nationalen Partei, die nun Südafrika beherrscht – gegründet wurde, hat außer seinem Überleben wenig zu feiern. Eine revolutionäre Bewegung, die sich an ihrem siebzigsten Jahrestag im Exil wiederfindet, muß tiefliegende Glaubensreserven anzapfen, um nicht dem Mitleid anheimzufallen, das chiliastischen Sekten, die sich hinsichtlich der Wiederkunft Christi irren, vorbehalten ist. »Siebzig Jahre!« sinnierte Mamphela Ramphele, Steve Bikos Kampfgefährtin, als ich sie das letzte Mal in ihrer Klinik im nördlichen Transvaal besuchte. »Wir sollten vor Scham die Köpfe hängen lassen, statt dieses Ereignis zu feiern.«

Sie griff den Kongreß nicht an und stellte seinen Status einer nationalen Bewegung nicht in Frage, sondern sie wies einfach darauf hin, daß Widerstand zum Selbstzweck werden könne, zu einer Lebensweise, die mit ihrem erklärten Ziel, das Leid und die Ungerechtigkeit zu beenden, nichts mehr zu tun hat. Sie beklagte einen Mangel an Dringlichkeit, den sie darauf zurückführte, daß die schwarze Führerschaft zu weit von den ärmsten Schwarzen entfernt sei. »Wir haben ein Problem des Elitismus«, sagte sie. Man kann soziologische und historische Ursachen für die Isolation der schwarzen politischen Eliten suchen, aber sie sind natürlich am leichtesten im weißen Sicherheitssystem und in den von Weißen betriebenen Gefängnissen zu finden. Die Isolation potentieller Führer ist ein ständiges Ziel des Staates.

Die im Exil lebenden Führer betonen die Notwendigkeit, »sichere Gebiete« innerhalb der Townships und Homelands zu gewinnen, damit Ausbildung und Organisation vor Ort stattfinden können und nicht nur in irgendwelchen Buschlagern, die durch die dauernde Gefahr von Vergeltungsmaßnahmen seitens des südafrikanischen Militärs immer weiter nach Zentralafrika zurückgedrängt werden. Pretoria machte sich die zum erstenmal von den Israelis im Libanon angewandte Taktik zu eigen und förderte Rebellionen in den schwarzen Nachbarstaaten, um die Grenzgebiete für seine eigenen Rebellen unsicher und die Kosten ihrer Unterstützung durch schwarze Regierungen unerschwinglich zu machen, gleichgültig, wie oft und inbrünstig diese ihre Gegnerschaft zur Apartheid beschworen haben. In den wenigen Fällen, in denen sie überhaupt existierten, beschränkten sich die sicheren Gebiete, von denen die Exilanten träumen, auf ein einzelnes Townshiphaus oder einen Unterstand im Busch. Rebellen können in winzigen Einheiten von zwei, drei oder fünf Mann eingeschmuggelt werden, doch sobald sie Verbindung mit etablierten politischen Kreisen aufnehmen, laufen sie Gefahr, sich im Stolperdraht eines Spitzels zu verfangen. Diese Gefahr besteht selbst dann, wenn sie unter sich bleiben, denn die Widerstandsbewegung ist auch im Exil stark von schwarzen und weißen Agenten unterwandert. »Ich schnappe sie, und wenn sie sich bis nach Moskau zurückziehen!«

prahlte mir gegenüber General Coetzee, der höchste Sicherheitspolizist. Der ANC, so meinte er, werde durch das Wissen gelähmt, daß jeder Versuch, größere Zahlen von Schwarzen innerhalb Südafrikas zu rekrutieren, das Risiko erhöhe.

Schließlich erhielt ich die Gelegenheit, Coetzees prahlerische Bemerkung im Gespräch mit Oliver Tambo zu wiederholen, dem früheren Johannesburger Anwaltspartner von Nelson Mandela und heutigen Vorsitzenden des Exil-Widerstands. »Er hat recht! Er hat recht!« kommentierte Tambo. »Sie haben es uns sehr schwer gemacht, und wir mußten hart arbeiten. Einmal hatten wir eine Gruppe von zehn Leuten, und nur einer von ihnen war echt. Wir haben die Techniken und Methoden der Überprüfung fortentwickelt und erheblich verbessert, aber es ist immer noch schwierig, große Gruppen zu bilden. Ja, es macht uns viel Arbeit, sie zu überprüfen, und manchmal entdecken wir erst in einem späteren Stadium, daß sie sorgfältig präpariert und bei der Überprüfung durchgeschlüpft waren. Das war sogar bei Personen der Fall, die in unseren Reihen hoch geachtet waren, sich sehr gut benahmen, Disziplin zeigten, sehr engagiert wirkten und alle ihre Aufgaben zweifellos sehr zufriedenstellend ausführten. Über all das wissen wir jetzt Bescheid.«

Dies war im zweiundzwanzigsten Jahr des »bewaffneten Kampfes«. Bescheid zu wissen bedeutete, daß man Härte, Disziplin und Sicherheit zu Kardinaltugenden machte; es bedeutete, daß man den Instinkt, Offenheit und Vertrauen zu zeigen, unterdrückte. Zum Zwecke der eigenen Selbsterhaltung ist die Bewegung gezwungen, Außenstehenden gegenüber immer mißtrauischer zu werden. In den fünfziger Jahren zu einer Massenorganisation geworden, hatte sie sich im Exil zu einem Geheimorden umbilden müssen. Wenn sie nun bedeutende schwarze politische Gestalten in ihren Reihen aufnahm, nachdem diese aus Südafrika hatten fliehen müssen, schien sie selten mehr mit ihnen anfangen zu können, als sie für ihre Bemühungen zu ehren und ihrer Reputation wegen als Vortragsreisende einzusetzen. Wenn Steve Biko Südafrika verlassen und sich dem ANC angeschlossen hätte, spekulierte einer seiner Gefolgsleute, hätte man vielleicht nie wieder von ihm gehört. In ihrem Bestreben, undurchdringlich für ihre Gegner in Pretoria zu werden, geht die Bewegung das Risiko ein, undurchdringlich für ihre Anhänger zu werden.

Südafrikanische Sicherheitsbeamte verbreiten unermüdlich die uralte Behauptung, daß die winzige, vorsintflutliche Kommunistische Partei, die hinsichtlich der Tschechoslowakei, Polens und Afghanistans pflichtgetreu der Moskauer Linie gefolgt ist, den militärischen Arm des Untergrundes, Umkhonto we Sizwe (»Speer der Nation«), beherrsche. Ich hörte nichtkommunistische Sympathisanten und Mitglieder des ANC Zweifel darüber äußern, ob dies zutreffe; ein ehemaliges Parteimitglied versicherte mir, daß es wahr sei. Wenn es stimmt, dann besteht der Effekt für viele Schwarze nicht darin, daß das Prestige von Umkhonto we Sizwe sinkt, sondern darin, daß jenes der Kommunistischen Partei steigt. Ihre unmittelbare Anziehungskraft beruht auf ihrem vermeintlichen Extremismus – die Ideologie spielt, wenn überhaupt, eine zweitrangige Rolle –, denn die Wahl zwischen »gemäßigt« und »radikal«, wie von den Weißen Südafrikas definiert, beschränkt sich für Schwarze darauf, sich entweder mit der Apartheid zu arrangieren oder auf vollwertiger Staatsbürgerschaft zu beharren.

Die offiziellen Propagandaorgane geben ständig zu verstehen, daß nur Radikale und Kommunisten nicht gewillt seien, sich damit abzufinden, daß Group Areas Act, Zuzugskontrolle und Rassenhegemonie Bestandteile einer vernünftigen Regelung bleiben müßten. Dadurch bringt man jungen Schwarzen bei, daß nur Radikale und Kommunisten verläßlich seien. In der von Unruhen erschütterten Township Lamontville außerhalb Durbans, wo es während meiner letzten Monate in Südafrika wiederholt zu Zusammenstößen mit der Polizei kam, pries das beliebteste »Freiheitslied« einen weißen kommunistischen Exilanten, den Sängern nur durch die Regierungspropaganda bekannt, die ihn als den bösen Drahtzieher der Bombenkampagne des Untergrunds darstellte. »Wir werden unserem Slovo folgen«, lautete der Text, der sich auf Joe Slovo, einen früheren Johannesburger Anwalt, bezog. »Selbst wenn wir verhaftet, selbst wenn wir gehängt werden.«

Das Lied sprach nur davon, ihm bis zum Galgen, nicht bis zum Sieg zu folgen. Es war ein revolutionäres Klagelied. Tatsächlich fällt ein hoher Prozentsatz der jungen Männer, die diesen Weg beschreiten – sich zu Sabotagemissionen in Südafrika einzuschleichen, nachdem sie als Soldaten im »Kampf« ausgebildet wurden –, der Sicherheitspolizei in die Hände, die ihnen Informationen abpreßt, jene aussiebt, die als mögliche Doppelagenten in Frage kommen, und den Rest durch die stetig mahlende Mühle politischer Prozesse dreht. Die Aussagen in diesen Prozessen geben sodann einen Einblick in die langsame, schmerzhafte Entwicklung einer revolutionären Kultur unter jungen Schwarzen.

Simon Mogoerane, ein junger Mann, der in der schäbigen Township Vosloorus bei Boksburg heranwuchs, erklärte einem burischen Richter in Pretoria, der ihn gerade des Verrats für schuldig befunden hatte, was es bedeute, an einem solchen Ort aufzuwachsen: »Wir haben Heime in der Township, in denen Wanderarbeiter wohnen – Menschen, die sehr lange Zeit von ihren Familien getrennt sind und oft zu einem Ärgernis werden, denn sie begehen Vergewaltigungen, zetteln Schlägereien an und so weiter. Außerdem wohnen wir in sehr kleinen Häusern, und . . . selbst wenn man eine Freundin hat, kann man sie nirgendwohin mitnehmen. Es gibt in der Township nicht den geringsten Komfort.« Diese Sätze waren ein Teil seines formellen Ersuchens um Gnade; sie hören sich an wie die Klage eines frustrierten Liebhabers und Konsumenten. Er spricht nicht von Freiheit, Gleichheit, Brüderlichkeit, sondern von Unannehmlichkeiten und »Komfort«. Die Wanderarbeiter sind nicht seine ausgebeuteten Brüder oder die Söhne und Brüder der von Philip Kgosana geführten Marschierer, sondern »ein Ärgernis«. Er glaubt ganz einfach, wie der Zuhörer im Gerichtssaal seinen Worten entnimmt, daß Schwarze – und er ganz besonders – das gleiche haben sollten wie Weiße. Auf dieser Basis bildet sich allmählich ein politisches Bewußtsein heraus, und über den Aufruhr von 1976 in Soweto sagt er nun aus: »Ich dachte damals, daß der Krieg begonnen habe und die Freiheit nahe sei . . . Ich dachte, daß ich als Unterdrückter mich daran beteiligen müsse.«

Der burische Richter traut seinen Ohren nicht. »Entschuldigen Sie«, unterbricht er. »Haben Sie gesagt, daß Sie dachten, der Krieg sei nahe? K-R-I-E-G?«

Der junge Mann hat auf sesotho ausgesagt, so daß Frage und Antwort durch einen Dolmetscher gefiltert werden müssen. »Ja«, erwidert er dem in einen roten Talar gehüllten Richter, er habe an Krieg gedacht. »Wegen der Unruhen.«

Der Richter begreift ihn immer noch nicht. »Was für ein Krieg?«

»Ich will sagen, sobald der Aufruhr begonnen hatte, dachte ich, dies sei der Krieg, der endlich zu Freiheit führen werde, und daß ich, als Angehöriger des unterdrückten Volkes, auch daran teilnehmen müsse.«

»Ich wollte nur wissen, ob das Wort ›Krieg‹ benutzt wurde«, beharrte der Richter. »K-R-I-E-G?«

»Ja.«

»Können wir das klären? Verstehen Sie Englisch?«

»Ja.«

»Ist das Wort ›Krieg‹ das angemessene Wort?«

»Ich meine einen Kampf zwischen Gruppen von Menschen. Ich weiß nicht, wie man einen Krieg definiert.«

Der junge Mann meinte, daß er für sein Land habe kämpfen wollen. Der Richter, der es als *sein* Land betrachtet, während er den jungen Mann des Verrats für schuldig befindet, war offenbar der Ansicht, daß der Begriff »Krieg« für einen Schwarzen aus Vosloorus lächerlich überzogen sei. Marcus Motaung, ein anderer Angeklagter in diesem Prozeß, vereinfachte die Argumentation, als er an der Reihe war, um Milde nachzusuchen: »In Südafrika wurde ich so verhärtet, daß ich beschloß, alle Weißen müßten getötet werden.« Dann verließ er das Land, um sich militärisch ausbilden zu lassen, doch bevor die Widerstandsbewegung ihn zurückschickte, damit er eine Reihe von Polizeistationen überfiel, verfeinerte sie sein politisches Verständnis. »Man lehrte mich, daß Weiße und Schwarze in Südafrika zusammenleben müssen. Das war das Wichtigste, was ich im ANC-Unterricht lernte«, erklärte er dem Gericht. »Außerdem lernte ich, daß der Kampf der Schwarzen innerhalb Südafrikas international unterstützt wird.« Dann fragte sein Anwalt, wie er seine Rolle eingeschätzt habe, als er ins Land zurückkehrte. »Ich hielt mich für einen Soldaten, einen Freiheitskämpfer«, antwortete er.

Der Richter hielt ihn für einen Verbrecher. Am Tage der Urteilsverkündung war der Gerichtssaal, wie immer bei politischen Prozessen, in denen die Höchststrafe verhängt werden könnte, dicht gefüllt mit Sicherheitspolizisten in Zivil und weißen Sekretärinnen aus den Büros der Staatsanwaltschaft. Ihre Gesichter glänzten vor Frömmigkeit und Triumph, Entsetzen und sogar ein wenig Mitleid. Am 9. Juni 1983 wurden Simon Mogoerane und Marcus Motaung, zusammen mit einem dritten ANC-Mitglied namens Jerry Mosoloi, in Pretoria gehängt, G-E-H-Ä-N-G-T. In ihrer Erklärung dafür, daß sie die Liste schwarzer Märtyrer verlängert hatte, merkte die Regierung an, daß bei den Überfällen, an denen die drei Verurteilten beteiligt waren, vier schwarze Polizisten getötet worden waren.

»Sie kommen als bloße Militante zu uns«, erläuterte später ein ANC-Vertreter in Lusaka, »und wir machen aus ihnen Revolutionäre.« Die »bloßen Militanten« treffen mit einem politischen Bewußtsein ein, das sich im Räderwerk der Apartheid herausgebildet hat; in vielen Fällen – der von Marcus Motaung war einer von ihnen – besteht die einzige theoretische Grundlage in dem Drang, das Land zurückzuerobern, indem man Weiße tötet. Später, wenn sie als »Revolutionäre« nach Südafrika zurückkehren und Risiken eingehen, die zumindest so schrecklich sind wie die Erfahrungen der meisten Soldaten auf dem Schlachtfeld, besitzen sie vermutlich eine angemessene ideologische Meinung darüber, wo ihr Platz in dem »Kampf« und der Platz ihres Kampfes unter all den Kämpfen einer leidenden Welt ist. Aber ihre Aktionen enden meist damit, daß sie Schwarze – Spitzel, Polizisten, unbeteiligte Passanten – umbringen, ihr Leben aufs Spiel setzen, wenn sie Bomben in leeren Regierungsgebäuden deponieren, oder den ihnen erteilten Auftrag völlig verfehlen, weil sie von Kameraden, die im Verhör zusammenbrachen oder sich als Agenten entpuppten, verraten wurden.

Natürlich erscheinen nur diejenigen vor Gericht, die gefangengenommen wurden, doch das Ausmaß von Mißgeschick und Pannen scheint grotesk hoch zu sein. Bei dem ersten ANC-Prozeß, den ich in Pretoria besuchte, waren zwei der Angeklagten bei einem geheimen

Treffen mit einem Kontaktmann aus dem Untergrund verhaftet worden, der sechzig Polizisten zum Ort der Verabredung mitgebracht hatte. Zwei andere, die den Befehl hatten, nach Mosambik zurückzukehren, falls irgend etwas schiefging, ließen ihre Raketen im Busch zurück, nachdem die erste bei einem Angriff auf ein Treibstofflager fehlgezündet war, und wurden beim Versuch, ein Auto zu stehlen, verhaftet. Die letzten beiden, darunter einer, der angeblich in der DDR eine Ausbildung für Fortgeschrittene erhalten hatte, tranken zuviel, ließen sich ihre aus der Sowjetunion stammenden Waffen stehlen und verkündeten bei dem verzweifelten Versuch, sie wieder an sich zu bringen, daß sie eine wichtige Mission für den Untergrund auszuführen hätten.

Während des nächsten ANC-Prozesses, dem ich beiwohnte, betrat ein junger Mann, der offenbar im Verhör zusammengebrochen war, den Zeugenstand, um die Aussage zu wiederholen, die er der Polizei gemacht hatte. Vermutlich hatte man ihm die Konsequenzen sehr genau beschrieben, falls er im Kreuzverhör einen Hinweis darauf geben würde, was ihn veranlaßt habe, seine Kameraden zu verraten. Deshalb meinte der Junge nun, in einem Wortgefecht mit einem Rechtsanwalt aus Johannesburg, die Seltsamkeit oder Widersprüchlichkeit des Umstandes leugnen zu müssen, daß er zuerst beschlossen hatte, aus seinem Land zu fliehen, um für sein Volk zu kämpfen, nun aber bereit sei, für den Staat auszusagen. Der Anwalt begann, die Motive des jungen Mannes zu erforschen, indem er fragte, ob es ihn verärgert habe, einen Paß bei sich tragen zu müssen. »Dazu hatte ich keine Einstellung«, sagte der Zeuge. Habe er sich bewußtgemacht, daß das Ausbildungsniveau für Schwarze niedriger sei als das für Weiße? »Davon wußte ich nichts«, lautete die Antwort. Sei ihm bewußt, daß es in Südafrika und der Welt viele Menschen gebe, die die Apartheid kritisierten? »Nein, davon habe ich in den Zeitungen nie etwas gelesen.« Habe er sich je mit einem Freund darüber unterhalten? »Nie.« Wenn er so unschuldig sei, weshalb habe er dann seine Familie und seine Freunde verlassen und sei aus dem Land geflohen, um sich einer militärischen Ausbildung zu unterziehen und zu einer höchst gefährlichen Mission zurückzukehren? »Ich gehörte zu einem

Orchester«, erwiderte der junge Mann, »und ich wollte vor einem rassisch nicht festgelegten Publikum spielen.« Ob dies der einzige Grund gewesen sei? »Ja«, bekräftigte er, »denn ich wußte nichts von den anderen Dingen.«

Aber wieso habe er dann nach seiner Ausbildung seine Loyalität dem ANC gegenüber aufgegeben und der Polizei die Einzelheiten seiner Mission enthüllt? »Wissen Sie, ich bin kein Mensch, der es gewohnt ist zu lügen. Ich beschloß einfach, ihnen die Wahrheit zu sagen, was ich auch tat.«

»Und wie lange dauerte dieses Verhör?«

»Wochen.«

»Und wieso benötigten Sie Wochen, um zu beschreiben, was sich abgespielt hatte?«

»Tja, ich kenne den Grund nicht. Ich bin kein Polizist.«

Inzwischen kannte natürlich jeder Schwarze und Weiße im Gerichtssaal den Grund. Die Schwarzen schienen gewöhnlich eher mit Mitleid als mit Verachtung für jene zu reagieren, die ihre Sache unter schwerstem Druck verraten hatten; bei den Weißen – so vermutete ich jedenfalls – war es normalerweise andersherum.

Aber warum wurden so viele junge Männer – nach so vielen Jahren der Vorbereitung, der Theoretisiererei, der Planung und Ausbildung – zu subversiven Missionen ins Land geschickt, obwohl sie für die Gefahren, die auf sie zukamen, nur so kläglich gerüstet waren? Ich konnte nur Spekulationen darüber anstellen, denn das Mißtrauen der Exilbewegung gegenüber Außenstehenden verhinderte jedes Gespräch mit ihren jungen Kämpfern. Also mußte ich mit meinen eigenen Intuitionen, Überlegungen und Fragen zurechtkommen. Die Schwarzen waren offenkundig weit unterlegen, was Technologie und Feuerkraft betraf; sie waren, wie es schien, auch nicht skrupellos genug. Wieso? Der Grund war zweifellos nicht rassischer oder kultureller Art, sondern er wohnte meiner Meinung nach der Situation inne. Ich glaube nicht, daß Weiße wirklich gerissener oder klüger als Schwarze sind, aber da sie sich auf eine Machtbasis stützen können, sind sie in der Lage, sich selbst von ihrer Überlegenheit zu überzeugen.

Eine Armee- oder Polizeieinheit, die entlang der üblichen Infiltrationsrouten in Ost-Transvaal patrouilliert, hat Funkkontakt mit einem Hauptquartier oder einer Basis; sie weiß, daß sie, wenn sie Probleme hat, Hubschrauber oder gepanzerte Truppenfahrzeuge oder sogar, falls das Problem alles bisher Erlebte übersteigt, Mirage-Düsenjäger anfordern kann. Die paar Aufständischen, die versuchen, wie Maos Fische im endlosen Meer des schwarzen Südafrika zu schwimmen, müssen sich auf ihre eigene Findigkeit und die Tarnung ihrer Haut verlassen; wenn sie Probleme haben, sind sie auf sich allein gestellt. Zu dem Zeitpunkt, da sie sich ihrem Ziel nähern, haben sie wahrscheinlich etliche Straßensperren überwunden; sie sind mehrere hundert Kilometer von ihrem Stützpunkt entfernt und wissen, daß ihr Rückweg wahrscheinlich genauso gefahrvoll sein wird wie ihr Hinweg. Diese »Freiheitskämpfer« mögen als Soldaten ausgebildet sein, aber sie haben den Auftrag, als Saboteure und Spionageagenten tätig zu werden; sie marschieren nicht im Glied und treten nicht in die Fußstapfen des Vordermannes, außer vielleicht im metaphorischen Sinne. Sie müssen ihren Weg allein gehen. Das Schlimmste, was sie tun können, ist der Versuchung zu erliegen, Sympathisanten oder Freunde ausfindig zu machen, denn dann kann die Tatsache ihrer Rückkehr der Polizei bekannt und ihre Mission gefährdet werden, soweit sie das nicht ohnehin durch das engmaschige Spitzelnetz ist. Aller Wahrscheinlichkeit nach stehen ihre Freunde und Verwandten längst unter Beobachtung.

Sie sind also wieder in der Heimat, zum erstenmal seit vier oder fünf Jahren unter ihrem eigenen Volk, sie hören ihre eigene Sprache, wissen aber, daß sie jedesmal, wenn sie sie gebrauchen, ein Risiko eingehen. Vielleicht fällt ihnen auf, daß sich der Lebensstandard verbessert hat und viel höher ist als das, was sie im angolanischen Busch oder in den verschiedenen afrikanischen Marktflecken und Metropolen, durch die man sie geschleust hat, gesehen haben. Plötzlich wirken die Townships einladend: Wenn sie nur irgendwo einkehren könnten . . .

Der »Freiheitskämpfer« benötigt eine sehr feste Vorstellung von der Freiheit, für die er kämpft, wenn ihm diese Kontraste und Gefühle zusetzen, und eine noch festere, wenn irgend etwas schiefgeht und er sich plötzlich in einem Vernehmungszimmer wiederfindet, wo man ihn vielleicht, bevor er mißhandelt wird, mit jedem Anschein von Höflichkeit und sogar Sympathie auffordert, einmal darüber nachzudenken, weshalb man ihn so schrecklichen Risiken ausgesetzt habe. Man mag andeuten, daß er als Kanonenfutter benutzt werde, wenn er den Auftrag habe, eine Bombe zu legen, deren einziger Zweck nicht darin bestehe, die weiße Macht zu unterminieren – schließlich könne er selbst sehen, wie weit er von diesem Ziel entfernt sei –, sondern die Existenz der verbotenen Organisation anzuzeigen. Man wird ihm sagen, daß sein Leben den weißen Kommunisten, die seine Bewegung steuerten, nichts bedeute. Vielleicht werden seine Erfahrung, sein Training und seine Überzeugung ihn befähigen, den Überredungskünsten und Andeutungen der Vernehmer standzuhalten – in diesem Falle erwartet ihn wahrscheinlich Schlimmeres. Vielleicht ist er in seiner Isolation und Angst völlig desorientiert.

Langsam und behutsam versucht die Bewegung, ein inneres Netz aufzubauen, das wenigstens einige ihrer Agenten schützen könnte. Und sie wartet auf Gelegenheiten, auf einen Glücksfall, wie ihn ein Weltkrieg für Lenin, eine Invasion durch die Japaner für Mao oder der Zusammenbruch des Regimes in Lissabon für die Rebellen in Mosambik, Angola und schließlich Simbabwe darstellte. Doch niemand scheint auch nur zu ahnen, wie ein solcher Glücksfall im Rahmen Südafrikas aussehen könnte. Die Durchblicker in den westlichen Denkfabriken sind sich sicher, daß er nicht existiert. Laut Lewis Gann und Peter Duignan, zwei unsentimentalen Analytikern aus der Hoover Institution in Stanford, können Guerillas in Südafrika nie mehr als ein »ernstes Ärgernis« sein. Es sei eine »militärische Phantasievorstellung« und eine »politische Legende«, daß das Regime durch die Kräfte des Widerstands gestürzt werden könne. Seine Polizei und seine Armee seien keinerlei »revolutionärer Infiltration« unterworfen. Die Kontrolle durch die Weißen werde sich auf unabsehbare Zeit fortsetzen. Die Gegner des Regimes lebten in einer »Traumwelt«.

Natürlich tun sie das. Wenn sie nicht in Soweto oder in der Ciskei oder in Lusaka wohnen würden, sondern in Palo Alto, dann würden sie wahrscheinlich auch zu einer vernünftigen Einschätzung ihrer eigenen Ohnmacht kommen und – ebenso wie diese ausländischen weißen Analytiker – ihre Hoffnung auf die weißen »Gemäßigten« in Pretoria richten.

Selbst wenn die Experten der Hoover Institution wissenschaftlich nachweisen könnten, daß der Kampf gegen das weiße Regime in Südafrika hoffnungslos ist, würde er dadurch nicht zu Ende sein. Auch die alten Debatten darüber, wessen Revolution es wirklich ist und wofür sie kämpft, würden sich fortsetzen. Seltsamerweise werden diese Debatten trotz Zensur, Versammlungsverboten und polizeilicher Überwachung innerhalb Südafrikas heftiger geführt als im Exil. Ein Vierteljahrhundert südafrikanischen Exils hat kein südafrikanisches *Was tun?* oder *Die Verdammten dieser Erde* hervorbringen können. Wenn der ANC seit der Freiheitscharta oder seit Nelson Mandelas glanzvollem Schlußwort* vor dem Richter, der ihn zu lebenslanger Haft verurteilte, irgendwelche neuen Ideen gehabt hat, was die von ihm angestrebte soziale Ordnung betrifft, so hat er sie sorgsam für sich behalten. Als ich diese Kritik vorbrachte, entgegnete einer seiner Anhänger, daß der Kongreß auf diese Weise seine Reife und Umsicht zeige, denn er konzentriere sich auf den Kampf gegen die Apartheid und vermeide die Fallstricke von ideologischem Sektierertum und Utopismus.

Die schwarzen nationalistischen Rivalen des ANC, die das Regime bisher durch keinerlei Art von Rebellion bedroht haben, erheben den Vorwurf, daß sich hinter der ausweichenden Haltung das ANC eine unheilige Sehnsucht nach einem Arrangement mit der weißen Macht verberge. Indessen besteht der wichtigste theoretische Beitrag des PAC – in einer Exilphase, die vor allem durch Spaltungen, Intrigen und gegenseitige Ermordungen gekennzeichnet ist – im Vorschlag

* »Ich habe mich immer in erster Linie als einen afrikanischen Patrioten betrachtet«, sagte Mandela. »Ich habe gegen weiße Vorherrschaft gekämpft, und ich habe gegen schwarze Vorherrschaft gekämpft. Ich habe an dem Ideal einer demokratischen und freien Gesellschaft festgehalten.«

eines neuen Namens für das Land, der die in diesem Jahrhundert bisher gebräuchliche geographische Bezeichnung ersetzen soll.

Azania ist historisch und kulturell gesehen eine Fehlbenennung, aber da der Name nun in Steve Bikos Grabstein eingemeißelt ist, hat er eine unleugbare Authentizität für eine Generation südafrikanischer Schwarzer gewonnen. Der Begriff entstammt weder der Xhosa- noch der Zulu-, noch der Sotho-, noch der Tswana-Sprache, sondern stellt die hellenisierte Version einer arabischen Bezeichnung für Ostafrika dar. Es gibt keinen Beleg dafür, daß er vor den frühen sechziger Jahren auf Südafrika angewandt wurde; damals kam ein exiliertes Mitglied des PAC – der Kongreß forschte gerade nach einem neuen Namen, mit dessen Hilfe man bei den Schwarzen ein Gefühl nationaler Identität würde wecken können – auf den Gedanken, von Algier aus an Evelyn Waugh in Somerset zu schreiben und sich zu erkundigen, woher er den Namen des afrikanischen Königreiches in seinem Roman *Black Mischief* habe. Wenn Waugh gewußt hätte, daß er an der Taufe eines nachrevolutionären, von Schwarzen regierten Südafrika beteiligt war, hätte er darin eine Ironie gesehen, die jener, die er sich für sein eigenes Azania ausgemalt hatte, nicht nachstand. Er erwiderte mit nur einem Anflug seiner üblichen Grobheit: »Es ist, wie Sie wissen sollten, der Name eines alten ostafrikanischen Königreiches.«

Prolog zu Azania

Es ist kaum wahrscheinlich, daß die goldhaltigen Adern des Witwatersrand in ihren unterirdischen Tiefen ausgebeutet und erschöpft sein werden, bevor der Republik Südafrika endlich jene papiernen Lösungen ausgegangen sind, die ausschließlich von Weißen entworfen werden, um schwarze Forderungen zu umgehen, abzuwiegeln oder zu entschärfen. Die Erfindung komplizierter, unverständlicher Verfassungsmodelle und die Umgestaltung der Karte Südafrikas, mit deren Hilfe die meisten Weißen vor der Schande und vermeintlichen Bedrohung einer gleichberechtigten Staatsbürgerschaft der Schwarzen bewahrt werden sollen, sind eigenständige wirtschaftliche Operationen, mit ihren eigenen Regeln von Angebot und Nachfrage. Nach einem Ausbruch schwarzen Widerstandes, der in Akten offizieller Grausamkeit wie der Erschießung gewaltloser Demonstranten in Sharpeville im Jahre 1960 oder von Studenten in Soweto im Jahre 1976 kulminiert, steigt die Produktion von Plänen und Karten schlagartig an. Für eine kurze Zeit scheinen sich bedeutende Teile der weißen Machtelite dafür zu wappnen, das zentrale Problem schwarzer politischer Rechte in Angriff zu nehmen. Aber dann ersetzen sie, wie ein Turmspringer, der plötzlich die Nerven verliert, den erforderlichen dreifachen Salto rückwärts durch eine einfache Hechtbeuge. Nicht jetzt, sondern später, sagen sie; vielleicht in einer weiteren Generation. Es ist das, was sie seit 1908 gesagt haben, als das imperiale Großbritannien seinen vier südafrikanischen Kolonien – Kap, Natal, Transvaal, Oranje-Freistaat – gestattete, eine Verfassung zu entwerfen, die die Mitgliedschaft in einem neuen nationalen Parlament auf Personen von »europäischer Abkunft« beschränkte und in allen Provinzen außer dem Kap selbst gebildete Afrikaner von der Stimmabgabe ausschloß. »Ich habe völlige Sympathie für die eingeborenen Rassen Südafrikas«, behauptete Jan Christiaan Smuts im Jahre 1906,

»aber ich halte nichts davon, daß sie sich politisch betätigen.« Smuts war seinen burischen Stammesgenossen um mehrere Generationen voraus, denn er räumte zumindest ein, daß es ein Problem gab.

Er fuhr fort, wobei er mit einem metaphysischen Seufzer tief ausatmete: »Vielleicht halte ich im Grunde überhaupt nichts davon, die Politik als Mittel zur Erreichung höherer Ziele einzusetzen.« Von einer kosmischen Perspektive her war die Frage tatsächlich recht trivial; die Schwierigkeit war, wie Smuts wußte, daß sie nicht verschwinden würde. »Wenn ich die Zukunft der Eingeborenen in Südafrika betrachte, muß ich sagen, daß ich in Schatten und Dunkelheit blicke«, gab er zu, »und dann bin ich geneigt, die unerträgliche Last der Lösung dieses sphinxhaften Problems auf die breiteren Schultern und stärkeren Hirne der Zukunft zu verlagern.«

Und dort ist sie geblieben. In einem Interview mit mir erklärte der einstige erbitterte Gegner und heutige durchaus geistesverwandte Nachfolger von Jan Smuts, Pieter Willem Botha: »Keine Generation kann sagen, daß die nächste Generation nicht weitere Schritte gehen wird. Ein Land und sein Volk sind lebende Organismen, und solange es Leben gibt, muß es Bewegung geben.« Bewegung im Kreise: Die unerträgliche Last des »sphinxhaften Problems« wird immer noch auf die breiteren Schultern und stärkeren Hirne der Zukunft verlagert. Man darf risikolos voraussagen, daß sie dort ruhen wird, bis die Sphinx dem Land ihre eigene Antwort auf xhosa oder zulu oder in einer der volkstümlichen Sprachkombinationen der Townships auferlegt. Wie lange das auch dauern mag, die vermeintlichen »Modernisierer« der weißen Elite werden weiterhin Entwürfe und auf den neuesten Stand gebrachte Teilungspläne aus ihren Denkfabriken und Universitäten hervorbringen, als sei ihr bisheriges Unvermögen, die Zustimmung der Schwarzen zu finden, auf einen Mangel an Erfindungsgabe zurückzuführen, den Zeit und Ausdauer beheben könnten.

Doch die Zustimmung der Schwarzen hat in ihren Plänen keinen wirklichen Platz, keine Funktion. Hin und wieder beklagen weiße Gelehrte den Mangel an schwarzen Führern, womit sie schwarze Führer meinen, die Interesse an ihren Plänen zeigen. Schwarze Führer mit eigenen Plänen – wie die, die sich gegenwärtig im Gefängnis oder

Exil befinden – können nicht ohne weiteres in ihre Kalkulationen einbezogen werden. Die weißen Planer wissen, daß die Zustimmung solcher Führer nicht zu erlangen ist, weil sie vorher in den meisten der wichtigen Streitpunkte Zugeständnisse machen müßten: gemeinsame Staatsbürgerschaft, offene Schulen, Einstellung der Umsiedlungen, Aufhebung der Paßgesetze und aller Rassenstatute. Diese schwarzen Grundbedingungen sind weit davon entfernt, die Verteilung der politischen Macht oder die wirtschaftlichen Verhältnisse einer Gesellschaft anzutasten, in der die fünfzehn Prozent Weißen sechzig Prozent des gesamten Einkommens vereinnahmen, doch sie werden von allen Weißen – bis auf eine winzige liberale Minderheit – als zu radikal verworfen. Zugeständnisse in diesen Punkten würden bedeuten, daß die Weißen ihre Vorherrschaft – das Gefühl der Kontrolle, das ihren Lebensstil prägt – aufgeben müßten. (»Kann ein weißer Mann, der Veränderungen will, wirklich ganz bei Trost sein?« fragt eine von Nadine Gordimers Personen sarkastisch in *The Late Bourgeois World.)* So stehen die schwarzen Grundbedingungen in ihrer Einfachheit, in ihrer sachlichen Rechtschaffenheit den selbstbetrügerischen Finessen der weißen Modelle und Karten gegenüber, die wie militärische Einsatzpläne, deren Bestandteil sie eigentlich sind, in behördlichen und akademischen Regalen verstauben.

Es ist ein strategischer Vorrat von Lösungen, der im Notfall aktiviert werden kann. Wenn die festgelegte Speisenfolge nicht zusagt, dann gibt es, wie versichert wird, immer noch viele Auswahlmöglichkeiten à la carte für jene, die die schwarze Herrschaft nicht vertragen. Den verschiedenen Modellen zufolge, die man als akademische Versuchsballons hat aufsteigen lassen, vollzieht sich der Übergang zu dem, was man Konsens nennt, in zwei oder sechs Etappen, die zu einer oder zu drei, vier oder sechs Regierungen führen. Das Land kann in zwei, drei, fünf, sechs, zehn, zwölf, dreizehn oder achtzehn Teile zerlegt werden. Diese Teile können getrennt bleiben oder zu einer Föderation oder Konföderation, einer Konstellation oder einem gemeinsamen Markt, einem Commonwealth oder einem Kondominium zusammengefügt werden; oder möglicherweise auch zu einer Konföderation zwischen einem von Weißen regierten Bundesstaat und einer schwarzen Föderation oder zu irgendeiner beliebigen Kombination der genannten Begriffe. Das letzte nigerianische Bundessystem ist eines der Vorbilder, das Schweizer Kantonalsystem ein anderes. Wenn eine solche »Machtverteilung« einen »territorialen Pluralismus« oder eine »Rassenföderation« hervorgebracht hat, können der entstehende Staat oder die entstehenden Staaten von einem konsoziationalen, interparlamentarischen oder konföderativen Rat regiert werden, in dem verschiedene Gemeinschaften oder Staaten ihr Veto ausüben oder nicht ausüben können. Es kann eine föderative, eine »demotomische« oder eine radikale Teilung geben. Professor Gavin Maasdorp schlug eine chirurgische Lösung vor, die das gegenwärtige Südafrika in zwei Staaten, Kapland und Capricornia, zerschneiden würde. In Kapland – das den größten Teil des Südens und Westens des Landes erhalten sollte – würde es, wenigstens anfangs, etwas mehr Weiße als Schwarze geben, doch die Weißen würden trotzdem weniger als dreißig Prozent der Bevölkerung ausmachen, die Mischlinge würden dominieren. Zudem würde mehr als die Hälfte der Weißen in dem überwiegend schwarzen Capricornia zurückbleiben, das den Großteil der Industrie, die meisten Bergwerke und die in Johannesburg konzentrierten finanziellen Mittel erhielte.

Das Problem von Johannesburg – wie es zu zerlegen, zu verteilen oder abzutrennen sei – überfordert letzten Endes die meisten Kartenhersteller, die versuchen, eine auf Teilung basierende Lösung zu entwerfen. Es ist das unheilige Jerusalem, das niemand aufgeben kann – nicht wegen seiner Geschichte oder seiner Heiligen, sondern wegen seines Reichtums. Schon jetzt stellen Schwarze mehr als sechzig Prozent der 2,8 Millionen Bewohner von Groß-Johannesburg. Die Beschränkung des schwarzen Bevölkerungsanteils auf dieses Niveau verlangt mehr als 120000 Verhaftungen aufgrund der Paßgesetze pro Jahr und im Umkreis von etwa sechzig Kilometern um das Stadtzentrum – 120000 Verhaftungen, damit die Weißen, die weniger als ein Drittel der Stadtbewohner stellen, sich weiterhin behaglich einbilden können, in einem »weißen Gebiet« zu leben. Diese Weißen machen mehr als zwanzig Prozent *aller* südafrikanischen Weißen aus.

Überhaupt leben rund vierzig Prozent aller weißen Südafrikaner in einem Radius von achtzig Kilometern um Johannesburg, in der Industriezone, deren Kern die Stadt bildet. Die meisten Planer erwägen nicht, sie durch eine radikale Teilung, wie das Kapland-Capricornia-Modell, im Stich zu lassen, sondern suchen nach Kunstgriffen, um das gegenwärtige Rassenschachbrett für die meisten Schwarzen annehmbar zu machen, ohne unter den meisten Weißen Panik zu verbreiten. In ihren Vorlagen sind sogenannte »offene Gebiete« oder »graue Gebiete« oder multirassische Zonen zwischen schwarze Ghettos und getrennte weiße Gebiete eingefügt. In den getrennten Gebieten, so die Theorie, würden verschiedene Gruppen »kommunale Autonomie« genießen. Die örtliche Verwaltung könnte dann außerhalb der offenen Gebiete getrennt, doch auf regionaler Ebene multirassisch gestaltet werden. Die Planer bemühen sich also um eine Situation, die der durch Bürgerkrieg entstandenen in Belfast oder Beirut gliche. Wenn bis dahin nicht zu viele Bomben gelegt werden, könnte man dies in Südafrika als Fortschritt interpretieren.

Von innen her betrachtet, scheint das Rätsel fast unmöglich zu lösen, ohne Brände zu entfachen, die außer Kontrolle geraten würden. Wenn es schon im Keller schwelt, sehen aufgeklärte Weiße die Lösung darin, das Gebäude zu renovieren und vielleicht einen weiteren Flügel oder ein neues Stockwerk an das Haus der Apartheid anzubauen. Ich fragte ein nachdenkliches Mitglied der Regierungspartei in der weißen Kammer des Parlaments, wie lange es dauern werde, den Grundkonflikt zu lösen und ein Regime zu errichten, das die meisten Weißen und die meisten Schwarzen akzeptieren könnten. »Vier, fünf oder sechs Jahrzehnte«, erwiderte der Politiker. Er war relativ jung, doch er gab im wesentlichen die gleiche Antwort wie Jan Smuts im Jahre 1906; im Grunde sagte er: »Nicht zu meinen Lebzeiten.« Vier, fünf oder sechs Jahrzehnte bedeutete 2023, 2033 oder 2043. Der weiße Bevölkerungsanteil, der zu Beginn dieses Jahrhunderts mehr als zwanzig Prozent betrug, dürfte am frühesten dieser Daten vermutlich nicht mehr als zehn Prozent ausmachen. Einer vorsichtigen demographischen Projektion zufolge wird die schwarze Bevölkerung bis dahin wahrscheinlich 46 Millionen, doppelt soviel wie heute, erreicht haben. Unter Zugrundelegung anderer Annahmen hinsichtlich der Geburtenraten meinen einige Demographen sogar, daß die schwarze Bevölkerung bis dahin 55 Millionen umfassen könnte. Bis zum Jahre 2053 werde sie irgendwo zwischen sechzig und hundert Millionen liegen; die Zahl der Weißen dürfte dann kaum sieben Millionen übersteigen, wenn die Geburtenrate unverändert bleibt und die Einwanderung anhält. Wenn sich keine dieser beiden Annahmen erfüllt, könnte ihre Zahl so niedrig sein wie heute oder sogar niedriger.

Diese Hochrechnungen erklären, weshalb die Buren bestrebt sind, mit Mischlingen (von denen die meisten wenigstens afrikaans sprechen) und Indern (die traditionsgemäß von ihnen als Ausländer betrachtet wurden) Bündnisse über die Farbgrenze hinweg zu schmieden. Man beabsichtigt, die Rassengrenze von Weiß gegen Nichtweiß in Richtung Schwarz gegen »Nichtschwarz« zu verschieben – letzterer Begriff wurde sogar in die neueste offizielle Studie *Demographische Trends in Südafrika* eingeführt. Die Absurdität, durch das definiert zu werden, was man nicht ist – ein Zustand, den nichtweiße Südafrikaner kennen –, soll nun von den Weißen selbst hingenommen werden, doch nur zum Zwecke der Verschleierung, denn das Bevölkerungsmeldegesetz und der Group Areas Act werden weiterhin in Kraft bleiben.

Diese ideologische Anpassung spiegelt sowohl Schlauheit als auch Uneigennützigkeit wider, allerdings ist es schwer vorstellbar, wie die Zitadelle der Macht für Mischlinge einen Spalt geöffnet werden und für Schwarze geschlossen bleiben soll, oder – falls dies doch möglich ist, falls sechs oder sieben Millionen Weiße immer noch in der Lage sein werden, daß Maß an Vorherrschaft über 46 oder 60 oder 100 Millionen Schwarze auszuüben, das heute von 4,7 Millionen Weißen über 23 Millionen Schwarze ausgeübt wird – wie die Apartheidstruktur und die heutige Bodenverteilung unter dem Druck solcher Zahlen bestehen sollen. Weiße Verfassungstheoretiker nennen dies das »Zahlenproblem«, denn es gilt für Gelehrte heute als unfein, vom Schwarzenproblem zu sprechen. Es ist eine neue Bezeichnung für Smuts altes »sphinxhaftes Problem«, für die Frage der schwarzen Rechte und ihrer Verträglichkeit mit der weißen Macht. Diese Frage kann jeder Schwarze, der auch nur ein Mindestmaß an Selbstachtung besitzt, nur als einen Aspekt der weißen Pathologie betrachten – ganz gleich, wie konservativ er in seinen politischen oder sozialen Vorstellungen auch sein mag. Aber die meisten Weißen sind nicht fähig, sich einem Weißenproblem zu stellen, denn in ihrer ständigen Selbstüberschätzung sehen sie ein solches Problem überhaupt nicht.

Tatsächlich ist es heute üblich, daß weiße Kabinettsangehörige eine Litanei der durchgreifenden demographischen Veränderungen herunterleiern, die das Land in den kommenden Jahrzehnten zu gewärtigen hat – die gewaltige Zunahme der schwarzen Bevölkerung, die steigende Nachfrage nach Arbeitsplätzen, das Tempo der Urbanisierung –, um damit für eine Fortsetzung der weißen Herrschaft zu argumentieren. Ein Land, dem solche Umwälzungen bevorstehen, würde, so behauptet man, mit weniger erfahrenen Händen am Ruder rasch untergehen. Südafrika mit all seinen Rohstoffquellen und seiner Produktionskapazität würde unter schwarzer Herrschaft wieder in den afrikanischen Busch zurückkehren, wenn die Russen es nicht vorher verschlängen. Der Beweis dafür, daß die Regierungsunfähigkeit der Schwarzen ein kulturelles Merkmal ist, wird im übrigen Afrika oder, näher bei der Hand, in den Homelands gefunden. Daraus folgt, wie der Verkehrsminister, ein liebenswürdiger Frömmler namens Hendrik Schoeman, es taktlos ausdrückte: »In diesem Land müssen vier Millionen Weiße für 25 Millionen Menschen denken und planen. Es geht darum, die Minderheit zu schützen, die über die geistige Potenz verfügt.« Südafrika darf reformiert werden, aber die Reformen müssen von der Spitze ausgehen und nur auf Initiative derjenigen hin, die über geistige Potenz verfügen. Die Weißen repräsentieren Ordnung, die Schwarzen Chaos. Es gibt viele in Südafrika, die sich einbilden, etwas Neues und Dringliches zu sagen, seit sie gelernt haben, diesen Gedanken im modischen Managerjargon auszudrücken, während sie in Wirklichkeit nur ihr eigenes Stammesethos, ihren primitivsten Singsang hinausposaunen.

Edward Crankshaw kommentiert in seiner Darstellung von Verfall und Untergang der Zarenautokratie: »Die revolutionäre Bewegung wurde genau in dem Moment geboren, als loyale Reformer Wirkung auf das System auszuüben begannen.« Hat diese Aussage irgendeine Bedeutung für das heutige Südafrika? Wenn man die überwältigende Realität der weißen Macht berücksichtigt, fällt es schwer, sich so etwas vorzustellen; doch wenn man die unerbittliche Realität der schwarzen Bevölkerungszahl berücksichtigt, fällt es gleichermaßen schwer, sich etwas anderes vorzustellen. Die Analogie zum Rußland des neunzehnten Jahrhunderts bietet sich auf verschiedenen Ebenen an: Die paradoxe Mischung aus Verachtung für den Westen und sklavischer Nachahmung, die die dortige Aristokratie kennzeichnete, ist auch für die Rassenoligarchie typisch; die Formen von revolutionärem Idealismus und revolutionärer Gewalt, von literarischer Ausdrucksfähigkeit und bußfertiger Selbstaufopferung seitens der Kinder der Elite – sie alle haben auffällige Entsprechungen.

Aber die Analogie hat offensichtliche Grenzen. Die rassische und ethnische Feindschaft geht tiefer als jede Kluft zwischen Klassen, was zu erklären hilft, weshalb die Minister des Zaren entschlossenere Reformer waren als die heutigen burischen Machthaber. Sie brachten zumindest die Energie auf, die Leibeigenschaft abzuschaffen, während die Rassenoligarchie Südafrikas sich mit der Beseitigung der Paßgesetze erst noch ernstlich zu beschäftigen hat – eine Reform, die gleichermaßen weitreichend sein könnte. In genau dem Moment, als loyale Reformer versuchten, Wirkung auf das südafrikanische System auszuüben, besuchte ich Potchefstroom, erste Burenhauptstadt in Transvaal und jetziger Sitz einer afrikaanssprachigen Universität, die immer noch Gesellschaftstänze verbietet. Gerade hatte auf dem Campus das Drama *Drie Susters (Drei Schwestern)* von »A. Tsjechof« die letzte einer Reihe von Vorstellungen erlebt. Es schien, daß auch andere nach Analogien suchten.

Mein Besuch fiel zufällig mit dem Referendum zusammen, bei dem weiße Wähler über Bothas Verfassungsvorschlag abstimmten, Südafrika seine erste nichtschwarze Regierung zu geben, die nicht ausschließlich weiß sein würde. In Potchefstroom war das politische Ringen eine rein burische Angelegenheit gewesen, ein *broedertwis* (»Bruderzwist«) zwischen denen, die den Ministerpräsidenten unterstützten, obwohl sie nicht genau verstanden, wohin er sie führte, und denen, die ihn und seinen Plan von rechtsaußen angriffen, weil er einer »gemischten Regierung« die Tür öffne. Das Oppositionsplakat, das die Fassade des Rathauses von Potchefstroom verzierte, enthielt eine unverhohlene Warnung. *»'n Bont Regering«* (»Eine bunte Regierung«) höhnte es.

Die Organisatoren der Regierungspartei, die steif und ein wenig nervös wirkten, versuchten mit nur begrenztem Erfolg, Wähler außerhalb des Gebäudes in Gespräche zu verwickeln. Ihre Gegner waren ausgelassen, manchmal fast rowdyhaft; sie wußten, daß sie wahrscheinlich verlieren würden, aber sie stemmten sich gegen den Parteiapparat an und sprachen letztlich nur das laut aus, was die meisten Buren von Kind auf zu glauben gelernt hatten. In sicherer Entfernung, vor einer Tankstelle auf der anderen Straßenseite, standen Schwarze in kleinen Gruppen beisammen, schauten herüber, nickten sich zu und machten gelegentliche Bemerkungen auf tswana; ab und zu lachten sie. Jene Nichtschwarzen, die die angeblichen Nutznießer der angeblichen Reform waren, die Mischlinge und Inder, schienen sich außer Sichtweite zu halten, so daß weder Schwarze noch Weiße ihre Mienen mustern und Anhaltspunkte für ihre wahren Gefühle gewinnen konnten.

Es gab vier Potchefstrooms. Ich verließ das weiße Städtchen und machte mich auf die Suche nach den drei anderen. Ich fand sie, indem ich einem schwarzen Bus folgte, der in westlicher Richtung aus der Stadt herausfuhr, an einer Kreuzung nach links abbog und ein kleines Industriegebiet erreichte, das von einer Düngemittelfabrik beherrscht wurde. Ich fuhr weiter und stieß, unmittelbar am Ende des Industriegebiets, auf einen Maschendrahtzaun und ein Stuckgebilde, das wie eine Zollstation oder ein Fabriktor aussah. An seiner Vorderseite war ein großes Halteschild angebracht. Dies war der Eingang von Ikageng, der schwarzen Township; sie war, nach menschlichen Begriffen, das größte der vier Potchefstrooms. Da ich keinen Passierschein besaß, versuchte ich nicht, durch das Tor zu fahren, sondern folgte dem Umgrenzungszaun auf einer Straße, die sich um einen gewaltigen Lehmdamm wand. Dahinter erhob sich der Abfall aus der Düngemittelfabrik wie eine physische Schranke zwischen der schwarzen Township und den beiden übrigen Potchefstrooms, einem von Indern und einem von Mischlingen bewohnten.

An einer Gabelung hatte ich die Wahl, links nach Mohadin oder rechts nach Promosa abzubiegen. Zwischen diesen beiden getrennten Townships lag ein Teich, ein weiteres Hindernis, ein Burggraben, der gemischtrassige Nichtschwarze vom unangemessenen Umgang mit indischen Nichtschwarzen abhielt. Ich wandte mich nach links, nach Mohadin, der winzigen indischen Enklave, gekennzeichnet durch ihre Moschee und ein halbes Dutzend größere Häuser für die Sippen wohlhabender Kaufleute; sie überragten die typischen Township-Streichholzschachteln auf ihren winzigen Parzellen. Da es so wenig davon gab, war der Boden in praktisch jeder indischen Township des Landes überaus kostbar, teurer als ähnliche Grundstücke in den benachbarten weißen Vorstadtsiedlungen, wo man gewöhnlich Platz im Überfluß hatte. Das paradoxe, leicht gespenstische Ergebnis war, daß wohlhabende Inder, wie wohlhabende Mischlinge und Schwarze, nicht umhin konnten, ein gewisses Interesse an der Apartheid zu haben, denn ihre widersinnigen Ghettopaläste würden an dem Tag, an dem es ihnen freistünde, in eine andere Gegend zu ziehen, schlagartig an Wert verlieren. Promosa, die Mischlingstownship, in die mich meine Rundreise weiterführte, bevor ich die verschiedenen Rassengrenzen bei der Rückkehr in das weiße Potchefstroom von neuem überquerte, war etwas größer und etwas ärmer, eher ein Lager – das sterile Ergebnis weißer Rassenplanung, ein kläglicher Anblick.

Dieser kurze, oberflächliche Abstecher stellte meine Perspektive wieder her. Ich überlegte, wie viele der weißen nichtschwarzen Wähler je um den Lehmdamm gefahren sein und Mohadin und Promosa tatsächlich zu Gesicht bekommen haben mochten. Bürokraten, Polizisten und vielleicht ein paar Elektriker oder andere Handwerker dürften sich dorthin verirrt haben, aber da diese Orte nicht an einer Route lagen, die Weiße normalerweise einschlugen, schien meine Vermutung begründet, daß mehr als achtzig Prozent der Wähler dieser kleinen Stadt die Enklaven, in denen ihre angeblichen neuen Verbündeten auf ihre Entscheidung warteten, nie gesehen hatten. Zwar hatte man die braunen Nichtschwarzen eingeladen, sich mit den weißen Nichtschwarzen zusammenzuschließen, aber sie würden weiterhin außerhalb des Blickfeldes, voneinander und von allen übrigen getrennt, auf der falschen Seite des Lehmdammes wohnen.

Worüber stritten die Weißen sich also? Nur über den Zeitpunkt des weißen Rückzugs, wie es schien. Die Rechten, die mir ehrlicher und weniger berechnend als die Anhänger des Ministerpräsidenten vorkamen, meinten, daß dieser das »Laager« (Wagenburg) eher öffne als nötig. Seine Gefolgsleute akzeptierten dagegen die Erklärung, daß er nur versuche, es zu vergrößern. Vielleicht entsannen sich einige von ihnen der historischen Tatsache, daß die Weißen im Innern des Zirkels selten in der Mehrheit waren, wenn die Trekker ihre Wagen zum Schutz gegen das drohende Afrika im Kreis aufstellten.

Während ich im *broedertwis* von Potchefstroom von einer Seite zur anderen wechselte, wurde ich Zeuge von boshaften Anspielungen darauf, daß die Loyalität, die die jeweils andere Seite dem Land entgegenbringe, zu wünschen übriglasse. Nach insgesamt fast vier Jahren in Südafrika hörte ich zum erstenmal, daß Buren offen über die Möglichkeit der Emigration sprachen.

»Wir haben ihnen gedroht, daß wir dieses Land so zurücklassen würden, wie wir es im Jahre 1890 vorfanden«, sagte mir Cornelius Hoffman, genannt Kas, bei meinem ersten Besuch auf seiner Farm außerhalb von Enkeldoorn, der einzigen überwiegend afrikaanssprachigen Gemeinde im alten Rhodesien, das gerade für immer verschwunden war. Das kompromißlose Versprechen eines Rückzugs der verbrannten Erde über die Hochsteppe bis hinter den Limpopo war nun etwas peinlich für diejenigen, die wie Kas zurückgeblieben waren und weiterhin bleiben wollten. »Ach«, sagte er mit einem hilflosen Schulterzucken und einem Lachen, »wir sind jetzt Simbabwer, aber was bedeutet schon ein Name? Wir dachten, daß es uns umbringen würde, Simbabwer zu werden.«

Ich befand mich auf der Rückseite des Spiegels, am anderen Ende meines journalistischen Reviers. Wenn die Behörden hier vor einer dunklen Verschwörung gegen die schwer errungene Freiheit der Nation warnten, meinten sie nicht Schwarze, Marxisten und Moskau, sondern Weiße, Rassisten und Pretoria. Je nach Standpunkt, der sich im südlichen Afrika normalerweise von der Hautfarbe ableiten läßt, war Simbabwe entweder der klaffende Abgrund, auf den Südafrika zuschlitterte, oder die himmlische Erfüllung am Ende eines langen und beschwerlichen Aufstiegs. Wie auch immer, vom Süden des Limpopo her betrachtet, konnte Simbabwe niemals nur ein relativ kleines Land sein, das nach einer Ära der weißen Vorherrschaft, die weniger als ein Jahrhundert gedauert hatte und in einem unheilvollen Buschkrieg kulminiert war, seine eigene schwierige Übergangsperiode stolpernd oder schlingernd bewältigte. Nach südafrikanischer Vorstellung besaß Simbabwe nur eine einzige Realität, nämlich die eines Symbols der – schwarzen oder weißen – Zukunft Südafrikas, genauso wie Südafrika – spiegelbildlich, das heißt von nördlich des Limpopo aus gesehen – nur als Symbol der Vergangenheit von Simbabwe gesehen werden konnte.

Cornelius Hoffman war ein ungeschlachter, überlebensgroßer Anachronismus, nicht nur in dem von Schwarzen regierten Simbabwe, sondern auch in der gesamten Region und in der gesamten Ära, die er durchlebt hatte. Seiner Erscheinung wie seinem Denken nach hätte er zu Recht als der letzte überlebende *voortrekker* bezeichnet werden können, denn er trug den ungestutzten Vollbart der Burenpioniere, von denen er direkt abstammte. Sein Urgroßvater, Josias Hoffman, war der erste Präsident des Oranje-Freistaates gewesen, als dieser in der Mitte des neunzehnten Jahrhunderts seine republikanische Unabhängigkeit proklamierte. Sein Vater war auf eine Zeitungsannonce von Cecil Rhodes hin nach Zentralafrika gezogen; Rhodes belohnte ihn mit sechstausend Morgen Land bei Enkeldoorn. Dort brachte er im Jahre 1895 seine erste Ernte ein und ritt im nächsten Jahr davon, um bei der Niederschlagung einer Rebellion in Mashonaland zu helfen. Im Jahre 1947, als König Georg VI. die autonome Kolonie besuchte, wurde der alte Bure vor den Monarchen geladen, um ihm den Orden zu zeigen, den er für seine Teilnahme am Mashonaland-Feldzug erhalten hatte.

Auf das Bild des alten Buren, der seinen Orden vor seinem Souverän zur Schau trägt, wies mich der Sohn bei jedem Besuch mit seinem fleischigen Zeigefinger hin; es half mir, die Zeitverzerrung zu verstehen, in der er aufgewachsen war. Der Vater war dem Burenkrieg, der Sohn dessen bitterem Vermächtnis entgangen, was den weißen Stammesgefühlen, die er zum Ausdruck brachte, ihre starre, unverfälschte Eigenart verlieh – eine scheinbare Unschuld, nicht ohne Charme, die verständlich machte, weshalb erfahrenere, zynische englischsprachige Kolonisten in die Gewohnheit verfielen, die Buren als kindlich zu beschreiben.

Ich möchte Kas Hoffman voller Respekt als einen primitiven – im Sinne von authentisch oder unverfälscht – Buren und auch als ein recht unzweideutiges Symbol der Hoffnung darstellen. Denn wie die Verhaltenspsychologen uns immer wieder erklären, fällt es Individuen leichter, ihr Benehmen als ihre Ansichten zu ändern. Dieser individuelle Bure war so in seinem Stückchen Afrika verwurzelt, daß er ein Simbabwer bleiben konnte, auch nachdem viele seiner weißen Nachbarn über den Limpopo geflüchtet waren. Er hatte keine göttliche Erscheinung, keine blind machende Bekehrung oder Reue erlebt, aber er hatte sich angepaßt, wobei er sich auf dieselbe Sturheit und dieselben Werte stützte, die ihn an die extreme Rechte des politischen Spektrums im weißen Rhodesien geführt hatten. Eine Auswanderung war für ihn unvorstellbar, selbst unter Umständen, die während der ersten dreiundfünfzig Jahre seines Lebens unvorstellbar gewesen waren, bevor die Drohung der schwarzen Herrschaft zu einer überraschenden, von ihm, was noch überraschender war, letztlich akzeptierten Realität wurde.

Dies war kein uneingeschränkt glücklicher Ausgang voll egalitärer Harmonie, wie er einem jener finsteren Revolutionsmärchen von der »Umerziehung« angemessen wäre, in denen man dem überkommenen Ausbeuter beibringt, seine eigene Verruchtheit zu erkennen. Aber er gab mir den Gedanken ein, daß das Ende in Südafrika, wie es auch kommen mochte, nicht apokalyptisch zu sein brauchte; daß es, wenn ein Azania entstehen sollte, viele Tausende weißer afrikaanssprachiger Azanier geben würde, die in der Lage wären, ihren Weg zu finden, um ein Erbe, das den Tod immer für ein gnädigeres Schicksal gehalten hatte, neu zu interpretieren und dadurch zu bewahren. Auch kam mir der Gedanke, daß die Menschen, denen eine solche Anpassung gelänge, nicht unbedingt mit jenen identisch sein würden, die sich heute als »aufgeklärt« aufspielen und für sich allein die Verantwortung dafür beanspruchen, wie die Gesellschaft umgewandelt werden sollte.

Es fiel Kas schwer, sich mit Robert Mugabe abzufinden, aber nicht so schwer wie der Gedanke, das Land, das seine Familie seit fast neun Jahrzehnten bewirtschaftet hatte, zu verlassen. Er zweifelte im Grunde nie daran, daß er bleiben würde oder daß Südafrika einfach nicht sein Land war, aber er benötigte ein neues Begriffssystem, um sich selbst und anderen dieses Gefühl zu erklären. Er erhielt es von seinem Pfarrer, einem jungen Südafrikaner aus Natal namens Johan Wasserman, der kurz vor Mugabes Wahlsieg an die niederländisch-reformierte Kirche in Enkeldoorn berufen worden war. Nachdem die Wahlergebnisse verkündet worden waren, reagierte der Pfarrer in einer Predigt auf die Bestürzung und Verlassenheit der in Enkeldoorn zurückgebliebenen Buren, die, wohl zum erstenmal, meinten, daß ihre Gebete zurückgewiesen worden seien. Er wies darauf hin, daß sogar Gott der Allmächtige Schwierigkeiten gehabt haben könnte, diese Gebete zu beantworten, denn sie hätten einen absoluten Widerspruch enthalten. Einerseits hätten die Buren um Frieden gebetet, andererseits hätten sie den Herrn angefleht, ihnen die Niederlage Robert Mugabes zu bescheren. Doch jeder wisse, sagte der Geistliche, daß die Niederlage der Guerillafraktionen bei der Wahl wahrscheinlich erneuten Krieg ausgelöst hätte. Sie hätten seit Jahren um Frieden, doch erst seit fünf oder sechs Monaten um Mugabes Niederlage gebetet. Wenn sie darüber nachdächten, würden sie einsehen, daß Gott ihre Gebete abgewägt und schließlich ihr tiefstes, am längsten bestehendes Bedürfnis erfüllt habe: Er habe sie mit Frieden gesegnet.

Danach war Kas Hoffman in der Lage, die Angelegenheit einen Schritt weiterzuführen. Die schwarze Regierung müsse als Wille Gottes anerkannt werden. »Als solchen respektiere ich sie«, sagte er. Es war eine verblüffende Entdeckung, und sie ließ ihn darüber nachsinnen, was ihm wohl sonst noch bevorstehe. Er war immer noch nicht fähig zu glauben, daß sein Leben unter dem »Kommunismus« dem göttlichen Willen entsprechen könnte. Vielleicht würde Gott ihm doch noch ein Zeichen geben, das ihn als mittellosen Flüchtling fortziehen lassen würde. »Mein ganzes Leben liegt in seiner Hand, aber im Moment gibt es nicht das geringste Zeichen. Ich bete nur dafür, daß der Geist herabkommt, diese Führer beeinflußt, sie vom Kommunismus abkehrt und zu Christen macht.«

Wie könnten sich die Buren, bevor dies zweifelsfrei geschehe, dem Gefühl hingeben, die Mission, derentwegen sie nach Afrika gerufen worden waren, erfüllt zu haben? Mit dieser Frage paßte er das traditionelle Geschichtsbild seines Volkes seinen neuen Umständen an; aber die Tradition ließ sich noch weiter anpassen, denn wenn Gott nun eine schwarze Regierung für sein Volk vorzog, mußte dies doch ein klarer Beweis dafür sein, daß er es für seine Halsstarrigkeit bestrafte. Und wenn das zutraf, wer hätte dann eher eine Strafe verdient als die Weißen Südafrikas? »Sie sind so eigensüchtig«, sagte Kas mit einer Schärfe, die ich nicht erwartet hatte, »sie verlassen sich nicht mehr auf Gott den Allmächtigen. Alles ist ihre eigene Schöpfung. Sie sind so eigensüchtig, sie sind nur an sich selbst interessiert. Sie kümmern sich nicht um ihren nächsten Nachbarn. Ich glaube nicht, daß ich dort einen Platz für mich finden würde. Ich würde mich einfach nicht wohlfühlen.«

Nebenbei, wenn Gott immer noch beabsichtigte, das weiße Südafrika für seinen Hochmut zu bestrafen, dann wäre es unsinnig für Kas und seine Familie, sich dem Exodus anzuschließen, als hielten sie Südafrika für das Gelobte Land. Das wäre nichts anderes, als bete man für eine neue Plage. Er erklärte seinen Standpunkt einem Neffen, der gekommen war, um seine Mutter, Kas' Schwester, abzuholen und in eine, wie er glaubte, sichere Zuflucht jenseits des Limpopo mitzunehmen. »Ihr sitzt auf einer Zeitbombe«, sagte Kas zu ihm. »Wenn das Ding explodiert, werdet ihr nicht wissen, wie euch geschieht.« Wenigstens zum gegenwärtigen Zeitpunkt schien die calvinistische Überzeugung, daß Erlösung und göttlicher Wille sich in den materiellen Umständen der Gläubigen ausdrücken, durch Kas' eigenes Leben bestätigt zu werden. In Simbabwe hatte er seine Farm, und sie vergrößerte sich rasch durch erstklassiges Weideland, gekauft von ausgewanderten Nachbarn, die nun in engen Wohnungen in Durban und Port Elizabeth hausten und von der Wohltätigkeit ihrer Verwandten abhingen.

Es mutete ihn seltsam an, wie er zugab, daß sein Gefühl für seinen Platz in der göttlichen Ordnung so leicht wiederhergestellt worden war. »Es hat eine absolute Revolution gegeben, aber ich kann sie nicht erkennen. Ich kann sie nicht fühlen«, sagte er. Die meisten Dinge hätten sich nicht verändert. Es gebe, um das offensichtlichste Beispiel zu nehmen, immer noch das ewige Problem der Schwarzen. Zwar sei er von Mugabe beeindruckt gewesen, als der Ministerpräsident vor den weißen Farmern seines Bezirks gesprochen habe, aber die »Boys« auf seiner Farm seien immer noch »Boys«. Sie könnten recht komplizierte Arbeiten erledigen, aber nur jeweils eine zur Zeit, nicht zwei hintereinander, und nur, wenn er sie mit starker Hand anleite. Es war die alte Geschichte, daß man sie, um christlich zu sein, wie die eigenen Kinder behandele, daß man jedoch wisse, was sie seien, und deshalb nicht zuviel erwarte. Während er mir dies bei meinem ersten Besuch geduldig auseinandersetzte, als könne ein Ausländer nicht gleichzeitig seine guten Absichten und die ihm in den Weg gestellten Hindernisse überschauen, unterbrach Cornelius Hoffman sich plötzlich, um ein beunruhigendes Erlebnis in dem neuen Simbabwe zu schildern, das er noch nicht völlig verarbeitet hatte.

Es hatte sich gerade an dem zurückliegenden Wochenende zugetragen. Ein redegewandter Schwarzer, mit lässiger Eleganz gekleidet, sei auf seiner Farm vorgefahren und habe sich als Genosse Noshonga – oder so ähnlich – vorgestellt; es habe sich um den örtlichen Vertreter von Mugabes Partei, bekannt als ZANU, gehandelt. Der Mann habe nicht höflicher sein können, aber er habe eine Bitte geäußert, die er, Cornelius Hoffman, der Sohn eines Pioniers und Urenkel des ersten Präsidenten des Oranje-Freistaates, als entsetzlich und anstößig betrachten mußte: Er habe darum gebeten, mit den Farmarbeitern sprechen zu dürfen. »Sie können sich vorstellen, was ich davon hielt«, meinte Kas mit verhaltener und ernster Stimme. »Wenn es irgendwelche Probleme auf dieser Farm gibt, kann ich selbst mit ihnen fertig werden. Ich brauche keine Hilfe. Wir haben nie geduldet, daß Außenstehende sich mit unseren Boys abgeben.«

»Was haben Sie getan?« fragte ich.

»Er war schließlich von der Partei«, antwortete Kas, und seine

Stimme wurde noch leiser. »Was hätte ich tun können? Ich ließ ihn mit den Arbeitern sprechen.«

Das sollte noch nicht das Ende seiner Demütigung sein. Ein paar Tage später, als er in Enkeldoorn tankte, fuhr der ZANU-Mann an der Tankstelle vor. Natürlich erkannte er Cornelius Hoffman mit seinem Voortrekker-Bart sofort; offenbar freute er sich sogar darüber, Kas als einen progressiven Buren, der alle Forderungen aus Mugabes »Versöhnungspolitik« im neuen Simbabwe bereitwillig akzeptiert hatte, wiederzutreffen. Der ZANU-Mann konnte natürlich nichts von den geheimen Gedanken und dem Gefühl der Scham wissen, das den Farmer überkam, nachdem er bei ihrer ersten Begegnung ohne das geringste Aufbegehren klein beigegeben hatte. Und nun erlebte Kas etwas, was er in seinen dreiundfünfzig Jahren in Enkeldoorn noch nie erlebt hatte, ja sich nicht einmal hätte träumen lassen: Sein neuer Freund von der ZANU, dieser schwarze Mann, kam mit breitem Lächeln und ausgestrecker Hand auf ihn zu.

»Wissen Sie, ich hatte einem Schwarzen noch nie die Hand geschüttelt«, sagte Kas. »Wir gehen überhaupt nicht mit ihnen um.«

»Was haben Sie getan?« fragte ich noch einmal.

Er schlug die Augen nieder, und seine Stimme war praktisch zu einem Flüstern geworden, als er gestand: »Ich schüttelte sie.«

Im folgenden Jahr begegnete ich Cornelius Hoffman zweimal. Beim erstenmal traf ich ihn in Südafrika, am Flugplatz von Port Elizabeth. Hatte Gott ihm doch noch ein rasches Zeichen gegeben, sich dem weißen Exodus aus Simbabwe anzuschließen? Keineswegs, erklärte er feierlich. Er wollte der Beerdigung eines seiner Brüder beiwohnen. Er war so verloren wie immer, wenn er nach Südafrika kam, und strömte vor Dankbarkeit über, als ich ihm anbot, sein Hotel ausfindig zu machen und ihn dort abzusetzen. In der sterilen Leere des neuen Flughafengebäudes am Hendrik F. Verwoerd Airport mit seinen Avis-, Hertz- und National-Mietautoschaltern war dieser weiße Simbabwer eine auffällige Erscheinung, ein afrikanischer Rip Van Winkle, wie aus einem Lesebuch der Grundschule entsprungen. Köpfe wandten sich um, Blicke gingen hin und her; zumindest äußerlich war er in dieser Umgebung fremder als ich.

Das nächste Mal sah ich ihn, als er wieder auf seiner Farm war. Ich machte einen Abstecher dorthin, während ich mit meiner Frau durch Simbabwe fuhr. Kas und seine Frau Corrie schienen sich nun behaglicher zu fühlen. Das Gespräch entwickelte sich so wie die meisten Gespräche mit Weißen zum damaligen Zeitpunkt, als man sich an die neue Ordnung anpaßte, das heißt, es drehte sich bald um die Verschlechterung der Behandlung von Weißen in den Krankenhäusern, die nun nicht mehr nur ihnen vorbehalten waren. Aber ich spürte wenig von der Verachtung und dem Groll, die viele englischsprachige Weiße fast ersticken ließen, wenn sie dieses Thema berührten. Die Hoffmans klangen freundlich und nachsichtig, als sei angesichts der unabänderlichen Tatsache der schwarzen Herrschaft nichts Überraschendes daran, daß die Weißen sich umstellen müßten. Kas selbst fühlte sich nicht beeinträchtigt, aber er brachte Sympathie für die Witwen und Rentnerinnen zum Ausdruck. »Es ist schwer, eine alte burische Frau zu sein«, sagte er.

Ihre Nachsicht hatte wenig mit der Erkenntnis zu tun, daß die Krankenhäuser nun einer viel größeren Gemeinschaft dienten, und sehr viel mit ihren geringen Erwartungen, was Schwarze betraf, die in diesem Gespräch »Afs« (ein abschätziges Siedlerwort für Afrikaner) und »houts« (von *houtkop,* »Holzkopf«) blieben. Doch diese geringen Erwartungen waren mit einer Sympathie gemischt, die nicht gekünstelt war. Viele weiße Farmer hatten aufgehört, ihre Arbeiter in Naturalien zu bezahlen, sobald die Regierung Mugabe einen Mindestlohn festgelegt hatte, aber die Hoffmans versorgten die Familien auf der Farm weiterhin mit Milch. »Es wäre nicht christlich gewesen, sie ihnen nicht mehr zu geben«, sagte Corrie. Dann, um das Argument zu bekräftigen, daß Schwarze einander oft übervorteilten – als sei dies ein charakteristisches kulturelles Merkmal –, erzählte sie von der Drangsal des unglücklichsten Arbeiters auf der Farm, der regelmäßig seinen Lohn, sein Essen und manchmal sogar seine Kleidungsstücke verspielte. »Armer kleiner Af«, kommentierte sie mit ehrlichem Mitgefühl.

Auf einer Kupferplatte an der Wand des Wohnzimmers von Corrie und Kas Hoffmann wurde ihr revidiertes und demütigeres Verständnis von ihrem Platz in Afrika in Form eines Gebetes zum Ausdruck gebracht:

Gib mir die Gelassenheit,
Die Dinge hinzunehmen, die ich nicht ändern kann,
Den Mut, die Dinge zu ändern, die ich ändern kann,
Und die Weisheit, den Unterschied zu erkennen.

Schon bei meinem ersten Besuch auf der Farm der Hoffmans war ich auf den Spruch aufmerksam geworden. Später bemerkte ich, daß er zur Grundausstattung der Souvenirläden von Salisbury, dem späteren Harare, und Bulawayo gehörte; gewöhnlich war die Platte durch ein nach Dürers »Betenden Händen« modelliertes Relief geschmückt. Dann schien mir plötzlich, als begegnete ich dem Gebet fast überall. Nördlich des Limpopo war es gewöhnlich in den Häusern derjenigen zu finden, die Anhänger des gestürzten weißen Regimes gewesen waren; südlich der Grenze tauchte es in den Büros und Behausungen derjenigen auf, die sich gegen die bestehende Rassenordnung wandten. Es war, wie ich erfuhr, eine Abwandlung des »Gelassenheitsgebets«, das Reinhold Niebuhr, der amerikanische Theologe, während des Zweiten Weltkriegs für einen Gottesdienst geschrieben hatte. Schließlich begann ich, über die Orte Buch zu führen, an denen ich es sah. Ich fand es in einer der beliebtesten illegalen Schnapsbuden von Soweto, in Blickweite der Polizeiwache Protea, wo einige der übelsten Verhöre stattgefunden haben. Ich fand es in einer indischen Township – irgendein weißer Beamter hatte die Inspiration gehabt, ihr den Namen Nirwana zu geben – im Hause eines weißen Südafrikaners, der das Land verlassen hatte, um eine junge Frau indischer Herkunft heiraten zu können, und der erst nach fünfzehnjährigem Bemühen die Genehmigung erhalten hatte, mit seiner Familie zurückzukehren. Ich fand es in Manzini in Swasiland, im Haus eines Arztes, der sich erfolglos für eine konstitutionelle Demokratie in dem Königreich eingesetzt hatte. Und ich fand es in einer fast unbekannten Township namens Lenyenye, in der unabhängigen Klinik von Dr. Mamphela

Ramphele, der Mutter von Steve Bikos Kind, die auch die Bewahrerin seines Vermächtnisses ist.

Die Zahl der im Umlauf befindlichen »Gelassenheitsgebete« reichte gewiß nicht annähernd an die Zahl der im Umlauf befindlichen Waffen heran. Aber eingedenk des Ortes, wo ich es zum erstenmal gesehen hatte, nämlich des Heimes eines burischen Simbabwers, wurde ich jedesmal von einem Hoffnungsfunken erfüllt, wenn ich von neuem darauf stieß. Es erinnerte mich daran, daß die meisten Individuen, weiße und schwarze, im Grunde vernünftig sind, daß sie sich über Überkommenes erheben oder sich zumindest an neue Umstände anpassen können, wenn ihnen nichts anderes übrigbleibt, und daß es letztlich das Überkommene und die von ihm geschaffene Situation sind, die man verrückt nennen muß.

Dies half, das tägliche Leben in Südafrika erträglich zu machen, aber es war, langfristig gesehen, kein starker Trost, denn ich akzeptierte auch die Binsenwahrheit, daß Gewalt Gewalt hervorbringt. Die Frage schien mir nicht zu sein, ob es Gewalt in Südafrika geben, sondern ob sie je ein Ende finden werde.

Es gibt eine Menge häßlicher Möglichkeiten für den weiteren Weg des Landes, die dafür sorgen können, daß sich die Katastrophenprophezeiungen der Weißen für den Fall ihres Machtverlustes von selbst erfüllen. Denkbar wäre eine Junta nach südamerikanischem Vorbild, möglicherweise mit einer gemischtrassigen oder schwarzen Galionsfigur, um westliche Unterstützung zu gewinnen. Auch könnte letzten Endes die gesamte Gesellschaft im Inneren zusammenbrechen wie in Nordirland oder im Libanon. Oder, was das schlimmste für die gegenwärtig herrschende Minderheit wäre, die Schwarzen könnten nach dem Wertemodell regieren, das die Weißen geschaffen haben. Es ist auch möglich, sich eine mehr oder weniger offene und stabile Gesellschaft auszumalen, die, nachdem sie das Krebsgeschwür der Rassengesetzgebung entfernt hat, beginnt, die enorme Verheißung des Landes als eines Vorbilds für Afrika und die Welt zu erfüllen. Die heutigen Machthaber haben seit Jahrzehnten von Schwarzen, widerspenstigen Weißen und sich einmischenden auswärtigen »Humanitätsaposteln« von dieser Möglichkeit gehört, und nun tun sie gelegentlich so – um Außenstehenden und sich selbst zu schmeicheln –, als glaubten sie daran. Aber in Wirklichkeit glauben sie natürlich nicht daran, keine Sekunde lang. Deshalb entstand die Apartheid ursprünglich, und deshalb überlebt sie immer noch.

Jenseits aller müßigen Theorien und Szenarien liegt die Realität dessen, was tatsächlich, Tag um Tag, geschieht. Am meisten bewunderte ich diejenigen Schwarzen und Weißen, die wirklich hinsahen. Ich meine nicht jene, die einen raschen Blick warfen, um Bestätigung für irgendeinen Stammesvorbehalt oder irgendeine ererbte Angst zu finden, sondern jene, die eine verbotene Grenze überschritten und es dadurch schafften, ihre Wappnung und ihre Argumente abzulegen und die umfassendere Wahrheit dessen aufzunehmen, was diese bewirkt hatten.

Diese beiden Arten des Hinsehens zeigten sich an dem schlimmsten Morgen, den ich, am Ende der schlimmsten Woche, im südlichen Afrika verbrachte. Die Folge der Ereignisse begann für mich bei einem Dinner in Kapstadt, bei dem außer meiner Frau und mir alle Gäste Anhänger der Regierungspartei waren. Das Gespräch wandte sich unvermeidlich Simbabwe zu, das seit weniger als einem Jahr unabhängig war, und man diskutierte, wie es in den Händen der Schwarzen rasch in eine Ära blutiger Stammeskriege zurückkehre. Von den acht Personen an der Tafel war ich der einzige, der seit dem Ende der weißen Herrschaft das Land betreten hatte. Ohne provozieren zu wollen, erwähnte ich, daß ich nach einer Abwesenheit von fünfzehn Jahren in kurzer Folge mehrere Besuche in dem Land gemacht hätte; mein stärkster Eindruck sei, daß das neue Simbabwe, ungeachtet der Erbschaft des Krieges und des Anbruchs der Mehrheitsherrschaft, viel Ähnlichkeit mit dem alten Rhodesien habe. Wenn sie sich selbst überzeugten, würden sie vielleicht überrascht sein oder sich wenigstens bewogen sehen, sich mit ihrem Urteil zurückzuhalten. Ich hätte auf eine Auseinandersetzung vorbereitet sein sollen, aber ich war es nicht, als einer der Gäste, ein Rechtsanwalt, aus nächster Nähe, über den Tisch hinweg, eine wütende Wortsalve auf mich abschoß. »Es wird ein Blutbad in Simbabwe geben, innerhalb von sechs Monaten«, versprach er.

Er war zu vorsichtig. Innerhalb von achtundvierzig Stunden war ich wieder in Simbabwe und beobachtete die Ergebnisse eines Blutbades. Sein Ausmaß entsprach vielleicht nicht dem der ugandischen Katastrophe, die mein Widersacher in Kapstadt erwartet hatte, aber es genügte, um mich für eine Weile sprachlos zu machen. Das auf verschiedene Stammeszugehörigkeit gegründete Mißtrauen der beiden rivalisierenden Guerillagruppen, die gegen die weiße Herrschaft gekämpft hatten, hatte eine Kettenreaktion mörderischer Zusammenstöße innerhalb der neuen nationalen Armee ausgelöst und das Land wieder an den Rand des Bürgerkrieges gebracht. Ich fuhr zu einem Militärcamp in Connemara, wo sich ein von britischen Offizieren ausgebildetes Bataillon über Nacht aufgelöst hatte und fünfzig Männer einer Stammesgruppe von Mitgliedern einer anderen Gruppe dahingemetzelt worden waren – einfach deshalb, weil die letzteren glaubten, daß man sie selbst abschlachten würde, wenn sie nicht zuerst handelten. Die an dem Massaker beteiligten Soldaten waren dann in den Busch geflüchtet und kehrten nun einer nach dem anderen zurück; einige wirkten niedergeschlagen und wirr, andere schienen aus Angst vor Vergeltungsmaßnahmen erstarrt. Insgesamt waren dem sinnlosen Morden mehr als dreihundert Menschen zum Opfer gefallen, und die rivalisierenden Guerillafraktionen bekämpften einander immer noch mit Granatwerfern und Maschinengewehren in den dichtbevölkerten Townships von Bulawayo. Es war kein Vergnügen, an jenem Wochenende in Bulawayo zu sein, aber es schien mir angenehmer als eine weitere Begegnung mit dem Rechtsanwalt in Kapstadt. Vielleicht zu Unrecht bildete ich mir ein, ihn und die meisten weißen Südafrikaner über die Toten von Simbabwe kichern zu hören.

Am Sonntag morgen zwang ich mich, den Bahnhof in Bulawayo aufzusuchen, wo die Behörden ein behelfsmäßiges Leichenschauhaus in drei Kühlwagen eingerichtet hatten, so daß Familien im Anschluß an die Kämpfe nach vermißten Brüdern und Söhnen suchen konnten. Ein handgeschriebener Hinweis an der Außenwand des ersten dieser Waggons identifizierte ihren Inhalt: »Leichen«. Im Inneren waren die Körper kreuzweise aufgeschichtet wie Holzstapel, so daß alle Gesichter – wo es noch Gesichter gab – zu sehen waren. Ein weißer

Armeearzt, der auf dem Bahnhof Dienst tat, folgte mir und übernahm dabei die Rolle des Chores in der griechischen Tragödie, der für die Weißen des Subkontinents sprach. »Die Ironie der Sache ist, daß der Europäer in diesem Land *recht* hatte!« sagte er. »Und der Europäer in diesem Land ist von der ganzen Welt als Rassist gebrandmarkt worden.«

Ich kannte das Gegenargument, aber meine Debattierlust war immer noch eingeschränkt. Deshalb wies ich nicht darauf hin, daß es keine Guerillatruppen im Lande gegeben hatte, als die 250000 Weißen im Jahre 1965 ihre Souveränität über mehr als zwanzigmal so viele Schwarze erklärten, daß also diese Ernte damals gesät worden war. Ich sagte nichts. Die schwarzen Angehörigen, die steif in der heißen Morgensonne standen, sagten ebenfalls kaum ein Wort, während sie sich auf die Qual vorbereiteten, den Leichenberg zu durchsuchen. Der Arzt war immer noch nicht mit mir fertig. »Tatsachen sind Tatsachen«, meinte er.

Ich hatte genug gehört und ging davon. Die Angehörigen stiegen jetzt hintereinander in den ersten der Kühlwagen. Die schwarzen Körper im Inneren waren von einer leichten Frostschicht bedeckt, doch der üble Geruch des Todes war mehr als eine Metapher. Eine alte Frau brach stöhnend zusammen. Sie hatte ihren Sohn nicht gefunden, aber sie hatte Leichen gesehen, die sich nicht mehr identifizieren ließen. »Dies ist unsere Unabhängigkeit«, sagte ein Händler, der einen Bruder und einen Cousin im ersten Kühlwagen nicht gefunden hatte und nun darauf wartete, den zweiten zu betreten. »Sie ist lächerlich, unsere Unabhängigkeit. Albern.«

In diesem Moment sah ich eine Szene, die mich an dem geballten Schrecken dieser Tage fast ersticken ließ. Für einen Augenblick wurde ich von dem Drang überwältigt, aus Bulawayo, aus Simbabwe und aus Afrika zu verschwinden. All das hat mit dir überhaupt nichts zu tun, dachte ich. Es war der Anblick eines weißen Mannes, der zwei halbwüchsige Jungen inmitten der schwarzen Angehörigen in die Kühle des ersten Waggons auf dem Abstellgleis führte. Der Mann trug lässige Sonntagskleidung, kobaltblaue Shorts und dazu passende Kniestrümpfe. Mit seinem blonden, zurückgekämmten und pomadisierten Haar entsprach er der Karikatur eines weißen Afrikaners. Er wirkte starr und entschlossen, die Jungen sahen eingeschüchtert aus. Ich glaubte, die Bedeutung der Situation mit einem einzigen Blick erfaßt zu haben. Der Mann erteilt den Jungen eine Rassenlektion, dachte ich; er zeigt ihnen, was Schwarze einander antun, und fördert ihre Vorstellung, daß Schwarz mit Tod, Vernichtung und Ruin gleichzusetzen sei. Weshalb konnte der Wahnsinnige das nicht zu Hause tun?

Ein wenig später – inzwischen war mir wieder eingefallen, daß ich als Reporter dort war – blickte ich auf und sah, daß der Mann auf mich zukam. Er hatte ein sympathisches Gesicht, und obwohl ich ihn bereits des unverhohlenen Rassismus für schuldig befunden hatte, erwiderte ich sein schiefes Lächeln und begann ein Gespräch mit ihm. Piet Marais arbeitete für die Eisenbahn von Simbabwe. Er war mit seinen Söhnen Paul und Darin gekommen, die dreizehn und fünfzehn Jahre alt waren. »Kinder sind grausam, Kinder sind wirklich grausam«, sagte er, als ich ihn fragte, was in aller Welt ihn bewogen habe, seine Jungen an diesem Morgen hier zum Bahnhof zu bringen. Sie hätten in der Schule von den Morden in den Armeelagern und Townships gehört und seien Abend für Abend mit neuen Spötteleien und makabren Witzen nach Hause gekommen.

»Für sie ist das nur eine Menge toter Kaffern«, erklärte Piet Marais. »Ich habe meine Söhne mitgebracht, damit sie unmittelbar sehen, wovon sie sprechen. Ich will nicht, daß sie aus zweiter Hand informiert sind.«

Welche Äußerung er nun von ihnen erwarte, da sie es gesehen hätten, wollte ich wissen.

»Ich hoffe eigentlich, daß sie nichts sagen werden«, erwiderte der Eisenbahnangestellte. »Ich möchte nur, daß sie das Gefühl haben: ›Herrgott, das ist schrecklich.‹ Ich will nicht, daß sie davon sprechen. Im Grunde möchte ich, daß sie aufhören, davon zu sprechen.«

Wenn ich ihn recht verstand, sprach Piet Marais davon, andere ungehindert leben zu lassen. Außerdem sprach er von Frieden und normaler Menschlichkeit. Vielleicht hatte er zuviel Krieg erlebt. Er sagte an jenem Morgen, daß er nicht wisse, ob er in Simbabwe bleiben werde. Seiner Meinung nach seien alle Regierungen im wesentlichen gleich, weshalb er erst einmal bleiben wolle, aber er habe das Gefühl, auswandern zu müssen, wenn sich die Ereignisse dieser Woche in Zukunft wiederholten. Ich erfuhr nichts von seiner politischen Einstellung, sah ihn nie wieder und weiß nicht, wie er sich schließlich entschied. Aber ich hoffe, daß er Gelassenheit fand, denn er besaß, wie ich glaube, die Weisheit, die den Unterschied erkennt.

Anmerkung des Autors

Dieses Buch wäre nicht vollständig ohne meinen Dank an die vielen Südafrikaner, die sich einem wißbegierigen Fremden gegenüber großzügig und offen zeigten und bereit waren, ihm, oftmals ohne Einschränkung, zur Verfügung zu stehen. Manche Freunde mögen den Eindruck gewinnen, daß ich ihrem Kampf nicht die gebührende Aufmerksamkeit gezollt habe. Andere – auch sie Freunde – werden über meine Ausführungen enttäuscht, vielleicht sogar verärgert sein und finden, daß ich es mir mit meinen Urteilen zu leicht gemacht habe. Rechtfertigungen in einem Nachwort können solche Verletzungen nicht wiedergutmachen. Es gibt viele Südafrikaner, denen ich gern namentlich danken würde. Wenn ich es nicht tue, so deshalb, weil einige, die aufgrund ihrer politischen Überzeugungen unter Überwachung und Druck stehen, es vielleicht nicht wünschen würden, wenn hier auf sie aufmerksam gemacht wird. Andere mag es stören, mit dem, was ich geschrieben habe, in Verbindung gebracht zu werden. Mit Ausnahme von Sue Sparks und Phillip van Niekerk, die für mich lange nach meiner Abreise aus Südafrika einige Fakten überprüften und denen ich an dieser Stelle meinen Dank sage, werde ich mich auf private Kommunikationswege und auf die Telepathie verlassen, um meinen südafrikanischen Freunden meinen Dank, meine Bewunderung und meine Zuneigung mitzuteilen.

Die Hilfe, die mir andernorts von Kollegen, Freunden und Familienmitgliedern zuteil wurde, kann ich deutlicher benennen. A. M. Rosenthal von der *New York Times* verstand und unterstützte meinen Wunsch, nach Südafrika zurückzukehren; dasselbe gilt für Robert Semple. James Greenfield, der besser als ich selbst versteht, was in mir vorgeht, stand mir in allen Wechselfällen treu zur Seite. Unser Verleger Arthur Ochs Sulzberger versorgte mich während der langen Monate des Wartens auf mein Visum und später, nach Beendigung meiner Reise, mit der unerläßlichen Ermutigung. Mary Benson, William Connolly und Anthony Lewis lasen das Manuskript und gaben hilfreiche Anregungen. Ebenso Toby Lelyveld, die sich mit der Interpunktion ihres Sohnes plagte, und Nita Lelyveld, die die haarsträubende Orthographie ihres Vaters glättete. Ihre Schwester Amy bewahrte ihn vor einigen dummen Irrtümern. Carl Brandt und Jonathan Segal taten alles in ihrer Macht Stehende, um mir zu ermöglichen, das Buch zu schreiben, das ich glaubte schreiben zu müssen. Die John Simon Guggenheim Memorial Foundation hielt es für begründet, die Bemühungen eines Journalisten in gleicher Weise zu unterstützen wie die von Wissenschaftlern und Künstlern.

Carolyn Lelyveld, deren Erfahrung von Südafrika sich von der meinen unterschied, in mancher Hinsicht tiefgehender und wichtiger war, hat auf vielfältigste Weise zu diesem Buch beigetragen, gleichwohl werde ich mir die an solcher Stelle üblichen förmlichen Lobpreisungen des Gatten versagen. Schließlich bin ich in der glücklichen Lage – es ist das größte Glück, das ich besitze –, ihr auch ohne Schreibmaschine oder Composer eine Botschaft schicken zu können.

Mein Buch gründet sich im wesentlichen auf persönliche Erfahrung und Beobachtung, aber ich habe mich der Gelehrsamkeit anderer freimütig bedient und ihre Forschungsergebnisse geplündert, wo es meinen Zwecken entsprach. Diese Quellen sind in der Regel jedem bekannt, der mit dem Thema vertraut ist; einige wurden im Text nachgewiesen. Eine vollständige Bibliographie der vielen Bücher, die mich in Südafrika und später, als ich meine Gedanken ordnete, begleiteten, wäre sinnlos. Doch möchte ich einige erwähnen, die wenig bekannt und von mir hier besonders ausführlich benutzt worden sind, oder die einfach Quellen für Zitate und von mir berichtete Tatsachen darstellen:

Biko, Steve. *I Write What I Like.* Herausgegeben von Aelred Stubbs. London, 1978.

Churchill, Lord Randolph S. *Men, Mines and Animals in South Africa.* Reprint. Bulawayo, 1979.

Crankshaw, Edward. *Winterpalast. Rußland auf dem Weg zur Revolution, 1825–1917.* München, 1978.
Davis, Richard Harding. *With Both Armies in South Africa.* New York, 1900.
Driver, C. J. *Patrick Duncan. South African and Pan-African.* London, 1980.
Du Toit, André und Gilomee, Hermann. *Afrikaner Political Thought: Analysis and Documents, 1780–1800.* Kapstadt, 1983.
Frederickson, George M. *White Supremacy.* New York, 1981.
Gandhi, Mahatma. *Collected Works,* Band V (1905–1906). Neu Delhi, 1961.
Gann, L. H. und Duignan, Peter. *South Africa: War? Revolution? Peace?* Kapstadt, 1979.
Gould, Stephen Jay, *The Mismeasure of Man.* New York, 1981.
Gregory, Sir Theodor. *Ernest Oppenheimer and the Economic Development of Southern Africa.* Kapstadt, 1962.
Hancock, W. K. *Smuts.* 2 Bände. London, 1962 und 1968.
Horne, Alistair. *A Savage War of Peace: Algeria 1954–1962.* New York, 1979.
Kane-Berman, John. *Soweto: Black Revolt, White Reaction.* Johannesburg, 1978.
Karis, Thomas; Carter, Gwendolen M.; und Gerhart, Gail M. (Hrsg.) *From Protest to Challenge: A Documentary History of African Politics in South Africa,* Bände 1 und 3. Stanford, 1972 und 1977.
Lodge, Tom. *Black Politics in South Africa Since 1945.* Johannesburg, 1983.
Macmillan, Harold. *Pointing the Way.* London, 1972.
Milton, John. *The Edges of War: A History of Frontier Wars, 1702–1878.* Kapstadt, 1983.
Mutwa, Credo Vusa Mazulu. *My People: The Incredible Writings of a Zulu Witch-Doctor.* Hamondsworth, Middlesex, 1971.
Neto, Agostinho. *Angola, heilige Hoffnung.* Köln, 1976.
Noer, Thomas J. *Briton, Boer and Yankee. The United States and South Africa, 1870–1914.* Kent, Ohio, 1978.
Rabie, Pieter Jacobus, Vorsitzender. *Report of the Commission of*

Inquiry into Security Legislation. Pretoria, 1981.
Simkins, Charles. *Four Essays on the Past, Present and Possible Future Distribution of the Black Population in South Africa*. Kapstadt, 1983.
Smith, Edwin W. *The Life and Times of Daniel Lindley*. London, 1949.
Smuts, J. C. *Africa and Some World Problems*, Oxford, 1930.
– *Die holistische Welt*. Berlin, 1938.
Steyn, Martinus T. Vorsitzender. *Report of the Commission of Inquiry into the Mass Media*. 4 Bände. Kapstadt, 1981.
Streak, Michael. *The Afrikaner as Viewed by the English*. Kapstadt, 1974.
Themba, Can. *The Will to Die*. London, 1972.
Van Onselen, Charles. *New Babylon, New Nineveh: Studies in the Social and Economic History of the Witwatersrand, 1886–1914*. 2 Bände. Johannesburg, 1982.
Walker, Eric A. *Der große Trek*. Leipzig, 1939.
Welsh, David. *The Roots of Segregation*. Kapstadt, 1971.

Tariq Ali

Die Nehrus und die Gandhis

Eine indische Dynastie

Ullstein Buch 34421

Ullstein Sachbuch

Mit erstaunlicher Kontinuität wird Indien seit seiner Unabhängigkeit von der Dynastie der Nehrus regiert. Dieses Portrait ihres politischen und privaten Werdegangs ist zugleich eine faszinierende und kritische Geschichte der größten Demokratie der Welt.

»Tariq Alis Buch ist . . . das bisher gewichtigste Werk zum Thema »Dynastie Nehru«.« *F.A.Z.*